In Vino Veritas

In wine, there is truth

즐기면서 나누는

와
인

/ 양 석 /

IN VINO VERITAS

열린북스
Open Books Publishing

추천의 글

전 세계에는 하늘의 별처럼 많은 와인이 있는 것처럼, 서점에는 와인 서적이 홍수처럼 넘쳐
난다. 이 와인 책은 수많은 와인 책 속에서 다른 와인 책에서 찾을 수 없는 생생한 지식이
차별화되어 있기 때문에 가치가 높다. 이 책은 와인을 잘 모르지만 와인을 처음 시작하고
자 하는 사람, 와인을 좋아하지만 어떤 와인을 어떻게 마셔야 할지 자신 없는 사람, 모두
에게 유용한 '한 페이지마다 다양한 와인 산지 사진과 함께 읽는 와인 정보서'이다.
수많은 와인 속에서 와인의 진주를 찾아서 더 행복하게 즐길 수 있는 다양한 노하우와 전
세계 곳곳의 생생한 와인 정보가 가득하여 와인 세계로 푹 빠져들어 간다. 오랜 기간 호텔
현장에서 체험한 경영자의 경험, 전 세계 유명한 와인 산지를 다니면서 체득한 현장의 산
지식을 통해 독자들이 쉽게 접근하도록 했다.
와인을 즐기는 많은 애호가조차도 와인과 친해질 수 없게 만드는 가장 큰 장애물은 '와인
이 너무 어렵다.'는 편견이다. 많은 사람은 와인을 알기 위해 다양한 서적을 접했고, 많이
마셔 봤지만, 와인에 관한 진정한 맛을 알 수가 없다고 생각한다. 와인의 원재료가 되는
포도 품종이 8,500여 종이 되며, 양조 과정에서 사용되는 용기, 양조자에 의해 와인의 풍
미가 더욱 개성이 나타난다는 사실, 그리고 와인의 대표적인 맛과 향을 알게 되면 초보자도
자신이 느낀 것보다 훨씬 잘 표현하면서 자신감을 가질 수가 있다. 또한, 와인 전문가도
와인을 고를 때 어려움을 느끼는 것은 국가별로 포도 품종, 다양한 와인의 종류가 정말
많다는 것이다. 이 책은 이러한 고민을 해결해준다. 전 세계 와인이 생산되는 국가별 유명한
와인 산지의 특성, AOC, 테루아, 포도 품종, 명품 와인, 명사들이 사랑했던 와인의 스토리
텔링 등이 쉽고 재미있게 구성되어 있기 때문이다. 특히 국내 와인 서적에서 처음으로 소
개하는 러시아 와인은 흥미를 더해주는 상세한 내용으로 새로운 와인 세계로 인도해 준다.
와인 세계에 들어온 독자들에게 자신만의 와인 스타일을 찾아가는 여행에 이 책이 친절한
가이드가 되어줄 것이다. 끝으로 와인을 즐기고 싶어 하지만, 와인 지식이 없는 독자들의
교양서로, 와인 지식을 좀 더 깊이 알고자 하는 와인 애호가들의 전문 서적으로 많은 사랑
을 받을 수가 있는 책으로 추천한다.

고재윤
경희대학교 호텔관광대학 고황명예교수
(사) 한국국제소믈리에협회 회장
(사) 한국서비스경영학회 회장

와인, 공부하지 말고 즐겨라

와인이라는 술은 서양 문화의 산물이고 쉽게 접하게 된 것도 얼마 되지 않아 어렵고 부담스럽게 느끼는 사람이 많다. 그러나 막걸리나 소주 마시면서 사전에 공부하고 마시지 않았듯, 와인도 너무 심각하게 접근하지 말고 그 자체를 편하게 즐기는 마음이 중요하다. 그러다가 어느 순간 궁금해지고 더 알고 싶은 욕구가 생긴다면 그때 가서 책을 찾아보는 정도로 쉽게 접근했으면 한다.

누군가 책은 처음부터 끝까지 참고 읽는 것이 아니라고 했는데, 와인 책은 더욱 그렇다. 와인의 기본적인 사항을 소개한 첫 장의 '와인의 이해' 정도만 읽고, 나머지 지역별 와인은 와인을 즐기면서 하나씩 찾아 본다면 자연스레 와인과 친해지고 흥미가 배가 될 것으로 믿는다.

와인 전문가가 아니면서 책을 쓰게 되었다

40년 가까이 국내와 해외 호텔 생활을 하면서 와인을 쉽게 접할 수 있는 환경과 5성 호텔의 면모에 어울리는 와인의 구색과 서비스 방법, 와인을 통한 매출 증진 방안 등을 강구하면서, 자연스레 와인에 관심을 갖게 되었다. 이에 따라 와인을 공부하고 와인 투어를 다니다 보니, 책에서 미처 배우지 못한 점과 새롭게 경험하고 느꼈던 점, 그리고 많은 자료 등이 쌓이게 되었다.

이런 자료와 정보들, 그리고 현장에서나 와인 강의 시에 고객과 수강생들에게 많이 들었던 질문들과 어려워했던 점 등을 여러 사람과 함께 나누고자 감히 책을 쓸 결심을 하게 되었다. 따라서 독자들의 입장에서 쉽게 이해할 수 있도록 내용부터 구성까지, 그리고 가능한 구체적인 숫자의 제시보다는 알기 쉬운 비유 표현으로 대신하였다.

최근 변경된 법규와 제도 그리고 새롭게 부상하는 와인 생산국으로서 러시아를 소개하였다

2009년에 유럽 연합에서는 전 유럽 회원국들간의 서로 다른 분류 체계를 통일시키고자 통일된 유럽 연합 등급 제도(지리적 원산지 보호 제도)의 시행에 들어갔으나, 아직까지는 기존의 등급 분류와 병행하여 사용하고 있다. 그러나 점차 유럽 연합 통일 등급 제도가 대세를 이룰 것으로 보고, 과도기인 현재는 각 나라별 등급 제도와 유럽 연합 등급 제도를 알아야 할 필요가 있어 같이 소개하였다. 이런 등급 제도뿐만 아니라 지역별로 달라진 관련 법규 및 새롭게 이야기되는 부분들을 최대한 업데이트 하려고 노력하였다.

그리고 현재는 우크라이나와 전쟁 중으로 우리의 관심에서 멀어지고 있지만, 구대륙, 신대륙에 이어 제3대륙으로 부상할 잠재성을 갖고 있는 러시아 와인을 최초로 소개하였다.

역사적인 인물들과 그 지역 와인에 얽힌 이야기와 현지에서 와인을 만들고 있는 자랑스런 한국인을 소개하였다

각 지역별로 와인을 소개할 때에는 그 지역의 와인과 우리가 다 알고 있는 역사적인 인물이나 유명인들과 얽힌 이야기들을 먼저 소개하여, 흥미를 갖고 그 지역 와인을 이해할 수 있도록 하였다. 어떤 부분은 다소 역사적인 사실과 부합되지 않는 부분이 있을 지라도 이 책이 역사서가 아니기 때문에 이해해 줄 것으로 본다. 그리고 프랑스 부르고뉴, 미국 나파 밸리와 조지아에서 어렵게 와인을 만들어 성공한 한국인을 소개하였다.

이 책을 펴내는데 수고해 주신 모든 분께 감사드린다

먼저 이 책을 출간해 보라고 용기와 격려를 준 동양 고전 집필가인 친구 고영길 님, 와인에 대해서 체계적으로 길을 인도해 주신 경희대학교 관광대학원 와인 소믈리에 학과장이며, (사)한국국제소믈리에협회 회장인 고재윤 님, 출판 경험 전수와 와인 관련 자료 수집에 도움을 준 전 LG상사의 러시아 및 CIS총괄 임원인 고수열 님, 그리고 각종 자료를 보완해 준 호텔롯데 헤드 소믈리에 이용문 님, 와이너리 사진과 와인 사진들을 협조해 준 롯데 칠성음료 와인 부문 팀장 이주한 님, 와인 산지 지도를 그려준 경희대학교 최보경 학생, 그리고 이 책의 출판에 남다른 애정과 열정을 보여주신 열린북스 박상헌 대표에게 감사드리며, 항상 날카로운 비평을 하면서도 조용히 내조를 해준 나의 영원한 반려자 최경화 님께 이 책을 바친다.

끝으로 이 책을 구매해 주신 모든 분들께 감사드리며, 아름답고 멋진 추억을 와인과 함께 만드시기 바랍니다.

2022년 12월에 모든 사람들이 행복해지기를 바라는 마음에서
양 석

차 례

와인의 이해

The Knowledge of Wine

The Knowledge of Wine

포도 재배 지역

와인용 포도나무도 식물인 이상 성장에 적합한 산지가 있는가 하면 그렇지 못한 산지도 있다. 지구상에서 양조용 포도를 재배할 수 있는 나라는 북위 30~50도에 위치한 유럽과 미국 등의 나라와, 남위 20~40도 사이에 있는 남아프리카공화국과 오스트레일리아, 뉴질랜드, 칠레, 아르헨티나 같은 나라들이다.

연중 강우량은 500~800mm 정도로, 잎이 나고 줄기가 뻗을 시기에는 적당한 강우량이 필요하고, 꽃이 피거나 포도알이 익어가는 시기에는 비가 오지 않아야 한다. 연간 평균 기온이 10~20도 사이이며, 일조량도 연간으로 최소한 1,250~1,500시간 이상은 되어야 한다.

토양은 배수가 잘되는 자갈이나 모래 등이 많은 척박한 토양일수록 독특하고 좋은 와인을 만들 수 있다. 이런 모든 조건을 갖춘 곳은 지구상에서 약 50개국 정도로 프랑스, 이탈리아, 스페인, 독일 등의 유럽이 세계 총 생산량의 약 70%를 생산하고 있다. 따라서 와인을 생산하고 있는 나라는 신의 축복을 받은 나라라고 생각할 수 있다.

프랑스 보르도 지역의 포도밭 전경

The Knowledge of Wine

포도의 종류

포도나무는 인류가 지구상에 출현하기 전부터 자생하고 있었으므로 수만 가지 종류가 있다고 하는데, 모든 포도로 전부 와인을 만들 수 있는 것은 아니다.

와인을 만드는 포도는 병충해에 강한 유럽계 포도 품종인 비티스 비니페라 Vitis Vinifera로 신맛이 있고 당도가 높으며(평균 24~26브릭스), 그대로 먹을 수도 있지만, 식용 포도처럼 과육이 많지 않고, 껍질이 두꺼워 먹기가 힘들다. 대체적으로 와인을 만드는 포도알은 식용 포도의 반 정도의 크기이다.

식용 포도는 미국이 원산지인 비티스 라브루스카 Vitis labrusca 종으로 이 포도로도 와인을 만들 수 있지만 타닌과 산도가 거의 없고 당도가 낮아(평균 17~19브릭스) 양질의 와인을 만들 수 없다. 우리나라에서도 식용 포도인 캠벨 얼리 Campbell early 와 머루포도로 와인을 만들기도 하지만 장기 숙성이 힘들고 알코올 도수가 낮다.

비티스 비니페라 품종은 현재 알려진 품종만 1만 개 이상의 변종이 있는데, 그중에서도 약 50여 종이 와인을 만들기에 적합하다.

화이트 와인용 대표 품종에는 샤르도네, 리슬링, 소비뇽 블랑, 게뷔르츠트라미너, 세미용 등이 있고, **레드 와인용 대표 품종**에는 카베르네 소비뇽, 메를로, 카베르네 프랑, 피노 누아, 가메 등이 있다.

와인 양조용 포도는 24브릭스 이상의 천연 당도를 가져야 가당하지 않고 표준 알코올 도수의 와인을 생산할 수 있다.

샤르도네 포도알

카베르네 소비뇽 포도알

봄철 무렵과 가을철 무렵의 포도 모습

또한 각 나라별로 그 나라에서 옛날부터 자생하였던 토착 품종이 있으며, 최근에는 육종학의 발달로 품종 간의 교잡을 통해 와인 양조에 적합한 품종들이 만들어지고 있다.

화이트 와인과 레드 와인을 만드는 대표 품종 3~4가지의 특징을 잘 기억해 두면 좀 더 와인에 대해 한 걸음 더 쉽게 다가갈 수 있다.

와인 레이블에 '비에이 비뉴 Vielles Vignes' 라고 쓰여 있는 경우가 있는데 이는 '오래된 포도나무'란 뜻이다. 포도나무는 보통 자기 키높이인 1~1.5m 깊이로 뿌리가 파고 내려가는데 오래된 나무는 많게는 5~6m까지 파고 내려간다. 이렇게 파고 내려간 포도나무 뿌리는 토양의 깊이에 따라 다양한 양분과 미네랄을 흡수하므로 포도의 맛을 복잡미묘하게 만들어 준다. 그러나 수령이 오래 될수록 수확량은 떨어진다.

레드 와인의 글로벌 포도 품종

카베르네 소비뇽 Cabernet Sauvignon

프랑스 보르도 지역이 원산지인 이 품종은 **보르도의 대표 품종**으로 와인 양조에 가장 많이 사용되고 있으며, 재배 조건은 그렇게 까다롭지 않지만 기후가 온화하고 배수가 잘 되는 토양이면 잘 자라서 전 세계에서 가장 광범위하게 재배되고 있다. 이 포도의 특징은 포도가 늦게 익는 만생종으로 짙은 푸른빛을 띠며, 포도알은 작고, 껍질이 두껍다. 껍질과 씨에는 강한 타닌 Tannin 과 검은 과일류의 향이 있으며, 당도가 높아 드라이한 와인이 만들어진다. 와인은 대부분 오크통 숙성을 거치는데 숙성이 진행됨에 따라 짙은 적색에서 점점 옅은색으로 변하고, 맛은 떫은 맛에서 부드러운 맛으로 변하면서 타닌의 구조감과 신맛이 조화를 이루게 된다.

일반적인 기준으로 와인 1병에는 600~800개(약 1kg)의 포도알이 들어가며, 10송이 정도가 필요하다. 포도나무 한 그루에는 50송이 정도가 열리므로 한 그루당 5병 정도가 나온다. 그러나 포도 품종과 테루아, 와인 메이커의 역량에 따라 달라진다.

만드는 양조자와 재배 장소에 따라 입안에 꽉 찬 느낌으로 묵직하며, 장기 보관이 가능한 풀 바디 와인부터 산뜻한 미디움 바디까지 다양하면서 수준 높은 와인이 만들어진다. 기본적인 아로마는 카시스, 블랙 커런트, 삼나무, 녹색 피망, 잘 익은 자두의 향이 섞여서 난다.

프랑스 보르도 지역에서는 다른 종류의 포도와 블렌딩을 해 와인을 만들고 있으며, 제2의 고향이 된 미국과 호주, 칠레 등 신세계에서는 단일 품종으로 와인을 빚어 이 품종의 특성을 보여 주고 있다. 주로 소고기, 양고기, 돼지고기 등 육류와 잘 어울린다. 보르도의 메독 지방, 칠레, 캘리포니아 등에서 많이 재배되고 있다.

피노 누아 Pinot Noir

프랑스 부르고뉴 지역이 원산지로 **부르고뉴의 대표 품종**이며 타닌 Tannin 은 카베르네 소비뇽에 비해 적은 편으로 부드러운 느낌이 나며 약간의 신맛이 느껴진다. 라즈베리, 딸기, 체리 등의 과일향이 강하며, 밝고 화려한 붉은 색으로 우아하고 고급스러운 와인을 만들 수 있다. 포도송이 모양이 솔방울과
비슷하고 포도색이 검은색이어서 프랑스어로 솔방울
을 뜻하는 '피노'와 검다는 뜻의 '누아'가 합쳐져 '피노
누아'가 됐다고 한다. 이 품종은 껍질이 유독 얇고 무
른 속성 때문에 재배하기가 까다로운 품종이다.

부르고뉴 지역은 석회암과 점토, 규산암 등이 시루떡처럼 겹쳐 있어 복합적인 맛
을 낼 수가 있으며, 재배하는 밭의 특성에 따라 '로마네 콩티 Romanée-Conti' 같은 최고
의 걸작품이 나오기도 한다. 처음에는 체리나 자두 등 붉은 과일향이 강하지만 숙
성이 되면서 베리와 커런트향이 강해지며, 때때로 흙 냄새도 난다. 출시되고 바로
마실 수 있는 라이트 바디 와인에서 풀 바디 와인까지 다양하게 나오며, 산토끼나
꿩, 닭 고기, 새 고기 등 가벼운 육류가 어울린다.

샹파뉴 지역에서는 샴페인을 만들 때 이 품종을 사용한다. 독일에서는 슈페트부르
군더 Spätburgunder, 이탈리아에서는 피노 네로 Pinot nero 라는 이름으로 부르고 있다.

메를로 Merlot

프랑스 보르도 지역이 원산지인 이 품종은 작고 검은 새의 일
종인 '티티새 Merle'의 프랑스어에서 유래하였으며, 보르도
우안 지역의 생테밀리옹 지방과 포므롤 지방에서 많이 재배
되고 있다. 이 품종은 싹이 일찍 나오기 때문에 자칫하면 냉
해를 입을 수 있고, 포도 껍질이 얇아 흠이 생기기 쉬우며
병충해에 약한 품종이다. 습기가 있고 차가운 토양에서도
잘 자라는 속성이 있어 단기간에 전 세계로 퍼져 나갔다. 원
산지인 보르도 지역에서는 카베르네 소비뇽보다 2배 이상으로 많이 재배되고 있
다. 카베르네 소비뇽보다 타닌이 적어 순하고 섬세하며 부드러워, '고통없이 마시
는 카베르네 소비뇽 Carbernet Sauvignon without Pain'이라는 재미있는 표현이 있을 정도이
다. 잘 익은 체리와 자두, 블랙베리, 딸기 등의 과일향과 장미향 같은 꽃 냄새가 풍
부하고, 초콜릿과 모카 등의 향도 나며, 미디움 내지 풀 바디의 질감을 보인다. 진
한 붉은 색에서 벽돌 색으로 변하며 재배에 까다롭지 않아 여러나라에서 많이 재

즐기면서 나누는 **와인**

배되고 있다. 카베르네 소비뇽이나 카베르네 프랑과 블렌딩을 하는 경우가 많으며, 프랑스 보르도 포므롤 지방의 세계적인 명품 와인인 '페트뤼스와 르 팽'은 이 품종을 주로 해서 만들고 있다. 생선과 구운 고기 등이 잘 어울린다. 프랑스 보르도의 생테밀리옹 지방과 스페인, 미국, 칠레, 캐나다 등에서 많이 재배하고 있다.

시라/쉬라즈 Syrah/Shiraz

역사가 아주 오래된 품종으로 고대 페르시아의 수도인 쉬라즈 schiraz 지방이 원산지이다. **프랑스 코뜨 뒤 론의 북부 지방과 호주, 미국, 칠레에서 많이 재배**되고 있으며 호주, 뉴질랜드, 남아프리카공화국에서는 쉬라즈라 부른다. 호주는 쉬라즈 품종 재배에 가장 성공한 나라로 오늘날에는 **호주의 대표 품종**으로 자리잡았다.

병충해에 강하고 더운 지역이나 크게 춥지 않는 지역에서도 잘 적응하며, 화강암 토양에서 잘 자라고 기후나 토양에 따라 맛과 향이 달라진다.

색이 짙고 타닌도 풍부하여 거친듯하면서 부드러운 시라는 가장 남성적인 와인으로 각광을 받고 있다. 블랙 커런트나 나무딸기, 제비꽃 등의 향과 후추 등의 향신료 냄새, 가죽 냄새가 특징이다. 미디움 바디에서 풀 바디까지 풍부한 질감을 자랑한다.

붉은 고기, 바베큐, 파스타와 한국의 불고기 등 우리나라 음식과도 마리아주가 잘 되는 품종이다. 특히 호주의 쉬라즈는 세계적으로 알려져 있다.

화이트 와인의 글로벌 포도 품종

샤르도네 Chardonnay

화이트 와인의 대표 품종이며 프랑스 부르고뉴 지역이 원산지이고 마코네 지방의 조그만 마을 이름과 같다. 부르고뉴 지역의 샤블리 지방과 샹파뉴 지역 등 서늘한 지역에서 많이 재배되고 있다. 포도알이 적고 다양한 기후와 환경에 잘 적응하며 성장력이 좋아 전 세계에서 많이 재배되고 있다. 생산 지역과 오크통의 숙성 여부에 따라 황록색부터 호박색까지 다양하며, 출시되고 바로 마실 수 있는 와인부터 50년 이상 보관이 가능한 와인까지 만들어진다. 사과나 감귤류의 과일향이 풍부하고 오크통 숙성을 거치면 바닐라향, 구운 빵 Toasty 과 부싯돌향을 보이며, 산뜻한 맛에서부터 부드럽고 깊은 맛까지 여러 가지 맛이 나온다. 샤블리 지방의 샤르도네 와인이 유명하며, 굴, 생선, 햄 등의 음식과 잘 어울린다. 프랑스 부르고뉴, 샹파뉴, 랑그독-루시용 지역과 미국, 호주, 남아프리카공화국 등 전 세계에서 많이 재배되고 있다.

리슬링 Riesling

독일 라인강 유역이 원산지로 **독일을 대표하는 품종**이다. 포도알과 송이 자체가 적은 편으로 추위에는 강하지만, 햇빛이 잘 드는 남향에 강우량이 풍족한 곳이어야 한다.

다른 청포도 품종보다 산도가 비교적 높아 장기 숙성이 가능하며 드라이한 맛부터 스위트한 맛까지 다양한 와인을 만든다. 껍질이 두꺼우며 사과, 배, 복숭아 등의 과일과 벌꿀향, 그리고 숙성이 진행되면서 복합적인 향으로 바뀐다.

오리 고기와 푸딩 등에 잘 어울리며 독일을 비롯하여 프랑스 알자스 지역과 오스트리아, 미국, 호주, 캐나다 등에서 많이 재배되고 있다.

소비뇽 블랑 Sauvignon Blanc

프랑스의 루아르 지역이 원산지로 **보르도 지역에서는 세미용과 블렌딩**하여 드라이한 화이트 와인이나 달콤한 디저트 와인을 만든다. 온난한 기후를 좋아하는 품종으로 엷은 푸른색으로 신선하고 상쾌하며, 막 깎아 낸 잔디밭과 푸른 피망향이 난다. 산도가 비교적 높고 드라이한 맛에 톡 쏘는 맛으로 인기가 많으며, 뮈스카델이나 세미용 품종과 블렌딩으로

도 많이 쓰인다. 해산물이나 갑각류 등과 잘 어울리며 뉴질랜드 등 신세계에서는 단일 품종으로 우아한 향기와 상큼함이 돋보이는 와인을 만들고 있다.

포도나무의 흑사병 필록세라 Phylloxera

1860년대부터 1920년 무렵의 안정화될 때까지 약 60년간 미국에서 건너온 진딧물의 일종인 병충해가 전 유럽 포도밭의 3/4 정도를 황폐화시킨 적이 있었다.

이 유충은 필록세라라는 포도 뿌리 유충으로 0.03mm의 알에서 1mm 정도의 성충으로 자라 주로 뿌리에 붙어 기생한다. 이 유충은 위가 없기 때문에 포도나무 잔뿌리에 붙어 껍질을 뚫고 체액을 내뿜어 잔뿌리에서 소화한 다음, 그것을 흡수한다. 이렇게 뿌리에 필록세라가 붙게 되면 포도나무는 영양분과 수분의 흐름을 막아 포도나무는 결국 고사하고 만다.

이로 인해 와인 산업이 고사 직전이었는데 미국산 포도나무 뿌리에 유럽산 포도나무를 접붙여 가까스로 위기를 모면했다. 미국산 포도나무 뿌리가 껍질이 두꺼워 유충의 입 부리가 껍질을 뚫지 못한 것을 나중에 발견한 것이다. 지금도 미국산 포도나무 뿌리에 유럽산 포도나무를 접목하여 식목하고 있다.

필록세라는 기존의 와인 산업에 여러 가지 변화를 주었는데, 첫째는 와인의 공급이 원활하지 못하자 가짜 유명 와인을 내세운 와인들이 등장하면서 정부 차원에서 와인 생산에 관한 규제와 법률인 AOC 제도를 만든 계기가 되었으며, 둘째는 와인의 대체 상품으로 곡물로 만든 맥주와 위스키 산업이 발전하였으며, 셋째는 필록세라가 없는 청정 지역을 찾아 스페인의 리오하, 호주, 남미 등으로 와인 산업이 뻗어나가게 되었다.

미국산 포도나무 뿌리에 유럽산 포도나무를 접붙인 묘목들

필록세라 유충의 피해를 본 포도나무 잎

필록세라를 빗겨간 호주의 120년 된 포도나무

와인의 일반적 분류

아페리티프 와인 Aperitif wine

본격적인 식사에 앞서 식욕을 돋우기 위해 마시는 와인으로 산뜻한 맛이 나는 샴페인이나 달지 않은 셰리 와인 등이 여기에 속한다.

테이블 와인 Table wine

보통 와인이라고 하면 테이블 와인을 말하며, 탄산가스가 들어 있지 않아 기포가 발생하지 않는 일반적인 와인으로, 발포성 와인 Sparkling wine 과 구별하기 위해 '스틸 와인 Still wine'이라고도 부른다.

레드 와인 Red wine

적포도 품종의 포도알에서 나온 과즙뿐만 아니라 껍질, 씨까지 한꺼번에 파쇄 crushing 하여 만든 묽은 포도액을 1차 발효 fermentation (또는 전 발효라고도 한다) 과정을 거쳐 붉은 색소와 타닌을 얻는다. 발효 개시일부터 약 5일 정도 후에 껍질과 씨를 압착하여 걷어내고 2차 발효를 한다(또는 후발효라고도 한다).

2차 발효에서는 신맛 성분인 사과산이 유산으로 변하므로 이를 유산 발효 Malilactic fermentation 라고 하며, 와인을 부드러운 맛으로 변화시키는 역할을 한다.

이후 침전물을 걸러내기 위한 앙금 분리 과정과 숙성 과정, 여과 과정을 거쳐 병입된다. 처음에는 떫은 타닌 맛과 과일향 등이 나오나

> **와인의 발효 과정**
>
> 포도액의 당분을 알코올로 변화시키는 과정으로 보통 포도 껍질에는 많은 자연 효모가 있어, 그냥 두어도 발효가 되지만 일반적으로 좋은 품질의 와인을 얻기 위해 배양한 효모를 첨가한다.
> 그리고 종전에는 효모의 활동을 활발히 하기 위해 사람이 들어가 사람의 체온으로 온도를 올려 주기도 했었지만, 지금은 열선이 설치된 발효 탱크가 온도를 맞추어 주고 있다.

숙성이 진행되면서 타닌의 맛이 부드러워지고 복합적인 향으로 변한다. 보통 알코올 도수는 12~15도이다.

화이트 와인 White wine

청포도 품종의 포도알을 파쇄하는 대신, 압착 pressing 하여 껍질과 씨를 들어내고 과즙만 발효한 다음, 앙금 분리 과정, 숙성 과정, 여과 과정을 거쳐 병입된다. 따라서 레드 와인처럼 껍질이나 씨에 있는 타닌 Tannin 이 없고, 신선한 과일향과 함께 과즙에 있는 산 acid 이 바탕이 되어 상큼하고 깨끗하며 황금색을 띠게 된다. 알코올 도수는 10~13도이다.

> 일부 지역에서는 적포도를 껍질의 색이 들어가지 않도록 압착하여 화이트 스파클링 와인을 만들기도 한다.

로제 와인 Rosé Wine

핑크빛 나는 와인으로 양조된 레드 와인과 화이트 와인을 일정 비율로 혼합하여 핑크빛을 얻는 방법과, 발효 과정 전의 화이트 와인을 파쇄된 레드 와인의 포도액에 36시간 이상 머물게 해 착색을 하여 얻는 방법, 그리고 적포도 품종의 포도알을 아주 부드럽게 압착하여 핑크빛을 얻는 방법이 있다.

보존 기간이 짧아 오래 숙성하지 않고 마시는 와인으로 맛으로 보면 화이트 와인에 가까운 와인으로 볼 수 있다.

디저트 와인 Dessert Wine

식사 후에 입안을 개운하게 하기 위해서 마시는 와인으로 보통 달콤하고 도수가 약간 높으며, 포르투갈의 포트 와인이나 헝가리의 토카이 와인이 여기에 속한다.

나무로 만든 옛날 압착 기계

포도알 분류 과정

발포성 와인 Sparkling wine

1차 발효가 끝난 일반 와인에 당분과 효모를 첨가하여 병 안에서 2차 발효를 유도해 탄산가스를 용해시킨 와인이다. 프랑스 샹파뉴 지역의 발포성 와인만 샹파뉴(샴페인)라 부르며, 기타 지역에 따라 다른 이름으로 불리운다. 알코올 도수는 9~14도이다.

프랑스의 샹파뉴 지역을 제외한 다른 프랑스 지역에서는 '크레망 Cremant' 또는 '뱅 무쎄 Vin Mousseux'라고 부르며, 이탈리아에서는 '스푸만테 Spumante', 스페인에서는 '카바 Cava', 독일에서는 '젝트 Sekt' 미국에서는 스파클링 와인 Sparkling wine, 남아프리카공화국에서는 캡 클라시크 Cap Classique 라고 불리운다.

다양한 발포성 와인과 숙성 과정

강화 와인 Fortified wine

일반 와인을 발효 중이나 발효 후에 다른 알코올이나 브랜디의 원액 등을 넣어 18~20도까지 도수를 끌어 올린 와인이다.
스페인의 셰리, 포르투갈의 포트 와인과 마데이라 와인 등이 있다.

다양한 강화 와인

| 포도 수확 | 와인 | 증류주 | 강화 와인 |

강화 와인 제조 과정

스위트 와인 Sweet wine

단맛이 나는 와인으로 식후주에 많이 쓰인다. 이 와인을 얻기 위해 당을 끌어 올리는 방법은 여러 가지가 있다.

• 늦수확 와인 Late harvest wine

늦게까지 수확을 미룬 포도알

정상적인 포도 수확기보다 1~2개월 늦게 수확하면 알맹이의 수분이 증발되고 당의 집중 현상이 일어나는데, 이를 거두어 와인을 빚는다. 독일 라인 강 유역과 프랑스 루아르 지역에서 만들고 있다.

• 귀부균 貴腐菌 와인 botrytis, noble rot wine

평상시엔 맑은 날이 계속되다가, 수확철 즈음에는 아침에는 안개가 끼었다가 오후에는 맑아지는 기후 조건을 갖춘 곳에서만 만들 수 있는 와인이다.

귀부균에 걸린 포도알

일종의 곰팡이균으로 귀하게 부패했다는 뜻의 귀부균 Botrytis Cinerea 이 포도 껍질에 조그만 구멍을 내고 수분을 증발시켜 포도알을 쪼글쪼글하게 만든다. 이런 포도알은 당도가 높아지고 다양한 성분이 형성되어 달콤하고 복합적인 맛을 지니게 된다. 프랑스 보르도 지역 소테른 지방의 와인이 대표적이다.

세계 3대 귀부 와인

프랑스 보르도 소테른 지방과 헝가리 토카이 지방의 아추 에센시아 Aszu Eszencia, 그리고 독일의 트로켄베렌아우스레제 Trockenbeerenauslese 가 있다.

샤토 디켐

아추 에센시아

트로켄베렌아우스레제

• 말린 포도 와인 Dried grape wine

포도를 수확해 그늘지고 서늘한 건조실에서 약 3개월 가량 말리면 수분이 증발하고 포도 당이 집적되어 아주 달지는 않지만 감미가 있는 와인을 만들 수 있다. 이탈리아의 레치오토 recioto 와인이 대표적이다.

• 아이스와인 Icewine

12월 또는 이듬해까지 건강한 포도를 수확하지 않고 놔둔 다음, 온도가 마이너스 7~8도를 유지하는 새벽 3시경에 꽁꽁 언 포도 알갱이를 채취해 부드럽게 압착시켜 빚는다.

독일, 캐나다, 오스트리아가 세계 3대 아이스와인 지역으로 2000년에 생산과 유통에 관한 협약을 맺고, 포도를 인위적으로 얼려 유사 아이스와인을 만들어 시장을 교란시키는 나쁜 메이커들에 대항하고 있다.

독일에서는 아이스바인 Eiswein, 캐나다에서는 Ice와 Wine., 두 단어를 합쳐 아이스와인 Icewine 으로 상표 등록이 되어 있다.

중세 유럽에서는 신혼 부부들의 임신 능력을 높이려고 거의 한달 동안 벌꿀 술 Mead 을 마시게 한 풍습이 있었는데, 여기서 밀월이라고 부르는 허니문 Honeymoon 이 유래되었다.

건조실에서 말리고 있는 포도알들과 말린 포도들

레치오토 와인   아이스와인

눈에 묻힌 포도알

와인에 풍미를 더해주는 오크통 Oak Barrel

와인 숙성용 통의 소재로는 100년 이상 된 오크나무에서 나온 오크가 가장 좋다. 오크나무에는 18가지 서로 다른 페놀 성분을 포함하여 60가지 이상의 폴리페놀이 들어있는데, 가장 많은 성분인 바닐린 Vanilline 에서 나오는 바닐라향과 코코넛, 패랭이꽃, 후추, 훈연향 등 복합적인 향이 와인에 풍미를 더해주며, 포도의 줄기와 껍질에서 나오는 타닌과는 다른 종류의 타닌이 나와 와인을 보호해 준다.

오크나무는 우리나라에서도 볼 수 있는 떡갈나무나 졸참나무과에 속하며 재질이 단단해 선박이나 가구 등을 만들 때 많이 사용되고 있다. 생산 지역에 따라 나무향이 달라, 프렌치 오크통을 선호하지만 가격이 비싸 최근에는 미국, 폴란드, 슬로베니아, 러시아산 등도 사용하고 있다. 보다 값이 저렴한 경우에는 비용 절감의 목적으로 스테인레스통에 오크 칩 Oak Chips 이나 오크 에센스 Oak Essence 를 넣어 효과를 내기도 한다. 화이트 와인의 경우에는 신선한 맛과 향을 위해 오크통 숙성을 하지 않는 경우가 많다.

오크 통의 크기는 작을수록 와인과 나무의 접촉면이 많아지지만 경제성과 그동안의 경험 등에 의해 보르도에서 사용했던 225리터 크기의 통이 일반적으로 사용되고 있다. 오크통은 한번 사용하면 와인의 타닌과 주석산 알갱이 등이 오크통 안에 쌓여 해가 갈수록 오크통에서 나오는 성분들이 줄어들어 와이너리에서는 새 오크통과 사용한 오크통에 와인을 나누어서 숙성시킨 다음 블렌딩하기도 한다.

프랑스 보르도 지역의 샤토 라피트 로쉴드 오크통 공장

질감에 따른 분류

라이트 바디 와인 light bodied wine

프랑스 부르고뉴 지역의 보졸레 와
인이나 이탈리아의 소아베 와인처럼
입안에서 느끼는 맛이 가벼운 와인
이다.

미디움 바디 와인 medium bodied wine

호주의 쉬라즈 와인이나 독일의 리
슬링 와인, 프랑스 부르고뉴 지역의
샤르도네 와인처럼 입안에서의 느낌
이 가볍지도 않고 그렇다고 무겁지
도 않는 와인이다.

풀 바디 와인 full bodied wine

프랑스 보르도 지역의 카베르네 소
비뇽 와인, 캘리포니아의 진판델 와
인이나 샤르도네 와인처럼 입안에
서 묵직한 느낌이 나는 와인이 해당
된다.

와인의 레이블

레이블 내용

와인의 레이블은 와인의 특성과 많은 정보가 담겨 있으나, 초보자에게는 부담되고 당혹스러운 경우가 많다. 프랑스에서는 에티켓 etiquette 이라고도 하며, 프랑스를 비롯한 유럽의 여러 나라에서는 소비자와 생산자를 보호하는 차원에서 법적으로 레이블에 표시해야 할 사항을 규제하고 있다. 하지만 호주나 미국, 남아메리카 등에서는 규제를 하지 않고, 생산자의 임의적 정보 제공 차원에서 발전되어 왔으며, 규제를 하더라도 최소한의 품질 보장을 위해 부분적인 규제를 하고 있다.

일반적으로 소비자가 알아야 할 사항은
- 포도의 수확 연도
- 포도의 품종 – 유럽 쪽 와인들은 포도 품종을 표기하지 않는다.
- 포도의 재배 지역
- 와인의 브랜드 또는 생산자
- 와인의 품질 등급

정도만 알면 되는데, 앞면 레이블에 없는 경우에는 뒷면 레이블에 자세한 사항을 기록하는 경우가 많으므로 뒷면 레이블을 참고하는 것이 좋다.

일반적으로 프랑스 보르도 지역과 이탈리아의 와인들은 브랜드나 생산자 이름을 가장 큰 글씨로 표기하며, 프랑스 부르고뉴 지역과 다른 지역, 그리고 독일은 포도 재배 지역을 가장 크게 표기하고 있다.

와인 산업이 발달한 프랑스, 이탈리아, 스페인 등을 비롯한 유럽의 여러 나라의 와인들을 편의상 구세계(구대륙) 와인으로 부르며, 와인 산업이 비교적 늦게 출발한 유럽을 제외한 미국, 호주, 남아메리카, 남아프리카공화국 등의 와인을 신세계(신대륙) 와인이라고 부른다.

나라별 다양한 레이블

보르도 지역 와인 레이블

❶ 샤토에서 병입했음을 의미

❷ Château Margaux는 와이너리 이름

❸ Great Wine이란 뜻으로 특별한 의미는 없으며 보르도 지역에서 많이 쓰는 마케팅 용어임

❹ 2001년 – 포도를 수확한 연도

❺ 보르도 지역의 등급 분류 중 최고 등급인 프리미에 그랑 크뤼 등급임을 표시

❻ 보르도 지역의 Margaux 마을에서 생산

❼ AOC 등급 와인으로 Margaux 마을에서 재배된 포도로 만든 와인

❽ Propriétaire는 와이너리의 소유주란 의미로 소유주의 주소 명기

❾ 13% 알코올 도수

❿ 750ml 병 용량

부르고뉴 지역 와인 레이블

❶ 'Vieilles Vignes'는 '오래된 포도나무'란 뜻으로 보통은 30년 이상의 포도나무를 말하며, 법적으로 몇 년 이상의 규정은 없음

❷ Vosne-Romanée의 두 번째 등급인 프리미에 크뤼 등급임을 표시
(부르고뉴 지역에서는 보르도 지역의 두 번째 등급인 그랑 크뤼 등급을 반대로 최고 등급으로 표기함)

❸ Les Beaux Monts는 본 로마네 마을에 있는 포도밭 이름

❹ AOC 등급으로 '본 로마네 마을의 프리미에 크뤼'밭에서 재배된 포도로 만든 와인

⑤ 2006년 – 포도를 수확한 연도

⑥ 수확, 숙성, 병입을

⑦ Domaine Bruno Clavelier에서 했음

⑧ 도멘 주소

이탈리아 와인 레이블

❶ Monteraponi는 와이너리 이름

❷ Chianti Classico는 포도 생산 지역

❸ 이탈리아 DOCG 등급으로 지정 받은 포도밭에서 재배된 포도로 만든 와인

❹ Vendemmia는 영어의 Vintage를 의미하며 수확 연도를 이곳에 표시함

❺ Braganti 가문의 Monteraponi 와이너리에서 생산하고 병입하였음을 표시

❻ 이탈리아 시에나의 키안티 지역 Radda 마을에서 재배하였음

❼ 아황산염이 포함되어 있다는 표시

❽ 750ml의 병 용량

❾ 이탈리아에서 생산되었음

❿ 13%의 알코올

구세계(구대륙)의 의무적인 표시 사항은 나라별로 약간씩 다르지만, 그 나라에서 정한 품계, 알코올의 도수, 병입 용량, 생산자 또는 네고시앙의 이름과 주소, 생산 지역 등이 표기되고, 신세계(신대륙)에서는 구세계(구대륙)의 복잡한 레이블의 혼란을 줄이고, 소비자들이 쉽게 접근할 수 있도록 대부분이 간단하게 이름, 포도 품종과 지리적 원산지만이 주로 표시되고 있다.

독일 와인 레이블

❶ Willi Schaefer는 와이너리 이름

❷ 모젤 지역의 Graach 마을 번호

❸ Graach 마을의 Dompробst라는 포도밭 이름

❹ 리슬링으로 만든 늦수확 와인으로 당도가 가장 낮은 와인임

❺ Mosel은 와인 생산 지역

❻ 독일 와인의 최고 등급 와인으로 당도에 따라 여러 카테고리로 나눈다

❼ Gutsabfüllung이나 Erzeugerabfüllung은 와이너리에서 병입하였음을 의미

❽ 독일 재배자협회 VDP의 검사를 통과했다는 공식 인증 번호

❾ 아황산염이 포함되어 있다는 표시

❿ 독일에서 생산되었음

미국 와인 레이블

팔레르모 백 레이블에서

❶ 2018년 나파 밸리에서 수확 및 생산

❷ 포도 품종은 카베르네 소비뇽

❸ 브랜드명은 팔레르모

❹ 오린 스위프트 와이너리에서 병입

❺ 오린 스위프트 와이너리 주소

❻ 알코올 15.5%, 병 용량 750ml, 아황산염 포함

❼ 의무화된 음주 유해 경고 사항

기타 색다른 와인 레이블

프랑스 보르도 지역의 샤토 무통 로쉴드 Château Mouton Rothschild 에서는 1945년 제2차 세계대전이 끝나면서 레이블에 연합군의 승리를 의미하는 Victory의 'V'자를 그려 넣었다. 매 해 빈티지마다 당대 최고의 화가들 피카소, 샤갈, 앤디워홀, 살바도르 등 에게 레이블 작업을 맡겨 '아트 레이블'이라는 하나의 장르를 개척해 나가고 있다. 일반적으로는 고객에게 브랜드를 각인시키기 위해 레이블의 디자인을 변경하지 않는 경우가 많다.

최근 신세계 와인의 경우에는 마케팅 차원에서 재미있고 매력적으로 만들어 쉽게 선택할 수 있도록 하고 있으며, 일부 구세계 와인도 이를 따라하는 경우도 있다.

샤토 무통 로쉴드의 매년 다른 레이블들   1945년 레이블과 2013년 한국 작가 이우환 화백의 레이블

미국 캘리포니아의 혁신적인 컬트 와인 오린 스위프트 Orin Swift 와인의 다양한 레이블

미국 워싱턴 주의 '죽기 전에 마셔야 하는 1001가지' 와인에 선정된 케이 빈트너 K-Vinters 와인의 다양한 레이블

유리병과 레이블의 역사

유리 제조 기술은 고대에도 이미 존재했으나 화목으로 낮은 온도에서 구웠기 때문에 쉽게 깨지는 단점이 있어 사용이 극히 제한적이었다. 17세기 들어와 영국에서 석탄으로 불의 온도를 고열로 올릴 수 있게 되면서 보다 단단한 유리병이 나오게 되었다.

프랑스에서는 1707년부터 단단하게 구워진 영국식 병을 본격적으로 받아들이면서 와인의 역사에서 일대 혁명이 일어나게 된다. 그전까지는 우리가 옛날 양조장에 주전자 들고 가서 막걸리 받아 오듯, 와이너리에서는 소비자가 가져오는 나무통에 또는 오크통째로 팔았는데, 병의 등장으로 판매와 보관, 그리고 운송이 편리하게 되었으며, 무엇보다도 중간에 상인들이 고급 와인에 물이나 저질 와인과 섞어 파는 행위를 막을 수가 있었다. 와인병의 등장과 함께 병목을 막기 위한 코르크, 그리고 코르크를 사용한 병 마개를 열 수 있는 스크루풀 Screwpull, 프랑스에서는 티르 부숑-Tire Bouchon 이라는 도구들이 등장하였으며, 1760년대에 보르도 지역에서는 병목에 끈으로 묶은 레이블이 등장하였다. 1797년에 샤토 라피트 로쉴드가 와인을 최초로 자체에서 병입한 기록이 나온다. 1818년에 보르도 지역에서 레이블을 처음으로 인쇄하여 병에 직접 붙이기 시작했으며, 19세기 들어와서 와인을 병입하고 레이블을 붙이는 것이 보편화되었다. 1924년에 샤토 무통 로쉴드에서는 처음으로 '샤토에서 병입'을 했다는 것을 레이블에 표기하여, 생산에서부터 숙성과 병입까지 동일한 와이너리에서 했다는 것을 밝힘으로써 와인의 품질을 보증하게 되었다.

넥 neck 레이블 및 백 back 레이블

넥 레이블 neck label 에는 매년 레이블을 인쇄해야 하는 비용을 절약하기 위한 용도로도 사용되고 있다. 빈티지 등 추가적인 정보를 제공하는 경우에 사용하며, 의무 사항은 아니다. 그러나 백 레이블 back label 의 경우에는 나라별로 알코올에 대한 규제법, 예를 들면 임산부에 대한 경고라든가 아황산염의 포함 여부 등 의무적으로 표시해야 할 사항을 적고 있다.

넥 레이블과 백 레이블

Mis en Bouteille au Château/Domaine(샤토/도멘에서 병입)의 진실

레이블에 Mis en Bouteille au Château/Domaine(샤토/도멘에서 병입)는 표기들을 볼 수 있는데, 전에는 병입 시설을 갖추는데 초기 비용이 많이 들고 면적도 많이 차지하면서 유지 비용 또한 많이 들어가기 때문에 샤토에서 병입했다고 하면 어느 정도 규모가 있는 와이너리라고 볼 수 있었다. 그러나 최근에는 큰 와이너리를 제외하고는 1년에 1~2번 밖에 사용하지 않고 유지 비용과 면적의 활용도 등 여러 가지를 감안하여, 샤토에 와서 병입해 주는 병입 시설을 갖춘 차를 불러 이용하는 것이 일반화되었다. 이는 구세계나 신세계 와이너리 모두 공통이다. 이런 방식도 샤토에 와서 병입하였기 때문에 '샤토/도멘에서 병입'하였다는 문구를 표기할 수 있으며, 전에 병입 시설로 사용했던 면적을 숙성 창고 등 다른 용도로 이용하고 있는 곳이 많다.

일반적인 병입 시설

병입 시설을 갖춘 콘테이너 스타일 차

The Knowledge of Wine

와인의 보관

와인은 브랜디나 위스키 등의 증류주와 달리 막걸리와 같은 발효주로 병입 후에도 소량의 산소와 와인의 여러 성분들이 반응하면서, 와인의 거친 맛이 부드러워지고, 향과 색이 좋아져 마시기 좋은 와인이 된다. 따라서 보관 여부에 따라 와인의 품질이 좋아지기도 하고 나빠지기도 한다.

일반적으로 집에 조그마한 와인 셀러라도 있으면, 그곳에 넣어 보관하는 것이 가장 좋으나, 셀러를 갖추지 못한 경우에는 다음과 같은 기준으로 보관 여부를 결정해야 한다.

- 일반적으로 화이트 와인은 레드 와인에 비해 보관 기간도 짧고, 보관을 잘 한다고 해서 와인의 질이 크게 나아지지 않는다.

- 가격대가 싼 와인 같은 경우는 보관하는 것보다 빨리 마시는 것이 좋다.

- 중간 가격대라면 레드 와인의 경우에는 5~10년 이내, 화이트 와인의 경우는 2~3년 이내가 좋다.

- 타닌 Tannin 이 많이 함유된 카베르네 소비뇽 같은 풀 바디 품종의 와인은 다른 품종에 비해 장기 보관이 가능하다. 피노 누아 품종의 경우는 그랑 크뤼급 이상은 장기 보관이 가능하다.

- 구세계 와인의 경우에는 포도의 수확 연도가 좋고 나쁨에 따라 장기 보관 여부를 결정하는 것이 좋다.

와인의 오크통 숙성

지하 카브에 보관된 와인들

가끔 매스컴에서 100년 된 와인이 경매에 나왔다는 이야기를 듣게 된다. 좋은 와인도 시간이 지날수록 맛이 좋았다가 어느 정도 지난 다음에는 맛이 점점 약해지는 열화(劣化) 현상을 가져온다. 따라서 100년된 와인은 맛보다는 역사성이나 희소성에 무게를 두어야 된다.

와인 가격에 차이가 많이 나는 이유는 고품질의 와인일수록 생산량은 한정되어 있고, 무한은 아니지만 오랜 기간에 걸친 숙성에 의해 질이 향상되는 특성을 가지고 있다. 또한 시간이 지남에 따라 소비가 진행되면서 남아있는 양이 적어져 희소가치가 일어난다. 와인도 수요와 공급의 경제 논리를 따르기 때문에 희소성이 있으면 가격은 오르기 마련이다. 그래서 가끔 놀랄만한 와인의 가격들이 형성되는 이유이다.

샤토 라피트 로쉴드 올드 와인들

와인을 보관할 때 유의 사항

- 보통 와이너리의 지하 카브 온도는 연중 15~18도 내외로, 사계절 온도 변화가 없는 곳이다. 따라서 일반 가정집에서도 가장 온도 차이가 적고, 한 여름에도 낮은 온도를 유지할 수 있는 곳이 좋다.
- 뒷 베란다 등 직사광선을 피할 수 있고 어두운 곳이 좋다. 가능한 박스에 넣어 서늘한 장소에 보관하는 것이 좋다.
- 습도가 55~75%로 유지할 수 있는 곳이 좋다. 건조한 경우 코르크가 말라서, 그틈 사이로 와인이 증발하면서 상할 수 있기 때문에 코르크가 마르지 않도록 수평으로 눕혀서 보관해야 한다.
- 서늘하면서 통풍이 잘되고, 냄새가 나지 않는 청결한 곳으로 진동이 없는 곳이어야 한다. 병에 진동이 가해지면 숙성 속도가 빨라져 질의 저하를 가져온다. 일반 냉장고는 모터에 의해 온도를 낮추는 방식으로 진동이 있으며, 식품에 의한 냄새도 있어 와인을 장기간 보관하는 장소로서는 적합하지 않다.
- 장소와 금전적인 여유가 있다면 조그만 가정용 와인 셀러를 추천한다.

와인의 페니실린 아황산염(무수아황산)과 와인의 침전물

아황산염(무수아황산) Sulfite

레이블이나 백 레이블에 아황산염이 첨가되어 있다는 표기를 볼 수 있다. 아황산염은 로마시대부터 음식물을 오랫동안 보관하기 위해 이용되어 왔으며, 모든 식재료에는 소량의 아황산염이 존재한다. 특히 발효 과정에서 자연적으로 아황산염이 생기기도 한다. 우리가 먹는 마늘, 양파 등과 건포도, 건어물, 그리고 희석식 쥬스에 많이 들어 있다. 와인의 아황산염은 산화 방지와 박테리아 등의 미생물에 의한 부패를 막기 위해 발효 전에 효모와 함께 첨가하고 있는데, 최근에는 양조 기술의 발달로 80mg/L 이내로 EU(레드 와인 150mg/L, 화이트 와인 200mg/L.)나 미국(레드& 화이트 와인 350mg/L)의 법에서 정한 기준의 절반 정도로 떨어뜨리고 있다.

아황산염이 식품 첨가물로 널리 사용되는 이유는 생체 내에서 빠르게 불활성화되고, 허용 섭취량을 초과하지 않는 경우에는 크게 문제 될 것이 없는 첨가물이기 때문이다. 다만 천식 환자와 일부 아황산염에 알레르기 등 과민 반응을 일으키는 사람은 자제하기를 권고하고 있는 첨가물이다.

와인의 침전물

가끔 오래된 와인에는 바닥에 찌꺼기가 있는 것을 볼 수 있는데, 이는 와인에 함유된 타닌과 안토시아닌이 시간이 가면서 화학적인 반응을 일으켜 병 밑에 가라앉기 때문이다. 이런 침전물은 고급 와인일수록, 좋은 빈티지일수록 많이 보인다. 와인병 밑이 오목하게 들어가 있는 것도 이런 침전물이 바닥에 쉽게 가라앉도록 하기 위함이다. 인체에는 전
혀 해가 없다. 병 밑바닥에 수정같이 맑은 와인 빛 결정체도 볼 수 있는데, 이는 장기간 낮은 온도에서 보관할 경우 와인에 함유된 주석산이 칼륨 등과 결합해서 생기는 것으로 주석산염이라고 한다.

진공 세이버 Vacuum Saver

가끔 와인을 마시다 남는 경우가 생기는데, 이런 경우 코르크를 다시 막고 냉장고에 보관하더라도 이미 병 안에 산소가 들어가 와인을 급격하게 산화시켜 맛이 변하게 된다. 그래서 가장 좋은 방법은 2~3일 내에 빨리 마시는 것이 좋다. 최근에는 배큠 세이버 Vacuum Saver 라는 기구를 사용하여 병 속의 공기를 뽑아내고 진공 상태로 만들어 주면 1주일 이상 보관이 가능하다. 가격도 그렇게 비싸지 않으므로 와인을 좋아한다면 한 세트 장만하는 것이 좋다.

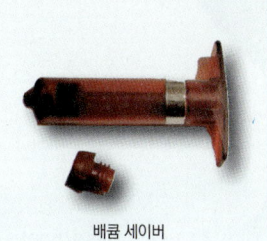

배큠 세이버

The Knowledge of Wine

와인 잔

술의 종류에 따라 마시는 잔의 모양도 달라진다. 소주는 소주 잔에, 막걸리는 막걸리 잔에 마셔야 제 맛이 나는 것처럼, 와인도 와인 잔에 마시면 느낌이 배가 된다. 거기에 지역별, 와인별 특성에 맞추어 와인 잔을 선택하여 마시면, 그 와인의 섬세함과 고유한 맛까지 음미할 수가 있어 느낌이 배가 된다.

크리스탈 잔은 투명성과 광택, 소프트함을 내기 위해 24% 이상의 산화납(PbO)을 넣어 만드는데, 최근에는 납이 인체에 유해하다고 하여 산화납 대신 산화 바륨, 산화 아연, 산화 칼륨 등을 사용하고 있다.

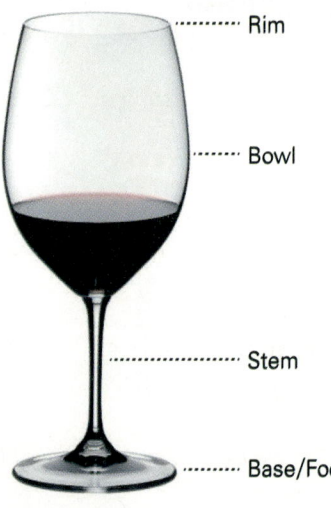

Rim

Bowl

Stem

Base/Foot

와인의 섬세함과 고유의 맛을 느끼기 위해서는

• 와인 잔은 너무 두껍지 않고, 무색, 투명해야 하며, 유리 자체의 아름다운 빛을 내는 크리스탈 잔이면 더욱 와인의 시각적인 면이 잘 드러날 수 있다.

• 볼 Bowl 부분이 조금 크다고 느낄 정도의 잔이 공기와 접촉하는 표면적이 커서, 와인의 아로마가 잘 표현된다.

• 와인을 마실 때 볼 Bowl 부분을 잡으면 와인의 온도가 올라가며, 손에서 나는 로션이나 향수 냄새가 아로마를 받아들이는데 방해함으로 스템 Stem 부분을 잡는 것이 좋다. 따라서 베이스 Base, 스템 Stem, 볼 Bowl 의 형태를 갖추고 있는 것이 좋다.
또한, 입에 닿는 부분인 볼 Bowl 윗부분 테두리의 가장자리 Rim 부분이 얇을수록 와인이 혀에 매끄럽게 닿아 느낌이 좋다.

• 잔에 커팅이나 장식이 없는 단순하면서도 매끄럽고 날렵한 와인 잔이 좋다.

와인 잔의 종류

보르도 스타일 와인 잔

볼 Bowl 부분이 다른 와인 잔에 비해 커서 와인이 공기에 접촉하는 표면적을 최대화함으로서, 타닌을 부드럽게 해주고, 자연스럽게 아로마를 모아서 방출하게 한다. 와인을 혀 뒤쪽으로 집중시켜 타닌의 떫은 맛을 줄이는데 도움이 된다.

부르고뉴 스타일 와인 잔

부르고뉴 와인의 섬세한 아로마와 풍부한 향을 모아서 방출하도록 튤립 모양으로 되어 있다. 와인은 혀 앞쪽으로 향하게 하여 산미를 조절하면서 달콤한 맛을 강조한다.

화이트 와인 잔

공기의 접촉면이 너무 많으면 화이트 와인의 특징인 가볍고 상큼하면서 신선한 풍미가 손상될 수 있으므로, 볼 Bowl 이 레드 와인 잔에 비해 작으며, 림 Rim 의 지름 부분 또한 적게 하여 온도를 차갑게 유지하게 하였다. 와인은 혀의 중앙에 집중하여, 가벼운 맛을 강조하고 신맛을 줄여준다.

스파클링 와인 잔

거품이 떠오르는 모습이 오랫동안 보이면서 거품이 잘 보존되도록 와인 잔이 좁고 길며, 공기와의 접촉면을 줄여 와인을 시원하게 유지토록 한다.

트럼펫 Trumpet 형 샴페인 잔은 고대 트로이 전쟁의 단초를 제공한 헬레나 여왕의 가슴 모형이라는 설과 방만한 생활을 즐겼던 프랑스 루이 16세의 왕비였던 마리 앙투아네트의 왼쪽 가슴이라는 설이 있는데, 모두가 샴페인을 로맨틱한 분위기를 자아내게끔 만들어낸 이야기이다. 보통 이렇게 림 Rim 부분이 넓게 퍼진 잔은 향을 모아주지 못하고 기포가 쉽게 손실되어 샴페인을 즐기기에는 적절치 않을 수 있다.

The Knowledge of Wine

와인병 모양

18세기 이후 유리병의 보급이 일반화되면서 와인의 보관이 쉬워졌다. 유리병은 외부의 공기를 차단시켜 산화되는 것을 막아주고, 병 안에서 숙성 효과까지 볼 수 있으며, 맛과 향이 햇빛에 의해 감소하거나 변질되는 것을 막아준다.

와인 잔이 지역별로 다르듯이, 와인병도 그 지역의 특색을 살려 크기, 모양, 색상을 다르게 사용하고 있다.

유리병의 크기

유리 제작자들이 유리를 불어서 병을 만들 때, 보통 성인이 한번에 불 수 있는 공기의 량이 750ml 라서 병의 표준 크기가 되었다고 한다. 750ml 이상의 크기로 병을 만들 때는 전용 유리 송풍기를 이용한다.

동일한 와인이라도 병의 크기가 크면 클수록 숙성이 더디게 진행되면서 품질이 좋아지고 이에 따라 보관 기간도 길어진다. 일반적으로 가격면에서도 일반 스탠다드 병에 비해 용량의 비례보다 훨씬 비싸다.

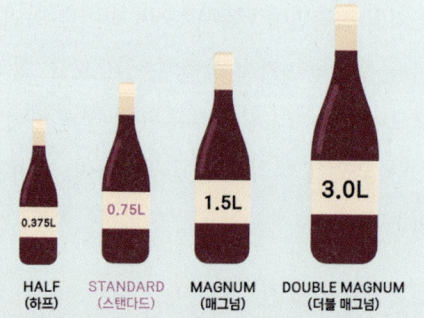

0.375L　　0.75L　　1.5L　　3.0L

HALF (하프)　　STANDARD (스탠다드)　　MAGNUM (매그넘)　　DOUBLE MAGNUM (더블 매그넘)

샤토 무통 로칠드 와이너리에 보관중인 다양한 병의 와인들

보르도 스타일 와인병

이 병 모양은 세계적으로 가장 많이 사용되고 있는 타입으로 곧은 측면과 독특하고 높은 어깨 high shouldered bottle 를 갖고 있으며, 레드 와인은 짙은 녹색이나 갈색 병을 사용하고, 화이트 와인은 옅은 녹색이나 투명한 병을 사용한다.

이런 병 스타일은 장기 보관하는 보르도 지역 와인의 침전물이 어깨 부분에 걸리도록 하기 위해 만들어졌다고도 한다.

프랑스의 보르도, 루아르, 서남부, 랑그독-루시옹 지역과 신세계의 레드 와인에 많이 이용한다.

부르고뉴 스타일 와인병

이 병은 경사진 어깨 sloping shouldered bottle 가 특징으로 보르도 지역 와인처럼 오래된 와인에 많은 침전물이 없으므로 어깨를 슬로프 형태로 만들었다고 하며, 유리 제작자가 가공하기 쉬운 모양이라고 한다.

프랑스의 부르고뉴 지역 뿐만 아니라 이웃의 론 지역과 신세계의 화이트 와인에 많이 사용한다.

독일 스타일 와인병

이 병은 가늘고 길며 완만한 어깨 Thin, long and gentle shouldered bottle 로, 프랑스 보르도나 부르고뉴 지역보다 훨씬 가볍고 얇은 편이다.

라인강을 건너는 배의 크기가 작아서 가능한 많은 양을 실으려고 얇고 가벼워야 했다고 한다.

독일의 리슬링 와인이나 알자스 지역의 게뷔르츠트라미너 와인에 많이 사용한다.

스파클링 와인병

병 안이 6기압 이상의 압력을 견디기 위해 병 두께가 두꺼우며 무거운 편이다. 특히 경사진 어깨 sloping shouldered bottle 와 바닥 부분의 깊은 딤플 Deep dimples 즉 펀트 punt 가 와인과의 접촉면을 넓혀주면서 높은 압력을 견뎌내는데 일조하고 있다. 주로 녹색을 많이 사용한다.

기타 와인병

Port
포트

Marsala
마르살라

Clavelin
클라벨린

Bocksbeutel
복스보이텔

Chianti
키안티

일반적인 병 무게는 약 400g이지만 고급 와인의 경우는 550g이 넘는 일도 있다. 고급 와인일수록 중후한 느낌을 주기 위해 무거운 병을 쓰는 경향이 있다.

다양한 와인병 모양

코르크 마개 Cork Stopper

코르크 마개 Cork Stopper 는 18세기에 들어서 프랑스 샹파뉴 지역 오비예 수도원 Abbey of Hautvillers 의 수도사였던 돔 페리뇽 Dom Pérignon 이 스페인 성지 순례자들의 호리병이 코르크 마개로 봉해져 있음을 보고 샴페인 병에 사용하면서 보편화되었다고 한다. 코르크 cork 는 코르크 참나무의 겉껍질과 속껍질 사이의 두꺼운 껍질층을 말한다. 코르크는 불침투성이며 단열, 방음, 탄력성을 가지고 있고, 물에 뜨는 재질로 식물의 줄기나 뿌리 주변부에서 만들어지는 식물의 보호 조직이다.

포르투갈 남부의 알렌테주 지역에서 전 세계 사용량의 50% 정도를 생산한다. 나무의 수명이 보통 100~500년 정도인 코르크 참나무는 약 25년 이상 자라면 표피를 벗겨내 마개를 만든다. 평균 8~9년에 한 번씩 코르크를 채취하며, 다시 8~9년이 지나면 다시 껍질을 벗겨 낼 수 있어 친환경적이다.

코르크의 기능과 길이

코르크는 액체가 닿으면 팽창하는 성질이 있다. 따라서 와인을 눕혀 보관하면 코르크가 팽창하면서 병목을 밀폐해주며, 한 달에 약 0.01ml의 산소가 와인 속으로 들어가 와인 속의 여러 물질을 산화시키면서 와인을 숙성시킨다. 대체로 코르크의 수명은 20~30년으로 오래된 와인은 새 코르크로 교환해 주어야 한다.

스탠다드 와인병의 내부 지름 18.5mm에 맞추어, 코르크 지름은 24mm로 동일하나, 길이는 38, 44, 49, 53mm의 4종류 표준이 있으며, 고급 와인의 경우 숙성 기간을 고려하여 긴 코르크를 사용한다. 따라서 49mm 이상 긴 코르크를 사용했다면 일단 고급 와인이라고 볼 수 있다.

다양한 코르크 마개와 코르크 제작 과정, 개인 기념 각인 코르크 마개

대체품

최근에는 코르크 사용량이 많이 줄고 있다. 일부 코르크에서는 곰팡이가 발생하여 페놀계 물질과 화학 반응을 일으켜 곰팡이 냄새가 나는 경우도 있는데, 이를 '코르크화 corky' 또는 프랑스어로 부쇼네 Bouchonne 라고 한다.

이를 막기 위해 코르크 모양의 플라스틱 마개를 사용하거나, 옆과 윗부분을 알루미늄으로 만들고 뚜껑 안쪽을 특별 주석 박편으로 싸인 폴리에틸렌으로 만든 스크루 캡 screw cap 등을 사용하기 시작하고 있다.

이런 마개들은 천연 코르크가 갖고 있는 문제를 예방할 수 있고, 쓰기가 간편하여 호주 등 신세계에서 확산하는 추세이나 장기 보관하는 와인에는 사용하지 않고 있다.

호주 엘로우 테일 yellow tail 의 스크루 캡 와인들

The Knowledge of Wine

와인과 음식의 마리아주 mariage

돼지고기에 새우젓이 궁합이 맞듯이 와인도 그 와인에 어울리는 음식이 있다. 이를 프랑스에서는 결혼이라는 의미의 마리아주 mariage 라고 한다.

와인과 음식의 마리아주는 지금까지의 관습이나 상식에 의존하기보다는 본인의 취향에 따라 마시고 싶은 와인을 마시면서 즐기면 된다.

오랜 세월 유럽에서 전해 내려오는 마리아주의 원칙은 다음과 같다.

• 일반적으로 화이트 와인은 생선이나 갑각류 등 해물류의 음식과 어울리며, 레드 와인은 육류에, 로제 와인은 가벼운 음식, 스위트 와인은 디저트류가 적합하다.

이는 화이트 와인의 산 acid 은 생선의 맛과 조화를 이루기 때문이고, 레드 와인의 타닌은 육류의 지방을 중화시켜 주기 때문이다.

그러나 요리는 소스와 함께 하므로 소스에 따라 요리의 맛이 달라지기 때문에 해물류도 소스가 진한 경우에는 피노 누아 등 가벼운 레드 와인도 어울리며, 담백한 오리고기는 영한 레드 와인이나 드라이한 화이트 와인도 어울리므로, 요리 소스와 개인의 취향 등을 고려하여 선택하는 것이 좋다.

• 짠맛과 단맛 즉 단짠이 상호 보완하면서 조화를 이룬다.

짠맛이 나는 체더 치즈에 스위트 와인이나 탄닌이 강한 레드 와인, 맵고 아린 맛이 나는 블루 치즈에는 과일향이 풍부한 감미가 있는 리슬링 등 화이트 와인이 어울린다.

화이트 와인과 잘 어울리는 생선 요리

와인과 잘 어울리는 음식

타닌은 포도의 껍질과 줄기, 씨에서 나오며, 숙성이나 발효 중에 오크나무에서도 나온다. 타닌은 천연 방부제로 와인을 오랫동안 보관할 수 있게 해주며, 와인의 전체적인 구조감을 잡아주는 역할을 한다. 우유나 단백질이 들어있는 음식은 타닌의 떫은 맛을 부드럽게 해주는 역할을 한다.

- 어느 한쪽이 압도해서 단맛은 보다 더 단맛으로 신맛은 보다 더 신맛으로 매칭시키는 경우이다. 케이크 등 디저트에는 스위트 와인이 어울리는 경우이다.
- 그 지역 음식에는 그 지역에서 나오는 와인을 선택하는 것이 좋다. 이탈리아의 스파게티는 이탈리아의 와인이 더 잘 어울린다.
- 한국 음식과의 마리아주는 불고기 같은 경우는 호주의 쉬라즈 와인 또는 프랑스 보르도 생테밀리옹 지방의 레드 와인이 무난하며, 삼겹살 구이같은 경우는 보르도 지역의 레드 와인이나 남부 론 지방의 레드 와인과 어울린다. 통닭 구이 같은 경우는 화이트, 로제, 레드 다 잘 어울릴 수 있다.

The Knowledge of Wine

테이스팅 tasting

와인을 마실 때 통과 의례처럼 해야하는 의식이 있는데, 와인을 잔에 따르기 전에 누군가에게 와 인을 조금 맛보게 하는 것이다.

코로 글라스에서 올라오는 향기를 맡는 테이스팅

테이스팅 과정

• 마시고자 하는 와인이 변질되지 않았는지 확인 하기 위해서가 첫 번째 목적이다. 와인은 유통 과정에서나 보관 과정에서 변질되는 경우가 가 끔 있으므로, 손님에게 제공되기 전에 호스트 가 확인하는 것이다.

• 제공된 와인은 적정 온도로 칠링 chilling 되어 있 는지 확인하기 위해서이다. 화이트 와인의 경 우는 베이스가 산이므로 알맞게 칠링되어야만 와인의 제 맛을 느낄 수가 있기 때문이며, 레드 와인의 경우에는 에어링을 위해 디캔팅 decanting 을 필요로 하는 경우도 있기 때문이다.

• 주문한 와인이 본인이 경험했던 와인이나 생각 했던 와인이 아닐 경우에는 반품을 할 수 없다. 왜냐하면 와인은 빈티지별로 맛이 약간씩 다르 기 때문에, 상한 와인의 경우 외에는 반품이 안 된다.

테이스팅 tasting 은 원래 호스트가 하게 되 어 있는데 참석자 중에 와인에 대해 잘 아 는 사람이 있다면 대신 테이스팅을 권하 는 경우도 있다. 이 경우 여성에게는 권하 지 않는 것이 에티켓이다. 이는 옛날에는 독극물의 감별 여부도 있기 때문이다.

빈티지 Vintage 는 프랑스어로 밀레짐 millesime 이라고 하며, 일종의 출생 신 고라고 볼 수 있다. 라틴어로 밀레지모 Millesimo 에서 파생한 것으로 특별한 건 축물이나 화폐가 만들어진 것을 기념하 여 새긴 것에서 유래되었다고 한다.
와인에서는 포도의 수확 연도를 말하며, 병입 연도가 아니다. 따라서 수확 연도인 빈티지에 따라 와인의 품질과 개성에 차 이가 많다. 그러나 신세계 와인의 경우에 는 기후의 변화가 크게 없어 빈티지별로 크게 차이가 나지 않는다.

디캔팅 decanting 의 목적

와인을 표면적이 넓은 용기에 따르는 동안과 따르고 나서, 공기와 최대한 많이 접촉 airing 또는 breathing 시킴으로서 와인 속에 함유된 이산화탄소 Carbon Dioxide 를 배출시켜, 한결 순화된 와인의 맛을 얻고 향을 넉넉하게 발산시키기 위해서이다. 또한 오래된 와인의 경우 주석산염 Tartrate 이나 침전물 sediment 을 제거하기 위한 목적도 있다.

레드 와인의 경우에는 온도가 너무 낮으면 타닌의 떫은 맛이 혀에 강하게 느껴지며, 너무 온도가 높으면 푸르티한 맛이 없어진다. 가벼운 타입일수록 좀 더 차게 마시는 것이 좋다.
화이트 와인은 차가우면 신맛이 억제되고 신선한 맛이 강조된다. 스위트 할수록 낮은 온도가 좋다.

테이스팅 요령

- 눈으로 와인의 빛깔과 투명도, 점도 등을 확인한다.
- 코로 글라스에서 올라오는 향기를 맡는다.
- 입으로 조금 마셔 혀로 굴려가면서 와인의 맛을 느껴본다.
- 목으로 넘기면서 맛을 본다.
- 마시고 난 후의 여운을 느껴본다.
- 표현 방법에 대한 규칙이나 금기 사항이 없으므로 간단히 느끼는 대로 코멘트 해준다.

와인에 따른 적정한 서빙 온도

와인 종류	서빙 온도
스파클링 와인, 스위트 와인	6~8도
라이트한 화이트 와인, 로제 와인	6~10도
드라이한 화이트 와인	12~16도
라이트한 레드 와인	12~14도
미디움 바디의 레드 와인	14~16도
풀 바디 레드 와인	16~18도

각종 유리 와인 디캔터

The Knowledge of Wine

아로마 Aroma 와 부케 bouquet

아로마 Aroma 는 원래부터 포도 자체가 갖고 있는 일차적인 향기로 포도 품종과 숙성도에 따라 다양한 향을 느낄 수 있으며, 주로 과일향으로 향이 강하고 풍부하면 양질의 와인이라 볼 수 있다.

화이트 와인은 레몬. 푸른 사과, 라임 등의 과일향과, 박하, 바질 등의 허브향이 많으며, 레드 와인은 딸기, 체리, 커런트 등의 과일향과 감초, 침향나무 등의 허브향이 많다. 아로마는 그리스어로 향신료 spice 를 의미하는 ἀρωμα에서 파생된 말로 기분 좋은 향 pleasant smell 이라는 의미를 갖게 되면서 와인 용어로 쓰게 되었다.

부케 bouquet 는 발효와 숙성 과정에서 구성 인자 간의 화학 작용의 결과로 생긴 복합적인 향으로 공기 중의 산소와 만나면서 생기는 향이다. 발효 과정과 숙성 정도, 방법에 따라 다양하며, 화이트 와인은 흰 곰팡이, 버섯, 건초, 말린 과일 등의 냄새가 나며, 레드 와인은 부엽토, 가죽 냄새, 담배, 마른 잎, 홍차 등의 냄새가 난다.

작은 술을 뜻하는 고대 프랑스어 'Bosquet'에서 유래된 말로 오늘날에는 꽃다발이라는 의미로 널리 쓰이고 있다. 꽃향기가 그윽한 와인의 향을 부케라고 표현하면서 와인 용어로 쓰여지게 되었다.

와인 아로마 훈련 키트 Aroma Trainning Kit

와인의 다양한 향에 대해 후각을 더욱 발전시키기 위한 훈련키트들이 화이트와 레드 와인별로 존재한다.

The Knowledge of Wine

두 종류 이상의 와인을 마시게 되는 경우

글라스를 가볍게 돌려 글라스 내벽을 따라 흘러내리는 와인 방울의 흔적을 영어권에서는 '와인의 다리 leg', 감성이 풍부한 프랑스에서는 애잔하게 흐르는 눈물이란 뜻의 '와인의 눈물 larme', 독일에서는 지루한 예배 시간 동안 바라봤던 좁고 긴 창문을 연상하여 '교회의 창문'이라고 다양하게 표현하고 있다. 흘러내림이 늦을수록 와인의 점도가 높다는 것을 의미하며, 이것은 글리세린과 알코올 성분의 복합적인 표면장력효과로 알코올 농도가 12도 이상이거나 당도가 높을 때, 또는 헤비한 와인에서 볼 수 있다.

와인을 곁들인 파티에 여러 종류의 와인을 가져와서 마시는 경우나, 식당 등에서 두 가지 이상의 와인을 마시는 경우에는 각각의 와인 특징을 충분히 음미하기 위해서 다음과 같은 순서로 마시면 좋다.

- 화이트 와인에서 레드 와인으로

- 가벼운 맛에서 무거운 맛으로

- 드라이한 맛에서 스위트한 맛으로

- 숙성 기간이 짧은 와인부터 긴 와인 순으로

- 심플한 맛에서 복합적인 와인 맛으로

우리나라 와인의 세금

우리나라는 와인에 대해 종가세를 적용하고 있다. 기본적으로 와인의 세금 산정은 와인의 출고가 + 운임 + 보험료 등을 합한 우리나라 도착 가격인 과세 총액에 관세 15% X 주세 30%, 그리고 주세에 교육세 10%를 곱한 가격의 총합 (과세 총액 + 관세) X (주세 + 교육세) X 부가가치세 10%를 곱해서 68.245%가 세금이다. 단, FTA가 체결된 국가에서 수입한 와인은 관세가 면제된다.

일본은 종량제를 택하고 있어 비싼 와인의 경우에는 우리나라보다 싸며, 홍콩은 주류에 대한 세금을 없애 우리나라보다 훨씬 가격이 저렴하다.

예를 들면 과세 총액이 1만원인 와인의 경우 세금은 6,824원이다. 여기에 수입상, 도매상, 소매상의 마진을 더하면 최종 소비자가는 현지 판매가보다 3~5배가 된다.

와인과 건강

와인은 옛날부터 화학적인 결합에 의한 의약품이 나오기 전까지 수많은 생약제제 중 한 가지였다. 특히 '의학의 아버지'라 불리우는 히포크라테스는 두통, 소화장애, 신경통, 불면증 등에 향료를 가미한 와인을 처방하기도 하였다.

일찍이 서양의 의사들이 '와인은 나이 많은 사람들의 간호사'라는 말을 할 정도로 나이 든 사람들에게는 효과가 좋다.

와인에는 에틸 알코올, 6가지 산, 인산염 등의 염화물, 당분, 칼륨, 칼슘 등의 무기물질이 포함되어 있다.

특히 칼슘과 칼륨은 체내에서 약알칼리성을 띠므로 산성 체질을 알칼리성으로 바꿔주어 성인병 예방에 효과가 있으며, 나이든 사람이나 여자들에게는 골다공증을 예방하는 효과가 있다고 한다.

특히 레드 와인에 많이 함유된 타닌 성분과 폴리페놀 성분 등이 순환기 질병인 고혈압과 동맥경화, 심장질환, 그리고 암을 예방하고 치료에도 도움이 된다는 의학계의 많은 보고서가 있다.

그러나 '술은 백약의 으뜸이지만, 만가지 병은 술에서 생긴다'는 말이 있듯이 적당할 때 약이 되지만 지나치면 결국에는 독이 된다.

"Hello Vine Goodbye Problems 와인은 모든 근심을 사라지게 한다"는 여인 뒤의 팻말

에펠탑 옆을 지나가는 파리 센강의 바토무슈 유람선

프랑스

France

프랑스는 와인에 있어서는 여러가지 면에서 종주국이라 해도 과언이 아니다. 아주 오랜 와인의 역사를 갖고 있으며, 와인을 문화에 접목시키고 이를 전 세계에 전파했기 때문이다. 또한 일찍이 와인에 관련된 여러 제도와 법을 마련하여, 후발 주자들에게 와인에 관련된 기준을 제공하는 역할도 했다.

이런 프랑스는 라인 강, 알프스 산맥, 대서양, 지중해 등으로 자연적인 국경이 형성된 5각형 모양의 국토를 갖고 있는 나라로 전국토의 약 60%가 경작지이다. 포도 재배에 영향을 주는 지형, 기후, 토양 등 모든 요소에 최적의 자연 조건을 갖추고 있는 국가이다. 이런 것을 뒷받침하듯 전 국토에서 와인이 생산되고 있으며, 농산물 중에서 와인이 차지하는 비율이 약 10% 정도이다.

재배 지역은 주로 강을 끼고 있는 지역에서 많이 재배되며, 크게 강을 중심으로 북부와 남부로 나눌 수 있다. 북부는 기후 조건이 와인에 불리한 지역으로 대부분 단일 품종으로 재배되며, 남부 지역은 여러 포도 품종을 재배하여 각각의 포도 특색을 살려서 블렌딩하여 와인을 만들고 있다. 따라서 프리미엄급 와인부터 평범한 대중적인 와인까지, 테이블 와인부터 스파클링 와인, 강화 와인, 브랜디까지 포도로 할 수 있는 모든 종류를 생산하는 나라이다.

프랑스는 포도 재배에 훌륭한 자연 환경과 함께, 포도 질병의 퇴치 노력, 다양한 포도 품종의 개발, 블렌딩 기술의 향상, 새로운 와인 제조 기술의 개발, 철저한 등급 관리의 노력으로 스페인과 이탈리아에 비해 재배 면적은 작지만, 최고의 품질을 자랑하는 세계 최고의 와인 강국으로 생산량은 이탈리아, 스페인 다음으로 세계 3위, 수출량으로도 세계 3위이나, 수출액 기준으로는 세계 1위이다. 소비량도 1인당 연간 60리터 이상을 마시는 나라로, 국제 와인 시장에서는 여전히 프랑스의 입김이 강하게 작용하고 있다.

TIP 2020년 와인 생산국가 순위

1. 이탈리아	2. 스페인	3. 프랑스	4. 칠레	5. 호주
6. 아르헨티나	7. 남아프리카공화국	8. 미국	9. 독일	10. 포루투갈

와인의 역사

프랑스 와인은 BC 500년경에 그리스인들이 프랑스 남부의 마르세유 지역으로 건너와 포도를 재배하기 시작했으며, 로마 시대에 이르러 부흥기를 맞이한다. 1세기경에는 론, 랑그독-루시옹 지역을 시작으로 해서, 2~3세기경에는 부르고뉴, 보르도, 샹파뉴 지역으로 5세기경에는 프랑스 전역으로 전파되었다.

로마 제국의 멸망 후, 중세에는 기독교의 의식 행사에 사용하기 위해 수도사들이 포도 재배와 양조법을 연구하였다. 17세기 말, 루이 14세 때 부르고뉴 지역 와인이 유명하여 인기 상품으로 이웃 나라에 수출되기까지 하였고, 18세기 루이 15세 때에는 유리병과 코르크 마개의 사용으로 와인의 제조 및 보관, 운송이 편리해지면서 보르도 지역 와인과 샴페인이 인기를 얻게 되었다.

프랑스 혁명 이후 수도원과 영주가 소유하고 있던 포도밭이 여러 사람에게 나누어졌다. 그러나 보르도 지역은 신흥 금융 자본에 의해 포도 경작지가 대규모로 재통합되었으나, 부르고뉴 지역은 현재까지도 여러 소유주로 나누어져 있다.

이후 1860년대부터 약 60년간 포도나무의 해충인 필록세라 Phylloxera 가 유행하면서 포도밭이 황폐해졌지만, 미국산 포도나무 뿌리에 프랑스산 포도나무를 접붙이기함으로써 난국을 해결했다.

현재 프랑스에서 재배되고 있는 포도 품종은 130여 종이며, 비교적 많이 재배되고 있는 품종으로는 레드 와인 품종으로 카베르네 소비뇽 Cabernet sauvignon, 메를로 Merlot, 피노 누아 Pinot Noir, 시라 Syrah, 가메 Gamay, 생소 Cinsaut, 그르나슈 Grenache 등이 있고, 화이트 와인 품종으로는 샤르도네 Chardonnay, 소비뇽 블랑 Sauvignon Blanc, 세미용 Sémillon, 리슬링 Riesling, 뮈스카데 Muscadet, 슈냉 블랑 Chenin Blanc 등이 있다.

와인 관련법

원산지 통제 명칭 제도 AOC : Appellation d'Origine Contrôlée

보르도 지역 같은 경우는 1855년 파리 만국 박람회 때부터 오랫동안 중개상들에 의해 평가되어 왔던 와인의 등급이 공식적으로 등록되었으며, 부르고뉴 지역은 중세 시대부터 수도원들의 수도사들에 의해 공식적인 것은 아니지만 포도밭별로 전해 내려오고 있었고, 기타 프랑스의 다른 지역도 비공식적으로 와인에 대한 등급을 매겨 분류하고 있었다.

그러나 1860년대부터 전 세계를 포도나무 해충인 필록세라 Phylloxera 가 강타한 이후 제대로 된 와인을 만들 수 없게 되자, 저질의 가짜 와인이 대량으로 유통되면서 무너진 와인에 대한 신뢰 회복과 와인을 만든 사람들을 보호하기 위해 정부가 직접 나서서 와인 산업에 대한 강력한 규제를 시행하여 국가 차원에서 와인 품질을 보증한 것이 그 시초이다. 이를 위해 정부에서 1935년에 AOC 국가위원회와 AOC 규정을 만들어 관리하였으며, 이 기구는 1947년에 국립 원산지 호칭 연구원 INAO Institut National des Appellations d'Origine 으로 바뀌게 된다.

AOC 제도는 지정된 지역에서의 재배, 지역별 정해진 포도의 사용, 규정에 따른 방법으로 재배, 1헥타르당 포도 수확량의 규정, 허용된 양조 기술의 사용, 최소 알코올 도수 등 전 과정을 정부의 철저한 관리 감독하에 만든 와인에 대해 AOC를 받을 수 있게 법을 만든 것이다. 이런 과정을 거친 와인에 대해 아래와 같이 4등급으로 분류하였으며, 반드시 와인병의 레이블에 등급을 표시하도록 규정하고 있다.

AOC Appellation d'Origine Contrôlée

프랑스 와인 중 가장 최고급 와인으로 AOC의 엄격한 규정에 따라 와인을 생산하는 산지에 주어진다. 예를 들면 등급과 포도밭의 단위 면적에 따른 포도의 생산량이나 최소한의 알코올 함량 등을 규제하며, 잘 익은 포도로만 만든 와인을 가리킨다. 넓은 지역에서 좁은 지역으로 표기될수록 고급 와인이라 할 수 있으며 프랑스 와인의 약 54%에 해당한다.

보르도의 포이악 마을을 예로 들면

보르도 AOC > 메독 AOC > 포이악 AOC > 포이악 그랑 크뤼 AOC > 포이악 프리미에 그랑 크뤼 AOC 순으로 등급이 높아진다.

> 프리미에 그랑 크뤼급은 보통 지역 표기를 하지 않고 단순히 '프리미에 그랑 크뤼'로만 표기한다.

VDQS Vin délimité de qualité supérieure

AOC 등급보다 아래 등급이지만 고품질 와인 Qulified Wine 으로 볼 수 있으며, 향후 AOC로 승격할 가능성이 있는 와인이다. 전체 생산량의 1% 정도가 해당 되며 수출보다는 프랑스 국내에서 대부분 소비되기 때문에 외국에서는 보기가 힘들다. 뒤에 언급하는 새로운 AOP법에 의해 2011년 말에 폐지되었다.

뱅 드 뻬이 Vin de pays

'지역 와인'이란 뜻으로 AOC 규제에서 가장 기본적인 규정인, 지역에 대한 규정만 지킨 와인으로 전체의 34% 정도를 점한다.

양조자가 지역의 기후와 토양의 특색을 살려 독창적이고 창의적인 와인을 만들 수 있으며, 호텔이나 레스토랑에서는 하우스 와인으로 많이 쓰이고 있다.

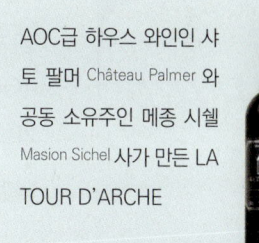

AOC급 하우스 와인인 샤토 팔머 Château Palmer 와 공동 소유주인 메종 시쉘 Masion Sichel 사가 만든 LA TOUR D'ARCHE

뱅 드 따블 Vin de table

프랑스에서 만들었다는 표시 외에 아무런 표시가 없는 가장 대중적이며 쉽게 접할 수 있는 와인으로 포도의 종류나 수확 연도 등을 표기하지 않아도 되며 전체의 11%를 점한다.

통일된 유럽 연합의 지리적 원산지 보호 제도

2009년 8월 1일에 유럽 연합에서는 전 유럽 회원국들간의 서로 다른 분류 체계를 통일시키고자 와인을 지리적 원산지가 있는 와인과 없는 일반 와인으로 단순하게 구분하였다. 지리적 원산지가 있는 와인은 다시 '원산지 지정에 대한 보호' 즉 PDO Protected Designation of Origin 와인과 '지리적 표시에 대한 보호' 즉 PGI Protected Geographical Indication 와인으로 나누었다.

이에 따라 모든 EU회원국은 이 분류 체계에 따르기로 하였으며, 필요한 경우 각 분류 체계에서 더 세분화할 수 있다고 하였다. 프랑스도 이에 맞춰 기존의 AOC법을 AOP Appellation d'Origine Protégée 제도로 개정하여 2012년부터 시행하기로 하였다.

그러나 소비자의 혼란을 피하기 위해 당분간 기존의 AOC와 AOP를 병행 사용하고 있으며, 한국에서도 최근에는 AOP로 표기된 프랑스 와인이 많이 보인다.

AOP에서는 AOC의 4등급제를 3등급으로 분류하였다.

AOP 규정에 의한 루아르 지역의 무스카데 와인

AOP Appellation d'Origine Protégée

기존 AOC와 VDQS를 통합하여 AOP 하나로 묶은 최상위급으로 원산지 지정 보호를 목적으로 했다. 따라서 기존의 AOC는 AOP로 바뀌었으며, VDQS급은 2011년 말까지 유지되다가 AOP로 승급되거나 한 등급 아래인 IGP로 강등되었다.

IGP Indication Géographique Protégée

기존 뱅 드 베이 Vin de Pays 의 등급 와인과 같이 지리적 표시 보호를 한 와인으로 중간급 와인이다.

Vin de France

기존 뱅 드 따블 Vin de Table 급으로 포도 품종과 빈티지 정도를 레이블에 표시할 수 있는 와인이다.

Wines of France

와인 산지

포도 재배 지역을 크게 나누면 보르도, 부르고뉴, 샹파뉴, 론, 루아르, 알자스, 프로방스, 랑그독-루시옹 지역으로 나눌 수 있다.

프랑스에서 서로 간에 쌍벽을 이루는 보르도 지역 와인을 '와인의 여왕', 부르고뉴 지역 와인을 '와인의 왕'이라고 하는데, 이는 보르도 지역이 오랜 기간 영국령으로 있었기 때문에 프랑스 왕실에 부르고뉴 지역 와인보다 늦게 알려져, 이미 부르고뉴 지역 와인을 '왕'이라 부르고 있었기 때문에 '여왕'이라고 불렀다고 한다. 그러나 현실적으로는 보르도 지역 와인이 타닌이 강하고 묵직해서 남성적인데 반해, 부르고뉴 지역 와인은 향기가 섬세하고 색상이 밝으면서 타닌 성분이 적어 여성적으로 느낀다.

보르도 지역
(Bordeaux)

샤토 딸보 와인

샤토 딸보 Château Talbot 와인 이름의 유래

샤토 딸보 와인은 한국의 와인 마니아들에게 가장 친근하고 인기 있는 와인으로 알려졌으며, 격조 높은 자리에서도 손색이 없는 메독 지방의 그랑 크뤼 클라세 4등급 Médoc Crus Classes 4th Crus, AOC 와인이다. 특히 이 와인은 2002년 한국 월드컵 당시, 히딩크 감독이 한국의 16강 진출이 확정된 후 "오늘은 와인 한잔 마시고 푹 자고 싶다"라는 말과 함께 1998년 빈티지의 샤토 딸보를 마셔 더욱 더 유명해진 와인 이며, 대한항공에서도 한때 퍼스트 클래스에서 제공되는 와인이었다.

이렇게 친근한 샤토 딸보의 이름은 1337년부터 1453년 사이에 프랑스와 영국 사이에 벌어진 '백년 전 쟁 Hundred Years' War'의 영국군 마지막 총사령관 '제너럴 존 탈보트 General John Talbot'(프랑스 발음으로는 딸보)의 이름에서 유래되었다.

아키텐 공국의 상속녀 엘레아노르 Eleanor d'Aquitanie 1122~1204 가 프랑스 왕 루이 7세와 이혼하고, 앙주 백 작이자 또한 노르망디 공작인 헨리 2세와 1152년 재혼하면서 보르도 지역을 포함한 남서부 지역을 지 참금으로 가져갔는데, 당시 영국은 노르망디공의 지배를 받고 있었으므로, 헨리 2세가 영국 왕위에 오 르자, 아키텐 지역도 자연스럽게 영국의 영토가 되었다. 영국은 영국령이 된 보르도 와인의 수입량을 늘리고, 관세도 면제해 줌에 따라, 보르도 지역 와인은 다른 지역 와인에 비해 경쟁력을 갖게 되면서, 그 이름이 널리 알려지게 되었다.

13세기 말이 되자 급기야 영국령의 프랑스 영토가 프랑스 국왕의 영토보다 더 넓어졌다. 1328년 프랑 스의 샤를 4세 Charles IV 가 남자 후계자 없이 사망하자 사촌 형 필리프 6세 Philippe VI 가 왕위에 오르게 되 었는데, 그럴잖아도 호시탐탐 프랑스를 노리던 영국의 애드워드 3세 Edward III 는 샤를 4세의 가장 가까 운 남자 친척은 조카인 본인이기 때문에 필리프 6세의 왕위를 무효라고 하며 자기가 계승해야 한다고 주장하였다.

참다못한 프랑스 왕 필리프 6세는 1337년에 당시 영국 령이던 아키텐 지역을 무력으로 점령하고, 프랑스 내의 모든 영국 소유 영토를 몰수한다고 선언하면서 백년 전쟁 의 서막이 시작되었다. 처음에는 프랑스측의 작전 실패와 영국의 장궁이라는 화살이 제노바 용병의 석궁보다 장전 속도가 빨라 영국은 한때 파리까지 점령할 정도로 전세를 유리하게 이끌었다.

그러나 잔 다르크 Jeanne d'Arc 라는 독실한 카톨릭 농가에 서 태어난 17세의 처녀가 혜성처럼 나타나, '잔 아 프랑스

샤토 딸보 와이너리

를 지켜라, 오를레앙을 구하라'라는 대천사 미카엘의 음성을 듣고서, 당시 황태자였던 샤를 Charles 7세을 찾아가 군사 지원을 요청하고, 전쟁에 참여하여 눈부신 전과를 거두며, 영국군에 포위되었던 오를레앙 Orleans 을 탈환하는데 결정적인 역할을 한다.

1450년에는 노르망디 지역의 대부분을 회복하게 되고 이 여세를 몰아 샤를 7세는 아키텐 지역을 공격하고, 1453년 7월 프랑스는 마침내 영국군의 최후 거점인 보르도 Bordeaux 지역의 까스띠옹 Castillon 을 함락시켜 보르도 지역을 점령하였다. 이 때 제너럴 존 탈보트 General John Talbot(프랑스 발음으로 딸보)가 영국군의 프랑스 원정 사령관이였는데, 최후의 저항을 하다 아들과 함께 장렬한 죽음을 맞이하였다. 백년 전쟁 중 최대의 격전으로 꼽히는 까스띠옹 전투를 끝으로 지루했던 백년 전쟁이 끝을 맺게 되며, 영국은 노르망디와 아키텐 지역을 모두 잃고 현재의 영국으로 줄어들게 되었다.

잔 다르크의 동상

딸보 장군은 오늘날 프랑스 보르도 일대의 기옌느 Guyenne 라고 하는 지역에 대영지를 소유하고 있었는데, 그는 백년 전쟁을 마무리하는 결정적인 전쟁에서 조국인 영국을 위해서 프랑스군과 싸우기도 했지만, 다른 한편으로는 자신의 영지가 있는 기옌느 지방을 빼앗기지 않기 위해서라도 반드시 프랑스와의 전투에서 승리해야만 했다.

딸보 장군은 평소에 자기 영지의 백성들을 잘 보살펴 주어 백성들로부터 추앙을 받았으며, 용맹하고 전술에 뛰어나 프랑스군 기사들도 전사한 그의 죽음 앞에서 경의를 표했다고 한다. 그래서 백년 전쟁의 마지막 시점에 영국군 총사령관이었던 딸보 장군을 기념하여 '샤토 딸보'로 명명했다고 한다.

존 탈보트 장군

전형적인 샤토의 모습을 포도밭 정중앙에 갖추고 있는 샤토 딸보는 메독 지방에서 가장 넓은 포도밭(107헥타르)을 소유하고 있다. 토양은 자갈, 모래, 점토로 구성되어 있으며, 지롱드 강 어귀에 위치한 생 줄리앙 St.Julien 마을의 가장 높은 언덕에 자리잡고 있다. 카베르네 소비뇽 66%, 메를로 26%, 카베르네 프랑 3%, 쁘띠 베르도 5%의 비율로 블렌딩하며, 오크통에서 18~24개월 숙성한 후 병입되어 진다.
1855년도 등급 분류 때 생 줄리앙 마을의 그랑 크뤼 4등급을 받았으나 특등급에 버금갈 정도로 훌륭한 와인이며, 짙은 루비 색상으로 카시스와 블랙 커런트, 건포도, 바닐라 등의 아로마와 시가, 낙엽, 가죽 냄새 등의 부케가 일품인 미디움 바디 와인이다.

Wines of Bordeaux

개요

보르도 지역은 고대 로마가 BC 56년, 이 곳에 진출하면서 포도 재배 및 양조법도 함께 들어와 와인 역사가 무려 2000년이 넘는다.

보르도 지역의 샤토 개수는 7천 여개에 달하며, 보르도 한 지역만 해도 서울시 면적의 2배 정도로 독일의 포도밭 전체를 합친 것보다 크고, 뉴질랜드의 포도밭 면적보다 10배나 넓을 정도로 프랑스에서 가장 넓은 와인 산지이며, 세계적인 명품 와인의 집산지이다. 연간 와인 생산량은 8억 5천만 병이며, 레드 와인 85%, 화이트 와인 13%, 스위트 와인 2% 비율로, 프랑스 전역에서 생산되는 프리미엄급 와인의 1/4을 생산하고 있다.

보르도 지역은 전 세계 와인 산지 중에서 가장 영향력이 크고, 상업적으로도 성공을 거둔 지역이다. 또한 최고급 와인 양조자가 가장 많은 와인 산지이기도 하다.

일반적인 보르도 지역의 포도밭 전경, 장미나무가 이랑*마다 심어져 있다. 장미나무는 미관의 목적도 있지만 포도나무와 생육 습성이 거의 유사해 병충해나 물 부족 등을 빨리 파악할 수 있어 이랑 앞쪽에 많이 심는다.

* 이랑: 작물재배 시 일정한 간격으로 길게 선을 긋고 그 선을 중심으로 땅을 돋우어 솟아오르게 만든 부위를 말한다.

테루아

지롱드 강에 세워 놓은 관광용 범선과 피에르 Pont de pierre 다리

'보르도 Bordeaux'라는 이름은 'Bord de L'Eau'에서 파생된 말로 '물가 또는 둔치'
라는 뜻을 갖고 있다. 프랑스 국토의 남서쪽에 위치한 보르도시 주변 일대를 말
하며, 지롱드 강을 중심으로 지류인 작은 강 주변에 형성된 나지막한 지역으로
세계 최대 규모의 재배 단지이다.

북위 44~45도에 걸쳐 있으며, 피레네 산맥에서 발원한 가론 Garonne 강, 오베르뉴
산맥에서 발원한 도르도뉴 Dordogne 강, 그리고 이들 두 강이 합류한 지롱드 Gironde
강이 지역 가운데를 흐르며, 멕시코 난류의 영향으로 온난한 해양성 기후와 풍부
한 일조량으로 포도 생산에 최적의 조건을 갖추고 있다.

'강이 바라다 보이는 곳에 최고의 포도밭이 있다'라는 말이 있을 정도로 대부분
의 포도밭이 강을 끼고 있다.

보르도 기차역

보르도 지역 와인의 매력은 뭐니뭐니해도 묵직한 느낌의 풀 바디와 미디엄 바디의 레드 와인이 85% 이상을 차지하고 있다. 한마디로 '가장 레드 와인다운 레드 와인'이라 할 수 있는데, 이러한 특징은 바로 보르도 지역에서 많이 재배되고 있고, 이 지역이 고향인 카베르네 소비뇽 덕분이라 할 수 있다.

유럽에서 가장 높은 모래 언덕과 랑드 지방의 거대한 숲이 포도밭을 바람으로부터 막아 주고 강에 떠내려온 자갈이 많은 토양은 배수가 잘 되어 이 품종의 재배에 가장 적합하기 때문이다.

보르도 지역에서는 다른 지역과 달리 각 샤토마다 토양에 맞는 2~3종류의 포도를 재배 해 단일 품종으로 와인을 빚기보다는 카베르네 소비뇽 Cabernet Sauvignon 을 중심으로 카베르네 프랑 Cabernet Franc, 메를로 Merlot, 말벡 Malbec, 쁘띠 베르도 Petit Verdot 등과 블랜딩하여 저마다의 개성 있는 와인을 만들고 있다.

화이트 와인은 소비뇽 블랑 Sauvignon Blanc 과 뮈스카델 Muscadelle 그리고 스위트 와인을 만드는 세미용 Sémillon 이 있는데 화이트 와인도 두 가지 이상을 블렌딩한다.

보르도 지역의 흔한 자갈에 샤토 모습을 찍은 기념품

보르도 지역의 샤토 뒤크뤼 보카이유 Château Ducru Beaucaillou
와이너리 모습

샤토 Château

다른 지역과 달리 보르도 지역에서는 양조장의 의미로 샤토 Château 라는 용어를 쓰는데, 이는 원래 성 城 이란 뜻의 프랑스어에서 유래되었다. 실제 성처럼 아름답고, 고색창연한 저택과 넓은 포도밭, 그리고 양조장을 갖춘 샤토도 있지만, 샤토라고 하기에는 민망할 정도의 조그마한 건물 하나에 작은 포도밭을 갖고 있는 곳도 많이 있다.

보르도 지역에만 약 7천 개의 샤토가 있다. 원래 샤토는 양조시설, 저장시설을 갖춘 일정 면적의 포도밭이 딸린 집을 말하며 포도밭에서 수확한 포도로 양조후 병입, 출하까지 하는 와이너리를 통칭한다.

차이나 스타일의 독특한 샤토 코스 데스투넬 Ch.Cos d'Estournel 와이너리

테루아 terroir 란 프랑스어로 토양을 의미하는 Terre에서 파생된 용어로, 와인에 있어서는 토양뿐만 아니라 입지 site, 지세 topography, 기후 climate, 기상 weather 그리고 와인을 만드는 사람까지 와인의 생산에 영향을 미치는 모든 요소들을 말하며, 하늘(천, 天), 땅(지, 地), 사람(인, 人)의 조화라 할 수 있다.

Wines of Bordeaux

등급 제도

1855년 보르도 지역 그랑 크뤼 클라세 Grand Crus Classé en 1855

나폴레옹 3세가 1855년에 파리 박람회를 개최하면서 전 세계를 상대로 프랑스의 최대 특산물인 보르도 지역 와인을 홍보하고자 보르도 상공 회의소에 등급을 매겨 출품해 줄 것을 의뢰하였다. 보르도 상공회의소는 고급 와인을 많이 만드는 메독 지방과 소테른 지방의 와인 중개상들 거래 가격과 지명도 등을 감안하여 500개의 샤토 중에서 우수한 샤토를 골라 다음과 같이 분류하여 출품했다.

• 메독 지방은 1등급~5등급의 5단계로 분류하여 61개 샤토
• 소테른 지방은 특1등급 / 1등급 / 2등급의 3단계로 분류하여 27개 샤토

이 등급제는 세월이 흐르는 동안 포도밭의 일부가 매각되거나 다른 포도밭을 매입하는 등의 샤토 자체의 변화와 이에 따른 품질과 가격 등의 변화가 있어 1960년도에 등급 조정을 하고자 하였으나, 기존 샤토들의 반발로 오늘날까지도 변화없이 세습되고 있다.
따라서 오늘날에는 이 등급제가 품질의 평가와는 맞지 않는 부분이 많이 있다.

1855년 분류 당시 메독 지방이 아닌 그라브 지방의 샤토 오브리옹이 그 당시에 워낙 유명해서 1등급 분류에 넣었으며, 1973년에 샤토 무통 로쉴드가 처음에는 2등급이었으나 끈질긴 노력으로 1등급으로 승격된 사례가 한번 있다.

> **그랑 크뤼** Grand Cru
> 영어로 번역하면 Great Growth로 우수한 포도밭에서 나온 포도로 만든 와인을 말한다.

샤토 뒤크뤼 보카이유 Château Ducru Beaucaillou 에서 바라본 지롱드 강

1855년 메독 지방에서는 3개의 샤토가 1등급으로 지정되었지만, 1973년에 샤토 무통 로쉴드가 2등급에서 1등급으로 승격되면서 4개로 늘었다. 그리고 그 당시 그라브 지방의 샤토 오브리옹 Château Haut-Brion 이 같이 지정되어 5개의 레드 와인이 1등급으로 지정되었다.

5대 샤토 와인

즐기면서 나누는 **와인**

Wines of Bordeaux

와인 산지

보르도 지역에는 65개의 AOC 와인이 있으며, 지롱드 강을 중심으로 강의 왼쪽과 오른쪽으로 크게 구분하고 있다. 강의 왼쪽은 메독과 그라브 지방으로 나뉘며, 오른쪽은 생떼밀리옹과 포므롤, 프롱삭 지방으로 나누고 있다.

메독 Médoc 지방

지롱드 강을 기준으로 왼쪽에 위치하고 있기 때문에 '보르도의 좌안'이라 칭하며, 위도는 45도로 보르도 지역내에서도 세계 최고의 산지로 알려져 있다.

메독 지방의 하류 지역은 '낮은'이라는 뜻의 '바 Bas 메독'이라 부르고, 중간 지역부터 상류 지역까지는 하류 지역보다 높은 지역으로 '높은' 뜻을 가진 '오 Haut 메독'이라 부른다. 토양은 대부분 자갈과 충적토로 구성되어 있으며, 바 메독 지방은 메를로가 주 품종으로 재배되고 있고, 오 메독 지방은 카베르네 소비뇽이 주 품종으로 재배되고 있다.

샤토 라피트 로쉴드 포도밭 토양

바 메독 Bas Médoc

메독 지방 내에서 가장 넓은 지역으로 지롱드 강 하류에 위치하고 있다. 대체적으로 카베르네 소비뇽의 재배에는 조금 불리한 지역이라 대중적이고 편안하며 빠른 소비가 가능한 와인들을 만들고 있다.

물에 적응력이 강한 메를로를 중심으로 빚고 있으며, 색상과 균형 그리고 향에서도 결코 빠지지 않는 가성비 대비 좋은 와인을 만들고 있다. 1855년 메독 지방 등급 제정 시에 포함된 샤토는 없으나, 'AOC Médoc'으로 나오고 있는 와인이 많다.

오 메독 Haut Médoc

메독 지방에는 약 50개의 마을 Commune 이 있는데, 그 중에서 오 메독 지방에 위치한 6개 마을이 AOC 와인의 산지명으로 '오 메독' 대신 마을 이름을 붙일 수 있다. 이 지역은 카베르네 소비뇽을 주품종으로 하여, 카베르네 프랑, 메를로, 말벡, 쁘띠 베르도 등을 블렌딩하여 와인을 만든다.

6개 마을은 포이악 Pauillac, 생 줄리앙 Saint-Julien, 생테스테프 Saint-Estèphe, 마고 Margaux, 리스트락 Listrac, 물리 Moulis 마을이다.

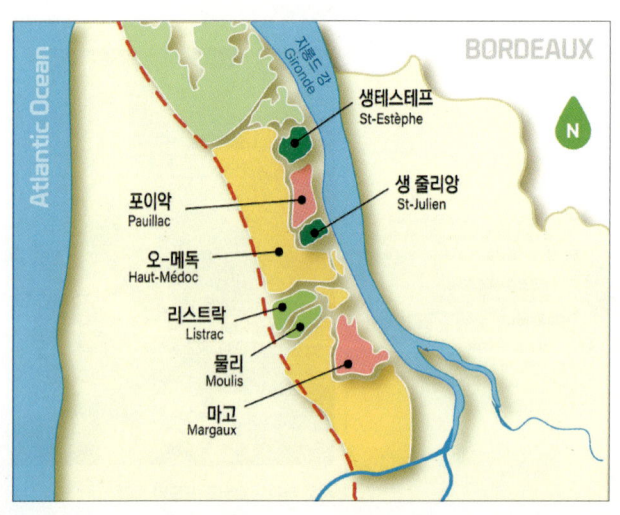

바 메독 지방은 '바 메독'이라 별도로 표시하지 않고, 그냥 '메독'이라 표기한다. 그런데, 메독 지방에서 생산된 화이트 와인은 '메독'이라 표기하지 않고 '보르도'라고 표기되어 판매되고 있다.

즐기면서 나누는 **와인**

• **포이약 마을** Pauillac Commune

1855년도에 1등급인 프리미에 그랑 크뤼 샤토 3개와 18개의 그랑 크뤼 등급을 받은 메독 지방의 중심 지역으로 일명 '보르도의 수도'라고도 부른다. 자갈과 모래가 많고 경사가 완만하여 배수가 잘 된다. 고품질의 카베르네 소비뇽이 잘 자라는 지역으로 구조가 탄탄한 와인을 빚을 수 있으며 숙성 잠재력이 뛰어나다. 잘 숙성된 와인은 무겁고 중후하며 풍부한 과일향의 아로마와 가죽 냄새, 담배향의 부케가 특징이다. 3개의 1등급 샤토는 다음과 같다.

〈샤토 라투르 Château Latour〉

백년 전쟁 중에 요새로 쓰였던 탑이 남아 있어, 탑이라는 뜻의 '라 투르 La Tour'를 이름으로 쓰고 있다. 남성적이고 강건한 와인으로 카베르네 소비뇽의 비율을 상당히 높게 하는 특징이 있으며, 최소 30년 이상 숙성해야 한다고 할 정도이다.

샤토 라투르 포도밭과 포도밭 안의 탑, 카브 모습, 레이블

〈샤토 라피트 로쉴드 Château Lafite Rothschild〉

1855년에 맨 처음 1등급으로 선정된 와인으로 루이 15세의 정부였던 마담 퐁파두르가 즐겨 마셨으며, 미국 3대 대통령이었던 토마스 제퍼슨이 뽑은 3대 와인 중의 하나로도 알려져 있다.

샤토 라피트 로쉴드의 카브와 올드 와인 저장고, 레이블

〈샤토 무통 로쉴드 Château Mouton Rothschild〉

무통 Mouton 은 '양'을 뜻하지만 원래 낮은 언덕이라는 이 지방 방언 Mothon 에서 유래되었다고 한다. 샤토 라피트 로쉴드와는 길 하나를 사이에 두고 있다.

1855년 와인 등급 선정에서 1등급이 아닌 2등급으로 선정됐으나, 절치부심 끝에 118년만인 1973년에 유일무이하게 1등급으로 승격되었다.

'샤토에서 병입'했다는 'Mis en Bouteille au Château'를 1924년에 처음으로 레이블에 쓰기 시작했으며, 1945년부터는 매년 레이블 디자인을 당대 최고의 아티스트들과 협업하여 만들고 있다.

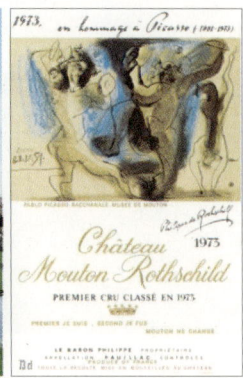

샤토 무통 로쉴드 와이너리 전경과 레이블

샤토 무통 로쉴드 와이너리의 숙성용 통과 카브와 올드 와인 저장고, '황금의 해'라고 불리우는 2000년 빈티지 와인

생 줄리앙 Saint-Julien 마을의 포도밭 전경

• 생 줄리앙 마을 Saint-Julien Commune

포이악 Pauillac 마을과 마찬가지로 자갈이 많은 진흙과 석회암의 토양으로 안으로 들어온 지롱드 강 Gironde R. 이 봄 서리와 여름의 건조한 혹서를 막아 준다. 카베르네 소비뇽이 잘 자라며, 1등급은 없지만 11개의 그랑 크뤼 등급을 받은 샤토들이 몰려 있다.

포이악 Pauillac 마을과 마고 Margaux 마을 사이에 위치하며, 풍부한 타닌과 섬세한 아로마로 포이악 마을 와인의 강인함과 마고 마을 와인의 우아함을 동시에 기지고 있다.

• 생테스테프 마을 Saint-Estephe Commune

오 메독 Haut Médoc 지방의 최북단에 위치하며 충적토와 자갈이 많은 토양으로 카베르네 소비뇽과 카베르네 프랑, 메를로를 많이 재배하고 있다. 이 마을은 다른 곳에 비하여 메를로의 블렌딩 비중이 높아 색이 진하고 강건하며, 타

샤토 딸보 와이너리

보르도 지역에서 가장 오래됐다는 생테스테프 마을의 그랑 크뤼 3등급 와인 샤토 칼롱 세귀르의 하트 모양 레이블과 샤토 모습

즐기면서 나누는 **와인**

닌이 풍부하여 장기 숙성에 적합하다.

• 마고 마을 Margaux Commune

오 메독 Haut Médoc 지방의 남단에 위치하고 있으며 깊은 자갈층으로 배수가 상대적으로 잘되어 카베르네 소비뇽의 최적지이다. 향은 복합적이면서 섬세하고 우아한 와인을 만들고 있다.

1등급 1개를 포함하여 등급을 받은 샤토 수가 21개로 가장 많은 지역이다.

면적이 넓어 마고 Margaux 를 비롯하여 캉트낙 Cantenac, 라바르드 Labarde, 아르삭 Arsac, 수상 Soussans 등 5개의 작은 마을로 나뉘며, 레이블에 이 마을들 이름을 표기하고 있다.

〈샤토 마고 Château Margaux〉

국보급 와이너리로 알려진 샤토 마고 Château Margaux 는 그 자체가 귀족스러움과 우아함을 떠올린다. 메독 지방 내에서 샤토 라투르 Château Latour 가 남성적이라면 샤토 마고 Château Margaux 는 가장 여성스럽고 부드러운 와인으로 풍만감과 섬세함 그리고 복합성이 조화를 이루고 있으며, 꽃향과 과일향 스모키한 향 등이 매혹적이다.

카베르네 소비뇽을 주 품종으로 블렌딩하고 있으며, 영국의 소설가 어니스트 헤밍웨이 Ernest Hemingway 는 이 와인을 사랑하여 손녀 이름을 '마고'라고 이름을 지어 줄 정도였다고 한다.

샤토 마고 레이블

샤토 마고 와이너리 전경과 포도밭

최고예요 와인에 관한 모든 것

B&G에서 만든 리스트락 와인

B&G 와이너리와 카브

물리 마을 전경

• **리스트락 마을** Listrac commune

메독 Médoc 지방에서 해발 40m 정도의 높은 구릉 지대에 위치하고 있어 '메독의 지붕'이라고 불리운다. 생 줄리앙 Saint-Julien 과 비슷한 자갈이 많은 진흙과 석회암 토양으로 카베르네 소비뇽을 주 품종으로 와인을 만들고 있지만, 등급을 받은 와인은 없고 18개의 크뤼 부르주아 Cru Bourgeois 급 샤토가 있다.

• **물리 마을** Moulis commune

생 줄리앙 Saint-Julien 마을과 마고 Margaux 마을 사이에 있는 지역으로 석회암을 포함한 자갈과 모래로 이루어진 토양을 갖고 있다. 카베르네 소비뇽과 메를로가 많이 재배되고 있으며, 리스트락과 마찬가지로 등급을 받은 와인은 없다.

12~15세기 영국령이었던 보르도 지역 와인을 영국 사람들은 스페인 등 다른 지역 와인에 비해 가벼우면서 과일향이 풍부하고, 마시기 부담 없으면서 투명하고 맑아 '클라렛 Claret'이라고 부르며 즐겨 애용하였다.

Claret의 어원은 '맑은 clean'을 뜻하는 불어 'clair'에서 온 말로, 당시의 보르도 지역 와인은 우리가 현재 알고 있는 것보다 색이 연하고 가벼우며 타닌 함량이 적었다고 한다. 최근 마케팅 차원에서 옛날식의 와인을 만들어 클라렛이라는 이름으로 판매하고 있다.

메독 Médoc 지방의 와인 등급

1855년, 나폴레옹 3세가 파리 만국 박람회 때, 보르도 지역 와인을 등급을 매겨 출품해 달라고 요청하면서, 최초의 와인 등급 역사를 갖게 되었다. 61개의 샤토에 5등급으로 구분하여 출품하였다.

샤토 브란 깡뜨낙 와이너리

1st Crus (Premier) 5개 샤토

샤토 마고 Château Margaux – Margaux AOC
샤토 라피트 로쉴드 Château Lafite Rothschild – Pauillic AOC
샤토 라투르 Château Latour – Pauillic AOC
샤토 무통 로쉴드 Château Mouton Rothschild – Pauillic AOC
샤토 오 브리옹 Château Haut-Brion – Pessac-Léognan

샤토 피숑 롱그빌 꼼테스 드 라랑드 와이너리

2nd Crus (Deuxièmes) 14개 샤토

샤토 브란 깡뜨낙 Château Brane Cantenac – Margaux
샤토 로장 세글라 Château Rausan-Ségla – Margaux
샤토 로장 가씨 Château rauzan-Gassies – Margaux
샤토 라스꽁브 Château Lascombes – Margaux
샤토 뒤르포르 비벙 Château Durfort Vivens – Margaux
샤토 피숑 롱그빌 꼼테스 드 라랑드 Château Pichon-
Longueville-Comtesse de Lalande – Pauillac
샤토 레오빌 라 카즈 Château Léoville-Las Cases – Saint-Julien
샤토 레오빌 푸이페레 Château Léoville-Poyferré – Saint-Julien
샤토 레오빌 바르통 Château Léoville-Barton – Saint-Julien
샤토 그뤼오 라로즈 Château Gruaud-Larose – Saint-Julien
샤토 뒤크뤼 보카이유 Château Ducru-Beaucaillou – Saint-Julien
샤토 피숑 롱그빌 바롱 Château Pichon-Longueville-Baron – Pauillac
샤토 코 데스투루넬 Château Cos d'Estournel – Saint Estephe
샤토 몽트로즈 Château Montrose – Saint Estephe

샤토 말스코 생떽쥐페리 와이너리

샤토 랑고아 바르통 와이너리

샤토 프리외레 리신 와이너리

샤토 크로아제 바쥬 와이너리

메독 지방의 샤토에 대한 등급은 1855년에 결정되었는데, 오랫동안 개정되지 않고 기득권으로 세습되어 현재에 와서 등급에 맞지 않다고 느끼는 와인이 많이 있다. 예를 들면 3등급의 샤토 팔머 Ch.Palmer 나 샤토 피숑 롱그빌 바롱 Ch.Pichon Longueville Baron 등은 '수퍼 세컨드' 와인으로 불리우면서 품질과 가격면에서 1등급과 같이 대우받고 있는 와인이 있는가 하면, 등급에 들어 있는 것이 이상할 정도의 와인도 있다. 이런 연유로 등급에 누락이 된 샤토끼리 모여 '크뤼 부르주아 Cru Bourgeois'란 등급을 만들어 별도로 운영하고 있다.

3rd Crus (Troisièmes) 14개 샤토

샤토 팔머 Château Palmer – Margaux

샤토 키르완 Château Kirwan – Margaux

샤토 디쌍 Château d'Issan – Margaux

샤토 지스쿠르 Château Giscours – Margaux

샤토 말스코 생떽쥐페리 Château Malescot Saint Exupéry

– Margaux

샤토 보이드 캉뜨낙 Château Boyd Cantenac – Margaux

샤토 캉뜨낙 브로앙 Château Cantenac Brown – Margaux

샤토 데스미라일 Château Desmirail – Margaux

샤토 페리에르 Château Ferriere – Margaux

샤토 달렘므 Château d'Alesme – Margaux

샤토 라그랑쥬 Château Lagrange – Saint-Julien

샤토 랑고아 바르통 Château Langoa Barton – Saint-Julien

샤토 칼롱 세귀르 Château Calon Segur – Saint Estephe

샤토 라 라귄느 Château La Lagune – Haut Médoc

4th Crus (Quatrièmes) 10개 샤토

샤토 프리외레 리신 Château Prieure Lichine – Margaux

샤토 푸제 Château Pouget – Margaux

샤토 마르키 드 테름 Château Marquis de Terme – Margaux

샤토 딸보 Château Talbot – Saint Julien

샤토 생 피에르 Château Saint Pierre – Saint-Julien

샤토 베이슈벨 Château Beychevelle – Saint-Julien

샤토 브라네르 뒤크뤼 Château Branaire Ducru – Saint-Julien

샤토 뒤아르 미롱 로쉴드 Château Duhart Milon Rothschild

– Pauillac

샤토 라퐁 로셰 Château Lafon Rochet – Saint Estephe

샤토 라 투르 카르네 Château La Tour Carnet – Haut Médoc

5th Crus (Cinquièmes) 18개 샤토

샤토 도작 Château Dauzac – Margaux

샤토 뒤 테르트르 Château du Tertre – Margaux

샤토 크로아제 바쥬 Château Croizet Bages – Pauillac

샤토 오 바쥬 리베랄 Château Haut Bages Libéral – Pauillac

샤토 바타이에 Château Batailley – Pauillac

샤토 오 바타이에 Château Haut Batailley – Pauillac

샤토 린치 바주 Château Lynch Bages – Pauillac

샤토 퐁테 카네 Château Pontet Canet – Pauillac

샤토 그랑 퓌 라코스트 Château Grand Puy Lacoste – Pauillac

샤토 그랑 퓌 뒤카스 Château Grand Puy Ducasse – Pauillac

샤토 다르마이악 Château d'Armaihac – Pauillac

샤토 클렉 미롱 Château Clerc Milon – Pauillac

샤토 페데클로 Château Pédesclaux – Pauillac

샤토 랭슈 무사 Château Lynch Moussas – Pauillac

샤토 코 라보리 Château Cos Labory – Saint Estephe

샤토 벨그랍 Château Belgrave – Haut Médoc

샤토 카멍삭 Château Camensac – Haut Médoc

샤토 캉트메리에 Château Cantemerie – Haut Médoc

샤토 클렉 미롱 와이너리

샤토 랭슈 무사 와이너리

위와 같은 등급 구분은 레이블에는 1st Crus만 'Premiers Grand Crus'로 표기되고, 2~5th Crus는 단순히 'Grand Crus'로 표기하고 있다.

크뤼 부르주아 Cru Bourgeois 등급

1855년 메독 지방의 등급에 들어가지 못한 샤토들이 1932년에 자체적으로 도입한 등급제로 처음에는 정부의 공인을 받지 못하였으나, 2003년에 444개에서 247개로 줄여 정부 공인을 받았다. 이후 심사 과정을 문제 삼은 소송 끝에 이 제도를 폐지하였으며 '크뤼 부르주아'라는 명칭을 레이블에 기재하는 것도 금지하였다. 2010년부터 다시 정부의 공식적인 승인을 받아 새로운 크뤼 부르주아 Cru Bourgeois 등급 제도를 만들었으며, 2년 정도의 숙성 기간을 감안하여 2008년 빈티지부터 적용하고 있다.

2020년에는 크뤼 부르주아 엑셉시오넬 Exceptionnels 14개, 크뤼 부르조아 수페리외르 Superiers 56개, 크뤼 부르조아 179개로 등급을 다시 만들어, 3단계 등급으로 분류하고 5년마다 개정하는 것으로 바뀌었다.

크뤼 아르티장 Cru Artisan 등급

5헥타르 미만의 소규모 가족 경영 와이너리들이 모여 1994년 크뤼 아르티장 등급을 제정 운영하고 있다. 5년마다 등급을 갱신하며 2006년에 정부 공식 승인을 받아 36개 와이너리가 이 등급에 속해 있다.

보르도 지역 와인의 세컨드 레이블 Second Label

보르도 지역의 유명 샤토에서는 작황이 안 좋거나 어린 포도나무에서 수확했을 경우, 세컨드 레이블로 와인을 만들어 기존 와인의 명성을 유지한다.

세컨드 레이블이라 하더라도 같은 포도밭과 같은 와인 메이커가 기존 유명 와인의 특성을 반영하여 만들며, 단지 기존의 유명 와인보다 빨리 숙성되고 스타일이 가벼운 점은 있으나 가격은 저렴하다.

1902년에 클로 뒤 마르키스 Clos du Marquis 가 처음으로 세컨드 레이블을 생산하였고, 1980년대부터 일반화되었으며, 최근에는 세컨드 레이블뿐만 아니라 서드 Third, 포스 4th 레이블도 생산하고 있다.

샤토 Château	세컨드 레이블
• 샤토 라피트 로쉴드 Château Lafite-Rothschild	• 카르아드 드 라피트 로쉴드 Carruades de Lafite Rothschild
• 샤토 라투르 Château Latour	• 레 포르 드 라투르 Les Forts de Latour
• 샤토 오 브리옹 Château Haut-Brion	• 바앙 뒤 샤토 오 브리옹 Bahans du Château Haut-Brion
• 샤토 마고 Château Margaux	• 파비용 루즈 뒤 샤토 마고 Pavillon Rouge du Château Margaux
• 샤토 무통 로쉴드 Château Mouton-Rothschild	• 프티 무통, 무통카데 Petit Mouton, Mouton Cadet
• 샤토 레오빌 라스 카스 Château Leoville-Las-Cases	• 클로 뒤 마르키스 Clos du Marquis
• 샤토 레오빌 바르통 Château Leoville Barton	• 라 레제르브 드 레오빌 바르통 La Reserve de Leoville Barton
• 샤토 피숑 랄랑드 Château Pichon Lalande	• 레제르브 드 라 콩테스 Reserve de la Comtesse
• 샤토 피숑 롱그빌 Château Pichon Longueville	• 레 투렐 드 피숑 Les Tourelles de Pichon
• 샤토 팔머 Château Palmer	• 레제르브 뒤 제네랄 Reserve du General
• 샤토 린치 바주 Château Lynch Bages	• 샤토 오 마주 아베루 Château Haut Bages Averous

즐기면서 나누는 **와인**

그라브 Graves 지방

그라브 Graves 지방은 가론 강 왼쪽에 위치하며 보르도에서 가장 오래된 와인 산지이다. 원래 그라브는 '자갈'이 란 뜻을 가지고 있으며, 이름대로 자 갈과 약간의 점토가 섞여 있는 토양으로 자갈은 낮의 열기를 보존하고 배수를 원활하게 하여 양질의 포도를 얻을 수 있게 해준다. 메독 지방에 비해 부드럽고 섬세한 감촉을 주는 독특한 와인을 만들고 있다.

레드 와인과 화이트 와인을 비슷한 비율로 생산하고 있으며, 특히 이 지방의 샤토 오브리옹 Ch, Haut-Brion 은 1855년 메독 지방의 등급을 매길 때, 이미 이 샤토의 명성이 유럽 전역에 퍼져 있었기 때문에 예외적으로 등급을 부여받았다. 샤토 오브리옹 이외의 등급 분류는 1959년에 이루어졌다.

그라브 지방에는 36개의 마을이 있는데 그중 유일하게 독립 AOC를 부여받은 페삭-레오냥 Pessac-Léognan 마을에 집중되어 있다.

레드 와인은 메독 지방과 같은 품종으로 독특한 맛과 향이 일품이며, 화이트 와인은 소비뇽 블랑, 세미용, 뮈스카델 등을 사용하며, 톡쏘는 신선한 맛과 순수한 맛을 가지고 건조함과 신맛 사이에서 묘한 조화를 이룬다.

〈샤토 오브리옹 Château Haut Brion〉

17세기부터 영국에 널리 알려져 메독 지방이 아닌데도 유일하게 1등급으로 부여받았다. 샤토 오브리옹을 제외한 그랑 크뤼 클라세 와인이 없어 자체적으로 3개의 등급을 AOC와 함께 부여하고 있다.

샤토 오 브리옹 와이너리와 카브, 숙성용 통, 와이너리 안의
상징물과 와인

페삭-레오냥 Pessac-Léognan AOC

가장 최근에 분류된 작은 지역으로 그라브 북
부 지방의 최상급 와인 생산 지역이다.

그라브 수페리외르 Graves Supérieures AOC

세미 스위트한 화이트 와인에 붙이며, 세미용
및 소비뇽 블랑 포도로 만들어져야 한다.

그라브 Graves AOC

그라브 남부에서 생산되는 레드와 화이트 와
인에 붙인다.

그라브 지방의 와인 등급

그라브 지방은 1855년 등급이 결정될 때 유일
하게 샤토 오 브리옹 Château Haut-Brion 만이 1등급
을 받았다. 누락된 샤토들이 그라브 지방 독자
적인 등급 제도를 요청해서 1959년에 정부의
공인 등급으로 인정을 받았다.

1등급, 2등급과 같은 차등이 없이 그라브 지
방에서 우수한 화이트/레드 와인을 만드는 샤
토를 '그라브 그랑 크뤼 클라세 Graves Grand Crus
Classés'로 지정하였다.

현재 9개의 화이트 와인과 13개의 레드 와인
이 16개의 샤토에서 그랑 크뤼 클라세 Grand Crus
Classés 로 등급을 받았으며, 몇몇 샤토는 레드와
화이트 등급을 동시에 받은 샤토도 있다.

샤토 오 브리옹 Château Haut Brion

나폴레옹 정권하의 외상 탈레랑 Talleyrand 이 좋아했던 와인으로 빈 회의에서 샤토 오 브리옹 와인을 공식 만찬주로 제공하여 각국 외교관들로부터 극찬을 받고 전후 프랑스를 안정시키는데 일익을 담당하였다.

그랑 크뤼 클라세 Grand Cru Classés 와인

샤토 부스코 Château Bouscaut – 레드/ 화이트

샤토 카르보니유 Château Carbonnieux – 레드/ 화이트

샤토 쿠앵 Château Couhins – 화이트

샤토 쿠앵 뤼르통 Château Couhins Lurton – 화이트

도멘 드 슈발리에 Domaine de Chevalier – 레드/ 화이트

샤토 드 피외잘 Château de Fieuzal – 레드

샤토 오 바일이 Château Haut Bailly – 레드

샤토 오 브리옹 Château Haut Brion - 레드

샤토 스미스 오 라피테 Château Smith Haut Lafitte – 레드

샤토 라 투르 오브리옹 Château La tour Haut Brion – 레드

샤토 라투르 마르티약 Château Latour Martillac – 레드/ 화이트

샤토 라빌 오 브리옹 Château Laville Haut Brion – 화이트

샤토 말라르틱 라그라비에르 Château Malartic Lagraviere – 레드/ 화이트

샤토 라 미숑 오 브리옹 Château La Mission Haut Brion – 레드

샤토 올리비에 Château Olivier – 레드/ 화이트

샤토 파프 클레망 Château Pape Clément – 레드

샤토 부스코 와인

도멘 드 슈발리에 와인

샤토 라빌 오 브리옹 와인

샤토 파프 클레망 와인

샤토 스미스 오 라피테 와이너리, 포도밭, 카브와 와인들

귀부균은 곰팡이균의
일종으로 학명으로는
Botrytis Cinerea이
며 귀하게 부패한 균
이라는 뜻의 Noble
Rot이라고도 한다.

소테른 지방의 포도밭 전경

바르삭 지방의 포도밭 전경

소테른-바르삭 Sauternes Barsac 지방

그라브 지방 우측 상단에 위치하며, 가론 강과
시롱 강이 합류하는 지점에 위치한 소테른 지
방과 가론 강과 시롱 강 좌안에 위치한 바르삭
지방에서는 황금빛의 스위트 와인이 생산된
다.

포도밭은 자갈과 모래가 많고, 강 유역의 가파
른 언덕에 자리잡고 있기 때문에 세미용과 같
은 화이트 품종이 잘 자란다.

가을이 되면 따뜻한 가론 강에 차가운 시롱 강
이 흘러 들어오면서 그 온도 차이로 인해 아침
마다 안개가 피어 올라 소테른 지방의 포도밭
을 모두 덮는다.

포도의 귀부 현상을 촉진시키는 이 아침 안개
는 스위트 와인 혹은 세미 스위트 와인을 만드
는데 없어서는 안될 존재이다.

안개의 습기와 오후의 햇살과 결합하여 발생
한 귀부균Botrytis Cinerea이 포도알의 수분을 빼앗
아 당도를 높일 뿐 아니라 신맛을 없애 준다.
이렇게 쪼그라든 포도 알갱이를 압축 발효하
여 달콤한 와인을 만든다.

이런 과정을 통해 탄생한 와인은 섬세하고 생
기가 넘치며 부케가 뛰어나고 농축된 맛을 지
닌다. 또한 당도와 산도가 훌륭하게 균형을 이
루어 입안에서 신선함을 유지하며 뒷맛이 깔

끔하다.

1855년에 특 1등급 Premier Cru supérieur classés en 1855
을 받은 샤토 디켐 Château d'Yquem 이 가장 유명
하다. 스위트 와인 이외에도 귀부 포도가 되지
못한 세미용이나 소비뇽 블랑을 사용해서 드
라이한 화이트 와인도 유명하다. 이 지역에서
는 레드 와인은 만들지 않고 있다.

샤토 디켐 Château d'Yquem

소테른-바르삭 지방의 와인 등급

화이트 와인의 명산지인 보르도 지역 남쪽의
소테른 지방은 1855년 메독 지방 등급 제도와
동시에 이 지역에도 그랑 크뤼 클라세 등급제
가 도입되어 27개의 샤토가 특1등급, 1등급, 2
등급으로 분류되었다.

현재 특1등급인 Premier Cru Superieur에는
샤토 디켐 Château d'Yquem Sauternes 1개가 지정되어
있고, 1등급인 Premier Cru에는 11개 샤토를
2등급인 Deuxieme Cru에는 15개의 샤토가
지정되어 있다.

귀부 와인에만 소테른, 바르삭 AOC를 표시할
수 있으며, 일반적인 드라이 화이트 와인은 보
르도 AOC로 표기한다.

특1등급 프리미에 크뤼 수페리외르 Premier Cru supérieur

샤토 디켐 Château d'Yquem – 소테른

샤토 디켐 와이너리 전경과 카브

샤토 라 투루 블랑쉬 와이너리와 포도밭

샤토 리외섹 포도밭 전경과 와인 저장고

1등급 프리미에 크뤼 Premier Crus 11개

샤토 클리망 Château Climens – 바르삭

클로 오 페라게 Clos haut Peyranguey – 소테른

샤토 리외섹 Château Rieussec – 소테른

샤토 쿠테 Château Coutet – 바르삭

샤토 기로 Château Guiraud – 소테른

샤토 라포라 페라게 Château Lafaurie Peyraguey – 소테른

샤토 라보 프로미 Château Rabaud Promis – 소테른

샤토 드렌 비노 Château de Rayne Vigneau – 소테른

샤토 시갈라 라보 Château Sigalas Rabaud – 소테른

샤토 쉬뒤로 Château Suduiraut – 소테른

샤토 라 투루 블랑쉬 Château La Tour Blanche – 소테른

2등급 두지엠 크뤼 Deuxièmes Crus 15개

샤토 다르슈 Château d'Arche – 소테른

샤토 브르수테 Château Brouster – 바르삭

샤토 카이유 Château Caillou – 바르삭

샤토 두아지 다앤 Château Doisy Daéne – 바르삭

샤토 두아지 뒤브로카 Château Doisy Dubroca – 바르삭

샤토 두아지 베드린 Château Doisy Védrines – 바르삭

샤토 필로 Château Filhot – 소테른

샤토 라모트 Château Lamothe – 소테른

샤토 라모트 기나르 Château Lamothe Guignard – 소테른

샤토 드말 Château de Malle – 소테른

샤토 드 미라 Château de Myrat – 바르삭

샤토 네락 Château Nairac – 바르삭

샤토 로메 뒤 아요 Château Romer – 소테른

샤토 로메 Château Romer – 소테른

샤토 쉬오 Château Suau – 바르삭

즐기면서 나누는 **와인**

생테밀리옹 Saint Émilion 지방

생테밀리옹 Saint Émilion, 포므롤 Pomerol, 프롱삭 Fronsac 지방을 총칭하며 '보르도의 우안'이라 칭하고, 북동부의 가파른 경사지에 위치하고 있다. 이 지역의 한 수도자가 수도원을 짓고 미사에서 쓰는 포도주를 재배하였는데, 여기에서 이름이 유래되었다고 한다.

이후 그리스도교의 순례지인 산티아고로 가는 사람들의 숙박지로 발전되었고, 중세의 건물과 문화가 잘 보존되어 있으며, 프랑스에서 가장 아름다운 마을로 유명하다. 1999년에 유네스코 세계 문화유산으로 지정되었다.

생테밀리옹과 프롱삭 지방의 토양은 붉은 점토와 석회암으로 배수가 좋지 않아 물에 적응력이 강한 메를로를 재배하고, 포므롤 지방으

생테밀리옹 지방 풍경

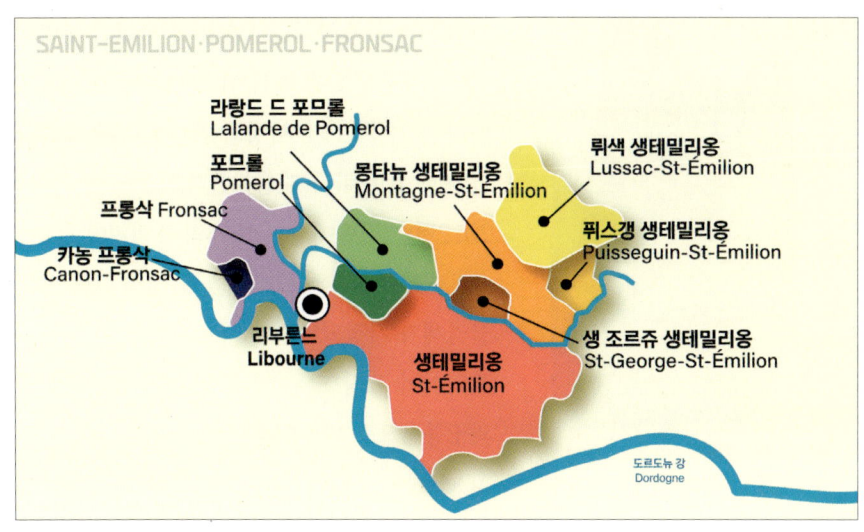

중세 때 시간이 멈춰버린 듯한 생테밀리옹 지방 풍경과 모놀
리틱 성당 첨탑

로 갈수록 자갈과 모래 토양으로 바뀌면서 일
부에서는 카베르네 프랑을 재배한다.

보통 70% 이상의 메를로에 카베르네 프랑과
카베르네 소비뇽을 블렌딩한다. 강렬한 색감,
풍부한 알코올과 부드러우면서 보다 세련된
타닌을 지닌 카베르네 프랑은 와인에 신선함
을 부여하고 타닌의 구조를 잡아주며, 장기 숙
성하기에 좋게 만들어 준다. 소량 블렌딩하는
카베르네 소비뇽은 와인에 향신료같은 풍미를
더한다. 따라서 여러 토양이 결합하여 만들어
내는 이 지역은 레드 와인만 생산하는데, 풍부
하고 복합적이며, 짙고 부드러운 타닌을 지니
는 것이 특징이다.

생테밀리옹 지방의 와인 등급

1855년 메독 지방의 등급 신청 시, 이 지역을
관할하는 상공회의소가 없어서 완전히 누락되
었다. 1955년도에 와서 이 지역 조합의 건의에
따라 등급 제도가 시행되었는데 다른 지역과
달리 매 10년마다 재심사한다.

2012년 개정판에서는 18개의 프리미어 크뤼 A
4개, B 14개 그랑 크뤼 클라세와 64개의 그랑 크뤼
클라세가 지정되어 운영되고 있다.

프리미어 그랑 크뤼 클라세는 1996년 A등급
과 B등급으로 나누어졌다.

AOC로는 '생테밀리옹 그랑 크뤼 AOC'와 '생

생테밀리옹 지방에 있는 13세기에 지어진 건물로 적의 침입
을 막는 요새였으며, 감옥으로도 이용되었던 왕의 탑

즐기면서 나누는 **와인**

생테밀리옹 지방의 와이너리

샤토 오존 와이너리

테밀리옹 AOC'로 나뉘는데, 생테밀리옹 그랑 크뤼 AOC에 등급이 부여되었다.

프리미에 그랑 크뤼 클라세 A Premier Gran Cru Classe A

샤토 오존 Château Auson

샤토 슈발 블랑 Château cheval-Blanc

샤토 앙젤뤼스 Château Angéius

샤토 파비 Château Pavie

샤토 보세쥬르 베코 와이너리

프리미에 그랑 크뤼 클라세 B Premier Gran Cru Classe B

샤토 보세쥬르 Château Beausejour

샤토 보세쥬르 베코 Château Beau Séjour Bécot

샤토 벨레르 카농 Château Belair Canon

샤토 카농 Château Canon

샤토 카농 라 가플리에르 Château Canon la Gaffliére

샤토 피작 Château Figeac

클로 푸르테 Clos Fourtet

샤토 라 가플리에르 Château La Gaffeliere

샤토 라르시스 뒤카스 Château Larcis Ducasse

샤토 파비 마캥 Château Pavie Macquin

라 몽도트 La Mondotte

샤토 트롤롱 몽도 Château Troplong Mondot

샤토 트로트비에유 Château Trotte Vieille

샤토 발랑드로 Château Valandraud

클로 푸르테 와이너리

샤토 라 가플리에르 와이너리

비외 샤토 세르탕 와이너리

샤토 라플뢰흐 와이너리와 와인들

포므롤 Pomerol 지방

보르도 지역의 최상급 레드 와인 생산지 중 가장 적은 면적을 차지하고 있는 포므롤 지방은 공식적인 샤토 등급은 갖고 있지 않지만 '페트뤼스'나 '르 팽'과 같은 유명한 샤토가 많다.

로마 시대부터 산티아고로 가는 성지 순례길 중간에 위치하여 상업과 숙박업이 발달하면서 포도를 많이 재배하였다. 따라서 이 지역 와인 레이블에는 종교적 색채가 강한 상징물이 많이 사용되고 있다.

토양은 철분의 함량이 많아 '쇠찌꺼기'라는 별명을 가진 푸른색 점토질로 메를로가 잘 자라며, 일부에서는 카베르네 프랑을 재배한다. 타닌이 적게 느껴져 부드럽고 과일향이 풍부하다.

포므롤 지방의 와인 등급

이 지역은 와인 산지로 늦게 소개되면서 예외적으로 보르도 지역의 그랑 크뤼 등급과 같은 공식적인 등급은 없다. 대신 소규모로 양조되므로 품질이 좋아 세계적으로 유명한 페트뤼스 Château Petrus, 르 팽 Château Le Pin, 샤토 라플뢰흐 Château Lafleur 등이 있다.

AOC는 포므롤과 포므롤의 위성 AOC인 라랑드 드 포므롤 Lalande de Pomerol 로 나누어 품질관리를 하고 있다.

페트뤼스 Pétrus 와 르 팽 Le Pin

페트뤼스 Pétrus

페트뤼스가 1878년 파리 만국박람회에서 금상을 받았음에도 생산량이 워낙 적어 알려지지 않았고, 당시에는 오히려 '르 팽' 와인이 더 큰 명성을 얻고 있었다. 노란 바탕에 붉은 글씨가 인상적인 페트뤼스는 예수의 첫 번째 제자였던 베드로에서 유래된 이름으로 천국의 열쇠를 오른손에 쥐고 있는 베드로의 얼굴이 형상화되어 있다. 이 와인이 유명해진 것은 1947년 11월 20일에 있었던 엘리자베스 2세 여왕의 결혼식에 사용되면서부터이다. 이후 오나시스, 록펠러, 케네디 같은 유명 인사들이 자주 이용했던 뉴욕의 유명 프렌치 레스토랑에서 메인 와인으로 취급하면서 상류 사회에 널리 알려지게 되었다.

포도밭은 축구장 14배 정도(11.4헥타르)로 포므롤 지방에서 가장 높은 언덕에 자리잡고 있으며, 다른 밭과는 달리 철분이 많이 함유된 점토질로 메를로가 자라기에 최적의 조건을 갖추고 있다. 메를로 품종 100%로 만들며, 포도나무는 평균 45년 이상이고 프랑스산 새로운 오크통을 사용한다. 블랙 베리와 산딸기향이 복합적으로 피어 오르며, 비단 같은 부드러움이 있다. 로마네 콩티와 함께 세계 최고의 레드 와인으로 평가받고 있다.

페트뤼스 와인과 와이너리 전경, 시멘트 발효조, 포도밭과 토양

르 팽 Le Pin

르 팽 와인은 보르도의 포므롤 지방에서 페트뤼스와 쌍벽을 이루는 와인이다. 르 팽이란 말은 소나무 The Pine 란 뜻을 갖고 있으며 현대적인 양조장 옆에 서있는 두 그루의 소나무에서 유래되었다고 한다. 포도밭은 매우 척박하며 모래가 섞인 점토질의 토양으로 포도나무 수령은 28년 이상이며 축구장보다 조금 큰 1ha 면적이다.

세계적인 양조가 미셀 롤랑 Michel Rolland 이 무명 시절에 르 팽 와인을 컨설팅하면서 유명세를 타게 되었다. 1995년 독일에서 개최된 페트뤼스와 비교 시음 결과 페트뤼스보다 더 우수하다는 평가를 받기도 했다.

메를로 포도 품종을 92%, 카베르네 프랑 8%로 블렌딩한다. 프랑스산 새로운 오크통을 사용하여 짙은 루비 색에 커피와 장미 및 허브향이 뛰어나고, 융단처럼 부드러운 감촉과 조화로운 균형감을 자랑한다.

연간 4,000병 내외의 극소량을 생산하는 초고가의 고급 와인으로 가라지 와인의 전형이다.

> 미셀 롤랑 Michel Rolland 은 보르도 포므롤 출신으로 가족이 대대로 운용해 온 와이너리에서 자란 세계적인 와인 컨설턴트이다. 전 세계 250개 와이너리에서 컨설팅을 해주고 있어 '날아다니는 와인 컨설턴트 Flying Wine Consultant' 라는 별명이 있다.

르 팽 레이블과 와인, 와이너리 전경, 와인 저장소, 양조장

앙트르 뒤 메르 Entre-Deux-Mers 지방

보르도 지역을 흐르는 주요한 두 강, 가론 강과 도르도뉴 강 사이의 우리나라 양수리와 같은 지역으로 '두 강 사이'란 뜻이다. 가능하면 장기 보관하지 않고 빨리 소비해야 하는 대중적인 레드 와인과 화이트 와인을 만들며, 소비뇽 블랑, 세미용, 뮈스카델로 블렌딩하는 신선한 화이트 와인이 유명하다. 따라서 화이트 와인에만 '앙트르 뒤 메르 AOC'라는 명칭을 붙이며, 레드 와인은 보르도 또는 보르도 수페리외르 Bordeaux supérieur 로 판매된다. 와인은 과일향 및 시트러스향과 함께, 힘찬 산미를 느낄 수 있으며, 생선 요리에 잘 어울리고 특히 여름철에 마시면 시원한 느낌이 일품이다.

1헥타르 hectare 는 가로 세로가 각각 100m로 면적은 10,000m²이며, 평으로는 3,030평 정도이다. 예를 들면 '로마네 콩티' 포도밭이 1.81헥타르로 국제규격 축구장이 0.71헥타르 정도이므로 축구장의 2.5배 크기이다.

앙트르 뒤 메르 지방의 포도밭 전경

앙트르 뒤 메르 지방에서 만들어지는 와인들

대표 품종

적포도 품종

카베르네 소비뇽 Cabernet Sauvignon (17페이지 참조)

메독 지방의 자갈이 많은 척박한 토양에서 잘 자라며 어느 날씨에서나 적응력이 뛰어나다. 타닌과 산도가 견고하고 강한 편이라 장기 보관용 와인을 만드는데 적합하다.

전 세계에서 가장 많이 재배되고 있는 품종으로 신세계에서는 단일 품종으로도 빚지만, 메독 지방에서는 메를로, 카베르네 프랑, 쁘띠 배르도 등으로 블렌딩하여 훌륭한 와인을 만들고 있다.

블랙 베리와 블랙 커런트 같은 검은 베리향이 강하며, 오크통 숙성 시 바닐라와 시가, 카라멜향이 난다.

메를로 Merlot (18페이지 참조)

보르도 전 지역에서 많이 재배되고 있으며. 주로 배수가 잘 안되는 진흙 토양에서 잘 자란다. 포므롤 지방과 생테밀리옹 지방에서는 메를로를 주로하여 블렌딩한다.

붉은 과일향과 부드러운 타닌의 아로마가 뛰어나고 풍부한 풍미가 있다.

카베르네 프랑 Cabernet Franc

카베르네 소비뇽보다 빨리 익는 조생종으로 타닌과 산도가 적은 반면에 장기 숙성에 좋아 카베르네 소비뇽을 보완

하기 위해 블렌딩용으로 많이 재배한다.

신선한 풍미와 라즈베리와 제비꽃향의 느낌을 준다.

쁘티 베르도 Petit Verdot

만생종으로 짙은 색상과 풍부한 타닌, 그리고 강렬한 향으로 카베르네 소비뇽의 작황이 안좋을 때 타닌을 더하기 위해 블렌딩용으로 많이 사용한다.

청포도 품종

세미용 Sémillon

소테른 지방에서 많이 재배되고 있는 품종으로 스위트한 와인과 드라이한 화이트 와인을 만들며, 풍부한 질감과 살구, 꿀향 등이 나타난다.

소비뇽 블랑 Sauvignon Blanc (20페이지 참조)

앙트르 뒤 메르 지방에서 많이 재배되고 있는 품종으로 드라이한 화이트 와인을 만들기 위해 사용하며, 산미가 좋고 시트러스향과 무화과향이 난다.

뮈스카델 Muscadelle

드라이한 와인이나 스위트한 와인을 만들 때 블렌딩용으로 많이 재배하며 꽃다발에서 나는 복합적인 향을 갖고 있다. 루아르 지역의 뮈스카데 Muscadet 와는 다른 품종이다.

롯데 신격호 명예 회장 탄신 100주년 헌정 와인

샤토 디켐 Ch.d'Yqem 2010 과 샤토 팔머 Ch.Palmer 2014

사업 초창기의 신격호 회장

롯데 그룹의 창업자인 신격호 회장은 1921년 11월 3일에 울산시 울주 산골의 둔터 마을에서 10남매의 맏이로 태어났다.

울산에서 초, 중학교를 마치고, 함경북도에 있는 국립 종양장의 목양 지도기술원에서 기술원 자격증을 취득하여 양산에 있는 경남 종축장에 근무하는 중에 일본이 진주만을 공격하면서 태평양 전쟁이 시작하였다.

당시의 어수선한 사회 상황과 현재의 자신의 모습을 보면서 가슴이 답답해져 오는 것을 느끼곤 했는데, 이럴 때마다 독서로 마음을 달래던 중 일본의 극작가 겸 소설가인 야마모토 유조(山本有三)의 에세이에 나오는 "하나뿐인 자신을, 한번뿐인 삶을, 진정으로 살지 않으면 태어난 보람이 없지 않겠는가?"라는 구절에 큰 감명을 받고, 큰 세상으로 가고 싶다는 구체적인 소망이 자리잡기 시작하였다.

그러던 어느 날 가족들을 만나면 결심이 흔들릴까 우려되어 집에는 알리지 않고, 시모노세끼 부관 연락선을 타고 일본으로 건너가, 우유 배달과 신문 배달로 고학을 하면서, 와세다 실업학교 야간부에 입학하여 공부를 계속하였다. 새벽 일찍 일어나서 배달해야 하는 고된 생활이었지만 문인의 꿈을 쫓아 틈틈히 책방에 들러 책을 보던 중, 독일의 문호 괴테가 쓴 소설 〈젊은 베르테르의 슬픔〉에 반해 눈 한번 떼지 않고 단숨에 읽게 되는데, 나중에 이 소설의 여주인공 '샤롯데'의 이름을 따서 '롯데'라는 브랜드가 탄생하였다.

당시 한국에서 유학 온 작가들을 만나 교류하면서 작가의 길이 결코 쉽지 않다는 것을 알고 와세다대학 응용화학과에 들어가 졸업하면서 롯데라는 브랜드로 화장품과 껌을 만들어 대성공을 거두었다.

당시 기존 업체들은 주먹구구식으로 화장품과 껌을 만들고 있었는데, 당시 롯데껌은 품질 제일주의와 위생을 가장 중요하게 여겨, 최고의 원료를 고집하면서 약제사까지 고용하여 품질 관리를 하였다. 일본에서 처음으로 전 직원에게 하얀 가운에 마스크를 쓰도록 하고, 공장은 티끌 하나도 없도록 수시로 물

걸레질을 하여 위생관리에 만전을 기했다.

공장을 방문한 대리점주들이 우리 아이에게 줄 껌은 롯데껌을 사야겠다고 말하고 다닐 정도였다. 훗날 한국에서 롯데껌을 광고 할 때 CM송으로 널리 불린 "껌이라면 역시 롯데껌"이란 가사는 바로 이 감탄사에서 비롯되었다고 한다.

일본 롯데가 초콜릿 사업을 시작하고 얼마 안되어 출고품에 대한 정밀 검사를 하던 중 이물질을 발견하자, 이미 출고된 제품뿐만 아니라 창고에 쌓여있는 원료까지 모두 불태운 사건이 있었다. 당시 공장 하나 정도 지을 수 있을 정도로 큰 금액인 2억엔 정도의 상품과 원료가 신격호 회장의 지시에 의거 불태워졌는데, 이렇게 품질에 있어서는 처절하리만큼 완벽을 추구했다.

신격호 회장이 어느 정도 일본에서 자리를 잡았을 때 사무실 벽에 걸어놓고 항상 직원들에게 강조한 말이 '거화취실(去華就實)'이다. 이 말은 〈장자〉에 나오는 말로 **'남들에게 보이는 겉치레보다는 내면에 충실하라'**는 뜻이다. **'자만심에 빠지지 말고 품질과 실력 향상에 더욱 더 매진하라'**라는 의미로 이 말을 항상 강조했다.

사실 신격호 회장은 일본에 귀화하지 않고, 대한민국 국적을 마지막까지 갖고 있었던 사업가로, 언젠가는 그동안 번 돈을 고국에 기여하는 것이 그의 꿈이었다. 원래는 그 당시 고국에 부족한 철강이나 화학 사업을 하고자 하였으나, 기간 산업이라면서 정부의 반대에 부딪혀 못하고 있던 중, 박정희 대통령의 요청으로 전혀 생소한 호텔 사업을 하게 되었다.

그렇지만 호텔도 철저한 품질 관리와 위생에 바탕을 둔 서비스를 한다면 지금까지 해온 사업과 다르지 않을 것이라 생각하고, 약 6년여에 걸쳐 소공동에 있는 지금의 롯데 호텔을 완공하였다.

끝난 후, 정산해 보니 1억 4,500만 달러로 경부고속도로 건설 비용과 비슷한 규모였으며, 이전 10년 동안 외국인이 투자한 총 투자금 9,500만 달러를 훌쩍 넘어서는 어마어마한 금액이 투자되었다. 오늘날 롯데 호텔은 한국뿐만 아니라 러시아를 비롯하여 베트남, 미얀마. 미국, 괌까지 외국의 체인 브랜드가 아닌 순수 한국 토종 브랜드로 그 위상을 떨치고 있다.

그리고 그는 한국의 위상에 맞는 랜드 마크가 필요하다고 느껴, 지금의 잠실 부지를 인수하게 되는데, 상당수 지인들과 회사 내부에서는 아파트를 지어 파는게 골치도 썩지 않고, 수익도 엄청나니까 그쪽으로 제안을 많이 했으나, 그는 당연히 기업인으로서 수익도 추구해야겠지만, 이 땅에 뭔가 의미있는 사업을 하여 고국에 남기고 싶다면서 거절하였다.

땅 매입 후 30여년에 걸쳐, 정부의 각종 규제를 설득해 풀어나가면서, 마침내 123층의 초고층 빌딩을 완공하였고 우리나라도 100층 이상의 건물을 갖게 되었다.

초고층 빌딩은 비싼 공사비 때문에 분양가가 높고 분양 대상을 찾기가 쉽지 않아 공사 이후에 어려움을 겪는 경우가 많은데도 불구하고, 오로지 고국에 랜드마크를 남기고 싶다는 신격호 회장의 깊은 애국심이 없었다면 불가능했을 것이다.

신격호 회장 탄생 100주년 헌정 와인으로 선정된 샤토 팔머와 샤토 디켐은 와인을 소재로 한 일본의 유명한 만화 '신의 물방울'에서 12사도 중 제 2사도와 제 12사도로 나올 정도로 철저히 품질 관리를 하면서 오늘날까지 그 명성을 유지하고 있다.
'샤토 디켐'은 그해의 포도 품질이 안좋은 경우에는 익명으로 다른 곳에 팔아 버리고 와인을 생산하지 않는 걸로 유명한데, 그만큼 샤토 디켐 와인은 품질에 목숨을 거는 와인이라 할 수 있다.
샤토 팔머도 샤토 디켐처럼 품질에 철저한 와인이다. 매년 2~3월경 테이스팅 과정을 거쳐 수준에 미치지 못하는 와인은 세컨드 와인으로 출시된다. 그래서 지금도 비록 메독 지방의 1등급은 아니지만 1등급으로 대우를 받고 있는 '수퍼 세컨드' 와인이다.

와인 마니아인 신동빈 회장은 **'롯데의 모든 사업들이 다른 사업보다 품질이 최우선시 되어야 하는 사업이며, 겉치레보다는 내면에 충실하라'**라는 아버지의 뜻을 기리면서, 이 두 와인을 2021년 신격호 명예회장 탄생 100주년에 헌정하였다.

샤토 디켐 Château d'Yqem 2010 & 샤토 팔머 Château Palmer 2014

샤토 디켐 Château d'Yqem 과 샤토 팔머 Château Palmer

샤토 디켐 Château d'Yqem

1855년 메독 지방의 등급 책정 시, 소테른 지방은 메독 지방과는 별도로 정했는데 화이트 와인 중 유일하게 샤토 디켐이 1등급 와인으로 선정되었다.

보르도시에서 남쪽으로 40km 정도 떨어진, 샤토 디켐의 포도밭은 가로 세로 1km 정도의 크기(100헥타르)로, 토양은 석회암, 점토, 자갈 등으로 구성되어 있다.

80%는 세미용 품종을, 나머지 20%는 소비뇽 블랑을 심는데, 오전에는 안개가 심하게 끼고, 오후에는 강한 햇빛이 포도를 건조하게 하여, 포도알의 수분만을 빨아 먹는 귀부균 Botrytis Cinerea 이 세미용 포도에 많이 발생한다.

이렇게 귀부 곰팡이가 생길 때까지 기다려, 10월 중순 이후부터 수확을 하는데, 곰팡이가 풀풀 날릴 정도로 부패한 듯 보이는 포도알만을 골라 손으로 수확해야 하므로 보통 6주에 걸쳐서 수확한다. 9월에 이미 수확한 소비뇽 블랑의 신선한 산 성분과 늦게 수확하여 농익은 세미용의 진한 당이 조화를 이루어, 세상에서 가장 진귀하고 달콤한 와인으로 변신한다.

샤토 디켐은 보통 수확 후 출시까지 약 6년 정도가 소요되고, 일반 포도에 비해 10% 정도 밖에 수확을 못한다. 농축된 맛을 얻기 위해 가지 치기를 많이 해야 하므로, 보통 포도나무 한 그루에서 한잔 정도가 나와 '황금의 액체'라 불리우며 가격도 비싸, 경매 역사상 최고가 화이트 와인의 기록을 보유하고 있다.

보통 20~100년까지 보관이 가능하며 10년 이내에 마시면 죄악이라 할 정도이다. 12도 정도로 약간 차갑게 마시는 것이 좋으며, 알코올 도수는 13.5~14도로 톡 쏘는 벌꿀향과 복잡 미묘한 맛을 발산한다. 힘든 일을 마무리하고 나누는 와인으로 또는 생명의 은인에게 대접하는 와인으로 많이 알려져 있다.

샤토 디켐 와이너리 전경과 포도밭, 샤토 디켐 로고, 년도별 와인 병의 캡슐 문양

샤토 팔머의 레이블과 와이너리 전경, 카브 모습

샤토 팔머 Château Palmer

샤토 팔머 와이너리는 프랑스 보르도의 명품 와인으로 유명한 마고 마을내 지롱드 강변의 작은 고원 지대에 위치하며 면적은 55헥타르 정도이다. 토양은 석회암, 백악질, 석영암으로 1헥타르당 1만주를 식재하여 서로 간에 경쟁을 시켜, 뿌리가 더 깊게 들어가도록 했으며, 해양성 기후의 영향을 받아 개화가 빠르며, 여름과 가을이 뜨겁고 건조하여 포도재배에는 최상의 조건이다.

품종은 카베르네 소비뇽 47%, 메를로 47%, 프티 베르도 6%를 블렌딩하여 만들며, 여성스럽고 기품 있는 와인이다. 포도나무 수령은 보통 35년이고 등급은 1855년에 3등급을 받았지만 'Super Second'로 불리우며, 크리스티 와인 경매장에서도 다른 메독 지방의 일등급 와인과 대등한 수준에 팔릴 정도이다.

색은 짙은 루비와 감청색이며 진한 과일향과 제비꽃향, 감초, 토스트, 검은 자두, 베리향 등 화려한 부케를 자랑하며 알코올 도수는 12.5도이다. 타닌이 높아 풀 바디한 스타일로 장기 숙성이 가능하며, 피니시가 긴 편이다. 시음 온도는 16~18도가 좋으며, 시음 적기는 5~25년이 좋다.

매년 2~3월 경 테이스팅 과정을 거쳐 샤토 팔머의 상표를 달고 12~15만 병이 생산되며, 수준에 미치지 못하는 와인은 세컨드 와인으로 출시된다.

웰링턴에서 복무했던 영국의 팔머 장군이 1814년도에 이곳에 정착하여 포도밭을 매입 운영하였으나 과도한 투자로 파산하고, 여러 사람을 거쳐 현재는 와인 거상 쉬셀 Sichel 과 말러−베쎄 Mahler-Basse 가문의 소유로 되어 있다.

파리
Paris

FRANCE

지중해
Mediterranean

부르고뉴 지역
(Bourgogne)

오스피스 드 본

지브리 샹베르텡 와인

나폴레옹 Napoleon 이 사랑한 샹베르텡 Chambertin 와인

"그 어느 것도 샹베르텡 와인 한 잔을 통해서 바라보는 것 이상으로 장밋빛 미래를 만들 수는 없다 Nothing makes the future look so bright as surveying it through a glass of Chambertin"고 알렉산더 듀마 Alexandre Dumas 가 샹베르텡 와인을 예찬했는데, 이에 지지않을 정도로 샹베르텡 와인을 사랑한 사람이 또 있었다.

나폴레옹 보나파르트 Napoleon Bonapatte, 1760~1821 는 부르고뉴 지역의 코뜨 도르 Côte d'Or 근처에서 초급 장교로 근무하게 되면서 샹베르텡 와인을 처음 마셔보고는 그 매력에 흠뻑 빠지게 되어, 일생 동안 이 와인과 함께하게 된다. 그는 초급 장교 시절을 거쳐 24세에 장군이 되고, 30세에 프랑스 정권을 장악하여 32세가 되던 해에 유럽의 대부분을 정복하면서 스스로 황제로 등극한 사람이다.

항상 향기로운 루비 빛 샹베르텡 와인을 마시면서 세계 정복의 장밋빛 미래를 꿈꾸던 나폴레옹은 1812년 러시아 원정에 실패한 이후, 각 지역의 민족주의적 반란에 부딪치면서 마침내 1814년에 프로이센, 오스트리아, 영국으로 구성된 동맹군에게 패배하여 파리를 내주게 된다.

이후 퇴위되어, 지중해의 작은 섬 엘바 Elva Island 로 유배되고, 루이 16세 Louis 16, 1754~1793 의 동생인 루이 18세 Louis 18, 1755~1824 가 황제로 등극하였다.

하지만 프랑스 시민들은 무능한 루이 18세에 실망하여, 나폴레옹을 다시 옹립하자는 움직임이 꿈틀거리고 있었다. 이런 민심을 알아챈 나폴레옹은 1815년 2월 엘바 섬을 탈출하여 칸느 Canne 에 상륙하였고, 충직한 부하 1,000여 명과 함께 파리로 북상하였다. 루이 18세는 이를 대수롭지 않게 여겨 관군을 보내 진압하게 하였지만, 관군은 오히려 나폴레옹에 합세하였다. 루이 18세는 영국으로 도망가고, 나폴레옹은 공화주의자와 농민들의 지지를 받으며, 20여 일 만에 파리에 입성해 다시 권력을 장악하였다. 불안을 느낀 동맹국은 70만 명의 병사들을 규합하여 다시 나폴레옹을 타도하기로 협약하였는데, 나폴레옹은 이런 동맹군이 합류하기 전에 이들을 각개격파하면 서로 간에 정치적 이해가 달라 쉽게 와해할 것으로 판단했다.

그해 6월 나폴레옹은 기존의 정예 부대에 급조한 부대를 추가한 12만 8,000명의 프랑스군을 이끌고, 웰링턴 Arthur Wellesley Wellington 이 지휘하는 약 9만 5,000명의 영국군과 블뤼허 Bluecher 가 지휘하는 약 12만의 프로이센군을 격파하기 위해 떠났다. 벨기에 남동쪽 워털루 Waterloo 에서 6km 정도 떨어진 곳에서 전투가 벌어졌는데 이 전투가 그 유명한 워털루 전투 Battle of Waterloo 이다.

6월 18일 아침부터 공세를 개시하려 했는데, 전날 저녁 밤 동안 폭우가 내려 진창이 되면서 땅이 마를 때까지 어쩔 수 없이 기다리게 되어, 작전 개시 시간은 네 시간 뒤인 오전 11시 30분에 시작되었다. 이 네 시간이 나중에 결정적인 패인이 되는데, 그 시간에 간발의 차로 블뤼허의 프로이센군이 그루시

Grouchy 원수의 3만 3천 명의 프랑스 지원군보다 워털루에 먼저 도착했기 때문이다. 전투는 처음에는 프랑스군의 승리로 기우는 듯 하여 오후 3시쯤 나폴레옹은 네 Ney 원수에게 지휘를 맡기고 정상적인 컨디션이 아니라 판단하여 잠시 쉬기 위해 막사로 돌아갔다. 최상의 컨디션에도 승패를 가늠하기 힘든 전투에서 나폴레옹이 자리를 뜰 수밖에 없었던 이유는, 그동안 토막 잠을 자며, 제대로 식사와 수면을 취하지 못하는 거친 야전 생활이 원인이었겠지만, 일설에 의하면 샹베르텡 Chambertin 와인이 보급되지 않아서 리듬이 깨지지 않았나 하는 추측이 있다. 며칠째 쉴새 없이 내린 비로 보급품은 물론 와인도 공급되지 못했기 때문이다.

나폴레옹은 50여 차례의 전쟁을 치르는 동안 전장의 군사에게 반드시 와인이 공급될 수 있도록 조치하여 식자재 마차와 함께 와인이 담긴 커다란 오크통도 항상 보급되도록 했을 정도로 와인을 챙겼다고 한다. 그런데 결전을 앞둔 저녁 식탁에 하필이면 나폴레옹이 항상 즐겨 마시던 지브레 샹베르텡 Gevrey-Chambertin 와인이 다 떨어져, 긴장을 풀지 못하고 잠을 설치면서 마지막 전략을 숙고할 여유를 잃어버렸다고 한다.

이후 네 Ney 원수의 작전 실수와 함께 퇴각했던 블뤼허의 프로이센군 6만 명이 다시 역습하여 전세가 역전되

> 당시의 포탄은 안에 폭약이 없고 단단한 땅에 부딪치면서 가운데가 빈 둥근 포탄이 터지면서, 살상 효과가 나게 되어 있는데, 땅이 진창인 경우 포탄이 땅속에 박혀 산탄 효과가 나지 않고, 포를 쏠 때마다 반동으로 뒤로 물러난 포를 다시 원위치 해야 하기 때문에 진창인 경우 포수들의 효율이 떨어졌다고 한다.

었다. 결국 프랑스군은 이 전투에서 프로이센, 영국군의 공세에 의해 처참하게 패배하였다.

프랑스군의 전사자는 4만 명에 이르렀으며, 영국군 전사자는 1만 5천 명, 프로이센군은 7,000명 가량이었다. 엘바섬을 탈출한 지 100여 일 만에 나폴레옹은 황제 퇴위 문서에 서명하고, 6월 22일 영국 군함 벨레로폰 Bellerophon 호에 실려 세인트 헬레나 섬 Saint Helena Island 로 유배되었다. 그리고 그곳에서 영국군의 감시를 받으며 울분의 나날을 보내다, 유배 생활 6년 만인 1821년 5월 5일 장밋빛 미래를 그렸던 샹베르텡 와인 대신, 남아프리카공화국산 '콘스탄티아' 와인을 마시면서, 52살의 나이로 쓸쓸히 그의 파란만장한 생을 마감하게 된다.

1936년 빈티지의 샹베르텡 와인들

샹베르텡 와인은 프랑스 부르고뉴 코뜨 드 뉘 지방의 북쪽에 위치한 지브레 샹베르텡 마을에서 나는 피노 누아 와인으로 풍부한 향과 비단과 같은 매끄러운 감촉을 지니고 있으며, 나폴레옹이 좋아했던 와인은 '클로 드 베제 Clos de Bèze'라는 밭에서 생산된 포도로 빚은 와인이다.

나폴레옹은 실제로 예민하고 까다로운 성격의 소유자로 술에 약해서 샹베르텡 와인에 언제나 물을 타서 희석해 마셨다고 한다. 와인 평론가 로버트 파커가 그의 저서 '부르고뉴 와인'에서 나폴레옹이 워털루 전투에서 패배한 원인을 샹베르텡 와인을 마시지 못한 탓이라고 했으나, 일설에 의하면 말을 많이 타고 다녀 치질이 심했다고 하며 워털루 전투 때도 악화한 치질이 원인이었다는 설도 있다.

나폴레옹은 영국인 총독 로우에게 프랑스 와인을 공급해 달라고 요구했으나 번번이 거절당하고, 나폴레옹의 와인 관리인이었던 몽톨롱 백작이 영국 측에 사정하여 프랑스 와인과 비슷한 맛이 나는 남아프리카공화국 코스탈리전 지역의 콘스탄티아 와인을 마셨다고 한다.

샹베르텡이란 말은 베르텡 Bertin 의 평원 Champ 이라는 뜻으로 기원전 1세기 무렵부터 수도원 수도사들에 의해 지금의 와인들이 생산되기 시작했다. 현재 지브레 샹베르텡 마을에는 코뜨 드 뉘 지방의 24개 그랑 크뤼 중 9개와 26개의 프리미에 크뤼가 있으며, 부르고뉴 지역에서 가장 면적이 넓고 생산량도 가장 많다.

원래는 지브레 Gevrey 마을이었으나 1847년 루이 필립 왕에 의해 마을 중에서는 최초로 마을 이름 뒤에 포도밭 이름인 샹베르텡을 붙여서 '지브레 샹베르텡'이라는 이름이 탄생했는데, 마을 이름을 마을 안에 있는 많은 포도밭 이름 가운데 하나를 따온 특이한 케이스이다.

샹베르텡 와인은 피노 누아가 보여줄 수 있는 최상의 와인으로 부르고뉴 지역에서 가장 남성적이고 강건하며 견고하고, 잘 익은 체리, 달콤한 감귤 등의 향이 풍요로와 입안에 꽉 찬 느낌을 주며, 최소 5년 이상 숙성시켜야 제맛을 낸다.

루브르 박물관에 있는 나폴레옹 1세의 대관식 장면

Wines of Bourgogne

개요

이 지역은 BC 600년 경 그리스인에 의해 처음으로 와인 재배가 시작되었으며, 유럽의 다른 나라들처럼 로마군이 주둔하면서, 한층 더 와인을 발전시키게 되었다. 그후 현재의 와인 산업을 일군 사람들은 카톨릭 교회 수도원의 수도사들이었다.

10세기경 베네딕트 교단이 세워진 후, 이 교단의 또 다른 종파인 시토회 Cîteaux 가 만들어졌는데, 시토회 수도원의 수도사들은 종교적 윤리에 입각하여 고된 육체 노동의 일환으로 열정과 헌신을 갖고 포도밭을 일구고 와인을 빚었다. 이후 14세기 중반에서부터 15세기 중반까지는 네 명의 공후들에 의해 황금기를 맞게 된다. 필립 제후 Philip the Bold 는 피노 누아 품종으로 부르고뉴 지역의 포도 품종을 단일화시켰고,

부르고뉴 코뜨 드 뉘 지방의 부조 마을에서 특급밭으로는 가장 큰 면적의 '클로 드 부조 Clos de Vougeot'가 바로 시토회의 수도사들이 만든 포도밭으로 프랑스 혁명 후 농민들에게 분할해서 나누어 주었는데, 그 후 장자에게만 주는 상속법이 바뀌면서, 여러 형제간에 균등 상속해 나가는 과정에 더욱 세분화 되어, 약 55헥타르(165,000평)의 밭이 100구획 이상으로 나뉘어져 있고, 소유주는 80명이 넘는다.

예외적으로 하나의 밭을 한 개인이 소유하는 경우가 있는데 이와 같은 밭을 모노폴 Monopole 이라고 부르며, 로마네 콩티가 대표적인 모노폴이다.

현재 이런 소규모 생산자가 10,000명 정도이고 1인당 평균 소유 면적은 약 4헥타르로 12,000평 정도를 소유하고 있다.

보르도 지역의 샤토에서 병입한 와인은 레이블에 'Mis en Bouteille au Château'라고 표기하는데, 부르고뉴 지역의 네고시앙이 병입한 와인의 레이블에는 'Mis en Bouteille par OOO'이라고 표기한다.

포도밭 한가운데 있는 끌로 드 부조 성 모습

또 다른 필립 제후 Philip the Good 는 디종 인근을 포도 재배의 한계선으로 정했다.

1789년 프랑스 대혁명은 부르고뉴 Bourgogne 지역 와인 산업에 결정적인 영향을 미치게 되는데, 부자들과 수도원들이 소유했던 포도밭을 농민들에게 쪼개어 주고, 아버지가 죽으면, 즉시 토지는 아들들에게 똑같이 나누어 분할되었다. 이로 인해 부르고뉴 지역 포도 산업은 영세화를 면할 수 없게 되었다. 또한 이런 이유로 부르고뉴 지역 와인은 각기 서로 다른 다양성을 갖게 된다.

보르도 지역과 자웅을 겨루는 부르고뉴 지역은 보르도 지역과 달리 단일 품종으로 와인을 만들고 있다. 레드 와인은 피노 누아 또는 가메, 화이트 와인은 샤르도네와 알리고떼로 만들고 있다.

이 지역 와인은 대체적으로 보르도 지역 와인에 비해 타닌이 적으며, 산도와 알코올이 조금 높고 향이 강하며, 매끄럽고 부드러운 감촉을 지니고 있는 것이 특징이다.

보르도 지역 와인은 주로 영국으로 수출을 많이 해서 프랑스보다 영국에서 많이 알려진 반면, 이 지역은 로마 시대부터 유럽의 다른 지역으로 가는 교통의 요지이기 때문에 사람들의 왕래가 많아 프랑스 왕실과 귀족뿐 아니라 세계적으로 널리 알려질 수 있었다.

타스트뱅의 기사단 와인 축제 중 와인 기사 작위 수여식 장면

보르도 지역 와인과 부르고뉴 지역 와인의 음용 온도는 보르도 지역 와인은 16~18도 정도, 부르고뉴 지역 와인의 경우는 14~15도가 적당하다.

클로 드 부조 포도밭 한가운데 고성이 있는데, 매년 11월 셋째 주 토요일부터 3일간 '타스트뱅의 기사단 La confrerie des Chevaliers du Tastevin'이라는 와인 축제가 열리고 있다.

Wines of Bourgogne

테루아

부르고뉴 지역은 영어로는 버건디 Burgundy 라고 하며, 최북단의 샤블리에서 남으로는 리용시 인근의 보죄 beaujeu 까지, 약 300km로 길게 뻗은 일대를 가리킨다. 포도 산지의 면적은 보르도 지역이 약 12만ha인데 반하여 약 3만ha로 보르도 지역의 1/4에 불과하며, 연간 와인 생산량은 2백만 헥토리터가 조금 넘는다. 이 지역은 2억년 전에 바다가 지반의 융기로 인해 형성된 부드럽고 완만한 경사지를 가진 해발 200~500m 구릉지에 그림같은 포도밭들이 북에서 남으로 향하고 있다. 따라서 바다 생물 화석이 들어있는 석회암 덩어리나 석회석과 점토가 섞인 이회토 Mar 가 양파 껍질처럼 복잡하게 걸쳐져 있으며, 이로 인해 담이나 길 하나 차이로 토양의 성질이 달라, 와인의 맛이 다르게 된다.

부르고뉴 지역의 언덕은 동쪽을 향해 경사가 져 있으며, 200~300m 정도의 고저 차이가 있다. 낮은 쪽은 토양에 영양분이 너무 많아 양질의 포도가 자라기 어렵고, 높은 쪽은 기온이 낮아 포도 재배에 적당하지 않다. 기후는 북위 47도 선상으로 날씨는

본 로마네 마을의 포도밭 전경과 로마네 콩티 포도밭

미국의 저명한 와인 비평가인 로버트 파커 Robert M. Parker.Jr 는 부르고뉴 지역 와인의 특징을 이렇게 말하고 있다.
"우선 이 지역 포도밭의 토양과 지세가 빼어나고, 엄격한 포도 수확량의 제한, 그리고 8~9월 포도 수확기에 이곳에서만 볼 수 있는 풍부한 일조량, 나아가서는 이 지방에 내려오는 탁월한 양조 기술이 이 어려운 여건을 상대적으로 커버해 주고 있다."

포도 재배에 썩 좋은 편은 아니어서 겨울에는 너무 춥고, 여름에는 무더우며, 때때로 우박이 내려 포도 농사를 망쳐 놓기까지 한다. 이런 악조건에도 불구하고 이 땅에서만 불 수 있는 몇 가지 잇점이 있어 세계적인 명주가 나오고 있다.

등급 제도

보르도 지역에서는 1855년에 파리 만국박람회를 계기로 샤토에 등급이 매겨진 반면, 부르고뉴 지역에서는 오래전부터 수도원의 수도사들에 의해 마을이나 포도밭에 등급이 매겨졌으며, 별도의 규정에 의한 등급 분류는 없었다. 원산지 호칭 제도인 AOC가 도입됨에 따라 공식적으로 AOC에 등급 제도를 함께 부여하고 있다. 보르도 지역에 비해 1/4 정도로 적은 면적이지만, AOC 숫자는 마을 단위뿐만 아니라 작은 포도밭에도 AOC가 주어져, 프랑스 전역에 363개의 AOC가 있는데 부르고뉴 지역에만 84개의 AOC가 지정되어 있다. 거기에 1급밭의 세부 구역별 명칭은 500개가 넘는다.

Joseph Drouhin의 Grand cru' 와인

샹볼 뮤지니 Premiér Cru' 와인

그랑 크뤼 AOC Grand Cru AOC

부르고뉴 지역에서 상위 2%를 차지하는 최상급 AOC로, 샤블리 지방은 7개 포도밭을 묶어 하나로 지정하고, 코뜨 도르 지방에는 32개 포도밭이 AOC로 지정되어 있다.

예를 들면 지브레 샹베르텡 Gevrey Chambertin 마을의 '르 샹베르텡 Le Chambertin' 포도밭에서 만든 와인은 'Appellation Le Chambertin Contrôlée'라고 표기한다.

프리미에 크뤼 AOC Premiérs Crus/1er Cru

전체의 약 10%를 차지하며 635개가 지정되어 있는데, 각 밭별로 AOC가 주어지는 것이 아니라 마을별로 지정된다.

예를 들면 샹볼 뮤지니 Chambolle Musigny 마을의 레 크라 Les Cras 포도밭에서 만든 프리미에 크뤼 와인은 'Chambolle Musigny Premiér Cru/1er Cru'라고 표기하고, 밑에 밭의 이름 'Les Cras'라고 포도밭을 명기한다.

보르도 지역의 최상급 와인에 붙는 프리미에 크뤼가 부르고뉴 지역에서는 두 번째 등급으로 표시되고, 보르도 지역의 두 번째 등급인 그랑 크뤼는 부르고뉴 지역에서는 최상급으로 표시되어 소비자에게 혼동을 준다.

마을 AOC AOC Villages

전체의 37%를 차지하며 44개의 AOC가 지정되어 있다. 'Appellation 마을 이름 Contrôlée'라고 마을 이름만 표기한다

지역 AOC AOC Regionales

가장 일반적인 부르고뉴 지역 와인에 주어지는 AOC 등급으로 현재 23개의 AOC가 지정되어 있으며, 전체 와인 생산량의 50%를 점한다. 'Appellation Bourgogne Contrôlée' 라고 표기한다.

그랑 크뤼 AOC
Grand Cru AOC

프리미에 크뤼 AOC
Premier Cru AOC

마을 AOC
Villages AOC

지역 AOC
Regional AOC

네고시앙(Negociant)과 도멘(Domaine)

부르고뉴 지역에는 보르도 지역의 샤토와 달리 생산 주체가 두 가지 형태가 있는데, 소규모 포도 재배 농민들의 포도를 구입해 와인을 빚는 기업형 양조장, 즉 네고시앙 Nagociant 과 자체 양조장을 갖추고 자기네 포도로 와인을 빚는 도멘 Domaine 이라는 양조장이 있다. 그리고 도멘보다는 적은 규모로 소규모의 포도밭을 소유하면서 포도를 직접 재배하고 양조하는 프로프리에테르-레콜탕 Proprietaire-recoltant 을 볼 수 있다. 20세기 들어와 도시화와 농촌의 고령화로 포도 농사의 승계가 가족 안에서 이루어지지 못하는 포도밭들이 늘어나면서, 이런 포도밭들을 구입하여 자체 포도밭을 가진 네고시앙들이 늘어나는 추세이다. 부르고뉴 지역 와인의 40%는 도멘이 만들고 60%는 네고시앙이 만든다.

도멘 자크 프레테리크 뮈니에 모습

도멘 조르주 루미에 모습

와인 산지

부르고뉴 지역은 샤블리 Chablis, 코뜨 도르 Côte d'Or, 코뜨 뒤 샬로네즈 Côtes de Châlonnaise, 마코네 Mâconnais, 보졸레 Beaujolais 의 다섯 지방으로 나뉘어져 있으며, 코뜨 도르 Côte d'Or는 다시 코뜨 드 뉘 côté de Nuits 와 코뜨 드 본 Côté de Beaune 지방으로 나뉘고 있다.

디종 Dijon

지브레 상베르텡
샹볼 뮈지니
본 로마네

샤블리 Chablis

포마르
볼네
샤샤뉴 몽라셰
본 Beaune
알록스 코르롱

필리니 몽라셰
부즈롱
륄리
머큐리
지브리
샬롱 쉬르 손
몽타니 레 뷕시
뷕시
센시 르 그랑

솔뤼트레
퓌세
마콩 Mâcon
생메랑
벵젤
쥘리에나
생타무르
플뢰리
셰나
쉬루블
로마네슈 토랭
브루이
모르공
빌프랑슈쉬르손
벨빌

리옹 Lyon

- 샤블리
- 코뜨 드 뉘
- 코뜨 드 본
- 코뜨 샬로네즈
- 마코네
- 보졸레

샤블리 Chablis 지방

샤블리 지방은 프랑스 국토의 남동부 방향, 파리 Paris 와 코뜨 도르 Côté d'Or 지방의 중간 지역이며, 부르고뉴 지역의 최북서쪽에 위치한 지역으로 부르고뉴 지역의 다른 지역과는 지리적으로 떨어져 있으며, 오히려 샹파뉴 지역과 인접해 있다. 마을 어귀에 스랭강 Serein 과 한쪽에 호수를 두고 완만한 구릉들이 펼쳐져 있으며, 12세기에 시토회 Cîteaux 의 수도사들에 의해 처음으로 포도 재배가 시작되었다.

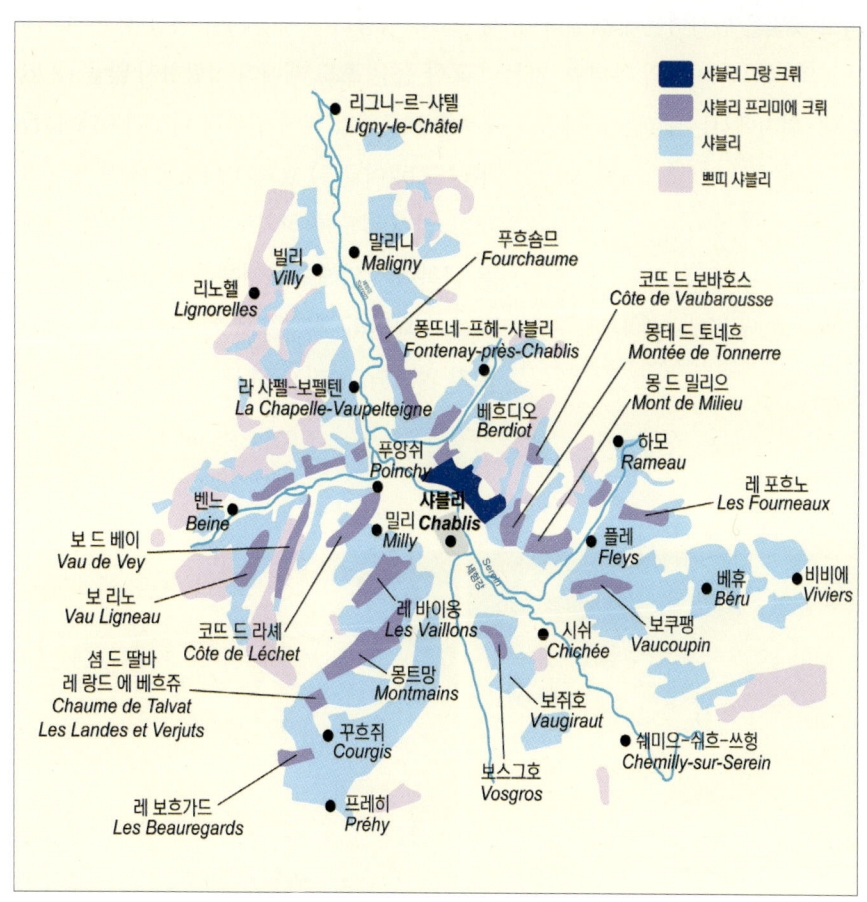

샤블리 지방에서는 화이트 와인 중에서 '와인의 왕'이라 불리우는 샤르도네로 최상의 와인을 빚고 있다. 색상은 시간이 갈수록 담백 색에서 볏짚 색으로 변하며, 산미가 살아있고 강렬한 과일향이 풍부하며, 상쾌하고 드라이한 맛을 낸다.

대부분 샤르도네 Chardonnay 를 재배하지만 소비뇽 블랑 Sauvignon Blanc 과 피노 누아 Pinot noir 를 재배하기도 한다.

토양은 쥐라기 시절에 화석화된 작은 굴 껍질을 담뿍 머금은 진흙에 석회석이 끼어 있는 백악질의 키메르지앙 Kimmeridgean 으로 흰색에 가까워 따뜻한 온도를 유지하고 햇빛을 반사하는데 탁월하며, 샤르도네 품종의 재배에 가장 적합하다.

초봄의 서리와 여름의 무더위, 겨울의 혹한 등은 포도 재배에 적합하지 않을 수 있는데, 현지에서는 냉해로부터 포도나무를 보호하기 위해 일부러 나뭇가지에 물을 뿌려 코팅(이글루) 효과가 나도록 하여 포도나무가 얼지 않도록 하기도 하는 등, 많은 난관을 극복하기 위해 눈물겨운 노력을 하고 있다.

샤블리란 이름으로 미국, 호주, 스페인 등에서도 와인이 생산되고 있다. 1860년부터의 필록세라 피해로 샤블리 지방에서 와인이 거의 나오지 않는 동안에 다른 나라에서 샤블리의 이름을 빌려 와인을 만들었다.

샤블리 와인의 특징은 오크통 Oak Barrel 을 거의 쓰지 않으며, 감미가 없고 미네랄과 훈연향이 특징이다.

샤블리 지방의 포도밭 토양

샤블리 지방의 작은 굴 껍질이 박힌 키메르지앙 토양

와인 등급

샤블리 지방은 부르고뉴 지역에 속해 있지만 1938년에 자체적으로 만든 등급 제도를 가지고 있다.

샤블리 그랑 크뤼 AOC Chablis Grand cru AOC

샤블리 Chablis 지방에서 가장 좋은 7개 경작지에서 최상급 와인을 만들고 있다. 대부분 높은 경사지에 위치하며, 샤블리 프리미에 크뤼 Chablis Premier Cru 보다 알코올 함량이 높고 8~15년 간 보관이 가능하다.

7개 산지는 레끌로 Les Clos, 보데시 Vaudésir, 블랑쇼 Blanchot, 발뮈 Valmur, 그레누이 Grenouilles, 레 프뤼즈 Les Preuses와 부그로 Bougros가 있다.

이 7개 밭을 묶어서 1개의 그랑 크뤼 Grand cru로 명칭을 부여했기 때문에 밭 이름을 따로 표기하지 않고 '샤블리 그랑 크뤼 Chablis Grand cru'로만 표기한다.

샤블리 지방의 포도밭 풍경

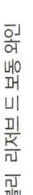

샤블리 프리미에 크뤼 AOC Chablis Premier Cru AOC

두 번째 품계로 면적당 생산량을 제한하고 있으며, 39개의 경작지가 있다. 코뜨 드 르셰 Côté de Lechet, 바이용 Vaillon 등이 있다.

샤블리 AOC Chablis AOC

세 번째 품계로 샤블리 지방에서 재배된 포도로 만든 와인으로 빌라주 와인으로도 부른다.

쁘띠 샤블리 AOC Petit Chablis AOC

가장 낮은 품계로 주요 경작지의 변두리나 일조량이 안좋은 서북향에서 나는 와인으로 산도가 높은 대중적인 와인이다.

샤블리 지방의 도멘 & 네고시앙

- 도멘 라로슈 Domaine Laroche
- 루이 자도 louis Jado
- 조셉 드루앵 Joseph Drouhin
- 메종 베르제 Maison Verget

샤블리 지방과 입구 상징물

코뜨 도르 Côté d'Or 지방

코뜨 도르 지방은 가을에 포도 수확이 끝난
후, 노랗게 익은 포도나무 단풍잎이 깔린 언
덕 빛깔을 보고 '황금의 언덕'이라 불리웠는데,
Côté(언덕)+de(~의)+Or(황금)의 합성어이다.
이곳은 다시 레드 와인으로 유명한 북쪽의 코
뜨 드 뉘 Côté de Nuits 지방과 화이트 와인이 유명
한 남쪽의 코뜨 드 본 Côtes de Beaune 지방으로 나
뉜다. 코뜨 도르 지방은 부르고뉴의 핵심 지역
으로 면적은 적지만 세계 최상급 와인이 나오
는 곳이다.

가을의 포도밭 전경

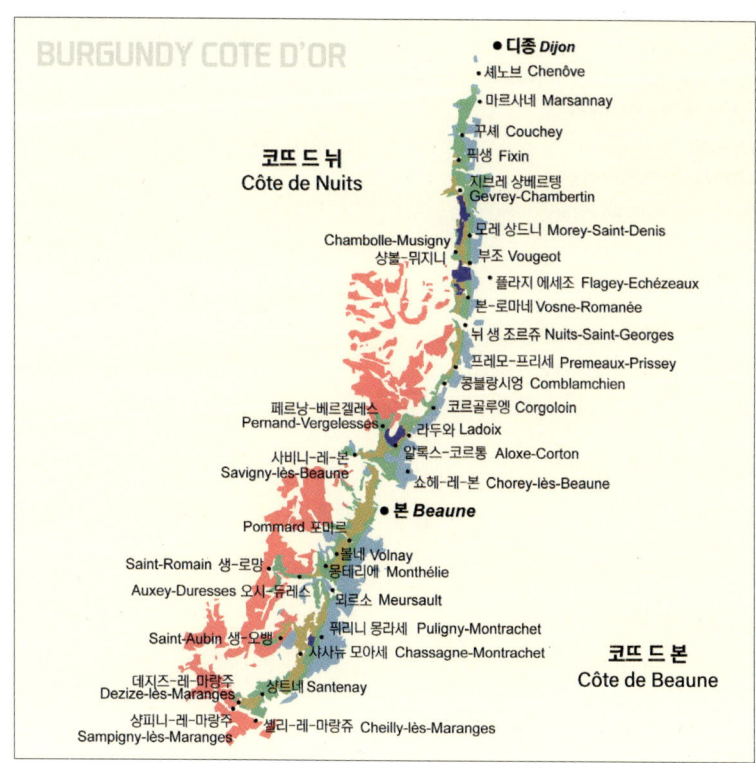

BURGUNDY COTE D'OR

● 디종 *Dijon*
• 셰노브 Chenôve
• 마르사네 Marsannay
• 꾸세 Couchey
• 픽생 Fixin

코뜨 드 뉘
Côte de Nuits

지브레 샹베르텡
Gevrey-Chambertin
• 모레 상드니 Morey-Saint-Denis
Chambolle-Musigny
상볼-뮈지니
• 부조 Vougeot
• 플라지 에셰조 Flagey-Echézeaux
• 본-로마네 Vosne-Romanée
• 뉘 생 조르쥬 Nuits-Saint-Georges
• 프레모-프리세 Premeaux-Prissey
• 꽁블랑시엉 Comblamchien
페르낭-베르겔레스
• 코르골루엥 Corgoloin
Pernand-Vergelesses
• 라두와 Ladoix
사비니-레-본
• 알록스-코르통 Aloxe-Corton
Savigny-lès-Beaune
• 쇼레-레-본 Chorey-lès-Beaune

● 본 *Beaune*
Pommard 포마르
• 볼네 Volnay
Saint-Romain 생-로망
• 몽테리에 Monthélie
Auxey-Duresses 오시-듀레스
• 뫼르소 Meursault
Saint-Aubin 생-오뱅
• 퓔리니 몽라셰 Puligny-Montrachet
• 샤사뉴 모아셰 Chassagne-Montrachet

코뜨 드 본
Côte de Beaune

데지즈-레-마랑주
• 상트네 Santenay
Dezize-lès-Maranges
상피니-레-마랑주
• 셸리-레-마랑쥬 Cheilly-lès-Maranges
Sampigny-lès-Maranges

코뜨 드 뉘 côté de Nuits 지방

디종시 옆의 세노브 Chenôve 에서부터 코르골루엥 Corgoloin 에 이르는 길이 20km, 폭 200~800m, 해발 240~320m 지역으로 토양은 점토질이 상대적으로 많은 석회암이고, 7개의 AOC 마을과 24개의 그랑 크뤼 Grand Cru 포도밭이 있으며 세계에서 가장 비싼 포도밭이 이곳에 있다.

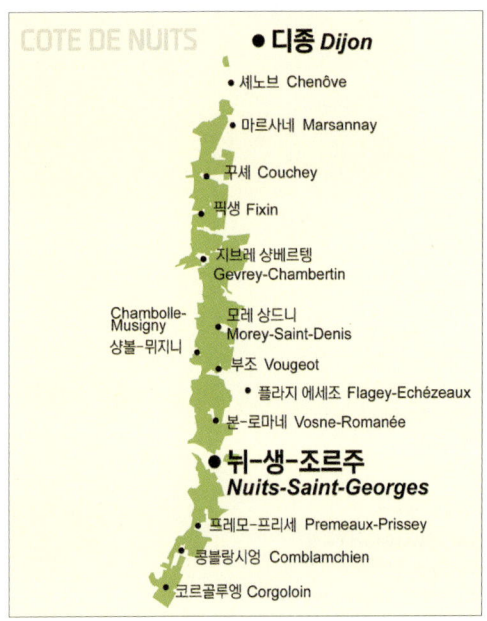

그랑 크뤼 포도밭은 지브레 샹베르텡 마을에서 시작하여 모레 상드니 Morey St-Denis 를 거쳐 본 로마네 Vosne Romanée 까지 이어지는 손 Saône 강 계곡을 마주한 동쪽 경사면에 모여 있다.

생산되는 와인의 품종은 80%가 피노 누아이고, 나머지는 샤르도네이다. 피노 누아는 블랙 커런트, 체리, 신선한 붉은 과일 등의 아로마와 부엽토와 향신료의 부케로 풀 바디하며, 장기 숙성하면 할수록 그 진가가 나타난다.

이 지방에 7개의 AOC 마을이 자리잡고 있는데 북쪽부터 보면 다음과 같다.

• 픽생 Fixin 마을

디종 Dijon 시와 지브레 샹베르텡 Gevrey Chambertin 마을 사이에 있는 지역으로 해발 350~ 380m 구릉지로 동에서 남으로 향한 지역이다. 토양은 석회암이 주를 이루고 이회토가 섞여 있다. 주로 피노 누아를 많이 재배하는데 샤르도네도 일부에서는 재배한다. 레드 와인은 영할 때는 타닌이 강하지만 오래될수록 견고하면서 부드러워지고 질감이 섬세하다.

6개의 프리미에 크뤼가 지정되어 있다.

• **지브레 샹베르텡** Geverey Chambertin **마을**

나폴레옹이 좋아했던 와인 산지로 부르고뉴 지역에서 가장 큰 면적이다. 이 지역의 레드 와인은 부르고뉴 지역 중에서 가장 남성적인 와인으로 힘차고 응축도가 높은 와인이며, 로버트 파커 Robert Parker 가 이곳 와인을 가르켜 마술적이고 품위있는 magic and prestige 와인으로 평가했다.

9개의 그랑 크뤼 포도밭과 26개의 프리미에 크뤼 포도밭을 가지고 있으며, 9개의 그랑 크뤼 포도밭은 위에서부터 다음과 같다.

- 샹베르텡 Chambertin
- 샤름 샹베르텡 Charmes Chambertin
- 샹베르텡 클로 드 베제 Chambertin-Clos de Bèze
- 샤펠 샹베르텡 Chapelle Chambertin
- 그리오트 샹베르텡 Griotte Chambertin
- 라트리시에르 샹베르텡 Latricières Chambertin
- 마지 샹베르텡 Mazis Chambertin
- 마조예레 샹베르텡 Mazoyères Chambertin
- 뤼쇼트 샹베르텡 Ruchottes Chambertin

지역의 도멘 & 네고시앙

지브레 샹베르텡 마을의 포도밭 전경

- **드니 모르테** Denis Mortet
  유기농 재배로 유명하며 융단처럼 매끄럽고 달며 풍부한 과일향이 일품이다.

- **페로미노** Perrot Minot
  수확량을 제한해서 응축된 맛을 내고 있다.

- **아르망 루소** Armand Russeau
  지브레 샹베르텡의 얼굴이라 할 정도로 소유한 포도밭의 80%가 특급이나 일급 포도밭이다.

- **푸리에** Fourier
  떫은 맛과 신맛이 많아 장기 숙성에 적합하다.

- **메종 루 드몽** Maison Lou Dumont
  부르고뉴 지역에서 아시아인 최초의 네고시앙으로 신의 물방울에도 소개되었다.

샹베르텡 Chambertin 은 나폴레옹이 사랑한 와인이라 하여 '왕의 와인'이라 불리운다.

지브레 샹베르텡이란 마을 이름은 1840년 경에 지브레 마을의 요청으로 마을에 속한 샹베르텡 포도밭이 워낙 유명해서 지브레 샹베르텡으로 부르기로 했다고 한다.

부르고뉴에서 네고시앙. 도멘을 운영하는
나카다 고지씨와 박재화씨 부부

메종 루 뒤몽 와이너리와 카브

'내 손으로 아름다운 와인을 만들고 싶다'는 꿈을 가진 일본인 나카다 고지씨와 한국인 박재화씨는 2000년에 뉘 생 조르즈 마을에 마이크로 네고시앙 메종 루 뒤몽 Maison Lou Dumont 을 설립했다.

2007년에는 지브레 샹베르텡 마을에 양조장을 구매해서 이사를 하고, 2012년부터 포도밭을 매입하기 시작하여 현재 3헥타르에 포도 농사를 짓고 있고 추가로 4헥타르에도 포도나무를 심을 예정이다.

두 사람의 목표는 Bio, Biodynamic 농법으로 포도를 재배하여 포도가 처한 환경, 즉 테루아를 가장 잘 표현하는 와인을 만드는 것이다.

매해 그 해의 기후에 따라 포도의 품질이 달라지듯, 포도나무가 심어진 심토의 토질에 따라 와인이 다르게 표현되는 다양함이 특징인 부르고뉴 와인을 만들고 싶어한다.

와인의 품질을 결정하는 것은 포도밭에서 어떻게 농사를 짓는지에 달려있기 때문에 농사에 가장 심혈을 기울이고 있다.

현재 2개의 그랑 크뤼급, 2개의 프리미에 크뤼급 등 22개 AOC 와인을 빚고 있다. 그중 화이트 와인 뫼르소 Mersault 는 '신의 물방울' 9권에 소개되기도 했다.

특이하게도 루 뒤몽 와인에는 프랑스 와인답지 않게 레이블에 한문으로 테루아를 존중한다는 의미의 천(天), 지(地), 인(人)이 새겨져 있다. 이는 프랑스어 테루아를 한문 문화권인 아시아 사람들에게 테루아의 의미를 설명하는 것으로 기후와 토양, 그리고 농부의 노력 여하에 따라 와인의 품질이 좌우될 수 있다는 것을 표현했다.

신의 물방울에 소개되었던 뫼르소 와인과 루 뒤몽 와인 레이블

• 모레 상드니 Morey Saint Denis 마을

그랑 크뤼와 프리미에 크뤼 포도밭이 마을 전체의 60%를 차지하고 있으며 화사한 향과 과일 맛이 풍부하며 중후한 느낌이다. 그랑 크뤼 5개와 프리미에 크뤼 20개의 포도밭이 있는데, 그랑 크뤼 5개 포도밭은 다음과 같다.

- 클로 드 타르 Clos de Tart
- 클로 데 랑브레 Clos des Lambrays
- 클로 생드니 Clos Saint Denis
- 클로 드 라 로슈 Clos de la Roche
- 본 마르 Bonne Mares

지역의 도멘 & 네고시앙

- 도멘 뒤 클로 드 타르 domain du Clos de Tart
- 도멘 드 랑브레 Domaine des Lambrays

클로 데 랑브레 포도밭 전경

뮤지니, 로마네 꽁티, 몽라셰는 세계 최고의 3대 밭으로 유명하다.

• 샹볼 뮤지니 Chamboll Musigny 마을

토양은 북부는 점토질로 골격이 단단한 와인이 나오며, 중남부는 모래질과 석회가 섞여 있어 융단과 같은 부드러운 감촉과 우아한 향을 갖고 있다. 그랑 크뤼 포도밭은 다음과 같이 2개이며, 프리미에 크뤼 포도밭은 24개가 있다.

- 본 마르 Bonnes Mares
- 뮤지니 Musigny

지역의 도멘 & 네고시앙

- 자크 프레데리크 뮈니에 Jacques Frederic Mugnier
- 로베르 그로피에 Robert Groffier
- 조르주 루미에 Domaine G. Roumier

샹볼 뮤지니 포도밭 전경

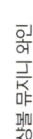

샹볼 뮤지니 와인

• 부조 Vougeot 마을

이 마을의 75%가 부르고뉴 지역 최대의 그랑 크뤼 포도밭인 클로 드 부조 Clos de Vougeot 이다. 북쪽에서부터 밑으로 '교황의 밭', '왕의 밭', '수도자의 밭'으로 나뉠

샤토 드 라투르

정도로 다양한 품질의 와인이 나온다. 80명 정도의 소유주가 클로 드 부조의 밭을 분할해서 소유하고 있으며, 각 소유주는 포도 수확 시기, 양조 스타일, 오크통 숙성 기간 등 모든 결정을 독자적으로 하기 때문에 생산자별로 맛이 다르다. 그랑 크뤼는 당연히 클로 드 부조 1개로 지정되어 있다.

지역의 도멘 & 네고시앙

- 르네 앙즐 Domaine René Engel
- 메오 카뮤제 Domaine Meo Camuzet
- 샤토 드 라투르 Château de La Tour

● 본 로마네 Vosne Romanée 마을

'코뜨 드 뉘의 진주'라고 불리울 정도로 유명한 마을이며, 석회암과 이회토를 기반으로 6개의 그랑 크뤼 포도밭과 14개의 프리미에 크뤼 포도밭이 있다.

6개의 그랑 크뤼 밭은 다음과 같다.

- 로마네 콩티 Romanée Conti

  DRC Domaine de la Romanée Conti 가 단독 소유하고 있으
  며, 세계에서 가장 비싼 와인으로 더 유명하다. 우아하
  고 매혹적인 질감으로 와인 애호가들이 평생 한 잔만이
  라도 마시고 싶어하는 와인이기도 하다.

  포도가 완숙될 때까지 가능한 늦게 수확하며 철저한 수
  작업과 품질 향상을 위해 가지 치기, 열매 솎기 등으로
  축구장 2.5배 크기에서 1년에 약 5,400병이 생산된다.

  이 와인은 로마네 콩티 한 병에 DRC에서 만든 다른 그랑
  크뤼 와인인 라 타슈 3병, 리쉬부르 2병, 로마네 생 비방
  2병, 그랑 에세조 2병, 에세조 2병을 묶어서 한 세트로
  판매하며, 화이트 와인인 몽라셰는 포함하지 않는다.

- 라 타슈 La Tâche
- 라 로마네 La Romanée
- 라 그랑드 뤼 La Grand Rue
- 리쉬브르 Richebourg
- 로마네 생 비방 Romanée Saint Vivant

여기에 AOC로는 같은 명칭인 본 로마네로 표
기되지만, 따로 분리하고 있는 플라지 에세조
Flagey Echezeaux 에 2개의 그랑 크뤼 포도밭이 있
다. 이 지역은 사람에 따라 본 로마네 소속으
로 넣기도 하고 안 넣기도 한다. DRC가 만든
에세조는 '신의 물방울'의 저자인 '아기 다다
시'가 와인에 입문하게 된 계기로 유명한데,
1985년 빈티지의 에세조를 마신 후 와인에 푹
빠져 '신의 물방울'을 쓰게 됐다고 한다.

- 그랑 에세조 Grands Échezeaux
- 에세조 Échezeaux

로마네 콩티 포도밭과 와인 한 세트

로마네 콩티 와인　그랑 에세조 와인　에세조 와인

본 로마네 마을과 포도밭 풍경

뉘 생 조르쥬 마을 포도밭 풍경

지역의 도멘 & 네고시앙

- 앙리 자이에 Henri Jayer
- 도멘 드 라 로마네 콩티 Domaine de la Romanée Conti
  로마네 콩티, 라 타슈, 리쉬부르, 로마네 생 비방, 그랑 에
  세조, 에세조, 몽라셰를 소유하고 있다.
- 도멘 르루아 Domaine Leroy
- 조셉 드루앵 Joseph Drouhin

• 뉘 생 조르쥬 Nuits Saint Georges 마을

코뜨 드 뉘 지방에서 가장 넓지만 그랑 크뤼
밭이 없는 마을이다.

마을 북쪽은 본 로마네 마을과 이웃하고 있어
부드럽고 화려하며, 남쪽으로 갈수록 강건하
며 장기 숙성이 가능한 와인이 나온다.

프리미에 크뤼 포도밭이 41개가 있다.

지역의 도멘 & 네고시앙

- 로베르 슈비용 Robert Chevillon
- 드 라를로 De L'Arlot

코뜨 드 뉘 지방에는 프랑스에서 가장 작은 면적의
AOC가 4곳이 있다. 라 로마네(0.85ha), 라 그랑드 뤼
(1.65ha), 로마네 콩티(1.81ha), 그리오트 샹베르텡
(2.75ha)

코뜨 드 본 Côté de Beaune **지방**

라 두아 La Doix 마을에서부터 마랑
쥬 Marange 까지 25km로, 코뜨 드 뉘
지방의 2배 정도 면적으로 13개의
AOC 마을이 있다. 이 지역은 로마
시대부터 다른 지역으로 가는 길목
에 위치한 교통의 요지였기 때문에
일찍부터 이 지역 와인이 널리 알려
지게 되었다.

토양은 이회토, 모래, 점토질 석회
암, 철분 등이 함유되어 있다. 전체
적으로 동향이나 동남향의 경사지

로, 생산량의 60%는 샤르도네로 만든 화이트 와인이고 나머지는 피노 누아로 만
드는 레드 와인이다. 8개의 그랑 크뤼 중 7개가 화이트 와인일 정도로 드라이한 맛
의 화이트 와인이 유명하다.

화이트 와인 생산지로 유명한 곳은 몽라셰 Montrachet, 뫼르소 Meursault, 코르통 샤를
르마뉴 Corton Charlemagne 가 있으며, 레드 와인 생산지로는 볼네 Volnay, 포마르 Pommard,
알록스 코르통 Aloxe Corton 이 있다. 화이트 와인은 하얀 꽃향과 말린 풀, 신선한 사
과와 배 등의 과일향이 독특하며, 레드 와인은 자두, 체리, 담배향, 흙 내음과 함께
타닌과 어우러진 산도를 느낄 수 있다.

유명 AOC 마을은 다음과 같다.

• 알록스 코르통 Aloxe-Corton **마을**

7개의 그랑 크뤼 포도밭과 14개의 프리미에 크뤼 포도밭이다.

- 르 코르통 Le Corton – 레드/화이트 와인
- 샤를마뉴 Charlemagne – 화이트 와인
- 코르통 샤를마뉴 Corton Charlemagne – 화이트 와인
- 코르통 브레상드 Corton Bressandes – 레드 와인

코르통 샤를마뉴 와인은 카를 대제였던 샤를마뉴가 즐겨 마신 화이트 와인으로 샤를마뉴 대제는 원래 레드 와인을 즐겨 마셨는데 그의 흰수염에 붉은 레드 와인이 묻자 아내가 화이트 와인을 권해 샤를마뉴라는 이름이 붙게 되었다고 한다. 알록스 코르통 마을의 그랑 크뤼급 와인 중 50% 이상이 이곳에서 생산될 정도로 최대 규모이다.

- 코르통 클로 뒤루아 Corton clos du Roi – 레드 와인
- 코르통 마레쇼드 Corton Marechaude – 레드 와인
- 코르통 르나르드 Corton Renardes – 레드 와인

• 본 Beaune 마을
42개의 프리미에 크뤼 포도밭이 있다.

• 포마르 Pommard 마을
27개의 프리미에 크뤼 포도밭이 있다.

• 볼네 Volnay 마을
29개의 프리미에 크뤼 포도밭이 있다.

• 뫼르소 Meursault 마을
몽라셰 포도밭과 더불어 화이트 와인으로 유명하다. 철분을 포함한 점토질의 석회암으로 산도가 강하며 풀 바디와인이 나온다. 그랑 크뤼 포도밭은 없고 19개의 프리미에 크뤼 포도밭이 있다.

• 퓌리니 몽라셰 Puligny-Montrachet 마을
4개의 그랑 크뤼 포도밭과 17개의 프리미에 크뤼 포도밭이 있으며, 대부분 화이트 와인을 빚는다.

- 몽라셰 Montrachet
  샤사뉴 몽라셰랑 같이 공유하고 있는 밭으로 세계 최고의 드라이 화이트 와인으로 알려져 있다. 14도의 높은 알코올로 20년 이상 보관이 가능하며, 10년 이내에 마시면 죄악이라고 한다.
  달콤한 꽃향기와 레몬 등의 산미와 열대 과일향, 후추향 계피향 등이 복합적으로 어울린다.
- 슈발리에 몽라셰 Chevalier Montrachet
- 바타르 몽라셰 Bartard Montrachet
- 비앵브니 바타르 몽라셰 Bienvenues Batard Montrachet

즐기면서 나누는 **와인**

지역의 도멘 & 네고시앙

- 도멘 르플레이브 Domaine Leflaive
- 도멘 드 라 로마네 콩티 Domaine de la Romanée Conti
- 도멘 도브네 Domaine d'Auvenay

• 샤사뉴 몽라셰 Chassagne-Montrachet 마을

3개의 그랑 크뤼 포도밭과 50개의 프리미에 크뤼 포도밭이 있으며, 화이트 와인이 2/3, 레드 와인 1/3로 생산한다. 화이트 와인은 샤르도네와 피노 블랑을 사용할 수 있지만 대부분 샤르도네 100%로 빚는다.

- 몽라셰 Montrachet
  퓌리니 몽라셰와 같은 밭이다.
- 바타르 몽라셰 bâtard Montrachet
  휘리니 몽라셰와 같은 밭이다.
- 크리오 바타르 몽라셰 Ciots Bâtard Montrachet

지역의 도멘 & 네고시앙

- 휘리니 몽라셰와 대부분 겹치고 있다.

화이트 와인의 귀족이라 불리우는 퓌리니 몽라셰 마을의 몽라셰 Montrachet 는 17세기 루이 왕조 시대부터 왕실에서 즐겨 마셨을 정도로 알려져 있었으며, 지금은 고인이 된 다이애나비도 몽라셰를 좋아했다고 한다. 몽라셰 포도밭은 국가적으로도 중요한 자산으로 여겨, 1962년 고속도로가 건설 될 당시, 이 밭을 우회하기 위해 1600억원이라는 세금이 투입되었다고 한다.

배터드 바타르 몽라셰 마을

몽라셰 마을

크리오 바타르 몽라셰 마을

샤사뉴 몽라셰 마을

퓌리니 몽라셰 마을

몽라셰 포도밭과 카브

코뜨 뒤 샬로네즈 Côtes de Châlonnaise 지방

손 강과 루아르 Saône et Loire 강 지역의 북쪽에 위치하며, 샤니 Shagny 에서부터 생 발르랭 St.Vallerin 까지 약 25km의 지역을 말한다.

손 강 유역의 계곡 언덕에 코뜨 드 본 지방 언덕과 이어져 동향으로 자리를 잡고 있다. 토양은 코뜨 드 본 지방과 유사한 철분이 풍부한 석회암이며 포도 품종도 유사하다.

가성비 좋은 와인을 생산하는 지역으로 미묘한 오크향과 잘 익은 과일향의 화이트 와인과 말린 딸기, 체리, 흙과 숲의 향, 부드러운 타닌이 가득한 피노 누아가 일품이다.

5개의 AOC 마을은 다음과 같다.

- 지브리 Givry – 레드 와인
- 메르꾸레 Merecurey – 레드 와인
- 몽따니 Montagny – 화이트 와인
- 륄리 Rully – 화이트 와인/레드 와인/로제 스파클링 와인
  화이트 와인과 로제 스파클링 와인이 전통적인 방법으로 만들어지고 있다.
- 부즈롱 Bouzeron – 화이트 와인
  북부 첫 번째 마을인 부즈롱은 알리고떼 Aligote 란 포도 품종으로 화이트 와인을 만드는데, 시트러스향과 함께 부싯돌향, 약간의 꿀향이 가미된 느낌이다.

코뜨 뒤 샬로네즈 포도밭 전경

즐기면서 나누는 **와인**

마꼬네 Mâconnais 지방

마꼬네 지방은 투르뉘 Tournus 에서부터 마꽁 Mâcon 시까지 손 강 서쪽을 따라 약 35km의 길이에, 폭은 10~15km로, 부르고뉴 지역의 화이트 와인 생산지 중 가장 남쪽에 위치한다. 기후는 대륙성 기후이고, 토양은 석회암이 주성분이며 샤블리 지방보다 알칼리성 점토가 많아 샤블리 지방과 다른 마꼬네 지방 특유의 화이트 와인을 생산하고 있으며 그랑 크뤼급 포도밭은 없다.

마꼬네 지방의 화이트 와인은 대부분 오크통 숙성을 하지 않아, 향기롭고 가벼우면서 산뜻하고 가성비가 뛰어나다. 소량의 레드 와인은 주로 가메 Gamay 품종으로 빚으며, 맛이 담백하고 색이 화려하며 마시기가 수월하다.

마꼬네 지방 포도밭 전경

독립적으로 AOC를 가진 마을 – 화이트 와인만 사용

- 푸이 퓌세 Pouilly Fuissé
  마꼬네 지방 와인 중 가장 인기있는 와인으로 샤르도네로 만들며 녹색이 스치는 금빛에 향기로우면서 섬세한 맛을 낸다.
- 푸이 뱅젤 Pouilly Vinzelles
- 푸이 로쉐 Pouilly Loché
- 생 베랑 Saint Véran
- 비레 클라세 Viré Clessé

지역 AOC

- 마꽁+마을이름 – 화이트는 11도, 레드와 로제는 10.5도 이상의 알코올 도수를 가져야 함.
- 마꽁 빌라쥬 Mâcon Villages – 마꽁 Mâcon AOC 보다 분명한 특성을 나타내는 27개 마을을 합한 명칭으로 10.5도 이상의 화이트 와인만 사용
- 마꽁 Mâcon – 화이트/로제/레드 다 사용할 수 있는 기본 AOC로 알코올 도수 10도 이상

지역의 도멘 & 네고시앙

- 도멘 르플레브 Domaine Leflaive

보졸레 Beaujolais 지방

보졸레 지방의 플뢰리 마을 포도밭 전경

부르고뉴 지역에서 가장 남쪽에 위치한 지방으로 마꽁 Mâcon 에서 리옹 Lyon 까지의 손 Sâone 강 주변 지역이다. 삼림이 우거지고 자연이 아름다워 프랑스에서도 경치가 좋기로 유명한 곳이며, 남북으로 55km, 동서로 25km에 걸쳐있는 대규모 와인 산지로 부르고뉴 지역 와인의 절반이 넘는 60%를 생산하고 있다.

행정 구역상 부르고뉴 지역에 속하지만 몇몇 마을은 아래 지역인 론 지역에 걸쳐 있어, 이곳 사람들은 '우리는 부르고뉴 지역에도 론 지역에도 속해 있지 않다. 보졸레는 보졸레다'라고 주장하고 있다. 이 지역은 2015년 이후부터 100% '가메'라는 포도 품종을 재배하고 있다. 기후나 토양의 특성상 오래 숙성하지 않고 일찍 마셔도 좋은 신선한 와인을 생산하고 있으며, 화이트 와인도 소량 만들고 있다. 그 중에서도 보졸레 누보 와인은 이 지역 와인의 35%를 차지하고 있으며, 전 세계 150개 국가에 수출되고 있다.

북쪽 지역은 화강암과 편암 지대로 보졸레 빌라주와 보졸레 크뤼 마을이 있으며, 남쪽 지역은 석회암 지대로 빛깔과 바디감에서 가벼운 보졸레 AOC 와인을 생산하며, 보졸레 누보가 이 지역에서 생산된다.

즐기면서 나누는 **와인**

와인 등급

샤블리 지방처럼 부르고뉴 지역에 속해 있음에도 자체적으로 등급 제도를 가지고 있다.

크뤼 뒤 보졸레 AOC Crus du Beaujolais AOC

보졸레 지방의 꽃이라 할 수 있는 10개 마을에서 나오며, 보졸레 와인 중 최상급으로 보졸레 지방 전체 생산량의 33%를 점유하고 있다. 장기 숙성이 가능하다.

- 라이트 바디 Light body 와인 – 쉬르블 Chiroubles, 플뢰리 Fleurie, 생 타무르 Saint Amour
- 미디움 바디 medium body 와인 – 브루이 Brouilly, 코뜨 드 브루이 Côte de Brouilly, 쥘리에나 Julienas, 레니에 Regnie
- 풀 바디 full body 와인 – 쉐나 Chenas, 모르공 Morgon, 물랭 아 방 Moulin-a-Vent

보졸레 빌라쥐 AOC Beaujolais Villages AOC

38개의 마을만이 이 명칭을 사용하며, 알코올 도수는 10.5도 이상으로 체리 빛에 블랙 커런트, 딸기 등 붉은 색 과일향이 난다. 전체 생산량 중 26%를 차지하며 3년 이내에 마시는 것이 좋다.

보졸레 AOC Beaujolais AOC

알코올 함량이 10도 이하로 보졸레 와인 중 보졸레 누보는 35% 정도이다.

지역의 도멘 & 네고시앙
- 조르주 뒤베프 Georges Dudoeuf

조르주 뒤베프 Georges Dudoeuf

1951년 11월 셋째 주 목요일부터 전통적으로 내려오는 지역민들의 축제를 세계인들의 축제로 만든 사람으로 '보졸레 누보의 선구자', '보졸레 누보의 아버지', '마케팅의 귀재' 등으로 불리운다. 1964년에 와이너리를 설립 후 프랑스를 대표하는 와이너리로 자리매김하였으며 보졸레 지방 와인 중 12%를 생산하고 있다.

햇 와인 보졸레 누보 Beaujolais Nouveau

원래 보졸레 누보 와인은 프랑스 제1의 섬유 도시인 리옹의 노동자들이 값싸게 양으로 즐겨 마시던 술이었다. 1800년대 전까지는 대부분의 와인은 그해 포도 수확분을 와인으로 만들어, 이듬해 2월부터 포도 수확기까지 마시는 것이 일반적이었으며, 시간이 지날수록 와인이 점점 고갈되면서 와인의 춘궁기가 다음 해의 와인이 나올 2월까지 계속되었다. 이 기간 동안 보졸레 누보는 섬유 노동자들에게 값싼 활력소 역할을 하였다.

이런 와인을 1951년에 조르주 뒤베프라는 사람이 이 지역 마을의 축제를 세계인의 축제로 탈바꿈하였다. 11월 셋째 주 목요일 0시를 기해 전 세계에서 동시에 '보졸레 누보 마시는 날'로 정해 가장 값싼 와인을 가장 비싼 운송 수단인 비행기로 운반하는 엄청난 발상의 전환으로 월드 와이드 마케팅에 성공하게 된 것이다. 매년 다른 화려한 레이블 디자인과 페스티벌의 이미지를 얹어 보졸레 누보를 위한 햇 포도주 축제 문화를 만들어서 20세기에 가장 성공한 마케팅의 표본이 되었다.

프랑스에서는 그해 수확한 포도로 빚은 와인은 그해 판매를 금하고 있지만 보졸레 누보만큼은 예외이며, 그 해에만 맛볼 수 있는 희귀성 때문에 '새롭다'라는 뜻의 누보 Nouveau 라는 이름이 붙여졌다.

보졸레 누보 와인은 다른 품종에 비해 일찍 익어 9월 중순에 수확하는 가메 Gamay 라는 다수확 품종으로 빚으며, 포도 수확 후 4~6주내에 만들어진다.

이 와인은 카르보닉 마세라시용 Carbonic Maceration (탄산 침용)이라는 양조 방식을 쓰는데, 수확한 포도를 으깨지 않고 그대로 커다란 밀폐 탱크에 넣고 압축 탄산가스를 넣은 다음, 4~5일간 놔두면서 껍질이 어느 정도 터지는 것을 기다린다. 이때 압착을 하면 과일향이 풍부하면서 타닌이 적어 맛이 가벼운 와인을 얻게 된다. 이후 일주일 정도의 짧은 숙성 기간을 거쳐 병에 담아 출시되는데, 신선하고 새로운 맛이 생명이므로 크리스마스 전까지는 마시는 것이 좋다.

보졸레 누보는 모래 토양으로 이루어진 보졸레 지방의 남쪽에서 생산되며, 체리 혹은 바이올렛의 엷은 자주색에 과일과 꽃이 어우러진 복합적인 향이 나며, 부드럽고 신선하며 푸루티한 맛이 특징이다.

알코올은 13도를 넘지 않으며, 음용 온도는 약간 차게 느껴지는 11~13도 사이가 좋고, 어느 음식이나 가볍게 어울릴 수 있다.

2021년산 보졸레 누보 와인들

Wines of Bourgogne

대표 품종

적포도 품종

피노 누아 Pinot Noir **(17페이지 참조)**

부르고뉴 지역이 원산지인 피노 누아는 재배 조건이 까다로워 제한적으로 재배되고 있다. 그 중에서도 부르고뉴 지역의 피노 누아가 가장 유명하다. 포도알이 작으며 포도알 사이의 간격이 비교적 적고 바이올렛 색상을 띤다. 껍질은 얇고 생산성도 낮은 품종으로 의외로 추운 기후에 잘 견뎌 샹파뉴 지방에서도 재배되고 있다.

테루아에 따라 다양한 와인이 나오고 타닌이 적어 부드러우며 섬세하고 복합적인 꽃향이 난다.

가메 Gamay

포도알이 굵고 촘촘하여 생산량이 비교적 많은 것이 특징이며, 마꼬네 지방과 보졸레 지방의 화강암 토양에서 잘 자란다.

이 품종은 1395년 부르고뉴 지역의 모든 가메 품종을 피노 누아로 대체하라는 필립 Philip the Bold 제후의 명에 의해 부르고뉴 지역에서는 사라졌으나, 당시 마꼬네와 보졸레 지방은 부르고뉴 지역에 속하지 않아 오늘날까지 남아있는 품종이다.

신선한 과일향과 부담스럽지 않는 가볍고 생기 발랄한 와인으로 장기 숙성보다 가능한 빨리 마시는 것이 좋다.

청포도 품종

샤르도네 Chardonnay (19페이지 참조)

부르고뉴 지역이 원산지로 다른 기후나 토양에 적응력이 뛰어나 전 세계에서 가장 많이 재배되고 있으며 다양한 스타일의 맛과 특징을 보여 준다.

포도알은 피노 누아 만큼 작으며 껍질의 색상은 투명한 황금빛을 띠며 와인으로 빚어도 금빛으로 나온다.

과일향이 풍부하며 가볍지도 무겁지도 않는 적당한 무게감이 일품이다. 오크통 숙성을 거치면 깊은 맛이 더욱 강하게 난다.

알리고떼 Aligote (128페이지 참조)

부르고뉴 지역이 원산지인 품종으로 샤르도네보다 포도알이 더 굵으며 생산량도 우수하다.

적응력이 샤르도네보다 더 뛰어나 어느 환경에서도 잘 자란다. 화이트 와인과 발포성 와인을 만든다.

100% 알리고떼를 사용하여 만드는 코뜨 뒤 샬로네즈 지방의 부즈롱 Bouzeron 마을만 AOC로 인정되었고, 다른 마을은 '부르고뉴 알리고떼'로 레이블에 표기해야 한다.

코프 뒤 론 지역
(Côtes du Rhône)

아를 시내 전경과 멀리 보이는 론 강

교황의 와인 – 샤토뇌프 뒤 파프 Châteauneuf du Pape

1096년부터 시작한 십자군 원정의 실패로 인하여 교황권이 약화되면서 반대 급부로 왕권이 점점 신장 되었다. 특히 프랑스 왕 필리프 4세 Philippe Ⅳ 는 왕권 강화와 전쟁을 준비하기 위해 자금이 필요했던 그 는 막강한 힘을 바탕으로 성직자와 교회가 세금도 내지 않고 헌금이 많아 상당한 부를 축적했을 걸로 판단하고 성직자와 교회에 과세를 시도하였다. 그러자 교황 보니파키우스 8세 Boniface Ⅷ 는 강력히 저항 하면서 필리프 4세를 파문하려 했으나 미리 선수를 쳐 별궁에 머무르던 교황을 납치 감금하였고, 교황 은 심리적 충격으로 이 사건 후 사망한다. 그러자 1305년 필리프 4세는 후임자로 프랑스 보르도 출신 주교였던 클레멘스 5세 Clement Ⅴ 를 교황으로 추대하였고, 1309년에는 교황청까지 아비뇽 Avignon 으로 옮기도록 하였다. 당시 이 지역은 신성 로마 제국에 속했지만 강 하나를 사이에 두고 프랑스 땅과 맞닿 아 있어 프랑스의 입김이 매우 강하게 미치는 지역이었기 때문이다. 그 이후 1309년부터 1377년까지 70년 동안 총 7명의 프랑스 출신 교황들이 프랑스 남동부에 위치한 아비뇽 Avignon 교황청에서 머무르 게 되었는데, 이것을 고대 유대인의 바빌론 강제 이주를 본떠 '교황의 아비뇽 유수'라고도 한다.

교황은 초기에 아비뇽 북동쪽에 있는 카펜트라스 Carpentras 에 정청을 설치하고 아비뇽에 거주했으나, 제 4대 클레멘스 6세 Clemens Ⅵ 때인 1348년 프로방스 백작 겸 시칠리아 여왕으로부터 아비뇽 지역을 사들여 유럽에서 가장 큰 고딕 양식의 호화스러운 교황청 궁전, 즉 '팔래 드 파프 Palais de Papes'를 축성 하였다.

교황의 자리는 오직 성 베드로의 무덤이 있는 자리여야 한다는 신념에 제6대인 우르반 5세 Urban Ⅴ 때 잠 시 로마로 복귀하였으나, 교황청의 주요 기능은 아비뇽에 잔류하였고, 그레고리 11세 Gregory Ⅺ 에 의해 본격적인 로마 복귀가 이루어질 때까지, 역대의 프랑스 출신 교황이 아비뇽 교황청에서 행정을 보았다. 일반적으로 아비뇽 시대는 중세 교황권의 몰락기로 생각하고 있으나, 최근 연구에서는 클레멘스 5세에 의한 교회법, 교회 재판 제도의 확립, 징세 기구의 재정비 등, 대대적인 혁신이 있었음이 밝혀졌고, 궁 전 건축을 비롯한 미술면에서의 번영과 휴머니즘의 보호 및 장려 등의 측면을 인정하는 등 재평가하는 경향이 나타나고 있다. 이후 교회 분열기인 1378년 로마에서 이탈리아인 우르바노 6세가 선출되자 프 랑스인들은 이에 불만을 품고, 로마의 교황과 대립하는 교황 클레멘스 7세를 내세워 또다시 아비뇽에 교황청을 열어 1417년까지 존속시켰다. 교황이 두 명 시대가 되었다. 이후 1449년 콘클라베 Conclave 에서 교황을 선출하기로 합의하면서 아비뇽 시대가 막을 내리게 된다.

아비뇽 유수 동안 7명의 프랑스인 교황은 모두가 와인 애호가였는데, 특히 요한 22세 Joannes XXII 는 포 도 재배에까지 관여할 정도로 와인에 관심이 많았다. 그는 아비뇽에서 북쪽으로 15km 떨어진 언덕 지 역에 여름 궁전을 짓고 포도나무를 심었는데 바로 이 지역이 '교황의 새로운 성'이라는 뜻의 '샤토뇌프 뒤 파프'이다. 이는 마을 이름이자 와인 이름으로 남부 론 지방의 핵심 지역이며, 론 지역에서는 규모가 가장 크다. 이 포도밭의 특징은 포도나무 아래 무수히 깔린 둥근 자갈들이 따사로운 햇살을 받아 포도밭을 따뜻하게 해주며, 북서쪽에서 불어오는 미스트랄 Mistral 이라는 평균 시속 100km에 이르는 강풍이 포도나무의 습기를 말려 곰팡이성 병해 걱정을 덜어주어 유기농 재배가 가능하다. 이렇게 자갈밭과 시원하면서 강한 미스트랄이라는 바람이 샤토뇌프 뒤 파프 Châteauneuf du Pape 를 만들어 내는 비결이다.

뜨거운 햇빛이 한나절 동안 자갈을 달구지만 포도는 시원한 미스트랄의 바람 때문에 스트레스를 받지 않는다. 또한 한나절 동안 달구어진 자갈의 열기는 밤까지도 이어져 포도나무에 전달된다. 이로 인해 이 지역 포도는 당도가 높아 프랑스의 다른 지역 와인보다 알코올 도수가 높은 것이 특징이다(규정은 12.5도이나 실제로 14도 이상이 나온다).

레드 와인을 90% 정도로 생산하며, 대표 품종인 그르나슈를 중심으로 시라 Syrah 와 무르베드르 Mourvedre 에 지역 토종 품종인 쿠누아즈 Counoise 등, 흔하지 않지만 레드 와인은 13가지 종류의 품종을, 화이트 와인은 6가지 종류의 포도 품종을 블렌딩하여 생산하였다. 2009년에 법이 개정되어 레드 와인과 화이트 와인 모두 적포도 품종 9종류와 청포도 품종 9종류를 구별 없이 자유롭게 블렌딩할 수 있다. 샤토뇌프 뒤 파프는 색이 진하고 맛이 깊고 부드러우며, 풍부한 과일향 및 향신료 향이 강하면서 섬세해 긴 피니쉬를 남긴다.

아비뇽의 교황청 팔레 드 파프

교황청 앞의 끊어진 아비뇽 다리-프랑스 민요에 나오는 다리이다.

샤토뇌프 뒤 파프 와인병은 다른 지역 와인병과 달리 병에 돋을새김으로 아비뇽시의 교황 휘장 무늬와 성 베드로의 천국의 열쇠가 X자 모양으로 병목 아래에 새겨져 있으며, 어두운 색상의 묵직한 병을 사용한다.

재미있는 것은 소비에트 혁명 이후에 모든 것은 평등해야 한다는 모토 아래, 러시아의 고급 호텔에서 보관하고 있던 와인의 레블을 모두 떼어내고 레드 와인과 화이트 와인으로만 구분하여 단일 가격으로 판매하도록 한 적이 있다. 이때 수천 개의 병 가운데서 두 개의 열쇠를 서로 교차시킨 형태로 돋을 새김되어 있는 문양을 보고, 샤토뇌프 뒤 파프 와인을 골라낸 알렉산드르 일리치 로스토프 백작은 누이를 추모하며 그 와인을 마실 생각을 한다.

– 에이모 토울스 Amor Towles 의 모스크바의 신사에서 –

샤토뇌프 뒤 파프 문양이 각인된 와인병 모습

개요

기원전 4세기에 그리스인들에 의해서 처음으로 포도나무 재배가 시작되어 로마 시대에 들어와 포도밭이 확장되었다. 본격적으로 이 지역이 포도 재배 지역으로 발돋움한 것은 1309~1377년의 아비뇽 교황청 시대였다.

7명의 교황들은 종교 행사와 사제단의 욕구를 충족시키기위해 와인 생산과 포도밭을 넓히는 것을 장려하였다. 이 시점을 전후로 프랑스 전역에서 포도 재배가 활성화되어 그동안 이탈리아에 뒤쳐져 있던 와인 산업이 우위에 올라서게 된다.

1737년에는 루이 15세에 의해 론 지역 와인의 코르크에는 'CDR Côtes du Rhône'이라는 글자를 새기도록 해서 론 지역 와인의 품질을 관리했을 정도로 프랑스에서도 매우 긴 역사를 가지고 있다.

필록세라 발생 전의 론 지역에서는 '무르베드르 Mourvèdre'란 품종을 많이 재배했는데 필록세라가 발생하자 미국산 뿌리와 접목이 힘들어 요즘은 주품종이 시라와 그르나슈로 바뀌었다.

1936년에는 샤토뇌프 뒤 파프 와인의 가짜가 많이 나돌자 프랑스 최초로 AOC 지역으로 지정되었다.

1956년의 혹독한 추위로 이 지역의 평균 온도가 영하 15도까지 떨어지게 되어, 올리브와 다른 과일을 재배할 수 없게 되자 더욱 더 포도 재배 면적이 늘어나게 되었다.

샤토뇌프 뒤 파프의 와인 생산자들은 포도밭의 가치를 지키기 위해 1954년에는 마을 조례로 비행기가 아닌 비행 접시의 이착륙을 금지하는 조항을 통과시킬 정도로 많은 노력을 하고 있다.

Wines of Côtes du Rhône

테루아

프랑스 국토의 남동부에 위치한 코뜨 뒤 론 ^{Rhône} 지역은 리용 ^{Lyon} 시 남쪽의 비엔느 ^{Vienne} 마을에서부터 아비뇽 ^{Avignon} 까지 중앙 산악지대 ^{Massif Central} 와 알프스 산맥 사이의 갈라진 틈으로 약 200km를 흐르는 론 강을 끼고 전개되는 재배 지대로, 와인 총 생산량은 보르도 지역에 이어 프랑스에서 두 번째이다.

이 지역은 태양의 혜택을 가득 받을 수 있는 지역으로 론 강을 따라 달리는 도로를 '태양의 도로', 그곳에서 생산되는 와인을 '태양의 와인'이라고 부를 정도이다. 따라서 론 지역의 와인은 햇빛을 가득 받으며 자라기 때문에 풍부하고 넘치는 향을 자랑하며, 풀 바디로 묵직하고 대체적으로 알코올 도수도 높은 편이다.

레드 와인을 86% 정도 생산하고, 나머지는 5%의 화이트 와인과 로제 와인 9%를 생산하고 있으며, 이 지역 AOC 규정은 여러 품종의 와인을 블렌딩하는 걸 허용하고 있다.

이 지역은 크게 가파른 경사지에 좁고 길게 형성된 북부 론 지방 ^{Côtes du Rhône Septentrional} 과 넓은 구릉지에 여유롭게 퍼져있는 남부 론 지방 ^{Côtes du Rhône Méridional} 으로 나뉘고 있다. 남부 론 지방에서는 미스트랄 ^{Mistral} 이라는 바람이 북쪽에서 남쪽 지중해로 부는데 시원하고 건조하기 때문에 포도의 과숙과 수분을 막아주어 와인 재배에 큰 영향을 주고 있다.

론 지역의 포도밭 자갈과 샤토뇌프 뒤 파프 와인들

등급 제도

이 지역에 AOC가 도입된 것은 1936년으로 샤토뇌프 뒤 파프 Châteauneuf-du-Pape 라는 이름으로 가짜 와인이 많아지자 프랑스에서 최초로 도입됐으며, 보르도 지역이 부르고뉴 지역처럼 별도의 공인된 등급 제도를 갖고 있지 않다.

자체적으로 다음과 같이 3가지로 구별하고 있다.

AOC 코뜨 뒤 론 크뤼 AOC Côtes du Rhône Crus

론 지역 와인 중 최상급 와인으로 17개 마을이 지정되어 있으나, 아직 정부 차원에서 공식적으로 인정을 받지 못했으며, 지역 차원에서만 사용하고 있다.

론 지역 와인 전체 생산량의 10% 정도를 점하고 있다

- Beaumes de Venise AOC
- Château-Grillet AOC
- Châteauneuf-du-Pape AOC
- Condrieu AOC
- Cornas AOC
- Côte-Rôtie AOC
- Crozes-Hermitage AOC
- Gigondas AOC
- Hermitage AOC
- Lirac AOC
- Rasteau AOC
- Saint Joseph AOC
- Saint Péray AOC
- Tavel AOC
- Vacqueyras AOC
- Vinsobres AOC
- Cairanne AOC

AOC 코뜨 뒤 론 빌라쥬 AOC Côtes du Rhône Village

1996년에 도입되어 95개 마을에서 생산하고 있으며, 이 중 19개 마을은 마을 이름을 레이블에 표기할 수 있다.

론 지역 전체 와인 생산량의 8% 정도를 점하고 그 중에서 레드 와인이 80%를 차지하고 있으며, 나머지는 로제 와인과 화이트 와인을 만든다.

AOC 코뜨 뒤 론 AOC Côtes du Rhône

론 지역 전체 생산량의 58% 이상을 차지하고 있으며, 171개 마을에서 생산하고 있다. 레드, 로제, 화이트 등 다양하게 와인을 생산하고 있다. 알코올은 최소 11% 이상이어야 하고 승인된 21개 포도 품종으로 만들어져야 한다.

Wines of Côtes du Rhône

와인 산지

프랑스에서 단일 와인 생산지 중 보르도 지역 다음으로 큰 지역인 론 지역에는 5,202개의 포도 농가와 875개의 개인 와이너리, 70개의 협동 조합, 20개의 와인 중개상과 회사들이 있다.

비엔느 마을 전경

발렁스 마을 전경

코뜨 로티 포도밭 전경

샤토 그리에 포도밭 전경

북부 론 지방 Côtes du Rhône Septentrional

리용 바로 아래에 위치한 비엔느 Vienne 에서부터 발렁스 Valence 까지를 말하며, 포도밭은 주로 구릉 지대나 가파른 경사면에 계단식으로 재배된다.

토양은 화강암이 주성분이고 대륙성 기후로 여름은 무덥고, 가을은 건조하고 바람이 많으며, 수확기에는 비가 많이 내리지 않아 병충해의 피해가 적다.

겨울은 춥지만 눈이 적게 내리고, 남부 론 지방보다 추위가 빨리 오기 때문에 조생종인 시라 Syrah 와 비오니에 Viognier 등을 심는다.

레드 와인은 시라 Syrah 단일 품종으로 빚고 있으며, 화이트 와인은 꽃향기가 특색인 비오니에 Vognier, 마르산느 Marssanne, 루산느 Roussanne 등으로 빚고 있다.

생산량은 론 지역 전체의 15% 정도이지만 유명한 애르미타쥬와 코뜨 로띠를 비롯하여 8개의 AOC 마을에서 코뜨 뒤 론 크뤼 Crus 급 와인을 만들고 있다.

최저 알코올 기준은 남부 론 지방보다 낮아, 레드는 10~10.5도이고, 화이트는 10~11도이다.

8개의 AOC 코뜨 뒤 론 크뤼 마을

- 코뜨 로티 AOC Côté Rotie AOC – 레드 와인
- 콩드리외 AOC Condrieu AOC – 화이트 와인
- 샤토 그리에 AOC Château Grillet AOC – 화이트 와인
- 생 조셉 AOC Saint Joseph AOC – 레드/화이트 와인
- 크로제 에르미타쥬 AOC Crozes Hermitage AOC
  – 레드/화이트 와인
- 에르미타쥬 AOC Hermitage AOC – 레드/화이트 와인
- 코르나스 AOC Cornas AOC – 레드 와인
- 생 페레 AOC Saint Peray AOC – 화이트 와인

유명 도멘 & 네고시앙

- 이 기갈 E.Guigal
  론 지역 와인의 최대 도멘이자 마스터이다.
- 장 루이샤브 Jean Louis Chave
- 엠 샤푸티에 M.Chapoutier
  1808부터 200년간 이어온 코뜨 뒤 론 지역의 대표 와이너리로, 코뜨 뒤 론 지역의 3대 와이너리 중 가장 넓은 포도밭을 소유하고 있다. 토양의 특성을 잘 살려 와인을 만든다는 평가를 받고 있다.

미국의 제 3대 대통령이 된 토마스 제퍼슨이 1787년에 에르미타쥬 Hermitage 마을에 있는 탱 레르미타쥬 Tain l'Hermitage 의 와이너리를 방문하여 시음한 후 프랑스에서 가장 훌륭한 화이트 와인이라고 극찬을 했다.

이 기갈 포도밭 전경

장 루이샤브 포도밭 전경

엠 샤푸티에 포도밭 전경

엠 샤푸티에 와인들

남부 론 지방 포도밭 전경과 르 셀라 데스 프린세스 와이너리

도멘 뒤 페고 포도밭 전경

남부 론 지방 Côtes du Rhône Méridional

몽텔리마 Montélimar 부터 아비뇽 Avignon 이르는 지역으로 포도밭은 주로 완만한 평지에 위치한다. 북부 론 지방과 달리 지중해 연안 쪽으로 포도밭이 형성되어 지중해성 기후를 나타낸다.

봄은 건조하고 여름은 매우 더우면서 건조한데 밤에는 서늘하다. 이런 일교차는 포도의 숙성을 도와주며, 복합적인 아로마와 산도를 높여준다. 가을은 온화하고 일조량이 풍부하며, 바람이 많고 겨울은 서늘하고 비가 많다. 토양은 자갈이 많은 충적토에 석회암과 모래로 이루어져 있다.

론 지역 전체의 85%를 생산하고 있으며 대부분 테이블 와인을 생산하고 있다. 남부 론 지방에는 27종의 포도나무가 재배되고 있으며, 대부분 여러 품종으로 블렌딩하고 있다.

레드 와인은 그르나슈 Grenache 품종을 최소 50% 이상으로 해서, 시라 Syrah, 무르베드르 Mourvédre 등 18가지 포도 품종으로 블렌딩하여, 개성있는 와인을 빚고 있다.

화이트 와인은 루산느 Rousanne, 마르산느 Marsanne 등으로 빚고 있고, 아비뇽 근처에 '로제 와인의 왕'이라 불리우는 타벨 로제 Tavel Rose 가 있다.

9개의 AOC 코뜨 뒤 론 크뤼 마을

지공다스 AOC 와인

- 지공다스 AOC Gigondas AOC – 레드/로제 와인
  남부 론 지방의 특징을 잘 나타내고 있는 시라, 그르나슈, 생소, 무르베드르 품종을 블렌딩하여 풍부하면서 강한 바디감을 자랑한다. 알코올 도수가 높고 타닌도 풍부하여 장기 숙성이 가능하며, 숙성되면서 야생 과일과 가죽향이 난다. 로제 와인은 구운 아몬드향이 특징이다.
- 바케이라스 AOC Vacqueyras AOC – 레드/화이트/로제 와인
- 샤토뇌프 뒤 파프 AOC Châteauneuf du Pape AOC – 레드/화이트 와인
- 리락 AOC Lirac AOC – 레드/화이트/로제 와인
- 타벨 AOC Tavel AOC – 드라이한 로제 와인
  일반적인 로제 와인과 달리 드라이한 로제 와인으로 그르나슈를 주로하여 9종의 품종으로 블렌딩하여 빚고 있으며, 레드 와인과 같으나 색깔만 옅을 뿐이다. 왕들과 아비뇽 교황들이 즐겨 마셔 '킹 오브 더 로제 King of the Rosé'로 알려져 있다.
- 뱅소브르 AOC Vinsobres AOC – 레드 와인
- 라스토 AOC Rasteau AOC – 레드 와인
- 케란느 AOC Cairanne AOC – 레드/ 화이트 와인
- 봄 드 브니 AOC Beaumes de Venise AOC – 레드 와인

타벨 로제 와인

유명 도멘 & 네고시앙

- 도멘 산타.덕 Domaine Santa Duc
  1874년에 설립되어 4대째 내려오는 도멘으로 지공다스 마을에서 가장 좋은 와인을 만들고 있으며 남부 론 지방의 대표 도멘이다.
- 샤토 드 생콤 Château de St.Come
- 도멘 드 라 자나스 Domaine de la Janasse
  프랑스에서 가장 오래된 포도 재배 지역 중의 하나인 샤토뇌프 뒤 파프 마을에 있다.
- 도멘 뒤 비유 텔레그라프 Domaine du Vieux Telegraphe
  1891년부터 브루니에 가문이 5대째 이어 내려오고 있는 남부 론 지방의 유명한 도멘이다. 비유 텔레그라프는 1972년에 도멘에 세워진 오래된 전신 탑에서 유래되었다.
- 클로 데 파페 Clos des Papes
  샤토뇌프 뒤 파프 와인만 생산하며, 샤토뇌프 뒤 파프 와인의 위상을 높이기 위해 법을 만드는 등 노력했다. 프랑스 최초의 AOC 근간이 되었다.
- 도멘 뒤 페고 Domaine de Pegau
  샤토뇌프 뒤 파프 마을의 컬트 와인이라 불리우고 있다.
- 도멘 조셉 드루앙 Domain Joseph Drouhin
  자연주의 농법을 도입하여 유기농으로 재배하고 있다.

봄 드 브니 와인

대표 품종

적포도 품종

시라 Syrah (19페이지 참조)

이란의 쉬라즈 Schiraz 지방이 원산지로 13세기 구세군 원정
때 유럽으로 건너와 론 지역에서 많이 재배되었다.

북부 론 지방의 에르미타쥬, 코뜨 로티, 코르나스 마을에서
는 이 품종 90% 정도에 비오니에 화이트 품종을 같이 재배
해서 같이 수확하여 양조한다.

가장 강렬한 맛으로 짙고 검붉으며 껍질이 두껍다. 타닌이
강하고 풍부한 과일향과 후추, 타르, 가죽 냄새 등의 동물의 향도 보인다.
북부 론 지방과 같은 화강암 토양인 우리나라의 음식과도 가장 마리아주가 잘 되
는 품종이다.

그르나슈 Grenache / 그르나슈 누아 Grenache Noir

스페인이 원산지로 스페인에서는 '가르나챠'라고 한다. 덥
고 자갈이 많은 남부 론 지방에서 많이 재배한다. 특히 샤토
뇌프 뒤 파프에서는 이 품종이 산미와 타닌, 그리고 색이 부
족하여 보통 이 품종 50% 이상에 시라, 무르베드로 등 다른
품종을 블렌딩하여 와인을 만든다.

이 품종으로만 빚으면 쉽게 산화되어 갈색으로 변하는 경
향이 있으며, 라즈베리, 딸기향과 타르, 가죽, 감초향이 나며, 부드러운 질감에 알
코올 도수가 높다.

무르베드르 Mourvèdre

스페인이 원산지로 포도알이 작고 두꺼운 껍질로 인해 타닌 함량이 높고, 색이 진하며 알코올 도수가 14%로 높은 편이다. 블랙 베리향과 허브향이 난다. 주로 단독으로 빚기보다는 블렌딩용으로 많이 재배하고 있다.

청포도 품종

비오니에 Viognier

북부 론 지방이 원산지로 만생종이며, 알코올 도수가 13%로 높은데도 무게감과 향이 밸런스를 잘 이루고 있다.
살구, 멜론, 장미, 복숭아 등의 향과 함께 부드러운 질감의 풀 바디 와인을 만든다. 콩드리외 마을과 샤토 그리에 마을이 유명하다.

루산느 Roussanne

론 밸리의 북부 지방이 원산지로 껍질의 색이 붉은 황금색이어서 프랑스어로 같은 뜻의 '루산'으로 불리웠다. 골격과 바디를 잡아주는 마르산느 품종에 복합적인 향의 아로마를 더해주는 루산느는 고급 화이트 와인에 블렌딩용으로 들어간다. 허브향과 꽃향기가 강한 품종으로 자갈이 많고 척박하거나 건조한 석회암 토양에서 잘 자란다.

마르산느 Marsanne

루산느와 함께 북부 론 밸리가 원산지로 껍질이 두껍고 포도알은 적은 편이다. 척박한 토양에서도 생산성이 우수하다. 단일 품종으로 만들기도 하지만 대부분 루산느와 함께 블렌딩용으로 재배한다.

루아르 지역
(Loire Valley)

루아르 강변의 쉬농소 성 Château Chenoncean

레오나르도 다빈치의 마지막 안식처 루아르 지역과 와인

이탈리아 르네상스 시대를 대표하는 인물로, 인류 역사상 최고의 천재 중 한 명이라고 말할 수 있는 레오나르도 다빈치 Leonardo da Vinch 는 회화, 건축, 조각, 문학, 물리학, 해부학, 토목학, 병기 공학 등 다양한 분야에 능했다. 나아가 여러가지 악기를 잘 다룰 줄 알았고 악기도 직접 만들기도 했다. 또 가끔 영주가 저명한 외국 손님을 초청한다든지 집안의 큰 행사 등이 있을 때, 영주의 부와 고상한 취미를 과시하기 위하여 화려한 파티와 만찬회의 이벤트를 주관하기도 했다.

지금도 다빈치가 말년을 보냈던 루아르 강변의 클로 뤼세 성 Château du Clos Luce 의 지하 4개 홀과 정원에 전시되어 있는 최초의 전차, 최초의 자동차, 날 수 있는 기계 등의 모형들은 다빈치가 생전에 설계했던 많은 발명품들을 IBM에서 원본 데생을 토대로 그 시대의 자재를 사용하여 제작한 것으로 그의 천재성을 엿볼 수 있다.

실제로 파티와 만찬회 등에서 필요한 테이블 매너와 냅킨, 포크 등을 레오나르도 다빈치가 처음으로 만들어 쓰기 시작했다고 한다.
– 레오나르도 다빈치가 쓴 '한 천재의 은밀한 취미'에서 –

다빈치는 1452년 피렌체 공화국 토스카나의 시골 마을 빈치 Vinci 에서 공증인이었던 아버지와 가난한 농부의 딸인 어머니 사이에 서자로 태어났다. 18세 되던 해에 안드레아 델 베로키오 Andrea del Verrocchio 공방에 들어가 미술과 기술 공작 수업을 받았으며, 공방 수업을 마칠 즈음엔 이미 다빈치는 스승을 능가하는 위대한 예술가가 되어 있었다.

이후, 밀라노, 피렌체, 로마를 거치면서 수많은 작품들을 남기는데, 나이가 들면서 미켈란젤로, 라파엘로 등 젊은 친구들과 항상 경쟁해야 하고 때로는 비교 당하면서, 거기에 젊은 예술가들의 질투까지 이어지자 일에 대한 흥미를 느끼지 못하고 있던 차에, 르네상스 예술과 다빈치의 다재다능함에 대해 익히 알고 있던 프랑스와 François 1세는 루아르 강변의 자기 궁전으로 다빈치를 초대하였다.

다빈치는 프랑스와 1세의 초대를 받아들여 1516년 64세가 되던 가을, 그의 제자 살라이와 시종 멜지를 데리고, 가장 아끼면서 미완성이었던 작품 3점을 가죽 가방에 넣어 수레에 싣고, 피렌체 산맥을 넘어 프랑스와 1세가 살고 있는 앙브와즈 Château Royal d' Amboise 성 바로 밑에 있는 클로 뤼세 성 Château du Clos Lucé 에 정착하게 된다.

다빈치는 이 성에서 왕과 그의 누이의 전폭적인 지지를 받으며 인생의 마지막 3년을 열정을 불태우면서 작품에 집중할 수 있었다. 또한 프랑스와 1세를 위하여 로모랑탱 Romorantin 의 성을 직접 설계하는 등 프랑스와 1세의 고문 역할도 하였다. 말년을 루아르 지역에서 나오는 다양한 와인을 마시면서, 프랑스와 1세와 만찬을 즐겼을 것으로 생각된다.

프랑스와 1세가 살았던 앙브와즈 성

앙브와즈 성 안의 생 위베르 교회 Chapelle Saint-Hubert

레오나르도 다빈치가 살았던 클로 뤼세 성

교회 안의 다빈치 무덤

즐기면서 나누는 **와인**

클로 뤼세 성 지하에는 비밀문이 있는데, 이는 프랑스와 1세가 다빈치를 자유롭게 만나기 위해 앙브와즈 성과 클로 뤼세 성 사이의 지하 통로로 통하는 문이었다고 한다.

1519년 5월 2일 67세로 기력이 쇠잔하여 프랑스와 1세의 품에 안겨 "죽음에 대한 확신과 시간의 불확실성을 생각하면 영원히 사라지지 않는 것은 아무것도 없다"라는 유언을 남기며 "오, 국왕이여, 군주여, 신이시여!"라는 마지막 말을 남기고 생을 마감한다.

죽음을 앞둔 그는 침상 머리맡에서 "신통치 못한 작품을 남겨 신과 인간의 마음을 상하게 했다"고 통탄하며 눈물을 흘렸다고 전해진다. 그는 프랑스와 1세가 참석한 장례식이 끝난 후, 앙부와즈 성 안에 있는 교회에서 영생을 함께하게 된다.

그때 가져왔던 그림 3점이 그 유명한 '모나리자', '세례자 성 요한', '성 안나와 성모자' 3점이었는데 이 작품들이 오늘날 프랑스 루브르 미술관의 기둥이 되었다.

레오나르도 다빈치가 프랑스로 가져간 작품 3점, 모나리자, 세례자 성 요한, 성 안나와 성 모자

개요

프랑스의 대부분 지역과 비슷하게 고대 로마 시대부터 낭트 지역을 중심으로 포도가 재배되기 시작했다. 5세기경부터는 지역의 영주들이 와인을 양조하기 시작했고, 12세기경부터는 여러 수도원이 들어서면서 본격적으로 와인의 역사가 시작 되었다.

교통이 불편했던 시절에 루아르 강을 통하여 와인의 수송이 원활하였고, 지리적으로 파리와도 가까워 와인 산업이 크게 발전하면서 보르도 지역에 이어 두 번째로 큰 산지였다. 현재는 철도의 발달로 코뜨 뒤 론 지역에 밀렸지만 여전히 프랑스에서는 3위의 와인 생산 지역이다.

1154년 앙주 Anjou 의 백작이었던 앙리 2세 플랑타쥬네 Hanri II Plantagenet 가 영국 왕(헨리 2세)을 겸하게 되자, 루아르 지방의 와인 산업은 크게 발전하는 계기가 되었다. 중세 시대부터 15세기까지는 영주들에게 주어졌던 독점권이 폐지되고 부르주아들이 네델란드 등 북유럽으로 수출을 활발히 하면서, 관세의 부담을 견딜 수 있는 화이트 와인의 대량 생산이 이루어지게 되었다,

이렇게 약 1,000년 이상 번영을 누리던 루아르 지역의 와인 산업은 프랑스 대혁명과 함께 대부분의 포도밭들이 파괴되었다.

이후 산업 혁명을 거치면서 겨우 되살아난 와인 산업은 폭발적으로 증가한 파리 시민들의 수요에 따르지 못하면서, 철도의 발달로 코뜨 뒤 론 지역 와인에 2위 자리를 내주게 된다. 거기에 필록세라 해충이 포도밭을 덮치면서 잠시 기지개를 켜던 와인 산업도 다시 주춤해졌다.

그러나 루아르 지역 와인 생산자들은 품질 향상 외에는 방법이 없다는 것을 알고 꾸준히 품질 향상에 노력하면서, 1936년 AOC 시스템을 도입하여 루아르 지역 와인을 한 단계 업그레이드 시키고 있다.

Wines of Loire Valley

테루아

루아르 지역은 프랑스 동남부의 느베르 Nevers 에서 대서양 연안에 있는 낭트 Nantes 에 이르는 루아르 Loire 강 유역을 말한다.

루아르 강은 우리나라 백두산에서 한라산까지 보다 더 긴 1,020km로 프랑스에서 가장 긴 강이며, 내륙 남부의 중앙 산악 지대에서 발원하여, 론 강의 상류와 50km 정도 떨어져 약 160km를 평행하게 흘러가다, 부르고뉴 지역의 느베르, 상트르 지방의 오를레앙 Orleans 과 투르 Tours, 그리고 낭트를 거쳐 대서양으로 흘러간다.

포도밭은 강 양쪽 연안 약 300km에 위치하며, 강의 영향을 받아 다른 지역에 비해 평균 2~4도 가량 온도가 높다. 하류 지역은 대서양 기후의 영향을 받은 해양성 기후로 겨울에는 온난하고 여름에는 무더위가 없으며, 일조량이 풍부하다. 상류 지역은 대륙성 기후를 보이며 무덥고 습기가 많다.

화이트 와인이 주로 생산되고 레드 와인과 로제 와인도 소량 생산되고 있다. 화이트 와인은 슈냉 블랑, 레드 와인과 로제 와인은 카베르네 프랑과 가메 품종이 사용

루아르 Loire 강

쉬농소 *Château Chenonceau* 성

되는데, 그 중에서도 로제 와인은 다양한 타입으로 생산되고 있어 '로제 와인의 보고'라고 불리운다. 레드 와인이나 화이트 와인 모두 과일향이 풍부하면서 신선하고 산뜻하며, 신맛이 강한 편으로 약간 차게 해서 마시는게 좋다.

이 곳에서는 대중적인 일반 와인부터 AOC 급에 이르기까지 다양한 와인들이 나오고 있다.

Wines of France

등급 제도

루아르 강에는 중세 시대부터 아름다운 고성 100여 개가 여기저기 흩어져 있는데, 특히 투렌 지방에는 프랑스와 1세의 앙부와즈 성과 레오나르도 다빈치가 말년을 보냈던 클로 뤼세 성이 위치하고 있으며, 역사적으로 유난히 여성들의 주도권 다툼이 치열했던 곳으로 루아르의 많은 고성들 중 가장 우아하고 아름다운 쉬농소 성이 있다.

전체 와인 생산량의 75%가 AOC급에 속하며, 자체적인 등급 제도는 없다.

AOC는 70여 개로 프랑스 3위의 AOC급 와인 생산지이며, AOC 와인중에서 56%는 화이트 와인이고 대부분이 드라이 와인이다. 레드 와인이 25%, 로제 와인이 12%이며, 나머지 7%는 스파클링 와인과 귀부 와인이다.

루아르 지역 와인은 전통적으로 테루아와 포도 품종 고유의 풍미를 표현하는데 주력해 왔으며, 직접적이고 고급스런 기술의 사용은 가급적 배제하고 있다.

Wines of Loire Valley

와인 산지

루아르 강은 한반도의 남북한 길이보다 더 길기 때문에 지형, 기후 토양, 포도 품종이 다양하게 형성되어 있다.

루아르 지역은 크게 4개 지방으로 나뉘는데,
- 느베르 Nevers 에서 투르 Tours 에 이르는 내륙 쪽의 상트르 Centre 지방,
- 루아르 강 중류 지방의 거점 도시인 투렌 Touraine 지방,
- 앙주 Anjou 와 소뮈르 Saumur 일대의 지방,
- 그리고 낭트 Nantais 지방으로 나뉜다.

루아르 지역의 와인들은 부르고뉴 공국에 속했기 때문에 와인병도 어깨가 날씬한 부르고뉴 스타일의 병을 많이 사용한다.
'부르고뉴 스타일의 병' 모양은 본문 44페이지 참조

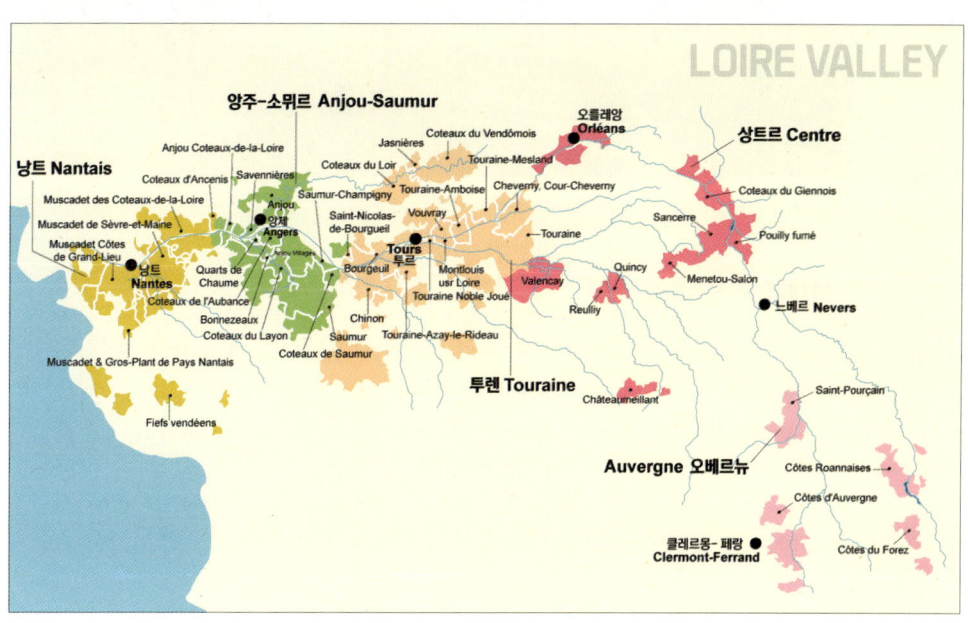

상트르 Centre 지방

부르고뉴 지역 측면에 면하면서 루아르 포도 재배 지역으로서는 가장 동쪽에 위치하고, 가장 작은 면적의 상트르 지방은 상세르 Sancerre 마을을 중심으로 넓게는 오베르뉴 Auvergne 지방까지를 포함한다. 기후는 대륙성 기후의 특징을 보여, 봄에는 서리 피해와 날씨 변덕이 심하고, 여름에는 일조량이 풍부하고 무덥다, 가을의 수확기에는 온화하지만 겨울은 매우 추운 지역이다.

토양은 바다 조개 껍질이 많은 키메르지앙 토양에 진흙과 자갈이 섞여 있다.

상트르 지방 포도밭 풍경

• 상세르 Sancerre 마을

루아르 강의 상류 지역에 위치하며 푸이 퓌메 마을과 이웃하고 있다. 소비뇽 블랑으로 만드는 드라이 화이트 와인이 옛날부터 인기가 많았다.

상세르 화이트 와인은 덜 숙성된 상태가 더 신선하며 베리와 허브향이 뚜렷하여 화이트 와인 중 가장 마시기 쉬운 와인으로 헤밍웨이가 즐겨 마셨던 와인이기도 하다. 화이트 와인 외에 피노 누아로 만든 로제 와인과 부르고뉴 지역 와인보다 가벼운 레드 와인이 약 20%를 점하고 있다.

상세르 지역 토양과 와인들

• 푸이 퓌메 Pouilly-Fumé 마을

상세르와 거의 비슷하며 루아르 지역 와인 중에서 소비뇽 블랑의 화이트는 최고의 품질을 자랑해 루이 16세의 왕비인 마리 앙트와네트가 즐겨 마셨다고 한다.

푸이 퓌메 마을의 포도밭과 와인들

푸이 퓌메 Pouilly-Fumé 와 푸이 퓌세 Pouilly-Fuissé 는 혼동하기 쉬운데 푸이 퓌메는 루아르 지역 상트르 지방에서 100% 소비뇽 블랑으로 빚은 와인으로 '퓌메 Fumé'가 연기를 뜻하는 단어로, 이른 아침에 이 지역을 덮는 짙은 안개가 아침 햇살에 사라질 때 마치 하얀 연기처럼 피어 오른데서 유래되었다. 푸이 퓌세는 100% 샤르도네로 빚은 와인으로 부르고뉴 지역의 마꼬네 지방에서 나온다.(129페이지 참조)

투렌 Touraine 지방

루아르 강 중류 지방으로 14세기부터 포도가 재배되기 시작한 곳이다. 서쪽의 소 뮈르와 가까운 지역인 쉬농 마을과 부르게이 마을에서는 레드 와인이, 동쪽에서는 화이트 와인이 주로 나온다. 대륙성 기후와 해양성 기후의 특징을 동시에 보여주 며, 토양은 석회석이 많은 자갈과 점토가 섞여있다.

• 쉬농 Chinon 마을

카베르네 프랑과 말백 등으로 만든 레드 와인이 루아르 지역에서 유명하며, 쉬농 은 마을 이름과 동시에 와인의 이름이기도 하다.

• 부르게이 Bourgueil / 생 니콜라 드 부르게이 St.-Nicolas de Bourgueil 마을

쉬농 마을의 북쪽에 위치한 마을로 강건하면서 푸르 티한 레드 와인이 나온다.

• 부브레 Vouvray 마을

투렌 지방에서 고품질의 와인이 나오는 지역으로 소 비뇽 블랑과 슈냉 블랑으로 드라이, 세미 드라이, 그 리고 스위트 와인을 만든다. 옛날부터 네델란드에 수출을 많이 했던 와인이다.

부브레 마을의 포도밭과 와인들

앙주-소뮈르 Anjou-Saumur **지방**

루아르 강의 가장 중심부에 위치한 지역으로 투렌 지방과 마찬가지로 대륙성 기후와 해양성 기후의 양면을 보이고 있어, 여름과 겨울의 기온 차가 크게 차이가 나지 않고 온화하며, 루아르 지역 내에서 가장 따뜻한 곳이다.

토양은 다양하나 대체적으로 서쪽은 편암 성분이, 동쪽에서는 점토 및 모래를 포함한 백악질 토양이 나타난다.

이 지방에서는 카베르네 프랑을 주로 하여, 카베르네 소비뇽, 피노 누아, 가메 등으로 빚은 드라이한 로제 와인이 전체 생산량의 약 70%를 점하고 있으며 슈냉 블랑으로 빚은 발포성 와인인 무쎄 Mousse 와 크레망 Cremant 을 샹파뉴 지역에 이어 두 번째로 많이 생산하고 있다.

프랑스 샹파뉴 이외의 지역에서 나는 발포성 와인을 '무쎄 Mousse 또는 크레망 Cremant'이라고 하는데 루아르 지역에서는 두 용어를 같이 쓰고 있다.

앙주-소뮈르 지방의 포도밭 풍경

• 앙주 Anjou **마을**

로제 와인으로

로제 당주 Rosé d'Anjou

그롤로 Grolleau 와 카베르네 프랑, 카베르네 소비뇽, 가메 등을 블렌딩하여 만든 스위트한 로제 와인으로 밝은 핑크색이며 딸기, 라즈베리, 체리 등의 풍미가 풍부하다.

로제 드 루아르 Rosé de Loire

그롤로, 가메, 카베르네 프랑, 카베르네 소비뇽 등을 블렌딩한 드라이 로제 와인으로 투명한 핑크색이며 열대과일향과 신선한 꽃향으로 새콤하면서 신선하다.

카베르네 당주 Cabernet d'Anjou

카베르네 프랑과 카베르네 소비뇽을 블렌딩한 미디움 로제 와인으로 레드에 가까운 핑크로 라즈베리, 감귤향과 함께 생동감이 넘친다.

그외 가메 품종으로 만든 **가메 당주** Gamay d'Anjou, 카베르네 프랑으로 빚은 **앙주 루즈** Anjou Rouge 의 레드 와인, 슈냉 블랑으로 빚은 **앙주 블랑** Anjou Blanc 등의 화이트 와인이 있다.

특히 **코또 뒤 레이용** Coteaux du Layon **마을**에서 나오는 귀부 와인은 보르도 지역 소테른 지방의 귀부 와인 다음으로 유명하다.

앙주 마을의 포도밭 전경과 와인들

• 소뮈르 Saumur 마을

앙주의 동쪽에 위치하며 슈냉 블랑으로 만든 발포성 와인이 샹파뉴 지역 다음으로 많이 생산되는 곳으로 적포도 품종의 블렌딩도 허용하고 있다.

드라이한 화이트 와인과 스위트한 화이트 와인도 나오며, 카베르네 프랑으로 빚은 레드 와인도 좋은 평가를 받고 있다.

낭트 Nantais 지방

대서양으로 나가는 마지막 관문인 낭트 시 근처의 루아르 강 어귀 양쪽 둑에 포도밭들이 위치하고 있다. 바다와 가까운 지역이라 해양성 기후를 나타내며, 비교적 온난한 기후를 보이고 있다.

토양은 화강암과 자갈, 모래 등으로 배수가 잘 되어 습한 해양성 기후임에도 포도나무가 잘 자란다.

이 지역에서는 '멜롱 드 부르고뉴 Melon de Bourgogne'라고 불리우는 뮈스카데 Muscadet 품종으로 만든 드라이 화이트 와인이 유명하다.

뮈스카데는 포도 품종 이름 임과 동시에 마을 명칭으로도 쓰이며, **뮈스카데** Muscadet, **뮈스카데 코또 드 라 루아르** Muscadet Coteaux de la Loire, **뮈스카데 드 세브르 에 멘느** Muscadet de Sèvres et Maine, **뮈스카데 코뜨 드 그랑리으** Muscadet Côtes de Grand Lieu 마을에서 만든 매혹적이며 신선하고 산뜻하면서 무게감이 있는 화이트 와인은 가성비 대비 훌륭한 와인으로 프랑스뿐만 아니라 전 세계적으로 인기가 많다.

낭트 지방의 포도밭과 와인들

대표 품종

적포도 품종

카베르네 프랑 Cabernet Franc

오랫동안 널리 알려진 루아르 지역의 대표 품종으로 슈냉 블랑과 마찬가지로 투렌 지방과 앙주-소뮈르 지방에서 많이 재배되고 있다. 루아르 지역의 서늘한 기후의 영향으로 신선하고, 보르도 지역보다 조금 가벼운 산도로 라이트 바디 와인부터 미디움 바디 와인까지 나온다.

붉은 과일향, 연필 깎는향, 삼나무향이 복합적으로 나며, 루아르 지역에서는 '브레통 Breton'라는 이름을 쓰기도 한다. 소뮈르 지방에서는 스파클링 와인을 만들기도 하며 가능하면 빨리 마셔야 한다.

가메 Gamay (133페이지 참조)

오베르뉴 Auvergne 와 그 주변이 부르고뉴 지역과 면해 있기 때문에 보졸레 지방의 주요 포도 품종인 가메가 많이 재배되고 있다. 특히 루아르 지역의 화강암 토양과 내륙 지역의 성장 조건은 보졸레 지방과 비슷한 특징을 갖고 있어 잘 자란다.

부드러운 타닌과 가벼운 바디감으로 피노 누아 느낌이 나며, 생생한 산도와 과일향이 특징으로 앙주와 소뮈르 지방에서 나오는 로제 와인의 주품종이다.

청포도 품종

슈냉 블랑 Chenin Blanc

투렌 지방과 앙주-소뮈르 지방에서 가장 많이 재배되는
품종으로 '루아르의 피노'라고 불리우며, 가벼운 라이트
바디 와인부터 풀 바디 와인까지 나온다.
드라이한 와인부터 스위트한 와인, 스파클링 와인까지 다
양한 와인이 만들어지며, 높은 산도로 인해 모든 음식과도
잘 어울린다. 모과향, 말린 꽃향의 아로마와 구운 사과향
과 미네랄의 부케가 조화를 잘 이루고 있다.

소비뇽 블랑 Sauvignon Blanc (20페이지 참조)

루아르 지역이 원산지로, 서늘한 대륙성 기후를 보이는 상
트르 지방의 상세르 마을과 푸이 퓌메 마을에서 많이 재배
되고 있으며, 이 지역에서는 '소비뇽 퓌메 Sauvignon Fumé' 또
는 '퓌메 블랑 Fumé Blanc'이라고도 불리운다. 부싯돌과 스모
키한 미네랄, 허브와 꽃향이 나며 푸른 사과와 자두의 풍
미를 느낄 수 있다.
샤블리 지방의 샤르도네 와인에 비해 가격이 저렴하여 '가
난한 사람들의 샤블리' 라고도 불리운다.

뮈스카데 Muscadet / 멜롱 드 부르고뉴 Melon de Bourgogne

겨울철 서리에 잘 적응하여 서리가 많은 낭트 인근 지방에
서 많이 재배하고 있으며, 바다와 가까운 지역이라 바다
내음과 함께, 감귤류의 미네랄이 일품이다.
이 품종은 샤르도네의 변종으로 무스카 Muscat 와는 다른
품종이며 현지에서는 '멜롱 드 부르고뉴'라고 불리운다.

파리
Paris

FRANCE

지중해
Mediterranean

알자스 지역
(Alsace)

스트라스부르 Strasbourg 전경

알퐁스 도데의 '마지막 수업' 배경이 된 알자스 지역과 와인

알자스는 우리나라에서는 "마지막 수업 The Last Lesson"의 배경으로 널리 알려진 지역이다.

'마지막 수업'은 프랑스 작가 알퐁스 도데 Alphonse Daudet 1840~1897 의 단편 소설로, 1871년에 알퐁스 도데의 제 2 단편집 "월요 이야기"에 실린 41편의 꽁트 중 한 편이다.

작품의 시대적 배경은 독일(당시는 프로이센)과 프랑스 사이에 전쟁(보불 전쟁)이 일어나 프랑스가 패배하고 알자스-로렌 지방을 독일에 넘겨주면서, 더 이상 알자스에서는 프랑스어를 쓰지 못하도록 하는 법이 제정되어 프랑스어로의 마지막 수업이 진행되는 시점을 배경으로 한 작품이다.

대강의 줄거리는 프랑스의 알자스 주에 사는 소년 프란츠에게는 공부보다는 들판에서 노는 것이 더 신나 매일 학교를 지각하는 아이인데, 그날도 놀다가 학교에 늦게 도착한다. 프란츠는 혼나지 않을까 하면서 조바심에 교실에 들어서는데 평상시와 달리 엄숙한 교실 분위기에 놀란다. 교단의 선생님은 평소와 달리 정장 차림이었고, 교실 뒷자리에는 프랑스어 책을 보는 마을 어른들이 앉아 있었다.

아멜 선생님은 가라앉은 무거운 목소리로 오늘 수업이 프랑스어로 하는 마지막 수업이라고 말한다. 프랑스가 전쟁에 패하자, 프랑스어 수업을 금지하고, 대신 독일어를 가르치게 된 것이다.

선생님은 "프랑스어는 세상에서 가장 아름답고 뛰어난 언어임을 잊어서는 아니됩니다. 설혹 한 민족이 노예의 처지에 빠지더라도 제 나라 말을 잘 간직하고 있다면 스스로의 손에 감옥의 열쇠를 쥐고 있는 거나 다름없습니다" 며 부디 프랑스어를 잊지 말라고 하면서 수업을 마무리한다. 프란츠는 그동안 프랑스어 공부에 게으름을 피운 자신을 마음속으로 자책한다.

학교의 괘종 시계가 12시를 알리고, 독일 병사의 나팔소리가 울려 퍼지자 선생님은 칠판에 "Viva La France!(프랑스 만세!)"라는 구절을 칠판에 쓰고는 차마 말을 잇지 못하면서 자포자기하는 심정으로 "다 끝났다… 돌아들 가거라" 라고 끝을 맺는다.

알퐁스 도데의 동상

이 작품은 프랑스의 입장에서 모국어를 빼앗기는 슬픔과 고통을 생생하게 그려내 프랑스 국민들의 애국심을 불러 일으켰다.

또한 이 작품이 우리에게 감명 있게 읽혀진 것은 우리나라가 일본 식민지 시절, 나라와 함께 민족의 혼이라 할 수 있는 말과 글을 빼앗기고 창씨 개명과 일본어로 수업을 받고, 일본어를 쓰도록 강요받았던 역사적 아픔과 상처를 돌아보게 하는 작품이기 때문이다.

알자스 포도밭 전경들

알자스 지역은 프랑스 북동부의 라인 강 왼쪽 연안의 지방으로 라인 지구대 평야를 점유하며, 서쪽에 있는 보쥬 Vosges 산맥이 대서양으로부터 불어오는 차가운 편서풍을 막아주기 때문에 북부에 위치하고 있으면서도 온도와 일조 시간 등 기후 혜택을 누리고 있다. 북쪽과 동쪽은 독일, 남쪽으로는 스위스와 국경을 접하고 있다. 과거 오랫동안 독일의 통치를 받았던 흔적이 남아 있으며, 와인에도 독일의 영향이 깊게 배어있다.

프랑스 내에서도 경치가 아름다우며, 중심 도시는 스트라스부르 Strasbourg 로 '유럽의 수도'라는 별칭답게 유럽 의회를 비롯하여 EU의 많은 기구들이 모여 있다.

풍요로운 대지에서 와인과 맥주를 생산하고 있으며, 고급 레스토랑이 많기로 유명하다. 1870~1918년까지 독일이 지배하는 아픈 과거가 있었으나, 제1차 세계대전 후에 프랑스로 반환되었다.

알자스 지역 와인과 독일 와인의 차이점

알자스와 독일은 재배하는 품종과 사용하는 병 모양이 같기 때문에 혼동하는 경우가 많은데, 간단히 구분하면 독일 와인은 달콤하고 알자스 지역 와인은 드라이하다. 이는 독일에서는 와인에 발효되지 않는 천연 감미 포도즙을 소량 첨가하여 와인을 만드는 반면, 알자스에서는 와인 양조 시 포도 속의 모든 당분을 남김없이 발효하기 때문에 방당주 타르디브 Vendanges Tardives 와인을 제외하고는 대부분의 알자스 지역 와인은 드라이 하다. 그리고 알코올 함량에서도 차이가 나는데 독일 와인은 8~9도인 반면, 알자스 지역 와인은 11~12도로 높다.

Wines of Alsace

개요

알자스 Alsace 지역의 와인은 로마 이전 시대에 켈트족에 의해서 시작되었다고 전해지며, 이후 로마 시대에 본격적인 재배가 시작되었으나 로마 멸망과 함께 알자스 지역 와인도 잊혀진다.

이후 9~16세기까지는 교회의 수도원에 의해서 와인 양조가 다시 시작되어 왕실 연회에 사용될 정도로 사랑을 받았으나, 17세기에 들어와 30년 전쟁과 페스트로 인해 황폐화되고 만다.

1871년에 대 프러시아 전쟁에서 패하고 독일 제국에 강제로 병합되면서 독일의 포도 재배자들은 그들의 라이트한 와인에 블렌딩하기 위해 수확량이 많고 알코올 도수가 높은 포도 품종을 많이 심었다. 질 보다는 양 위주의 포도 품종을 심었던 것이다.

제1차 세계대전 이후부터 와인 산업이 조금씩 살아나기 시작하였으나 제2차 세계대전으로 거의 파괴되었다. 1970년에 들어와서 질보다는 양을 우선시했던 정책을 버리고 AOC 제도를 도입하여 와인의 기존 이미지 개선과 품질 향상을 위해 노력하고 있으며, 프랑스 와인 문화와 결합하여 알자스 지역만의 독특한 와인을 만들고 있다.

독일 포도 품종들이 주로 재배되며 독일 와인처럼 단일 포도 품종만을 사용하여 와인을 빚고 있다. 와인병도 목이 긴 독일 스타일의 와인병을 현재까지 사용하고 있으며, 레이블에도 프랑스에서 유일하게 포도 품종명을 기재하고 있다.

테루아

스트라스부르의 말렌하임 Marlenheim 에서부터 남부의 뮐루즈 Mulhouse 인근의 탄 Thann 마을까지, 폭 2~4km, 길이 120km 지역으로 프랑스에서 유일하게 라인 강변에서 포도를 재배하고 있다.

보쥬 Vosges 산맥이 서쪽에서 불어오는 바람과 차가운 습기를 막아주는 차단막이 되어 주어 다소 건조하면서 화창하고, 대부분의 포도밭이 보쥬 산맥 산자락 동쪽 사면의 175~420m의 낮은 구릉 지대에 자리잡고 있어, 이른 아침부터 풍부한 햇빛을 받고 있기 때문에 북위 48도인데도 훌륭한 와인을 만들고 있다.

기후는 대륙성기후로 여름은 덥고 길며 겨울은 춥다. 가을은 매우 건조하고 다른 지역과 달리 길어서 포도송이가 충분히 익을 시간을 주고 있으며, 토양은 화강암, 편암, 석회석, 모래, 진흙, 화산토 등으로 다양하게 구성되어 있다

알자스 지역 포도밭 전경

Wines of Alsace

등급 제도

알자스 지역 와인의 92%는 화이트 와인이며, 1962년도에 들어서 알자스 지역 AOC 등급을 도입했는데, 화이트, 로제, 레드 와인이 포함된다. 다른 지역과 달리 포도 품종에 AOC 규제를 하고 있으며, 프랑스의 다른 지역이 레이블에 포도밭이나 마을 이름을 기재하는데 비해, 이 지역에서는 포도 품종을 표기하고 있다. 따라서 정해진 품종의 포도를 100% 사용해야 한다.

신세계(신대륙) 와인들이 레이블에 포도 품종을 표기하기 훨씬 전부터 독일에서는 품종 이름을 레이블에 표기해 왔으며 알자스 지역도 이 전통을 따르고 있다.

1975년부터는 알자스 지역 자체 등급 제도를 운영하고 있다.

알자스 그랑 크뤼 AOC AOC Alsace Grand Cru

• 같은 밭에서 난 포도를 쓸 것
• '알자스의 노블 noble (고귀한) 포도 품종'이라 불리우는 리슬링, 게브르츠트라미너, 피노 그리, 뮈스카의 4가지 공식 품종 중 하나로만 만들어져야 한다.
• 단일 빈티지로 빚을 것
의 조건을 충족해야 하며 현재 그랑 크뤼 와이너리는 전체 와이너리 중 4% 가량이며, 51개가 있다.

알자스 AOC AOC Alsace

뱅 달자스 Vin d'Alsace 라고도 불리우며 알자스 지역 와인의 74%를 차지하고 있다. 90%가 화이트 와인이며 100% 단일 품종인 경우 품종명을 레이블에 표기할 수 있다.

크레망 달자스 AOC AOC Cremant d'Alsace

알자스 AOC중 포도 품종이 아니라 와인에 붙이는 알자스 크레망은 샹파뉴 방식으로 와인을 빚고, 9개월 동안 병 속에서 숙성 시킨다. 최근 급속도로 성장하고 있으며 전체 와인 생산량의 13%를 차지하고 있다.

상큼하고 드라이한 발포성 와인으로 피노 블랑으로 많이 빚으며, 피노 그리, 피노 누아, 리슬링 등으로도 만든다

방당주 타르디브 AOC Vendanges Tardives AOC

방당주 타르디브는 프랑스어로 '늦은 수확'이란 의미이며 일반 포도보다 늦게 수확한 포도로 만든 와인을 말한다. 독일의 아우스레제 Auslese 나 베렌아우스레제 Beerrenauslese 와 같으며, 스위트한 와인으로 하나의 AOC 카테고리를 이루고 있다. '알자스의 고귀한 포도 품종'인 4가지 포도 품종으로만 빚으며 18개월 이상 숙성한 후에 판매할 수 있다.

에델즈비커 AOC Edelzwicker AOC

독일어 "edel"(고귀한)과 zwicker(블렌딩)에서 나온 용어로 단일 포도 품종이 아닌, 블렌딩한 와인에 AOC를 준 유일한 와인으로 여러 포도 품종을 블렌딩해서 빚으며, 드라이하고 풍부한 과일향을 갖고 있으며 산도가 높다.

알자스 지역 포도밭 전경들

즐기면서 나누는 **와인**

Wines of Alsace

와인 산지

프랑스와 독일을 분리하는 라인 강을 따라 가장 북동쪽에 위치하고 있다. 강 건너편에는 비슷한 스타일의 와인을 생산하는 독일의 와인 산지인 바덴 Baden 이 있다. 알자스 지역은 크게 스트라스부르에서 시작하면서 고도가 낮은 북쪽 지역인 바 라인 Bas-Rhin 과 보쥬 산맥의 낮은 경사면에서 남쪽으로 이어지는 고도가 높은 남쪽 지역인 오 라인 Haut-Rhin 으로 나눌 수 있다.

그랑 크뤼 와인은 오 라인 Haut-Rhin 지역에서 많이 볼 수 있다. 오 라인에서는 콜마르를 중심으로 리보빌레, 젤렝베르, 키엉제임, 예기스하임, 루파흐, 게빌레 마을이 유명하며, 이 지역의 연간 강우량은 500mm에 불과하다. 알자스 지역 와인은 와인 이름보다는 유명 도멘이나 네고시앙을 보고 고르는 것이 좋다.

유명 도멘 & 네고시앙

- 도멘 진트–훔브레트 Domaine Zind-Humbrecht
- 메종 트림바흐 Maison Trimbachs
- 도멘 휘젤 에 피스 Domaine Hugel & Fils
- 도멘 레옹 베예 Domaine Leon Beyer
- 도멘 뒤 물랭 Domaine du Moulin

ALSACE

말렌하임 Marlenheim
스트라스부르 Strasbourg
몰스 하임 Molsheim
오베르니 Obernai
Barr 바르
담바흐–라–빌 Dambach-la-Ville
Bergheim 베르그하임
Ribeauvillé 리보빌레
젤렝베르 Zellenberg
Kientzheim 키엉제임
콜마르 colmar
Turckheim 튀르켐
예기스하임 Eguisheim
루파흐 Rouffach
Guebwiller 게빌레
Thann 탄
라인 강 Rhin

알자스 지역 포도밭 전경

대표 품종

산뜻하고 신선하면서 과일향이 풍부한 화이트 와인으로 유명하며, 특히 게뷔르츠트라미너와 리슬링이 독일 와인에 비해 향이 더 진하고 드라이한 맛을 지니고 있다.

청포도 품종

리슬링 Rieseling (20페이지 참조)

독일의 라인 강 유역이 원산지이며 독일 와인을 위대하게 만든 품종이다. 알자스 지역에서는 '알자스의 총아'라고 불리우며 화강암이나 편암 토양에서 잘 자라지만 재배하기 까다롭고 산출량이 적은 만생종이다.

복숭아같은 과일향의 풍미와 섬세한 향기를 가지면서 드라이하고 뒷맛이 오래간다. 알코올 도수는 11~12도로 독일 와인보다 3도 가량 높고 산도가 높아, 숙성 잠재력이 높다.

독일의 리슬링 와인은 발효되지 않는 천연 감미 포도즙을 와인에 소량 첨가하여 약간 달콤한데 반해, 알자스 지역 와인은 양조 시 포도 속의 모든 당분을 남김없이 발효하기 때문에 아주 드라이하며 도수가 높다.

게뷔르츠트라미너 Gewurztraminer

이탈리아의 트라미노 Tramino 가 원산지로 서늘한 기후에서 잘 자라는 이 품종은 독일어인 향신료의 뜻인 게뷔르츠 Gewurz 와 이 품종의 원산지인 트라미노 Tramino 에서 온 트라미너 traminer 의 합성어이다. 다른 화이트 와인과는 다르게 이름처럼 스파이시한 느낌에 특유의 강한 과일향과 꽃향기가 잘 어울리며 알자스 지역 와인을 대표하고 있다.

다른 화이트 와인과 비교해 껍질의 색이 분홍빛으로 색이 진하며, 알코올 도수는 13도 까지 높고 산도가 낮은 편이며 약간 달콤하다.

피노 그리 Pinot Gris (토카이 피노 그리 Tokay-Pinot Gris)

게뷔르츠트라미너와 비슷하나, 그보다는 덜한 풍미로 스파이시하면서 스모키하고 신맛이 강하면서 약간 달콤하다. 진한 황금빛으로 도수가 높고 산도가 강하다.

알자스 지역에서는 육류 요리에 자주 제공된다.

뮈스카 Muscat

이탈리아에서는 모스카토 Moscato 로, 스페인과 포르투갈에서는 모스카텔 Moscatel 로 불리우는 이 품종은 200여 가지의 변종이 있으며, 세계에서 가장 오래되고 가장 많이 재배되는 품종 중의 하나이다. 스페인과 이탈리아에서는 달콤하게 만들지만 알자스 지역에서는 드라이하게 만들고 있다.

향기가 진하면서 산뜻하고 드라이하다.

피노 블랑 Pinot Blanc

발포성 와인을 만들 때 주로 쓰이는 품종으로 최근에 재배 면적이 늘고 있다. 부드럽고 신선하며 동시에 섬세하고 프르티한 와인을 특성을 갖고 있다.

레이블에는 클레브너 Klevner 또는 피노 오세르 Pinot Auxerrois 로 표기되기도 한다.

샹파뉴 지역
(Champagne)

샹파뉴 마을 풍경

윈스턴 처칠 Winston Churchill 이 사랑한 폴 로져 Pol Roger 샹파뉴

영국의 61대, 63대 총리로서 제2차 세계대전 중 전쟁의 공포에서 기상천외한 작전과 강력한 의지로 국민을 단합시켜 영국을 승리로 이끈 뛰어난 정치가이자 '영국의 파수꾼'으로 널리 알려져 있는 윈스턴 처칠 Winston Churchill 이 사랑한 샴페인이 있다.

처칠과 폴 로저 부부의 첫 만남은 제2차 세계대전 후, 1944년 11월에 파리 주재 영국 대사관에서 열린 '노르망디 상륙 작전 성공 축하 파티'에서였다. 이때 서빙된 샴페인이 바로 'Pol Roger Vintage 1928'이었으

윈스턴 처칠과 폴 로저 샹파뉴

며, 폴 로저 샹파뉴 하우스의 3대 손인 Jacques Pol Roger & Odette 부부가 이 행사에 참석하게 되었는데, 그들은 단순히 샴페인 공급사로 행사에 참석한 것이 아닌 '노르망디 상륙 작전 공로자' 자격으로 참여한 것이었다.

제2차 세계대전 중에 샹파뉴 지역은 수많은 희생자를 내면서 강력히 저항했던 지역으로 이 지역의 가장 큰 도시인 '랭스'는 레지스탕스의 주요 활동 무대였다. 이때 수많은 샹파뉴 하우스들이 랭스 지하 저장고 카브를 무기고로 내어 주었으며, 독일 비밀 경찰에 쫓기던 레지스탕스들을 이 카브에 숨겨 주기도 했다. 특히 오데트 폴 로저 Odette Pol Roger 부인은 빼어난 미모로 독일군 장교에게 접근하여, 각종 군사 비밀 등을 뽑아내는 등 첩보 활동에도 많이 참여했다. 이래서 이날 축하 파티에 숨은 공로를 인정받아 참석하게 된 것이다. 처칠은 이날 참석한 부부의 인품과 매력에 빠졌으며, 폴 로저 샹파뉴도 마음에 들어서 오랫동안 친밀한 관계를 유지해 왔다.

하루에 2L(당시에는 병당 1000ml여서 두 병)씩 마셨다는 일화가 있을 정도로 애주가인 처칠은, 폴 로저 1947 빈티지를 마셔보고는 평생 마실 양을 주문했는데, 폴 로저 하우스에서는 그를 위해 2만병의 샹파뉴를 저장하기도 했으며, 자신의 경주마를 '폴 로저 Pol Roger'라고 이름 지을 정도였다. 노후에 건강이 악화된 상황에서도 이 샹파뉴를 마시는 즐거움은 하루도 포기하지 않았다고 한다.

결국 폴 로저 하우스는 처칠의 건강을 위해 원래 생산하지 않는 파인트(약 0.57L)병의 샹파뉴를 별도로 만들어 처칠에게 보내주었다. 1965년 91세의 나이로 처칠이 죽자, 영국 시장에 출시되는 모든 샴페인 레이블에 검은색 테두리를 넣어 조의를 표했으며, 사후 10주년인 1975년부터는 '퀴베 서 윈스턴 처칠 Cuvee Sir Winston Churcill'이란 헌정 샹파뉴를 작황이 좋은 해에만 만들고 있다. 자그마치 10년을 숙성하여 1984년에 처음 나온 이 샹파뉴는 오늘날까지도 폴 로저 샹파뉴의 최상위 등급으로 평가되고 있다.

폴 로저 샴페인 포도밭과 하우스 전경

또한 2004년 1월부터 영국 엘리자베스 2세를 위한 공식 샴페인 공급처로 지정 Royal Warrant 되어, 모든 병에서 골드 색상의 왕실 인증서를 볼 수 있다. 특히 2011년 윌리암 왕자와 케이트 미들턴 왕세손 비의 결혼식에서 웨딩 샴페인으로 '폴 로저 브뤼 리저브 Pol Roger Brut Reserve'가 선정되면서, 세기의 결혼식에 어울리는 최고의 샴페인이었다는 호평도 받았다. 특히 마개를 덮고 있는 화이트 색상의 호일과 하얀 레이블이 순백의 웨딩 드레스와 너무나도 잘 어울렸다고 한다.

"샴페인은 삶의 의미를 아는 인간의 즐거움이다.
이 점에 대해서는 작가도 정치가도 풍류를 아는
인간도 모두 동의 할 것이다."
"전쟁에서 승리했을 때와 마찬가지로 패배했을 때도
역시 샴페인이 필요하다."
– 윈스턴 처칠 –

폴 로저 하우스는 1849년에 설립된 와이너리로 외부의 자본없이 순수한 가족 경영으로 전통을 이어 오고 있으며, 연간 150만~180만병을 생산한다. 마른 Marne 계곡의 에뻬르네 Epernay 마을과 코뜨 데 블랑 지방의 가장 우수한 곳에 포도밭을 소유하고 있으며, 피노 누아, 샤르도네, 피노 뫼니에 세가지 포도 품종으로 블렌딩하고 있다. 바디감과 우수한 타닌을 만드는 피노 누아, 과일향과 허브향이 좋은 피노 뫼니에, 산미가 뛰어난 샤르도네가 이상적인 비율로 블렌딩되어 있는 것을 느낄 수 있다.

폴 로저 샹파뉴는 특히 생산 과정에서 병을 돌리는 르미아쥬 Remuage 는 아직도 사람의 손으로 하고 있다. 수확 후 바로 압착한 다음, 프레쉬 하우스에서 24시간 저온 침용 후, 스테인레스 스틸통에서 18도의 온도로 발효를 거친다.

에뻬르네 시내 한복판에 있는 지하 저장고는 3층 깊이에 7.5km 길이로, 다른 와이너리와 달리, 1도 낮은 9.5도 정도이다. 2차 발효를 느리게 하여 일정하게 올라오는 기포와 풍부하고 고운 거품, 그리고 3년 이상 숙성을 통해 아름다운 황금빛과 살구, 배, 망고 등의 과일향과 쟈스민, 바닐라, 아카시아 벌꿀향 등의 아로마와 호두의 고소함과 향긋한 허브 느낌의 피니쉬를 만들어 낸다.

샴페인(샹파뉴)은 프랑스 샹파뉴 지역에서 전통 양조 방식으로 만든 스파클링 와인으로 프랑스어로는 샹파뉴로 읽으며 지역 이름 샹파뉴 Champagne 와 철자가 같다.
영어 발음으로는 샴페인으로 읽는다. 이 책에서는 샹파뉴 지역에 관련된 경우에만 샹파뉴로 쓰고 그 외의 경우에는 영어 발음을 우선으로 했다.

즐기면서 나누는 **와인**

개요

샹파뉴라는 지역 이름은 '로마 북부의 시골'이라는 뜻의 캄파니아 Campagnia 에서 유래하였으며 AD 4~5세기경 로마의 지배하에 있을 때 처음으로 포도 재배가 시작되었다. 로마의 주요 교역로이자 다공성인 백악질 바위의 채석장으로 유명하였으며, 이때 생긴 채석장들이 지금은 훌륭한 카브로서 이용되고 있다.

로마 제국의 몰락 후 프랑크 왕국이 세력을 확장하여 오늘날의 프랑스란 나라를 건국하게 되었는데, 랭스 Reims 의 레미 Remi 대주교가 왕을 천주교로 개종시키는데 큰 역할을 하게 되었다. 이런 연유로 600년간 27명의 프랑스 왕들의 대관식이 랭스 대성당에서 치뤄졌다. 특히 백년전쟁중 샤를 7세가 잔다르크의 도움으로 이곳에서 대관식을 올려 유명하다. 이 지역은 초기부터 발포성 와인에 관심이 많았던 곳으로 2차 발효시 거품을 적절히 통제하여 어떻게 병속에 거품을 보존하느냐하는 것이 큰 숙제였다. 이 문제를 1670년에 돔 페리뇽 Dom Pérignon 수도사가 보다 단단한 영국산 병의 사용과 스페인산 코르크 마개를 철사줄로 묶어 해결하였다.

1728년 프랑스의 루이 15세가 그때까지 배럴로 판매하던 와인을 병으로만 팔 수 있게 법을 개정하였고, 1729년에 'Ruinart'라는 최초의 샹파뉴 하우스가 탄생하였으며, 1887년에는 원산지 인증제인 샴페인(프랑스어로 샹파뉴)이라는 용어를 다른 지역에서는 사용하지 못하도록 공표했다. 1908년 샹파뉴의 이름으로 생산 가능한 지역들이 지정되었으며, 1927년에 남쪽에 있는 코프 데 바 Côté de Bar 지역이 추가되었다.

현재 프랑스 와인 수출에서 샴페인이 차지하는 비중은 물량으로는 7%에 불과하지만 금액으로는 약 35%에 이를 정도로 다른 와인에 비해서 비싼 술이다.

랭스 대성당

Wines of Champagne

테루아

포도 재배의 북방 한계선은 북위 50도이다.

백악질 토양
북 프랑스에서 영국에 걸쳐 분포하는 백악기층으로 석회질 껍질을 가진 부유성 단세포 생물의 유체와 다수 미세한 방해석의 결정으로 된 암석이며, 색은 백색이나 회백색으로 지질이 단단하지 않고 잘 부서진다.

루이 15세의 유명한 정부로 평생동안 우아하고 품위있는 삶을 살았던 마담 퐁파두르 Madame de Pompadour 는 "샹파뉴는 마시고 난 뒤에도 여자를 아름답게 보이도록 하는 유일한 와인이다"라는 말을 남겼다.

샹파뉴 지역의 포도밭

샹파뉴 Champagne 지역은 파리에서 동쪽으로 150km 정도 떨어진 곳에 위치하며, 프랑스의 와인 생산지 중에 최북쪽으로 위도 48~49.5도에 자리잡고 있다.

토양은 다공성인 백악질 토양 Belemnite chalk 으로 학교에서 사용하는 분필을 연상하면 된다. 100m 정도의 두께로 덮힌 이 토양의 특징은 열을 유지하는데 도움을 주고 토양 표면의 배수와 지하수를 저장하는 기능을 하기 때문에, 포도나무의 뿌리가 혹한으로부터 잘 보호되고 토양에 저장된 물을 흡수하기에 좋다.

기후는 대륙성 기후로 포도 열매가 성장하는 계절의 평균 기온은 10도 이내이며, 봄의 서리, 여름의 천둥과 우박, 겨울의 추위 등으로 인해, 빈티지에 따라 품질의 차이가 크며 알코올 도수가 낮고, 산도가 높은 가벼운 스타일의 와인 밖에 생산할 수 없는 지역이다. 그래서 좀 더 좋은 와인의 생산을 위해 노력한 결과, 타닌 함량은 낮지만 높은 산미와 아로마가 풍부하고 미네랄 향이 진한 지금의 샹파뉴를 탄생시켰다.

Wines of Champagne

등급 제도

프랑스법에는 "샹파뉴는 프랑스 샹파뉴 지역에서 오래된 전통에 의해 만들어지는 매우 특별한 발포성 와인"이라고 규정하고 있다. 이런 샹파뉴에도 등급이 있는데, 그랑 크뤼가 17개, 프르미에 크뤼가 43개, 일반 크뤼가 264개로, 총 324개의 AOC가 주어져 있지만, AOC를 병에 표기하지 않아도 되는 유일한 지역이다.

대신 샹파뉴 하우스에서는 포도 재배자로부터 포도를 사들일 때 이 등급 적용을 하여 차등지급한다.

이 지역에서는 10년에 서너 번 작황이 좋을 때, 빈티지를 표기한 와인을 출시하지만, 일반적으로 좋은 해의 와인과 좋지 않은 해의 와인을 2~3년치 섞어 넌 빈티지 Non Vintage 와인을 만들고 있다. 따라서 "저질 와인은 있어도 저질 샹파뉴는 있을 수가 없다"라는 말이 있을 정도로 매년 일관된 품질을 유지할 수가 있다.

따라서 포도밭을 중시하는 보르도나 부르고뉴 지역과 달리 제조 회사가 중요하다. 약 120개에 달하는 제조 회사 중 20개 회사가 샹파뉴 전체 생산량의 70%를 만들고 있으며, 대부분 본사가 랭스나 에페르네에 위치하고 있다.

프랑스에서는 원래 발포성 와인을 뱅 무쎄 vin mousseux 라 불려 왔는데, 프랑스(1975년)와 EU(1992년)에서 샹파뉴 이외의 지역에서는 샹파뉴라는 표현을 쓰지 못하게 함에 따라 알자스, 부르고뉴, 루아르 지역 등에서는 크레망 Crémant 이라고 하며, 기타 다른 지역에서는 전통적인 방식 Method Classique 또는 Method Traditionelle 라고 표현한다.

샹파뉴 생산자는 크게 NM과 RM으로 나눌 수가 있다.

NM은 네고시앙 마니퓔랑 Négociant Manipulant 의 약자로 자신이 직접 소유하고 관리하는 포도밭도 있지만, 주로 포도 재배자로부터 포도를 구매하여 와인을 만들고 자신의 브랜드를 붙여 판매하는 규모가 큰 생산자로 매종 Maison, 또는 영어로 샴페인 하우스 Champagne House 라고 부른다. 모엣＆샹동 Moet & Chandon, 뵈브 클리코 Veuve Clicquot, 폴 로져 Pol Roger 샴페인 하우스 등이 여기에 해당한다.

RM은 레콜탕 마니퓔랑 Récoltant Manipulant 의 약자로 자신이 직접 포도를 재배하여 양조하고 병입한 다음, 판매까지 하는 소규모 생산자를 말한다. 규모가 작지만 태루아의 특성과 자신만의 개성을 살려 만들기 때문에 일관된 품질과 특성을 가진 NM의 샹파뉴와는 다른 맛을 느낄 수 있다. 쟈크 셀로스 Jacques Selosse 나 율리스 꼴랭 레 페리에즈 Ulysse Collin Les Pierrieres 등이 있다.

와인 산지

와인 산지는 크게 5지방으로 나뉜다.

2015년에 샹파뉴 지역의 포도밭과 하우스, 그리고 카브가 유네스코 세계문화유산으로 등재되었다.

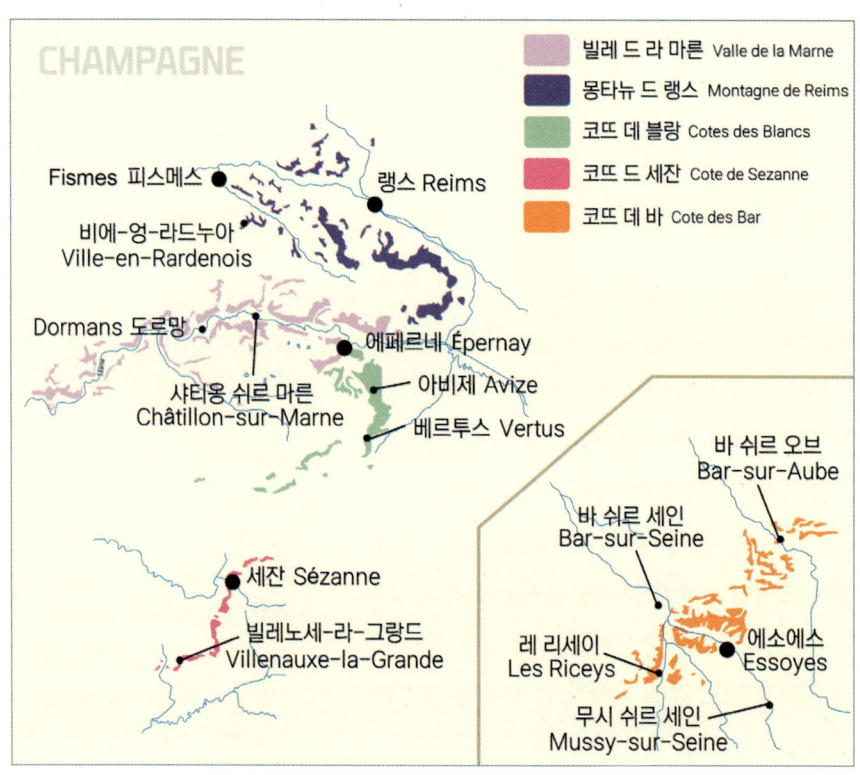

CHAMPAGNE

- 빌레 드 라 마른 Valle de la Marne
- 몽타뉴 드 랭스 Montagne de Reims
- 코뜨 데 블랑 Cotes des Blancs
- 코뜨 드 세잔 Cote de Sezanne
- 코뜨 데 바 Cote des Bar

Fismes 피스메스
랭스 Reims
비에-엉-라드누아 Ville-en-Rardenois
Dormans 도로망
에페르네 Épernay
아비제 Avize
샤티옹 쉬르 마른 Châtillon-sur-Marne
베르투스 Vertus
바 쉬르 오브 Bar-sur-Aube
바 쉬르 세인 Bar-sur-Seine
세잔 Sézanne
레 리세이 Les Riceys
에소에스 Essoyes
빌레노세-라-그랑드 Villenauxe-la-Grande
무시 쉬르 세인 Mussy-sur-Seine

몽타뉴 드 랭스 Montagne de Reims 지방

샹파뉴의 중심 도시인 랭스 Reims 남쪽에 위치한 산악 지대로, 낮에는 산 계곡에서 찬 대기가 내려오고, 밤에는 낮에 데워진 공기가 산악 지대로 이동하여 포도 재배에 이상적이다. 토양은 백악질 토양에 모래와 석회암, 갈탄 등으로 구성되어 있다. 풍성한 맛과 구조감이 있는 피노 누아가 생산되고 있다

발레 드 라 마른 Vallee de la Marne 지방

100m 가량의 두께로 거대한 지층을 이룬 백악질 토양의 계곡으로 계곡의 습기를 유지하면서, 낮과 밤 동안의 기온 차를 잘 극복하고 있는 지역이다. 샹파뉴에 과일향과 부드러운 구조감을 더해주는 피노 뫼니에 Pinot Meunier 가 주 품종이다.

코뜨 데 블랑 Côté des Blancs 지방

마른 강을 따라 동서로 길게 늘어져 있는 지역으로 중심 도시인 에페르네 Epernay 동남쪽에 위치하며, 백악질 토양으로 우아한 샤르도네가 생산되고 있다.

에페르네 근처에 있는 오비에 수도원 Abbey of Hautvillers 의 취사와 와인 담당 수도사로 부임한 돔 피에르 페리뇽 Dom Pierre Pérignon 은 앞을 보지 못하는 시각 장애인이었지만, 오랜 연구 끝에 병이 깨지지 않으면서 병속에 거품을 보존하는 방법을 개발하였다.

돔 페리뇽 수도사 동상

> 샴페인 병속의 압력이 5~6기압으로 프랑스산 유리병은 이 압력에 견디지 못하였다. 영국산 유리병은 17세기 후반부터 석탄을 사용하여 온도를 높임으로써 강한 유리를 만들 수 있었으나, 프랑스산 유리병은 나무를 땔감으로 사용하여 낮은 온도에서 유리병이 만들어져 약했다고 한다.

최근 연구 결과에 따르면 돔 페리뇽 수도사는 샴페인을 처음 발명했다기 보다는 샹파뉴 지역의 포도밭의 특성과 알맞은 포도 품종과의 관계, 부드러운 압착법을 이용하여 적포도로 화이트 와인을 만드는 압착기 개발, 블렌딩 기술의 향상, 병 안의 압력을 견딜 수 있는 영국산 유리병의 도입, 코르크 마개의 사용 등 샴페인의 생산 기술을 완성하는데 공헌을 했다고 한다.

1990년 빈티지 돔 페리뇽 샹파뉴

코뜨 드 세잔 지방의 포도밭

코뜨 데 바 지방의 포도밭

키메리지안 Kimmeridgian 은 쥐라기 시대의 지질로 바다 화석이 풍부한 토양이다.

코뜨 드 세잔 Côté de Sezanne 지방

코뜨 데 블랑 지방의 남동쪽에 위치하며 코뜨 데 블랑 지방과 같이 샤르도네가 주 품종이다. 프리미에 크뤼나 그랑 크뤼 포도밭이 없다

코뜨 데 바 Côté des Bar 지방

샹파뉴 지역에서 가장 남쪽에 위치하며, 코뜨 드 세잔 지방에서 약 70km 지점의 온화한 지방이다. 나중에 샹파뉴 지역으로 편입된 마을이며, 샤블리 지역과 맞닿아 있어 샤블리 지역과 같은 키메리지안 Kimmeridgian 인 석회암 토양이다.
가볍고 미네랄 느낌의 피노 누아가 나오고 있다.

하늘의 별 샴페인(샹파뉴)(양조 과정, 분류, 스타일, 대표적인 샹파뉴 하우스)

샴페인의 양조 과정

샹파뉴 지역에서 생산되는 샴페인의 거품은 자연적으로 만들어진다. 가을이 되어 자연 발효가 일어나면, 다른 지역은 포도즙이 와인으로 변하는데 이 지역은 혹독한 추위로 발효가 일시 중단되고, 약간의 당분이 그대로 와인병 속에 잔류하게 된다. 그러다 봄이 되어 기온이 올라가면 병 속에 남아있던 포도당이 다시 한번 발효를 하는데, 이 2차 발효 과정에서 생겨난 탄산가스가 고스란히 와인병 안에 모여 있게 된다.

옛날에는 이런 현상으로 와인병이 깨지거나 터져버리곤 했지만 1670년에 베네딕트 수도원의 와인 생산 책임자였던 '돔 페리뇽'이라는 수도사가 연구 끝에 와인을 2차 발효시키는 방법과 이때 생기는 탄산가스를 병 속에 담아두는 방법을 개발함으로써 샴페인이 상품화하게 되었다. 이런 자연적인 2차 발효로 생성된 샴페인의 거품은 좀 더 섬세한 맛과 미세한 특징들을 보이면서 각종 아로마를 좀 더 오랫동안 지속시켜 신비한 맛을 보여준다.

> 탄산가스로 인해 터지는 와인을 사람들은 '악마의 와인 The Devil's Wine'이라고 무서워했는데 돔 페리뇽은 그 맛을 보고 "오, 나는 하늘의 별을 마시고 있다"라는 말을 한 후 압력을 견딜 수 있는 병을 교체하는 등 많은 연구를 했다고 한다.

1) 수확 : 매년 9월 중순에서 10월초 사이에 샹파뉴협회 (CIVC)의 실험 결과 포도의 당도와 산도가 충분하다고 인정될 때, 손으로 수확한다.

2) 압착 : 빠른 시간 내에 낮은 압력으로 압착한다.

    퀴베 cuvee : 1차 압착으로 고급 샴페인을 만들며, 레이블에 '퀴베'라고 표시한다.

    타이 Taille : 2차 압착으로 일반적인 샴페인을 만든다.

        100ℓ 중에 80%가 퀴베가 되고 나머지는 타이가 된다.

3) 1차 발효 1st fermentation : 일반 스틸 와인을 만드는 방법과 동일하다.

4) 아상블라주 assemblage=blending : 발효가 멈추고 와인 맛이 날 때, 빈티지, 포도 품종, 생산지, 압착 등의 서로 다른 와인을 각 하우스 스타일에 맞게 블렌딩한다.

5) 당분과 효모를 첨가 adding of sugar and yeast 한다.

6) 2차 발효 2nd fermentation : 병입한 다음, 임시 마개를 한 상태에서, 오랜 동안 10~12도의 지하 저장고에서 잠을 재우면서, 병 안의 효모에 의해 발효를 하는데 이 과정에서 당분이 알코올로 변하는 과정에서 탄산가스 CO_2 가 발생하고 기포가 만들어진다.

7) 병입 숙성 maturation : 빈티지 샴페인은 최소 3년, 일반적인 샴페인은 12개월 이상 숙성하면서, 빠져나갈 수 없는 가스는 와인에 용해되고 침전된 찌꺼기는 결국 분해되어 와인에 향과 색, 특성에 영향을 미친다. 발효의 매체가 되었던 효모는 침전된 찌꺼기로 남는다.

8) 르뮈아쥬 remuage=riddling : 병을 거꾸로 경사지게 꽂아 놓고, 병 하나하나를 하루에 일정한 각도로 회전시키며, 경사도를 조금씩 높여가며 세워주는 작업이다. 이런 식으로 2~3개월이 지나면 병은 거의 거꾸로 세워지면서 효모 찌꺼기가 병 입구로 모이게 된다.

르뮈아쥬 과정은 과거에는 숙련된 르뮈에르 remueur 가 하루에 약 5~6만 개 정도 다루었지만, 현재는 컴퓨터에 의해 504병이 들어가는 회전 팔레트로 작업하고 있다.(위의 그림은 과거 손으로 돌렸던 60병 짜리 경사진 랙, 아래 그림은 기계식 회전 팔레트 모습)

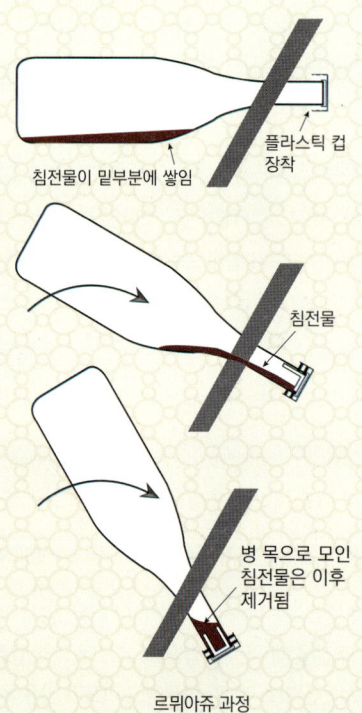

침전물이 밑부분에 쌓임

플라스틱 컵 장착

침전물

병 목으로 모인 침전물은 이후 제거됨

르뮈아쥬 과정

즐기면서 나누는 **와인**

9) 데고르쥬망 *dégorgement=removal of sediment* : 효모 찌꺼기가 병 입구에 모이면, 병을 거꾸로 꽂은 뒤, 병 목 부분을 영하 22~30도의 소금물에 급속 냉각하여 찌꺼기를 얼린 다음, 병 끝부분에 충격을 가하면서 병 안에 있던 탄산가스의 압력에 의해 응고된 찌꺼기를 밖으로 추출하는 작업으로 과거에는 매우 힘든 일이었으나 요즘은 기계화되어 있다.

데고르쥬망 작업

10) 도자쥬 *dosage=liqueur d'expedition* : 병을 바로 세운 뒤, 찌꺼기가 튕겨나가면서 따라 나간 양 만큼 충족시키기 위해 와인과 당분인 사탕수수 용액을 주입한다. 이때 주입하는 당분에 의해 샴페인의 맛이 결정되며 샴페인 회사 간의 스타일이 나온다.

11) 재 코킹 *finishing=recorking* 한다.

도자쥬 작업

샴페인은 일반적으로 축하하거나 중대한 일이 있을 때, 축하용이나 무사고를 비는 용도로 사용되었다. 여기에서 "샴페인을 일찍 터트렸다 *Champagne corks are popping a bit too soon*"라는 말이 유래되었다고 한다.

샴페인(샹파뉴)의 분류

• 블랑 드 블랑 Blanc de Blanc : 100%로 청포도 품종인 샤르도네로 빚은 샴페인을 말한다.

• 블랑 드 누아 Blanc de Noirs : 레드 품종인 피노 누아와 피노 뫼니에로 빚은 샴페인을 말한다.

• 로제 샴페인 Champagne Rosé : 레드 품종인 피노 누아와 피노 뫼니에로 빚으며, 와인에 붉은 색소가 스며들도록 껍질을 금방 들어내지 않는다.

• 빈티지 샴페인 Vintage Champagne : 10년에 3~4년 정도 포도 작황이 아주 좋은 해에 빚은 샴페인으로 레이블에 빈티지를 표시한다. 작황이 좋지 않은 해를 대비하여 좋은 해의 것을 최소 20% 이상 비축해 두도록 법으로 규제하고 있어, 총 생산량의 5~10% 정도 밖에 생산이 안된다. 최소한 3년 이상 숙성시켜야 한다. 짙은 향이 입안에 길게 남는 풀 바디 Full Body 가 대부분으로 메인 음식과도 잘 어울린다.

• 넌 빈티지 샴페인 Nonvintage Champagne : 판매되는 대부분의 샴페인으로 작황이 좋은 해와 안좋은 해의 것을 섞어 만든 샴페인으로 최소 12개월의 숙성을 거쳐야 한다. 레이블에는 싸고 품질이 안좋다는 부정적인 이미지를 줄 수 있어 넌 빈티지라고 표기하지 않는다. 신선하고 상큼한 향이 강점으로 식전주 Aperitif 에 많이 사용한다. 멀티 빈티지 Multi Vintage 또는 클래식 Class 샴페인이라고 부르기도 한다.

• 프레스티지 퀴베 샴페인 Prestige Cuvee Champagne : 작황이 아주 좋은 해에 최상의 포도만을 선별하여, 첫 번째로 부드럽게 압착하여 당분과 산도를 충분히 얻은 포도 쥬스(이를 퀴베 Cuvee 라고 부른다)로 만든 프리미엄 빈티지 Premium Vintage 샴페인에 붙인다. 숙성 기간은 보통 5~8년을 한다. 정성을 보이는 특별한 이벤트에 어울리는 샴페인이다.

샹파뉴 지역은 원래 왕과 귀족들이 마시던 고급 스틸 와인의 산지로 지금도 일부에서는 스틸 와인도 만드는데, 레 코또 샹프누아 Les Côteaux Champenois 와 샹파뉴 지역의 리세 마을에서 나는 기포가 없는 로제 와인과, 태양왕 루이 14세가 즐겨 마신 르 로제 드 리세 le Rosé de Riceys 가 있다.

빈티지 샴페인 돔페리뇽

넌빈티지 샴페인

로제 샴페인

샴페인(샹파뉴)의 스타일

일반적인 7가지 스타일은 도자쥬 상태에서 와인과 당분인 사탕수수 용액의 주 입량에 따라 결정된다.

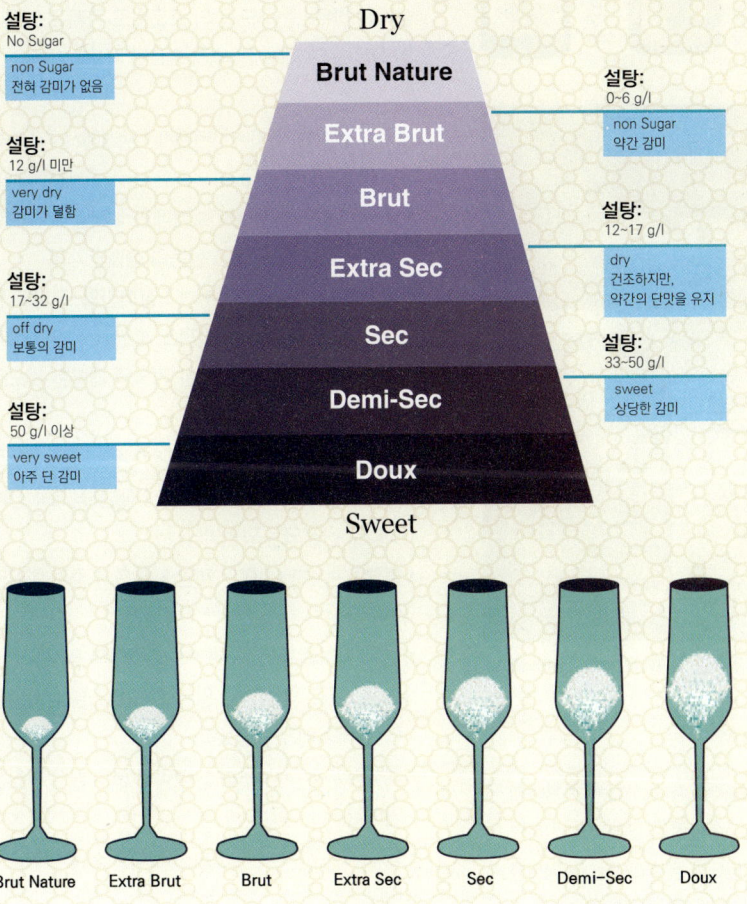

Dry

설탕:
No Sugar

non Sugar
전혀 감미가 없음

설탕:
12 g/l 미만

very dry
감미가 덜함

설탕:
17~32 g/l

off dry
보통의 감미

설탕:
50 g/l 이상

very sweet
아주 단 감미

Brut Nature
Extra Brut
Brut
Extra Sec
Sec
Demi-Sec
Doux

Sweet

설탕:
0~6 g/l

non Sugar
약간 감미

설탕:
12~17 g/l

dry
건조하지만,
약간의 단맛을 유지

설탕:
33~50 g/l

sweet
상당한 감미

Brut Nature · Extra Brut · Brut · Extra Sec · Sec · Demi-Sec · Doux

샴페인은 음용 온도가 중요하며 보통 화이트 와인보다 더 차게 해서 마시는데 5~8도 정도가 적당하다.
따라서 식사 중에 마신다면 얼음을 채운 쿨러에 샴페인 병을 넣고 차게 유지되도록 해야 한다.
잔에 따를 때는 거품이 넘치지 않도록 두세 번에 걸쳐서 따르며, 글라스의 2/3 정도만 따라 거품이 올라오는 것을 보면서 마시도록 한다.

1995년 빈티지의 모엣 샹동 샴페인

크룩 샴페인

볼랑저 로제 샴페인

1874년 출시된 네이쳐 샴페인, 포므리 Pommery 와이너리에 한 병이 보관되어 있다.

사진출처 : 포므리 와이너리 홈페이지

일설에 의하면 샴페인 최대 수입국인 영국에서는 소비자들이 달지 않은 샴페인을 원하여 Extra Sec 까지 당도를 낮추었지만, 더 당도를 낮추기를 원하여 프랑스의 샴페인 제조업자들이 "제기랄! 영국 촌놈들 샴페인 맛도 모르는 야만인들"이라고 Brute(짐승같은 야만인같은)가 어원이 되어 달지 않은 샴페인을 Brut라고 부르기 시작했다는 이야기가 있다.

지역의 대표적인 샹파뉴 하우스

샴페인을 만드는 공정이 다른 와인보다 오래 걸리고 비용이 많이 들기 때문에 일반 포도 재배자들은 수확한 포도를 샹파뉴 하우스에 판매한다.

샹파뉴 하우스는 자기만의 포도밭도 가지고 있으나 대부분 작은 포도 재배자들부터 포도를 사들여 만든다.

- 모엣 & 샹동 Moet & Chandon : 세계에서 가장 큰 샹파뉴 하우스이다.
- 돔 페리뇽 Dom Pérignon : 샴페인의 개발에 공헌한 수도사의 이름을 딴 모엣 & 샹동의 샴페인이다.
- 뵈브 클리코 Veuve Clicquot : 샴페인의 '그랑드 담(위대한 여인)'이라 불리는 클리코 부인의 뛰어난 마케팅 능력과 르미아쥬라는 새로운 기술을 개발한 것으로 유명하다.
- 크룩 Krug : 프레스티지 퀴베 샴페인을 전문적으로 생산해 온 하우스로 와인 평가에서 매년 최고의 샴페인 중 하나로 선정되는 와인이다.
- 볼랑저 Bollinger : 007 제임스 본드가 즐겨 마셨던 샴페인이다.
- 루이 뢰데르 Louis Roederer : 240년의 역사를 자랑하는 프랑스 최고의 샴페인 명가로, 크리스털 샴페인을 러시아 황제들에게 공급했다.
- 테탱저 Taittinger : 프랑스 엘리제 궁의 공식 만찬용 샴페인이다.
- 폴 로저 Pol Roger : 윈스턴 처칠이 가장 좋아했던 샴페인이다.
- 포므리 pommery : 1874년 포므리 여사가 영국 샴페인 애호가들의 입맛에 맞는 달지 않은 샴페인을 만든 다음, 어떻게 부를지 고민하다가 영국을 뜻하는 British를 줄여 'Brut'라고 표시했다고 한다.

Wines of Champagne

대표 품종

레드 계열의 포도 품종은 압착 공정까지는 화이트 와인과 같으나, 압착 후에 붉은 색소가 와인 즙에 착색할 사간을 주지 않고, 껍질을 즉시 걷어 냄으로써 화이트 와인을 만든다.

샹파뉴 지역에서는 다음의 3가지 품종 외에 피노 블랑 Pinot Blanc, 피노 그리 Pinot Gris, 프티 메슬리에 Petit Meslier, 아르반느 Arbanne 를 포함한 7가지 포도 품종이 허용되고 있다.

피노 누아 Pinot Noir (17페이지 참조)

레드 와인 품종으로 몽타뉴 드 랭스 지방과 코뜨 데 바 지방에서 많이 재배되며, 샹파뉴 지역 전체 포도 재배량의 약 38% 정도를 차지한다. 와인의 구조와 바디를 잡아주고 진한 향과 풍만함을 만들어 준다. 껍질을 제거하고 만들기 때문에 레드 와인이 아닌 화이트 와인 형태로 만들어진다.

피노 뫼니에 Pinot Meunier

레드 와인 품종으로 밀러스 피노 Miller's Pinot 라고도 불리며 잎사귀에 먼지가 앉은 것 같은 모양에서 유래되었다. 발레 드 라 마른 지방에서 주로 재배되며 블렌딩할 때 과일향을 더해주고 있다. 피노 누아보다 조금 많은 전체 재배량의 40% 정도를 차지하며 샹파뉴의 제2품질을 형성하는데 중요한 역할을 담당한다.

샤르도네 Chardonnay (19페이지 참조)

코뜨 데 블랑과 코뜨 드 세잔 지방에서 주로 재배되며 블랑 드 블랑 blanc de blancs 의 와인을 만드는데 쓰인다.

전체 포도 재배량의 20%를 차지하며 기교, 신선함, 우아함을 준다.

센 강변 주변의 좌우에는 과거와 현대의 건축물들이 늘어서 있다

이탈리아

Italy

이탈리아 반도는 긴 장화 모양으로 북쪽은 알프스 산맥에 남쪽은 지중해, 서쪽은 티레니아해, 동쪽은 아드리아 해에 면해 있는 나라로, 전 국토에서 와인이 생산되는 세계에서 몇 안되는 나라이며, 유럽에서는 가장 긴 역사와 전통을 가지고 있다. 국토가 북위 37~47도 사이에 북에서 남으로 1,200km의 길이로 뻗어 있어 지방에 따라 기후와 토양의 차이가 커, 생산되는 와인의 종류도 다양하며, 다른 나라에 비해 비교할 수 없을 정도로 풍부한 약 350종류의 토착 포도 품종이 있다. 그리고 이탈리아인은 세계에서 프랑스인 다음으로 와인을 1인당 62리터를 마시고 있는 나라이다. 최근 생산량이 감소하고 있기는 하지만, 아직까지 세계 1위 와인 생산국으로 전 세계 와인 생산량의 약 20%를 점하고 있으며 프랑스에 이어 2위 수출국가이다.

북부 지방

알프스 산맥의 영향으로 해안가의 몇몇 지역을 제외하고는 대륙성 기후이며, 토양은 빙하기에 형성된 퇴적토와 석회암층이 지반을 이루고 있다. 레드 와인은 주로 토착 품종인 네비올로 Nebbiolo 로 빚으며 색상이 화사하고 타닌이 풍부하며 구조감이 좋다. 화이트 와인은 과일향이 풍부하고 산성이 강하면서도 순한 모스카토 비앙코 Moscato Bianco 품종으로 만든다. 피에몬테 Piemonte 지역과 베네토 Veneto 지역 그리고 롬바르디아 Lombardia 지역에서 고급 와인이 많이 나온다.

중부 지방

아펜니노 산맥을 경계로 서부 해안쪽의 토스카나 Toscana 지역과 산악 지역의 움브리아 Umbria 지역이 유명하며, 전반적으로 완만한 구릉 지대로 토양은 석회석이 주를 이룬다. 온난한 지중해성 기후로 레드 와인은 짙은 색상과 부드러우면서 구조감이 훌륭한 산지오베제 Sangiovese 와 산지오베제 클론인 브루넬로 Brunello 와 프루뇰로 젠틸레 Prugnolo Gentile 품종이 많이 사용되며, 화이트 와인은 우아하고 부드러우면서 신선하고 마시기 상쾌한 베르나차 Vernaccia 품종을 주로 해서 만들고 있다.

남부 지방

중부 지방과 마찬가지로 지중해성 기후가 완연하며, 낮은 산과 넓은 들판으로 이루어진 지역이다. 토양은 메마른 편이고 대부분이 화산토이며, 와인은 가볍고 구조감이 튼튼하지 못하다. 캄파니아 Campania 지역의 화이트 와인을 만드는 피아노 Fiano 품종은 진한 황갈색으로 신선하고 스파이시하며, 시칠리아 Sicilia 지역의 레드 와인 품종인 네로 다볼라 Nero d'Abola 는 시칠리아가 고향으로 검붉은 색상에 타닌이 풍부하여 중부 지역 와인과 유사한 맛을 보여준다.

이탈리아에는 20개의 와인 생산 지역이 있으나, 이중에서 세계적으로 유명한 와인이 생산되는 북부의 피에몬테와 베네토 지역, 중부의 토스카나 지역과 남부의 시칠리아 지역에 국한에 다루고자 한다. 이 지역 중 흔히들 프랑스 와인 산지와 비교해 피에몬테 지역을 부르고뉴 지역에, 토스카나 지역을 보르도 지역으로 비교하기도 한다.

> 이탈리아 와인 산지 가운데 생산량과 와인의 품질 등을 고려하여 피에몬테, 베네토, 토스카나 지역을 3대 와인 산지로 부른다.

와인의 역사

Trentino-Alto Adige

Lombardia

Friuli-Venezia Giulia

Valle d'Aosta

밀라노
Milano

베네치아
Venezia

Veneto

Piemont

Emilia-Romamgna

Liguria

퍼렌체
Firenze

Marche

Toscana

Abruzzo

Molise

Umbria

로마
Roma

Puglia

Lazio

나폴리
Napoli

Campania

Basilicata

Sardegna

Calabria

팔레르모
Palermo

Sicilia

이탈리아 반도에서 와인의 시작은 BC 800년경에 그리스에서 건너온 이주민들에
의해서 였다. 이후 에투리아인, 그리고 그 뒤를 이은 로마인들에 의해 BC 2세기경
부터 포도 재배와 양조 기술을 발전시키고 전파해서 유럽에서 가장 긴 역사와 전

통을 갖고 있다. 이후 로마 군대가 유럽 지역으로 뻗어 나가면서 주둔지 마다 포도를 재배하기 시작하여 유럽 전 지역으로 퍼져 나가게 되었으나, 서로마 제국의 멸망 AD476 과 함께 중세 암흑기가 시작되면서 와인 산업은 더 이상 빛을 보지 못하게 된다.

1861년에 들어서 여러 제후국과 왕국으로 분열되어 있던 이탈리아 반도가 통일이 되면서, 그동안 지역별로 폐쇄적이었던 와인 산업도 점차 되살아나게 되었으며. 제2차 세계대전 이후, 생활 수준의 향상과 경제적 안정에 힘입어 와인 수요가 늘어남에 따라 와인 산업도 활기를 띠게 되었다.

정부에서는 이에 발맞추어 프랑스보다 27년이나 늦게 1963년에야 최초로 와인 관련 법령을 제정하면서, 보다 체계적인 와인 산업의 기틀이 만들어졌다.

그러나 정부의 토착 품종 보호 정책과 각종 규제로 인해, 와인의 품질 향상에 한계를 보이다가, 정부의 규제를 과감히 벗어 던지고 글로벌 포도 품종으로 빚은 수퍼 투스칸 와인의 성공에 힘입어 이탈리아 와인을 전 세계가 주목하게 되었다.

와인 관련법

1716년에 메디치가의 코지모 3세 Cosimo III 가 토스카나 지역 일대의 키안띠 포도밭을 보호할 목적으로 와인 법령을 정한 적이 있으나 어디까지나 국지적인 일이었다. 제대로 된 법령은 1963년에 DOC 생산에 관한 일반 규정을 성문법으로 정한 것이 시초이다. 이후 몇차례 보완을 거쳐 오늘날의 4단계 품계가 자리잡은 것은 1992년도에 이르러서야 완성되었으며, 등급이 낮다고 해서 품질까지도 낮은 품질에 해당되는 것은 아니다.

DOCG Denominazione di Origine Controllata e Garantita

이탈리아 와인 가운데 가장 품질이 좋은 등급이며, 프랑스의 AOC급에 해당하는 와인으로 바로 아래 등급인 DOC의 기본 요건에 엄격한 생산량 규제와 시음위원회의 의무적 시음을 두차례 거친 와인이다. DOCG의 Garantita는 레드 와인의 경우 분홍색·화이트 와인의 경우 녹색 띠를 붙여, 공식적으로 정부가 보증하고 있는 품계이다.

DOCG를 받기 위해서는 최소 10년간의 DOC 등급을 유지하고 상업적인 성공을 입증해야 자격이 생기며, 현재 73개의 포도밭이 지정되어 있다.

DOC Denominazione di Origine Controllata

이탈리아 와인의 두 번째 등급이며 프랑스의 'VDQS급'에 해당하는 우량 와인으로 양조 및 저장 장소, 품종, 혼합 비율, 알코올 도수, 단위 면적당 일정한 포도의 생산량 및 와인으로의 변환율, 정해진 기간의 숙성 기간 등 포도 재배와 와인 제조에 대한 규제, 그리고 시음위원회의 의무적 시음을 거쳐야 한다.

최소 5년 동안 아래 등급인 IGT 등급을 유지해야 자격이 생기며, 현재 332개의 포도밭이 있다.

IGT Indicazione Geografica Tipica

이탈리아 와인 중 세 번째 등급이며 프랑스의 '뱅 드 뻬이 Vins de Pays'에 해당하고, 명시된 비교적 넓은 범위의 지역에서 생산된 포도를 85% 이상 사용한 와인에 해당된다. 별도의 품질 검사없이 생산량에 대한 검사만 받으면 된다. 현재 118개가 있다.

VdT Vino da Tavola

이탈리아 와인 중 가장 낮은 등급으로 프랑스의 '뱅 드 따블'에 해당하며, 어느 특정한 지역에 상관없이 이탈리아 전 국토에서 생산된 포도로 빚은 와인을 말하며, 당연히 포도 품종이나 수확 년도 등에 대해서는 언급을 하지 않는다.
이탈리아 와인의 90% 정도가 이 품계이다.

통일된 유럽 연합 지리적 원산지 보호 제도

2009년 8월 1일에 유럽 연합에서 정한 지리적 원산지 보호 제도에 따라 이탈리아도 이에 맞춰 기존의 DOC법을 개정한 DOP 제도를 도입하였으나 아직은 기준의 DOC 제도와 함께 운용하고 있다.

DOP Denominazione d'Origine Protetta

기존의 DOCG와 DOC 등급을 합쳐 DOP로 변경되었으며 '원산지 지정에 대한 보호'로 바뀌었다. 현재는 73개의 DOCG와 332개의 DOC가 합쳐져 405개의 DOP가 있다.

IGP Indicazione Geografica Protetta

기존의 IGT등급과 같으며 '지리적 표시에 대한 보호'를 의미한다. 현재는 118개의 IGP가 있다.

Vini Varietali

'품종 와인'이라 할 수 있으며 허용된 글로벌 포도 품종(카베르네 소비뇽, 메를로, 시라, 카베르네 프랑, 소비뇽 블랑, 샤르도네) 중 한 종류나 두 종류로 최소 85%

즐기면서 나누는 **와인**

이상을 쓸 경우, 포도 품종이나 빈티지를 레이블에 표기할 수 있다. 포도는 유럽 연합 지역 어디에서나 생산할 수 있다.

Vini

'일반 와인'이라고 할 수 있으며, 포도는 유럽 연합 지역 어디에서나 생산할 수 있다. 레이블에는 사용된 포도 품종이나 빈티지를 표시할 수가 없고 와인의 색깔만 표기할 수 있다.

기타 레이블에 표기된 문구

리제르바 Riserva

DOCG나 DOC에서 볼 수 있으며, 레드·화이트·스파클링에 따라 다르지만 정해진 기간 이상의 숙성 기간과 규정된 알코올 도수, 그리고 오크통 숙성을 거쳤다는 의미이다.

피치니 키안티 리제르바 와인

클라시코 Classico

포도밭 중에서 먼저 생긴 지역과 나중에 생겨난 지역의 구분으로 와인 산지를 보다 세분화 하는 지역에서 사용하며, Classico가 붙은 와인은 역사가 오래된 포도밭에서 생산하였으므로 품질면에서 낮다고 볼 수 있다.

오르비에토 클라시코 와인

수페리오레 Superiore

알코올 도수가 규정보다 0.5도 이상 높은 것을 말한다.

노벨레 Novello

프랑스의 보졸레 누보처럼 그해 수확한 와인으로 빚은 와인을 말한다.

라제로니 수페리오레 와인

만티켈리 노벨레 와인

피에몬테 지역
(Piemonte)

폰타나프레다 와이너리 전경

클레오파트라 Cleopatra 가 사랑한 피에몬테 와인

우리가 알고 있는 클레오파트라의 정식 이름은 클
레오파트라 7세 필로페이터 Cleopatra 7 Philopator
BC69~BC30 로 프톨레마이오스 왕조 Ptolemaic Dynasty
의 마지막 왕이자 이집트의 마지막 왕이다.
그녀는 기원전 69년 당시 이집트의 수도였던 알렉산
드리아에서 태어났으며, 클레오파트라는 이름은 프
톨레마이오스 왕조의 여인들에게 자주 애용된 이름
이기도 하다.

클레오파트라 7세의 옆모습을 새긴 주화

프톨레마이오스 왕가는 알렉산드로스 대왕의 부하 장군이었던 프톨레마이오스가 기원전 323년에 알
렉산드로스 대왕이 죽은 후, 이집트의 총독으로 임명되었다가 스스로 왕이 되어 왕가를 이루었다. 이후
그의 후손들이 클레오파트라 7세가 죽기까지 약 300년 간 이집트를 다스렸다.
클레오파트라 7세는 아버지가 죽자, 남동생 프톨레마이오스 13세와 결혼하여 왕위에 올랐는데, 이는
당시 왕실의 피에 다른 피가 섞이지 않도록 하는 법에 따라 근친혼을 하게 되었다. 당시 클레오파트라
는 18세, 남동생은 10세로 당연히 성년에 가까운 클레오파트라가 정무를 관장하다시피 하게 되었다.
당시 알렉산드리아에는 세계에서 가장 큰 도서관이 있어 클레오파트라는 자연히 방대한 양의 독서를
통해 수많은 지식을 습득할 수 있었고 모국어인 그리스어와 프톨레마이오스 통치자 중 유일하게 이집
트어를 구사하는 등 7개 국어를 할 수 있는 능력과 아름다운 미모를 갖추고 있었다.
당시 이집트를 둘러싼 상황은 로마가 강력한 제국으로 발전하면서 주변국들을 속국으로 편입하는 상황
이었고 이집트도 예외는 아니었다. 따라서 클레오파트라는 이런 강력한 로마제국에 맞서 나라를 지키
기 위한 외교 전략을 구사하지 않으면 안되었으며, 또한 남동생을 추종하는 세력들도 남동생이 성장함
에 따라 서서히 그녀에게 반기를 들기 시작하였다. 내부적으로는 남동생의 추종자들에게, 외부적으로
는 로마 제국에 의해 나라가 존망의 위기에 처하자, 당시 정적 폼페이우스를 쫓아 이집트에 왔던 카
이사르에게 계획적으로 접근한다. 이후 클레오파트라는 카이사르의 연인이 되어 이집트의 안전과 독립
을 보장 받음과 동시에 카이사르의 힘을 빌려 남동생 추종 세력을 무찌르게 된다.
클레오파트라는 카이사르와의 사이에 '카이사리온'이라는 아들을 낳고 카이사르가 로마에 개선할 때
빈객으로 따라 가기도 하였다.
한때나마 카이사르가 닦아 놓은 발판을 삼아 아들을 통해 로마와 이집트를 통치하는 야망을 가져보기

도 했으나, 카이사르의 죽음으로 그 꿈이 사라지게 되었다. 카이사르 사후, 로마는 안토니우스파와 옥타비아누스파로 나누어지면서 어느 한쪽 편을 들 수밖에 없는 상황에 빠진다.

클레오파트라는 아직 나이가 어린 옥타비아누스보다 오랫동안 카이사르를 따라 다녔던 안토니우스편을 들기로 하고, 안토니우스에게도 계획적으로 접근 했지만, 나중에는 사랑에 빠지게 되어 정식으로 안토니우스와 결혼까지 하게 된다. 안토니우스와의 결혼으로 다시 한번 로마와 이집트를 통치하는 꿈을 꾸게 된 클레오파트라는 옥타비아누스와 안토니우스의 한판 승부였던 악티움 해전에서 안토니우스의 비참한 패배로 종말을 맞이하게 된다.

모든 꿈이 물거품이 된 클레오파트라는 일부러 놓아 둔 독뱀에 가슴을 물리게하여 비장한 죽음을 맞이하게 되고, 이때부터 이집트는 로마의 속주로 전락하게 된다. 이런 클레오파트라가 사랑한 와인이 피에몬테 지역의 아퀴 테르메 Aqui Terme 마을의 전설 속에 내려 오는데, 이 와인이 브라케또 Brachetto) 포도 품종으로 빚은 브라케토 다퀴 Brachetto d'Acqui 레드 와인이다.

전설에 의하면 피에몬테 지역에서 건너온 포도를 이집트의 강렬한 태양에 건조한 뒤 포도즙을 만들어 발효해서 다시 만들었다고 한다. 선명한 루비 색에 달콤하고 잔잔한 기포를 보이면서 사향 내음, 민트, 체리, 후추 등 이국적인 풍미와 함께 섬세하고 부드러우며, 최소 알코올 도수는 스틸 와인은 11.5도, 스피클링 와인은 6도 이상이며, 프리잔테 Frizzante 라는 약발포성 와인은 5도 이상이다.

여성적인 브라케또 와인은 티레니아 바다를 통해 맞은편 알렉산드리아로 전해져 로마의 두 영웅과 사랑을 나눌 때 마셨을 걸로 추정된다.

폰타나프레다 Fontanafredda 와이너리의 포도밭 전경

브라케또 다퀴 와인

200

Wines of Piemonte

개요

피에몬테 Piemonte 는 '산 monte 발치 Piede'란 뜻으로 이탈리아 반도의 북서부 끝에 위치하며, 북쪽으로는 스위스, 서쪽으로는 프랑스와 접한다. 이곳은 BC 5세기에 포도나무 꽃가루가 발견된 유서 깊은 와인 산지이다.

2014년 5곳의 와인 재배 지역과 그린자네 카보우르 Grinzane Cavour 성을 포함한 '피에몬테의 포도밭 경관, 랑게-로에로 Langhe-Roero 와 몬페라토 Monterrato' 마을이 유네스코 세계문화유산으로 등재될 정도로 와인의 역사가 깊고 풍광이 수려한 지역이다.

유네스코 세계문화유산인 그린자네 카보우르 성 전경과 내부 모습

테루아

지리적으로는 삼면이 알프스 산맥과 아펜니노 산맥으로 둘러 쌓여 있으며, 포 Po 강의 중류. 상류 지역의 기름진 평원을 통해 벼농사와 낙농업, 포도 재배 등이 발달해 왔다. 피에몬테의 수도는 자동차 도시로 유명한 토리노 Torino 이며, 중심 위도는 45도 선상으로 여름은 지중해성의 뜨겁고 건조한 기후이며, 겨울은 한랭한 대륙성 기후를 나타내고, 가을에는 언덕의 반이 안개에 덮여있을 정도로 안개가 많이 낀다. 토양은 진흙과 석회암이 주류를 이루고 있다.

이곳은 포도밭의 언덕들이 해발 200~400m의 구릉에 위치하면서 굽이굽이 파노라마를 이루고 있고, 들판 사이로 마을과 성, 로마네스크 양식의 교회, 와이너리 등이 어울려 프랑스 부르고뉴 지역의 코뜨 도르 지방과 유사한 모습을 보여주고 있다.

유네스코 세계문화유산인 랑게-로에로 마을의 포도밭 전경

흔히 이곳을 포도밭의 전경도 그렇고 와인의 성격도 유사한 점이 많아 프랑스의 부르고뉴 지역과 비유하며 고급 와인들이 많이 생산되고 있다. 현재 DOCG 와인은 18개가 지정되어 있으며, DOC 와인은 41개가 지정되어 있다.

주 품종은 네비올로로 대부분 단일 품종으로 와인을 만들고 있으며 레드 와인이 약 80%를 점한다. 강건하면서 중후한 맛의 바롤로는 오크통에서 3년간 숙성을 거치며, 바르바레스코는 바롤로보다 약간 빨리 숙성되어 섬세한 풍미가 있으며 숙성되면서 품질이 향상된다.

'이탈리아의 샤블리'라고 불리우는 가비 ^{Gavi} 마을의 화이트 와인도 신선하고 드라이하여 인기가 있다.

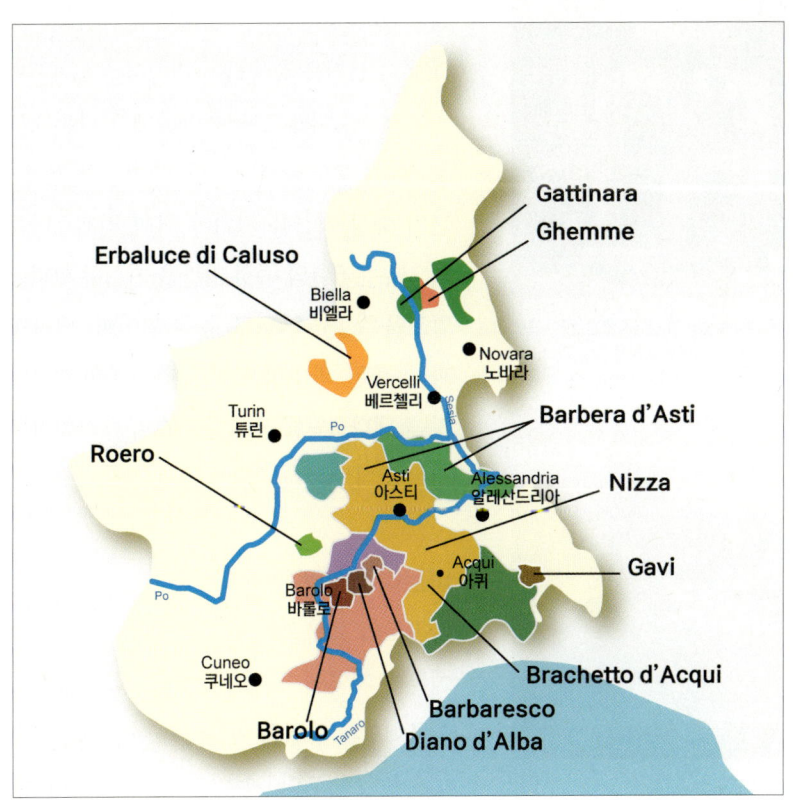

Wines of Piemonte

와인 산지

이탈리아의 초대 통일 왕 엠마누엘레의 사유지였던 폰타나프
레다 와이너리. 일명 왕의 와이너리라는 별칭을 갖고 있다.

바르바레스코 지방의 와인 산지

바롤로 Barolo

피에몬테의 작은 마을 이름이면서 와인의 이름이다. 파워풀하고 바디가 강한 레드 와인으로 이탈리아 정부가 1980년에 DOCG 등급을 도입할 때 최초로 등급을 부여받은 4개의 와인 중 하나이며 이탈리아 '와인의 왕'이라 불리운다.

DOCG 요건을 충족하기 위해서는 로제 Rosé, 람피아 Lampia, 미케트 Michet 마을에서 나는 네비올로 Nebbiolo 포도 품종으로만 빚어야 하고, 최소 3년의 숙성 기간을 거쳐야 하며 리제르바 Riserva 의 경우는 5년의 숙성 기간을 거쳐야 한다.

알코올은 13~15도로 높은 편이며, 진한 타닌과 농축된 과일향으로 드라이하면서 심도한 맛을 낸다. 숙성을 시킬수록 부드러워지는 특성이 있다.

바르바레스코 Barbaresco

바롤로의 동북쪽에 위치한 바르바레스코는 피에몬테 지역의 쿠네오 Cuneo 지방의 작은 마을 이름이면서 와인의 이름이다.

로제 Rosé, 람피아 Lampia, 미케트 Michet 마을에서 나는 네비올로 Nebbiolo 포도 품종으로만 빚은 와인으로 타나로 Tanaro 강으로부터 가을 서리의 영향을 받으며, 바롤로 Barolo 와 유사하지만 포도향과 함께 가볍고 드라이하며 부드럽고 섬세한 맛을 보여준다.

보통 2년간의 숙성 기간을 거치며, 바롤로와 함께 최초로 등급을 받은 와인 중 하나이다.

가띠나라 Gatinara

가띠나라 마을에서 생산되는 와인의 이름이다. 네비올로 Nebbiolo를 주 품종으로 하고, 보나르다 Bonarda 품종을 10% 까지 블렌딩하여 바롤로 Barolo 타입으로 만든 드라이하고 균형감이 있는 와인이다. 3년의 숙성 기간을 거쳐야 하며, 리제르바 Riserva 의 경우는 4년의 숙성 기간과 13도 이상의 알코올 도수를 가져야 한다.

가띠나라 마을 전경

부라케토 다뀌 Brachetto d'Aqui

아퀴 테르메 Aqui Terme 마을을 비롯하여 아스티 주변의 18개 마을과 알레산드리아 Alessandria 주변의 8개 마을에서 부라케토 Brachetto 포도 품종으로 빚은 와인으로, 루비 레드색에서 화사한 석류빛으로 변한다.

사향 내음과 함께 스위트하고 부드러운 감미가 있다. 스파클링 와인을 빚기도 하며 디저트 와인으로 많이 마신다.

부라케토 다뀌 마을의 와인 산지

가비 와인

가비 요새성에서 보이는 가비 마을 전경

가비 or 꼬르테세 디 가비 Gavi or Cortese di Gavi

가비의 주변 마을 12곳에서 나며, 꼬르테세 Cortese 포도 품종으로 빚는다. 영할 때는 산도가 분명하나 숙성이 진행될수록 깊고 유순한 맛을 나타낸다. '이탈리아의 샤블리'라고 불리우며 인기가 많다.

겜메 Ghemme

겜메 마을과 로마나뇨 세지아 Romanagno Sesia 마을에서 나오며, 네비올로 Nebbiolo 75%, 기타 25%를 블렌딩하여 빚는다. 드라이하며 약간 떫은 맛이 보이나 숙성을 거치면 부드럽다.
최소 3년의 숙성 기간을 거쳐야 하며, 리제르바 Riserva 의 경우는 4년의 숙성 기간과 12.5도 이상의 알코올 도수를 유지해야 한다.

겜메 와인들

로에로 Roero

로에로 마을에서 나는 와인으로 네비올로 Nebbiolo 95%에 기타 포도 품종을 가미하여 네비올로의 특성을 잘 나타내며 마시기 쉬운 와인이다.
보통 20개월의 숙성 기간을 거치며, 리제르바는 32개월의 숙성 기간을 거쳐야 한다.

로에로 와인들

아스티 Asti, 아스티 스푸만테 Asti Spumante

피에몬테 지역은 레드 와인뿐만 아니라 화이트 와인
도 다른 지방에 비해 우수하다. 특히 아스티는 이탈
리아 스파클링 와인의 핵심 지역으로 아스티 스푸만
테는 훌륭한 와인으로 평가받고 있다.

알레산드리아, 꾸네오, 아스티 마을에서 나는 모스
카토 비앙코 Moscato Bianco 포도 품종으로 빚고 있으며,
색상은 아주 밝은 노랑색에서부터 황금색에 이르기
까지 다양하다. 맛은 스위트해서 디저트용으로도 많
이 쓰인다.

비스마르크는 아스티 스푸만테를 좋아해서 "나는 이
멋진 와인을 내 부하에게 한병씩 선물하여 격무에
시달리는 그들의 머리를 식혀주고 싶다"라고 말하기
도 했다.

아스티 와인들

모스카토 다스티 Moscato d'Asti

모스카토 비앙코 포도 품종으로 빚으며 색상은 노란
볏짚 색을 띠며 향이 강하고 프레쉬한 맛을 보인다.

모스카토 다스티 와인들

바르베라 다스티 Barbera d'Asti

피에몬테 지역이 원산지인 바르베라 포도 품종으로
빚으며, 감홍색을 띠고 타닌은 적으며 기분 좋은 과
즙과 산이 넘쳐난다. 맛은 신선하고 미디움 바디 와
인이어서 마시기가 수월하다. 이 와인은 오래 숙성
시키지 않고 적당히 숙성시켜 마시는 것이 좋다.

바르베라 다스티 와인들

대표 품종

적포도 품종

네비올로 Nebbiolo

이탈리아 포도 품종 가운데 가장 훌륭한 포도 품종으로 알려져 있으며, 피에몬테 지역의 최상급 와인인 바롤로와 바르바레스코를 빚는데 쓰인다. 안개가 많이 끼는 랑게 언덕과 로에로 마을이 원산지로 안개 nebbia 에서 유래된 이름을 갖고 있다. 피노 누아처럼 재배가 까다롭고 배수가 잘 되는 석회암 토양에 남향의 경사진 언덕을 좋아한다

짙은 보라색으로 풍부한 과육에 두꺼운 껍질임에도 불구하고 색상은 맑고 투명하며, 꽃이 일찍 피고 포도가 늦게 익는 만생종으로 당도와 산미, 타닌이 충분하게 축적되어 풀 바디 와인을 빚는데 적격이다.

돌체토 Dolcetto

북서부 랑게 마을이 원산지로 다른 포도 품종에 비해 일찍 수확하며 단맛 dolce 이 강해 '약간 스위트한'라는 뜻의 돌체토란 이름이 붙여졌다.

껍질은 두껍고 산도는 낮으며 이름과는 다르게 와인은 드라이하다. 네비올로 품종보다 4주 정도 일찍 포도가 익는다. 피에몬테 지역 안에서도 고도가 높아 서늘한 알바 Alba 마을에서 많이 재배되며 점토와 석회암 토양을 좋아한다.

블랙 체리, 감초향과 함께 우아한 벨벳 감촉을 보인다. 돌체토 디 돌리아니 수페리오레의 양조에 쓰인다.

바르베라 Barbera

피에몬테 지역의 북서부 지방이 원산지로 피에몬테와 롬바르디아 지역에서 많이 재배되고 있으며, 네비올로, 돌체토와 함께 피에몬테 지역의 대표적인 적포도 품종이다. 19세기 필록세라 파동 이후 아스티 지방의 주요 품종으로 자리잡고 있다. 네비올로 보다 생산량이 많으며 짙은 루비색으로 타닌이 적고 신선하여 미디움 바디 와인인 바르베라 다스티를 빚는다.

브라케토 Brachetto

피에몬테 지역 알레산드리아 지방이 원산지로 아퀴 테르메 Acqui Terme 마을에서 빚은 브라케토 다퀴 Brachetto d'Acqui 가 유명하며 로마 시대부터 비눔 아켄세 Vinum Acquence 란 이름으로 즐겨 마셨다고 한다.
약발포성 와인으로 끊임없이 솟아오르는 거품과 함께 체리, 장미, 민트향과 후추향 등이 약간의 이국적인 풍미를 준다.
루비 레드 색상으로 단맛이 나며 산도가 좋아 주로 스파클링 와인을 빚는다.

청포도 품종

모스카토 비앙코 Moscato Bianco

프랑스에서는 뮈스카 Muscat , 스페인과 포르투갈에서는 모스카텔 Moscatel 이라는 포도 품종을 이탈리아에서는 모스카토라고 부르며, 원래 뜻은 라틴어 'Muscum'(사향)에서 유래되었다. 모스카토 비앙코는 수많은 클론 중에 하나로 오래 전 고대 중동 지역에서 그리스를 거쳐 이탈리아로 전해졌다고 한다. 이탈리아 전역에서 많이 재배되고 있으나 피에몬테 지역에서 자란 포도가 향이 더 강하다. 풍부한 아로마와 강한 향이 매혹적이며 포도알의 송이가 작은 편이다. 아스티 Asti, 아스티 스푸만테 Asti Spumante 를 빚는다.

베네토 지역
(Veneto)

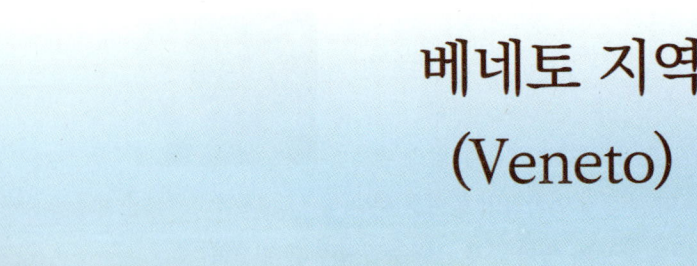

베네치아 전경

카사노바 Casanova 가 즐긴 베네토 와인

이탈리아의 작곡가 G.도니체티 Gaetano Donizetti 의 희가곡인 사랑의 묘약에 보면 주인공 네몰리노가 싸구려 포도주를 사랑의 묘약으로 속아, 이 술을 마시게 되면 여자들이 사랑하게 된다는 말에, 만취되도록 마시고는 사랑하는 아디나에게 청혼하나 거절당하는 장면이 나온다. 이처럼 베로나 와인은 사랑의 묘약과 관련된 이야기가 많다. 우리가 흔히 알고 있는 바람둥이의 대명사격인 카사노바가 이 지역 출신인 것도 우연이 아닐 것이다.

카사노바를 그린 그림

자코모 지롤라모 카사노바 Giacomo Girolamo Casanova 1725.4.2~1798.6.4 는 베네치아 출신으로 희극 배우였던 아버지와 유럽에서는 꽤나 이름있는 성악가였던 어머니 사이에서 6남매 중 장남으로 태어났으며, 동생 중 한명은 미술사에서 빼놓을 수 없는 화가로 인정 받을 정도로 상당히 유복한 집안이었다.

15세에 성직에 입문하여 베네치아 대주교로부터 서품을 받았고, 동시에 파도바대학에 다니며 6개 국어와 고전 문학을 비롯한 다양한 학문을 섭렵하고, 승마 등 귀족들의 예절 교육과 사교술을 익히게 된다.

17세에 파도바대학에서 법학박사 학위를 받았지만, 성직자 신분임에도 여신도를 유혹하는 등 일탈 행위를 일삼자 교회에서 그를 쫓아내 버렸다.

잠시 오스만 제국으로 피신해 있다가 돌아 와서는 베네치아의 귀족이자 상원의원이었던 사람의 양자로 들어가면서 본격적인 바람둥이 행각이 펼쳐진다. 그 중에는 무라노 섬의 수녀까지 끌어 들여 난교 파티를 벌이기도 했는데, 참다 못한 귀족들이 그를 '이성을 유혹하는 이단 마법을 사용하는 마법사'라는 죄목으로 체포하여 피옴비 감옥에 수감시키기도 했다.

카사노바가 즐겨 다녔다는 레스토랑

수감 생활 중 탈옥하여 파리로 건너가, 재정 전문가로 활약하면서 루이 15세에게 복권 도입을 제안하고, 본인도 복권사업소를 운영하면서 막대한 부를 쌓게 된다. 이후 여자들과의 관계로 많은 돈을 탕진하면서 채무자 신세로 전락하여 도망 다니면서 '생갈의 기사'라는 가명을 썼다.

이후 영국을 거쳐 베를린으로 가서 프리드리히 대왕을 만나기도 했고, 러시아에서는 러시아 제국의 예 카테리나 2세를 만났다고도 한다.

여러 나라를 전전하던 중 스페인에서 쓴 책이 베스트셀러가 되면서 베네치아의 고위 인사의 눈에 띄어, 이탈리아로 다시 돌아올 수 있게 되었다.

베네치아의 중심인 산 마르코 광장 Piazza Di San Marco

무라노 Murano 섬 전경과 수도원

이탈리아에 와서는 출판업으로 먹고 살았는데 '사랑도 싫고 여자도 싫다'라는 책을 출간하면서 자신의 친아버지를 부정하고 유명 인사의 아들을 사생아라고 주장해 여론이 악화되자 다시금 방랑의 길에 오르게 된다.

노년에는 체코의 프라하에서 2시간 정도 떨어진 보헤미아의 발트슈타인 백작 Count Joseph Karl Emmanuel von Waldstein 소유의 둑스성 Castle Dux 에서 서기로 일하면서 73세의 나이로 쓸쓸히 세상을 떠났다.

마지막 유언은 "나는 철학자로 살았고, 기독교 교인으로 죽는다" 라는 말을 남겼다고 한다.

그의 여성 편력으로만 보면 엄청나게 행복하였을 것 같지만 실제로는 그런 이력과 빚 때문에 감옥에 가고 추방당하는 등 파란만장한 삶을 살고 갔다.

> 나는 인생을 살아오면서 내가 행한 모든 일이
> 선한 일이든 악한 일이든 자유인으로서
> 나의 자유 의지에 의해 살아 왔음을 고백한다.
>
> – 카사노바의 '나의 인생이야기' 서문에서 –

줄리엣의 집과 레치오토 와인

베로나는 세익스피어의 희곡인 '로미오와 쥴리엣'의 무대이기도 하다.

극이 시작되기 전 '언젠가 베로나에 두 경쟁 집안이 있었다'를 합창하면서 두 원수 가문 캐플렛 가문과 몬테규 가문의 처절한 다툼과 두 집안 십대 소년 소녀의 사랑 이야기를 담은 내용이다.

지금도 베로나에 1905년에 베로나시에서 13세기 옛날 저택을 개조한 쥴리엣의 집이 있어 많은 사람이 찾고 있다. 이 지역이 여자들이 좋아하는 달콤한 그러면서도 도수가 높은 레치오토 와인의 명산지라는 점이 우연이 아닐 것이다.

개요

기원전 2세기부터 로마의 식민지가 되면서 일찍이 포도 재배가 시작되었다. 로마 멸망 후 수세기 동안 베네치아 공화국으로 존재하면서 전성기를 맞이하였고 와인 산업도 같이 발전하였다.

현재는 베로나가 이탈리아 전체 와인의 수출 전진기지 역할을 하고 있으며, 이탈리아 최대 와인 축제인 비니탈리 VINITALY 가 매년 4월에 이곳에서 열린다.

베로나 시내 전경

테루아

주도는 베네치아로 이탈리아 반도의 북동부에 위치하며, 위도는 북위 45~46도이다. 북쪽의 알프스 산맥에서 서쪽으로는 가르다 호수 Lake Garda, 동쪽으로 아드리아 해안 지대까지 이르는 지역으로 포 Po, 아디제, 브렌다, 피아베 등의 하천이 형성한 비옥한 충적평야를 갖고 있는 농업 지대이다. DOC 와인은 베니스의 동쪽 피아베 Piave 강의 어귀에서 중앙을 가로질러 서쪽의 가르다 호수까지 뻗어 있다.

북쪽의 알프스 산맥은 가혹한 북유럽 기후로부터 이곳을 보호해 주며, 산맥 기슭의 서늘한 기후는 소아베 와인의 주 품종인 가르가네가 Garganega 청포도가 자라는 데 최적이다. 또한 아드리아 해 근처의 평지와 가르다 호수 일대의 따뜻한 지역에서는 적 포도로 발폴리첼라, 아마로네, 바르돌리노 레드 와인을 생산하고 있다. 토양은 주로 석회암 및 점토가 풍부한 토양이다.

베네토 Veneto 지역의 중심 도시는 베네치아이지만 와인의 중심 지역은 베로나이다. 이 지역을 중심으로 서쪽의 가르다 호수 주변의 레드 와인 명산지인 발폴리첼라, 동쪽의 화이트 와인 산지인 소아베, 그리고 북동쪽의 레드 와인 산지인 바르돌리노가 위치하며, 스파클링 와인인 스뿌만테로 유명한 꼬네그리아노와 발도비아도네도 같이 있다. DOC 와인의 생산량에 있어서는 이탈리아 와인 생산량의 4분의 1을 생산할 정도로 이탈리아에서 가장 큰 생산지이며, DOCG 와인은 14개, DOC 와인은 27개가 있다.

이탈리아에서 피에몬테, 키안터 지역 다음으로 품질 좋은 레드 와인 생산지역이다.

베로나 시내에 있는 로마 시대의 원형극장

Wines of Veneto

와인 산지

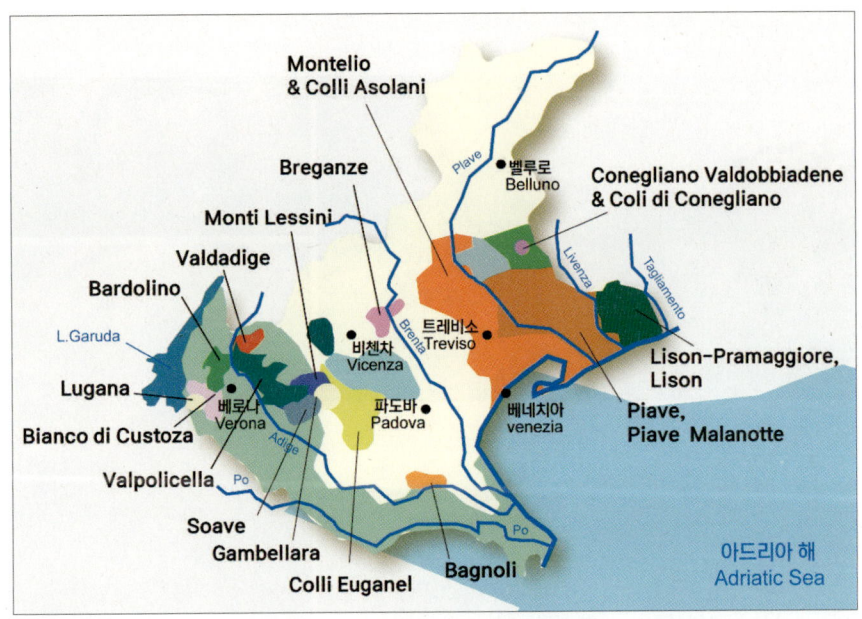

Montelio
& Colli Asolani

Breganze

Monti Lessini

Valdadige

Bardolino

L.Garuda

Lugana

Bianco di Custoza

Valpolicella

Soave

Gambellara

Colli Euganel

Conegliano Valdobbiadene
& Coli di Conegliano

●벨루로
Belluno

트레비소
Treviso

비첸차
Vicenza

파도바
Padova

Lison-Pramaggiore,
Lison

Piave,
Piave Malanotte

베네치아
venezia

베로나
Verona

Bagnoli

아드리아 해
Adriatic Sea

발폴리첼라 Valpolicella

'많은 지하 셀러의 계곡'이란 뜻의 라틴어에서 유래된 발폴리첼라는 베네토의 대표적인 레드 와인 산지로, 코르비나 Corvina 를 주품종으로 해서 론디넬라 Rondinella, 몰리나라 Molinara 포도 품종과 블렌딩하여 빚는다.

최저 숙성 기간은 14개월이며, 알코올 도수는 11도 이상이고, 발폴리첼라 Valpolicella 수페리오레 Superiore 는 12도 이상이다.

발폴리첼라 마을과 주변 지역 20개 마을에서 생산하며, '마라노 디 발폴리첼라 Marano di Valpolicella 등의 7개 전통 원산지에서는 역사적인', '오래된'이라는 의미의 '클라시코 Classico' 라는 문구를 붙이고 있다.

지역명과 동일한 발폴리첼라, 발폴리첼라 수페리오레, 그리고 아피시멘토를 이용한 레치오토와 아마로네 등의 DOC 와인이 생산된다.

 이 지방 와인은 섬세하고 우아한 향이 특징으로 선명한 자주 색상을 보이며, 라이트하고 부드러우며 영할 때는 약간 차게해서 마시는 것이 좋다.

마시 Masi 와이너리 포도밭 전경과 와이너리 카브 모습, 지역별 토양 샘플과 와인들

즐기면서 나누는 **와인**

베르타니 Bertani 와이너리의 카브 모습과 와인들

바르돌리노 Bardolino

포도밭은 가르다 호수에 가까이 있어 호수의 영향으로 기온이 다른 곳보다 서늘하다. 발폴리첼라와 같은 포도를 사용하지만 맑은 자주색으로 맛도 가벼우며, 드라이하고 신선한 레드 와인이다. 일주일 정도만 숙성해도 맛이 괜찮다. 가벼운 탄산이 녹아 있기도 해서 종종 프랑스의 보졸레 와인과 비교된다. 바르돌리노 수페리오레 Bardolino Superiore 는 소아베 수페리오레, 레치오토 디 소아베와 함께 베로나 지역의 3대 DOCG 와인이다.

소아베 Soave

소아베라는 단어는 '부드러운, 사랑스러운, 상냥한'이라는 뜻으로 시인 단테가 소아베의 부드러움에 매료되어 '소아베'라고 칭송한데서 비롯됐다는 설이 있으며, 이탈리아에서 가장 인기있는 화이트 와인 생산지로 소아베 마을을 위시하여 13개 마을에서 생산된다.

소아베 와인과 소아베 레치오토 와인 레이블

소아베 마을의 성곽

로카 스베바 Rocca Sveva 와이너리와 포도밭

가르가네가와 트레비아노 디 소아베, 피노 비앙코, 샤르도네로 빚으나 가르가네가 포도를 70% 이상, 기타 다른 품종을 합쳐서 30% 이하로 블렌딩하여 만든다.

아몬드향과 함께 비교적 산도가 높고 상큼하며 거품이 없다. 소아베 DOC, 소아베 클라시코 DOC, 소아베 수페리오레 DOCG, 소아베 스푸만테 DOC, 레치오토 디 소아베 DOCG가 있다. 소아베 와인은 모젤 와인처럼 초록색 병에 들어있는 엷은 색의 드라이 화이트 와인으로 생선 요리에 잘 어울린다.

비앙코 디 쿠스토자 Bianco di Custoza

바르돌리노 남쪽 지역으로 트레비아노 토스카나, 가르가네가, 프리울라노를 블렌딩하여 화이트 와인을 만든다. 상쾌하고 복합적인 와인으로 쓴맛이 살짝 있다.

최저 숙성 기간은 5개월로 알코올 도수는 11도이며, 수페리오레는 12.5도이다.

트레비소 Treviso

몬텔리오 & 콜리 아솔라니 Montelio & Colli Asolanii 마을 주변의 구릉 지대에서 재배한 프로세코 포도 품종으로 스파클링 와인인 프로세코 Prosecco 를 만든다. 일반적으로는 드라이하지만 스위트한 스파클링 와인도 생산한다.

Wines of Veneto

대표 품종

적포도 품종

코르비나 Corvina

발폴리첼라가 원산지이며 9월 말에서 10월초에 익는 만생종 포도로, 포도알은 타원형이고 청보라 색의 두꺼운 껍질로 겨울 추위에도 강한 편이다. 보통 이 지역에서는 '베로나의 코르비나'라는 뜻의 코르비나 베로네제 Corvina Veronese 라고 부른다. 충적토와 자갈, 퇴적층을 선호하며, 진한 붉은 색에 높은 산미와 적은 타닌으로 인한 가벼운 바디감, 그리고 아몬드향이 가미된 과일향을 느낄 수 있다. 전통적으로 론디넬라, 몰리나라와 블렌딩하여 아마로네 와인을 만들며, DOCG 등급의 바르돌리노 수페리오레와 DOC급의 발폴리첼라를 만든다.

론디넬라 Rondinella

포도알은 타원형으로 하얀 가루로 덮여 있으며 청보라 색의 껍질은 두꺼워 병충해에 강하고, 아파시멘토에 적합한 품종이다. 타닌이 강하지 않으면서도 훌륭한 구조감을 보이고 산도가 좋은 와인으로 점토질의 토양과 일조량이 지나치게 많지 않는 곳에서 잘 자란다.

몰리나라 Molinara

베로나의 낮은 지역에서 재배되고 있으며, 포도알은 장미 빛의 타원형으로 크기는 중간 정도이다. 아마로네를 만들 때 15% 정도의 낮은 비율로 블렌딩 된다. 껍질 표면에 하얗게 가루가 묻어있는 것이 특징으로 심플하면서 마시기 상쾌한 특성을 갖고 있다.

청포도 품종

가르가네가 Garganega

그리스가 고향인 가르가네가는 10월에 이르러서야 포도가 익는 만생종이다. 포도알은 타원형의 중간 크기로 아름다운 노란색이며, 껍질은 두껍고 과즙이 풍부하다. 부드러운 아몬드 향과 흰꽃향이 연하게 느껴지며 드라이한 맛으로 산도가 특별히 높지는 않지만 과즙의 당도로 조화를 이끌어낸다. 뛰어난 생장력을 갖고 있으며, 일조량이 좋고 배수가 잘되는 토양에서 잘 자라며 소아베가 이 품종으로 만든다.

트레비아노 디 소아베 Trebbiano di Soave

트레비아노 품종은 재배하기가 까다롭지가 않아 이탈리아의 여러 곳에서 재배되는 품종으로 트레비아노 디 소아베는 트레비아노의 변종이다. 가르가네가와 블렌딩하면 트레비아노의 풍미가 가르가네가의 전형적인 구조와 농도에 톡 쏘는 상쾌함이 더해진다.

프로세코 Prosecco

일반적인 화이트 와인이나 스푸만테를 빚는데 사용하며, 동북부 지방의 토착 품종으로 트레비소 마을 인근에서 최상의 프로세코가 나온다. 흔히 프로세코를 스파클링 와인과 동의어로 쓰일 정도로 스파클링 와인 양조에 절대적인 영향을 미치고 있다. 포도 송이는 크고 포도알은 일정한 모양이 아니다. 금빛이 도는 껍질은 얇고 다른 스푸만테와 달리 우아하면서 특이한 꽃향과 함께 신맛의 과즙이 풍부하다.

이탈리아에서는 스파클링 와인을 스푸만테 Spumante 라고 공식적으로 부르지만 특정 지역에서는 아스티 Asti 또는 프란치아코르타 Franciacorta 라고 부른다. 프로세코 품종으로 베네토 지역에서는 스파클링 와인을 많이 만들어 프로세코라고도 부르기도 한다.

포도를 건조시켜 만든 레치오토 Recioto 와 아마로네 Amarone 와인

잘 익고 코르비나와 론디넬라, 몰리나라 품종으로 상처없는 최고의 포도만을 선별해 9월 2~4째 주에 수확하여 바람이 잘 통하는 2층의 다락방에서 밀짚이나 대나무 자리, 또는 철망 위에서 반건조 시킨다. 120~150일의 건조 기간 동안 포도를 지속적으로 청결하게 관리하면, 수분이 증발하면서 포도의 무게는 35~40% 가량 줄어들고 향이 향상되고 당도는 24~25 브릭스로 올라간다. 진하고 다양한 향과 복합적인 맛을 불러 일으키는데, 이 과정을 **아파시멘토** Appassimento 라고 부른다.

레치오토 Recioto

레치오토 Recioto 는 아파시멘토를 거친 포도를 처음에는 4~5도 정도의 저온으로 오랫동안 천천히 발효를 시작하여, 18도까지 올리면서 알코올이 13도에 이르면 냉각시키면서 발효를 중지시켜 얻는다. 미처 발효 못한 당분이 남아 약간 달콤한 맛이 남아있다. 밝은 노랑 색상으로 아카시아 꽃향이 나며 부드러우면서 아몬드 풍미를 지닌 풀 바디 와인이다.

아마로네 Amarone

아마로네 Amarone 는 레치오토를 만드는 과정에서 중간에 발효를 중지시켜야 하는데, 이를 놓친 과정에서 우연히 탄생하였다.

1936년 발폴리첼라의 협동 조합에서 일하던 아델리노 루케제 Adelino Lucchese 가 레치오토를 만들려고 발효 중이던 오크통을 까먹고 잊어버렸다.

나중에 혹시나 해서 맛을 보았는데, 살짝 기분 좋은 쓴맛에 드라이 하고 파워플하며 융단처럼 부드러운 맛에 놀라 "이건 쓴 와인(아마로)이 아니라. 위대한 쓴 맛(아마로네)이네 Questo vino non e amaro, e un Amarone" 라고 이야기한데서 유래되어 1939년에 최초의 아마로네가 탄생되었다고 한다.

아마로네는 이탈리아어의 'amarognolo'에서 유래된 말로 '씁쓰레한, 약간 고통스러운' 이란 뜻을 가지며 달콤하면서 다소 쓴맛이 있다.

보통 1월 중에 아파시멘토를 거친 드라이한 포도를 약 50일간에 걸쳐 천천히 발효시켜 부드럽고 우아한 고품질의 와인을 만든다.

아파시맨토를 하기 전과 한 후의 모습

아마로네 델라 발폴리첼라 Amarone della Valpolicella

아파시멘토를 거친 포도를 완전히 발효해서 만드는 레드 와인으로 알코올도수가 15~17도까지 올라간다. 독특하고 모방할 수 없는 매우 기품 있는 와인이며 이탈리아 베로나 지역의 DOC 와인으로 이탈리아보다 세계적으로 더 유명하다.

맑은색으로 강렬한 체리와 초콜릿, 향신료 향 등이 한데 어울려 복합적인 맛을 보이면서 걸쭉하고 후레쉬하며 스위트하다.

최소 숙성 기간은 24개월이며, 좋은 빈티지의 경우는 몇 십년까지 보관이 가능하다.

레치오토 델라 발폴리첼라 Recioto della Valpolicella

아파시멘토를 거친 포도로 와인을 발효시킬 때, 중간에 발효를 중지시켜 만드므로 미처 발효 못한 당분으로 인해 단맛이 나고 부드럽다.

레치오토용 포도는 일반적으로 아마로네용 포도보다 2주 정도 늦게 수확하여 높은 당도를 유지하며 당분 함량도 더 높다. 건조 기간도 아마로네보다 30일 이상 길어 강렬하고 농축된 아로마와 자연적인 감미를 얻어낸다.

최저 숙성 기간은 14개월이며 알코올은 14도 이상이어야 하고, 보통 수확 후 5~6년 내에 마시는 것이 좋다.

레치오토 디 소아베 Recioto di Soave

베네토 지방의 첫 번째 DOCG 와인으로 소아베 와인에 사용하는 포도를 2~3개월 건조해서 빚으며, 부드럽고 쓴맛이 조금 있으면서 중간 정도의 단맛을 가진 풀 바디 와인으로 사과, 아카시아꽃 향과 아몬드 등의 맛이 난다. 알코올은 최저 13도이며, 음용 시기는 4~5년이 좋다.

발폴리첼라 리파소 Valpolicella Ripasso **or**
리파소 델라 발폴리첼라 Ripasso della Vapolicella

리파소는 영어로는 Repass의 의미로 아마로네나 레치오토를 만들고 남은 포도 껍질을 말려서 일반 발폴리첼라 와인에 넣고 한번 더 발효해서 만든다. 이렇게 재발효를 하면 보다 더 복합적인 풍미가 더해지면서 바디감이 무거워지고 타닌도 강해지면서 품질이 향상된다.

이탈리아에서 많이 사용하는 슬라보니안 Slavonian 오크 숙성통

토스카나 지역
(Toscana)

토스카나 와이너리 풍경

변화와 혁신의 아이콘 수퍼 투스칸 Super Tuscan 와인

– 이건희 회장이 계열사 사장단에 보낸 의미 있는 선물 –

이건희 회장은 삼성을 세계적인 초 일류기업으로 성장시켜 한국의 삼성에서 세계의 삼성으로 만든 주역이다. 삼성의 역사는 곧 이건희 회장의 역사라고 해도 과언이 아닐 정도로 그의 꿈을 현실로 변화시켜 오늘날의 삼성으로 성장시켰다.

이런 이건희 회장은 삼성 그룹 창업주인 이병철 회장의 셋째 아들로, 1942년 1월 9일 경상북도 대구에서 태어나 서울사대부고를 나와, 와세다대학 상학부를 졸업했다. 1987년 12월에 CJ그룹의 첫째 형 이맹희, 새한그룹의 둘째 형 이창희를 제치고 그룹 회장으로 취임하였다.

1987년 취임 당시 2조 원대이던 삼성전자의 매출은 그가 타계한 2020년에 246조 원대로 111배 늘었으며, 삼성그룹의 시가 총액은 같은 기간 10조 원에서 719조 원으로 비약적으로 신장했다.

특히 반도체 산업은 내부 경영진의 거센 반대에도 불구하고 개인 사재로 파산 직전의 한국 반도체를 인수한 다음, 이병철 회장을 지속적으로 설득하여 그룹 차원의 투자를 이끌어내, 현재의 삼성 반도체로 키운 것은 이건희 회장의 안목이었다. 따라서 아버지인 이병철 회장과 함께 한국의 반도체 산업을 일으킨 양대 주역이며, 삼성 그룹의 제 2의 창업주라 불러도 손색이 없을 정도이다.

회장으로 취임한 이듬 해, 삼성 그룹 창업 50주년을 맞아 삼성의 제 2창업을 선언하고 인간 중심, 기술 중시, 자율 경영, 사회 공헌을 경영의 축으로 삼아 세계 조일류 기업으로의 도약을 그룹의 21세기 비전으로 정하였다.

이후 1992년 삼성이 세계 최초로 64메가디램 반도체 개발에 성공하며 메모리 강국인 일본을 추월하고, 세계 1위로 올라서게 되었으나, 일본인 고문 후쿠다로부터 받은 보고서를 보고 큰 충격을 받아, 1993년 6월 7일 이건희 회장은 비장한 각오로 임원과 해외 주재원 등 200여 명을 프랑크푸르트 캠핀스키 호텔로 불러 모아 새로운 삼성을 여는 회의를 주재했다.

이건희 회장은 당시의 심정을 이렇게 표현했다. "세기말적 변화에 대한 기대와 위기감으로 잠 못 이루는 밤이 많았다. 때로는 찬란한 비전과 희망에 흥분하기도 했지만 무섭게 엄습 해오는 책임감 때문에 등골이 오싹해지기도 했다. 이런 변화들은 삼성에게 새로운 도약의 계기가 될 수도 있지만, 한편으로는 모든 것을 빼앗아가 버리는 종말의 시작이 될 수도 있기 때문이었다."

여러 선진국들을 둘러 보면서 이건희 회장은 국가도 기업도 개인도 변하지 않으면 살아남지 못한다는 결론에 도달했다. 그러기 위해서는 우선 회장 자신부터 변하지 않으면 안되겠다고 결심했다.

마침내 1993년 6월 7일 프랑크푸르트에서 "삼성은 이제 양 위주의 의식, 체질, 제도, 관행에서 벗어나, 질 위주로 철저히 변해야 한다"고 선언하며 신(新) 경영을 선언했다. 이때 나온 프랑크푸르트 선언은 우리나라 경제사에 길이 남을 만한 명 강연이었다.

> "국제화 시대에 변하지 않으면, 영원히 2류나 2.5류가 될 것입니다.
> 지금처럼 잘 해도 1.5류 입니다. 마누라와 자식만 빼고 다 바꿉시다."

라고 설파하며. 1993년 6월부터 8월초까지 68일 동안 프랑크푸르트에서 도쿄에 이르는 대장정을 통해 이건희 회장은 사장단, 국내외 임원, 주재원 등 연인원 1,800여 명을 대상으로 회의와 교육을 실시했다. 삼성 그룹에게 1993년은 매우 중요한 해이다. 왜냐하면 이 때를 계기로 삼성은 많은 것을 변화시켰으며, 구미와 일본의 내노라하는 기업들을 제치고 세계 초일류 기업으로 발돋음 할 수 있게 되었다.

이건희 회장은 재계 총수 중에서 남다르게 와인을 사랑했으며, 유명한 와인 컬렉터이기도 했는데, 생전에 굵직한 정 재계 인사들과의 중요한 행사 모임에서 뿐만 아니라, 사장단에게 돌리는 명절 선물로도 의미 있는 와인을 선물하는 것으로 널리 알려져 있다. 이중에서 계열사 사장단에게 선물한 수퍼 투스칸 와인인 사시카이야, 티나넬로는 이건희 회장의 깊은 뜻을 내포한 와인이다.

수퍼 투스칸 와인은 기존의 전통과 체재를 탈피해 파격적이고 혁명적인 방법으로 양조함으로써, 비록 와인의 등급은 이탈리아 정부의 규제에 묶여 최하위 등급인 '비노 다 타볼라 vino da tavola'를 받았지만, 오로지 품질로만 승부하여 세계적인 명성을 얻게 되었다. 이로 인해 이탈리아 와인 전역에 혁명적인 품질 혁신 운동이 일어나는 계기가 되었으며, 전 세계에 수퍼 투스칸 Super Tuscans 와인 뿐만 아니라 이탈리아 와인을 한단계 업그레이드시킨 와인이다.

최근에는 이탈리아 정부에서도 수퍼 투스칸 와인에 대한 국제 와인 시장에서의 명성과 현실적인 상황을 끝내 외면할 수 없어, 수퍼 투스칸 와인의 품계를 1992년에 IGT, 그리고 1994년에 DOC까지 승격시켰으나 최고 등급인 DOCG는 아직 부여하지 않고 있다.

Wines of Toscana

개요

이곳에 맨 처음 자리잡은 에뚜리아인들이 기원전 8세기경부터 포도를 재배했다는 기록이 있는 걸로 보아, 이탈리아 와인이 태동했던 곳이라 해도 과언이 아니다. 기원전 3세기에는 그리스의 유명 작가들이 토스카나 와인을 예찬했다.

중세시대에는 수도원들이 와인의 명맥을 이어오다가 귀족과 상인의 계급이 나오기 시작하면서 토스카나의 지주들이 와인을 만들어 피렌체 상인들에게 팔기 시작하였다. 1282년에는 와인과 관련한 길드 guild 가 생겨 피렌체 와인 상인들이 지켜야 할 규정을 제정하기도 하였다

14세기 후반에 비노 노빌레 디 몬테풀치아노 마을의 와인에 대해 언급한 기록이 문서에 나오며, 지금의 아마로네 형태의 양조 기술을 개발하기도 했다.

나폴레옹 전쟁 이후 키안티 클라시코 마을의 브롤리오성 Castello di Brolio 과 포도밭을 상속받은 당시의 정치인이었던 베티노 리카솔리 Bettino Ricasoli 는 독일과 프랑스의 포도 재배법을 공부하고, 토스카나의 지역 품종을 산지오베제 Sangiovese, 카나이올로 Canaiolo, 말바지아 Malvasia 를 선정했다..

1850년데에는 포도 흰가루병과 전쟁으로 황폐화 되었으나, 제2차 세계대전이 끝난 후 안정을 찾으면서 오늘날까지 품질을 향상시켜, 산지오베제 Sangiovese 포도로 만든 키안티 Chianti, 브루넬로 디 몬탈치노 Brunello di Montalcino, 비노 노빌레 디 몬테폴치아노 Vino Nobile di Montepulciano 같은 세계적인 레드 와인이 나오고 있다.

화이트 와인으로는 베르나챠 Vernaccia 포도로 만든 산 지미냐노 Vernaccia di San Gimignano 와, 포도를 말려서 만드는 빈산토 Vin Santo 와인이 디저트 와인으로 유명하다.

1970년대에는 수퍼 투스칸 와인이 등장하면서 이탈리아 와인의 품격을 한 차원 더 높이게 되었다.

테루아

꽃의 도시 피렌체를 중심으로 한 토스카나 지역은 반도의 중앙에 자리잡고 있으며 삼각형 모양을 하고 있다. 북위 43~44도로 서쪽은 리구리아 해와 티레니아 해에 면해 있고, 동쪽은 커다란 산맥에 둘러 쌓여 가로막혀 있으며, 2/3 정도가 구릉 지대로 농업에 적합하여, 고대 로마 시대에는 핵심 곡창 지대였다.

기후는 여름과 겨울의 온도차가 심하고, 해안 지역은 온화한 지중해성 기후이며, 내륙 지방은 건조한 대륙성 기후를 보인다.

토양은 사토와 진흙이 거의 모든 산지에 분포하고 있으며, 대부분의 포도밭은 고도 150~500m에 조성되어 있고 땅은 메마르다. 고도가 높을수록 일교차가 커서 포도의 당분과 산도의 균형을 이룰 수 있으며 아로마도 극대화 된다.

고급 레드 와인의 산지로 7,000개나 되는 포도밭에서 수백명의 생산자들이 와인을 빚고 있기 때문에 다양한 와인이 나오고 있다.

토스카나 지역의 시에나 지방에 위치한 바르바네라 barbenera 와이너리의 포도밭 전경

Wines of Toscana

와인 산지

토스카나 지역은 질 좋은 와인의 생산 지역으로 베네토, 피에몬테에 이어 세 번째로 많은 양을 생산하고 있으며 11개의 DOCG와 33개의 DOC 와인이 자리잡고 있다. 레드 와인이 약 80% 이상을 점하고 있다.

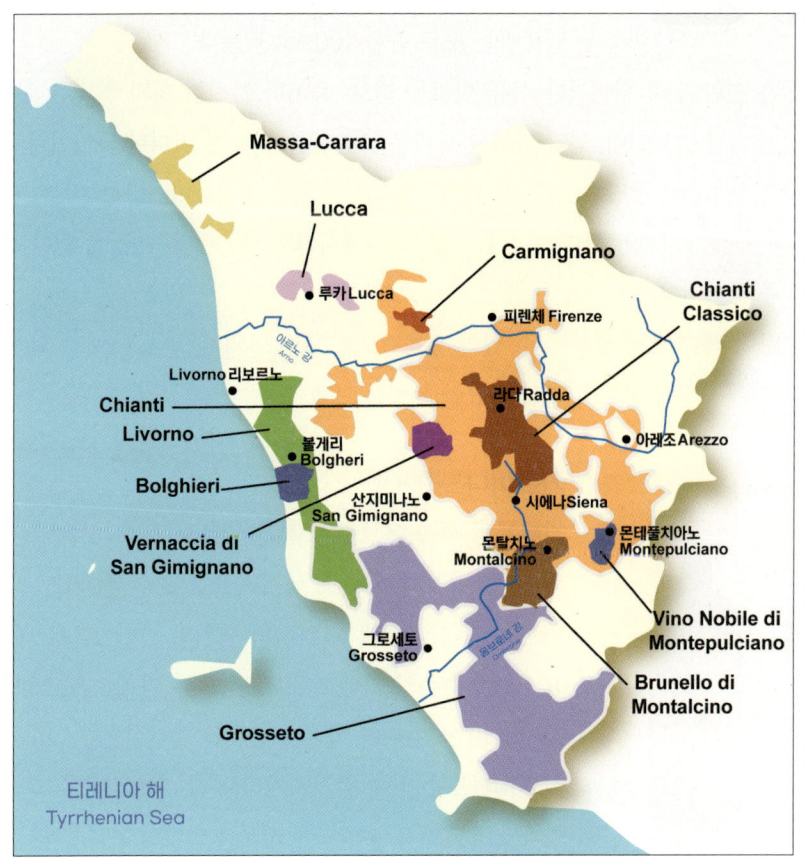

브루넬로 디 몬탈치노 Brunello di Montalcino

브루넬로 디 몬탈치노 와인

키안티 클라시코 지역의 남쪽 몬탈치노 마을은 키안티보다 건조하고 따뜻하며 대부분의 포도밭이 400~500m 언덕에 위치하고 있다.

이 지역에서 빚은 브루넬로 디 몬탈치노 와인은 이탈리아를 방문하는 국빈에게 내 놓는 와인으로 알려져 있으며, 이탈리아 레드 와인 중에서 최고의 자리를 놓고 피에몬테 지역의 바롤로와 경쟁하고 있다.

몬탈치노 마을에서 재배하는 산지오베제의 클론인 브루넬로라는 포도 품종 100%로 빚는다.

색상은 진한 루비 색이거나 석류 빛깔을 띠고, 풍부하고 진한 향과 알맞은 산도, 강건한 타닌을 보이며, 입안 가득 부드러운 풍만감을 주는 풀 바디한 와인이다.

오크통에서 2년, 병입후 2년, 총 4년의 숙성을 거쳐야 출시하며, 리제르바는 최소 5년의 숙성을 거쳐야 한다. 1980년 이탈리아에서 최초의 DOCG 지정을 받은 4개 와인중 하나이다.

생산량이 적고 오래 보관할 수 있어 세계적으로 널리 알려져 있다. 마시기 최소 2시간 전에 오픈해 놓아야 복합 미묘한 부케를 느낄 수 있다.

카르미냐노 Carmignano

카르미냐노 와인

피렌체의 서쪽 옴브로네 강과 아르노 강이 마주치는 곳의 동쪽 경사지 마을로 역사적으로도 유서 깊다. 최소한 50%의 산지오베제, 20%의 범위의 카나이올로 네로, 10~20% 수준의 카베르네 프랑, 또는 카베르네 소비뇽, 그리고 10% 수준의 화이트 품종을 블렌딩한다. 이 지역은 '수퍼 투수칸'이 알려지기 전부터 카베르네 소비뇽과 카베르네 프랑을 블렌딩에 허용한 최초의 지역이다.

토스카나 대공인 코시모 드 메디치 3세 Cosimo de'Medici Ⅲ 가 이 지역을 토스카나 지역의 뛰어난 와인 생산지 중 한 곳이라고 인정해 주었다. 색상은 루비 색으로 타닌이 강하고 풀 바디하며, 구조감이 좋다.

과일향과 함께 부드럽고 짙은 맛을 보이며, 좋은 빈티지 와인은 50년 이상 숙성 잠재력을 가지고 있다. 프랑스 보르도 지역의 기교와 이탈리아의 우아함이 잘 조화된 와인이다.

키안티 클라시코 Chianti Classico

이 지역은 피렌체와 시에나 사이의 높고 낮은 언덕들이 겹겹히 펼쳐진 구릉지대로 로마 시대 이전 에투리아인들이 살던 시절부터 포도 재배에 적합한 곳으로 알려졌다.

15세기 이후에는 교황들이 즐겨 마실 정도로 품질을 인정받았으며, 미켈란젤로의 사사를 받은 화가이자 건축가, 문필가였던 조르조 바사리 Giorgio Vasari 는 이 지역 와인에 대해 찬사를 남기기도 했다.

이후 토스카나 공국의 대공이자 르네상스의 후원자였던 메디치 가문의 코지모 3세 데 메디치 Cosimo Ⅲ de' Medici 가 1716년 품질이 좋지 않는 잡종의 포도 품종으로부터 보호하고 유사품을 방지하기 위해, 피렌체에서 시에나에 이르는 라다, 가이올레, 카스텔리나, 그레베 등의 지역

산 펠리체 San Felice 와이너리와 테이스팅룸

카스텔로 반피 Castello Banfi 와이너리의 포도밭 전경

을 키안티 레드 와인의 특별 산지로 지정했으며, 이 지역이 오늘날의 키안티 클라시코 지역으로 와인 역사상 법으로 지정한 최초의 사례이다.

이후 지정된 지역과 지정된 지역 외곽 지역인 오늘날의 키안티라 부르고 있는 지역의 와인과 구별하기 위해 협회를 설립하고, 조르조 바사리가 그린 검은 수탉 gallo nero 의 그림을 병목 부분에 붙여 키안티 지역 와인과 구별하고 있다.

1984년 DOCG가 키안티 지역과 함께 지정되었으나, 1996년 키안티 클라시코로 독립된 DOCG를 갖게 되었다.

산지오베제를 80% 이상 사용해야 하며, 기타 허용된 레드 품종만 블렌딩할 수 있고 화이트 품종은 사용할 수 없다. 재배 면적 당 수확량이 키안티 지역보다 엄격하며, 최소 알코올 도수도 12%로 높고 12개월 이상 숙성해야 하며, 드라이하면서 강한 타닌을 가진 미디움 바디 와인으로 체리, 꽃, 견과류 등의 향이 난다.

자체적으로 그란 셀레지오네 Gran Selezione 라는 최고 등급을 새로 신설하였으며 그 밑에 종전의 키안티 클라시코 리제르바 Reserva 와 키안티 클라시코 아나타 Annata 가 있다.

그란 셀레지오네는 단일 포도밭에서 재배된 포도로만 빚어야 하며, 최소 30개월 이상 숙성하여야 한다. 리제르바는 24개월, 아나타는 12개월 이상 숙성해야 한다.

향수를 불러 일으키는 피아스코 fiasco 병은 아래 부분을 짚으로 감싼 호리병 모양으로 예전에 농부들이 밭에서 물 대신 와인을 마실 때 비싼 병이 깨지지 않도록 짚으로 싸서 허리에 메고 다니던 것이 유래되었다. 과거에는 키안티 와인을 상징하였지만, 지금은 볏짚도 구하기 어렵고 짚으로 싸기 위한 인건비 상승 등으로 포장비가 술값보다 비싸져, 최근에는 일부 관광지에서만 볼 수 있다.

키안티 클라시코를 상징하는 검은 수탉 그림 밑에 1716이란 숫자는 코지모 3세 때 이 지역을 특별 산지로 지정한 해인 1716년부터 이어 내려온 키안티 클라시코의 300년 역사를 의미한다.

검은 수탉 Gallo Nero 의 상징 – 키안티 클라시코 Chianti Classico

시에나 Siena 와 피렌체 Florence 사이에 키안티 클라시코 Chianti Classico 라는 세계적으로 유명한 와인이 생산되는 광활한 언덕이 있다.

중세 시대에 피렌체 공화국과 시에나 공화국은 이 키안티 지역을 전략적 지역으로 여겨 이 지역의 경계를 놓고 오랫동안 치열한 전쟁을 치뤄왔는데, 두 지역의 군사들은 전투에 지친 나머지 매우 특이한 방법으로 전쟁을 끝내기로 결정하였다.

새벽에 첫 닭이 우는 시점에 양쪽의 두 기사가 서로 반대편 지역으로 달려가서 두 사람이 만나는 지점을 경계로 삼기로 결정하였다.

시에나의 사람들은 흰 수탉을 선택하여 잘 먹이면 새벽에 훨씬 더 빨리 울 것이라 생각하고 잘 먹이고 보살폈다. 반대로 피렌체 사람들은 검은 수탉을 선택 해 며칠 동안 먹이를 주지않고 어둡고 좁은 닭장에 가두었다.

마침내 결전의 날에 굶주린 검은 수탉은 닭장에서 나오자 마자 해가 뜨기도 전에 울기 시작해 피렌체 기사는 일찍 떠날 수가 있었다.

시에나의 기사를 만났을 때는 이미 국경을 넘어 시에나에서 불과 12km 떨어진 폰테루톨리 Fonterutoli 까지 달려와 있었다. 그 이후부터 거의 모든 키안티 지역이 피렌체 공화국으로 넘어갔다.

전형적인 키안티 와인 보호와 그 원산지 표시를 위한 협회 Consortium for the Protection of Typical Chianti Wine and Its Mark of Origin, 즉 키안티 클라시코 컨소시엄 회원은 와인병 목이나 레이블에 이 검은 수탉 Black Rooster 을 상징으로 붙여 키안티 클라시코 지역의 엄격한 규정에 의거 와인을 만들었다는 것을 보여주고, 일반 키안티 지역과 차별화를 꾀하고 있다.

1716년은 토스카나 대공 코지모 3세가 공식적으로 키안티 지역을 지정한 해를 가리키며, 2016에 코지모 3세 지정 기념 300주년 행사를 가졌다.

키안티 Chianti

키안티 지역은 키안티 클라시코 지역의 와인 수요가 늘어나자 키안티 클라시코 외곽 지역으로 점차 와인 재배 면적이 확대되어 키안티 클라시코 지역보다 더 넓은 지역이 되었는데 이를 키안티 클라시코와 구별하여 키안티로만 부른다.

키안티의 와인 산지는 1984년 DOCG 품계가 키안티 클라시코와 함께 주어졌으나 1996년 키안티 클라시코와 완전히 분리되었다.

생산 규정이 키안티 클라시코 지역에 비해 느슨한 편이다. 산지오베제 사용 기준

은 70%까지 낮아지며, 화이트 와인도 블렌딩이 가능하다. 최소 알코올 도수도 10.5%이며 숙성 기간은 6개월이 최소 기간이다.

키안티 리제르바, 키안티 수페리오레, 키안티순으로 자체 등급을 운용하고 있으며, 적당한 산도와 체리, 찻잎 등의 풍미와 함께 가벼우면서 후레쉬하고 숙성도에 따라 흙 내음도 난다.

산 펠리체 San Felice 와이너리의 포도밭 전경

베르나챠 디 산 지미냐노 Vernaccia di San Gimignano

베르나챠 디 산 지미냐노 와인

화이트 와인의 불모 지대인 토스카나 지역의 산 지미냐노 마을에서 베르나챠 Vernaccia 포도 품종으로 만든 화이트 와인이다.

이탈리아 와인의 품계가 처음 시작된 1966년, 당시에는 최고 품계이던 DOC를 처음으로 이곳 산지미냐노 와인이 취득할 만큼 이미 이름이 나 있었다.

토스카나 일대에서 나는 베르나챠 포도 품종 100%로 빚거나, 샤르도네와 블렌딩한다.

색상은 노란 볏짚 색을 띠다가 점차 황금빛으로 진전이 되며. 드라이한 미디움바디 와인으로 꿀과 미네랄 풍미가 일품이다. 일부 생산자는 크림이나 토스트한 느낌을 주기 위해 오크통 숙성을 거치기도 한다. 숙성은 리제르바의 경우 14개월의 숙성과 4개월의 병입 숙성을 거친다. 1993년에 DOCG로 격상되었다.

비노 노빌레 디 몬테폴치아노 Vino Nobile di Montepulciano

부르넬로 디 몬탈치노와 함께 토스카나 지역이 자랑하는 대표적인 명품 와인으로 1980년에 부르넬로 디 몬탈치노와 함께 DOCG 지정을 받은 4개 와인 중 하나이다.
토스카나 남동부 지역에 위치한 이 마을은 해발 250~400m 높이의 언덕 지대에 점토 함유량이 높은 모래 토양으로 이루어져 있다. 바다의 영향을 받는 지중해성 기후에 속하며 통풍이 잘 되는 지역이다.
포도 품종은 산지오베제의 클론인 프루뇰로 젠틸레 Prugnolo Gentile 를 최소 80%, 카나이올로를 20% 범위로 블렌딩한다. 화사한 루비색으로 과일향, 아몬드향과 함께 부드러운 타닌으로 균형감을 느끼게 해준다. 최소 2년의 숙성을 거치며, 리제르바의 경우는 6개월의 병입 숙성을 포함해서 최소 3년의 숙성 기간을 거쳐야 한다.

비노 노빌레 디 몬테폴치아노 와인

몬테폴치아노는 포도 품종 이름이면서 마을 이름이기도 하다. 그런데 정작 몬테폴치아노에서는 이 품종으로 와인을 빚지 않고, 같은 토스카나 지역인 아부르초에서 이 품종으로 와인을 빚어 유명하다.

17세기부터 알려져 교황 바울로 3세는 '품격 있는 이들을 위해 겨울이나 여름, 어느 계절에 마시기에도 완벽한 격조 높은 식탁을 위한 와인'이라고 격찬했으며 메디치 가문을 비롯해서 피렌체 귀족들이 좋아했다고 한다.
노빌레 nobile 는 와인 생산자인 아다모 파네티 Adamo Fanetti 가 그의 와인을 귀족을 뜻하는 '노빌레'로 부르면서 붙게 되었다.

수퍼 투스칸 와인들

볼게리 Bolgheri

최초의 수퍼 투스칸 와인인 사시카이아 Sassicaia 가 탄생한 곳으로 1971년 시장에 나오기 전까지는 마리오 인치사 델라 로체타 Mario Incisa della Rocchetta 후작의 개인용 와인이었다.

DOC 이상의 등급을 받으려면 산지오베제 품종을 70% 이상 사용해야 하고 청포도를 적어도 10% 이상 넣어야 했기 때문에, 이 규정에 구애 받지 않는 자유로운 블렌딩으로 비록 등급은 최하위 등급인 '비노 다 타볼라'로 만족하면서 개성있는 와인을 만들기 시작하여 상업적인 성공을 거두었다.

1978년에 로도비코 안티노리 Lodovico Antinori 후작이 오르넬라이아 Ornellaia 를 만들어 역시 성공을 거두자 수퍼 투스칸 와인을 만드는 생산자들이 늘어나 피에몬테와 베네토 지역까지 퍼지게 된다.

1992년에 DOC법을 개정해 수퍼 투스칸 와인을 IGT 등급으로 승격시켰으며, 사시카이아는 볼게리 사시카이아 DOC급으로 인정받았다.

생산자	수퍼 투스칸 와인
• Tenuta San Guido	• Sassicaia
• Marchesi Antinori	• Tignanello, Solaia, Guado al Tasso
• Tenuta dell'Ornellaia	• Ornellaia, Masseto
• Fontodi	• Flaccianello della Pieve
• Le Macchiole	• Messorio
• Castello di Ama	• L'Apparita
• Tua Rita	• Redigaffi

새로운 혁명 – 수퍼 투스칸 Super Tuscan 와인

이탈리아 말로 '수페르 토스카나'라는 말은 와인 애호가들이 붙여준 별칭으로 이탈리아의 공식 분류상으로는 가장 낮은 등급인 '비노 다 타볼라'이지만 품질면에서는 DOC 등급이나 DOCG 등급 와인보다 높게 인정을 받으며 이탈리아 와인 산업에 새로운 혁명을 일으킨 와인이다.

수퍼 투스칸 와인들

이탈리아는 1992년 이전까지 토착 포도 품종을 사용하는 와인에 대해서만 상위 등급을 주었다. 이러한 보수적인 규정은 품질 개선을 저해하는 요인이었고, 프랑스의 와인 시장에 비해 이탈리아 와인 시장이 침체된 주요 원인이었다. 1970년대 키안티 지역에 경제적 불황이 겹치면서 이탈리아의 와인 산업도 변화가 필요했다. 그 일환으로 토스카나 지역의 몇몇 혁신적인 와인 메이커들은 60년대 후반부터 프랑스 포도 품종인 카베르네 소비뇽, 메를로, 카베르네 프랑, 시라 등의 포도를 이탈리아 토착 품종인 산지오베제와 블렌딩하거나, 아예 산지오베제를 배제하고 프랑스 포도 품종으로만 와인을 제조하였다.

자국의 와인에 대해 자부심이 강했던 이탈리아에서 이러한 블렌딩 방법은 당시로서는 매우 파격적인 제조법이었다. 와인 숙성도 슬로바키아산의 대형 오크통 oak cask 대신 프랑스의 작은 오크 배럴(225리터)로 숙성을 하여 보다 섬세한 품질의 와인이 생산되었으며 생산량도 제한적으로 했다. 이러한 새로운 방식으로 제조된 와인을 와인 평론가와 와인 잡지사들이 극찬하였고, '수페르 토스카나' 영어로 '수퍼 투스칸'이라는 별칭으로 불러 주었다.

수퍼 투스칸 와인의 시초는 테누타 산 귀도 Tenuta San Guido 사의 사시카이야 Sassicaia 와인이다. 마르케시 마리오 인치사 델라 로체타 Marchesi Mario Incisa della Rocchetta 는 프랑스에서 유학중 즐겨 마셨던 보르도 와인을 양국의 냉전기로 인해 마실 수 없게 되자, 1944년부터 티레니아해에 면한 볼게리 Bolgheri 마을에 있는 자신의 포도밭에 카베르네 소비뇽, 카베르네 프랑, 메를로 품종을 심어 재배하기 시작했다.

처음에는 가족과 마을 내에서 마실 정도였으나 정성껏 오래 재배한 끝에 1968년 처음으로 사시카이야라는 브랜드로 첫 선을 보였는데, 1978년 영국 "Decanter" 잡지에서 1972년산 사시카이야가 최고의 와인으로 선정되었다. 사시카이야 와인은 카베르네 소비뇽 80%, 카베르네 프랑 20%로 블렌딩 되었으며 현재 DOC 등급까지 승격되었다. 사시카이야에 이어 로도비코 안티노리 Lodovico Antinori 가 오르넬라이아 와인을 빚어 세상에 내놓자 세인의 뜨거운 관심을 불러 일으키며, 수퍼 투스칸 와인이 세계의 명주로 떠오르게 되었다. 이후 티나넬로, 솔라이아, 루체 등 많은 수퍼 투스칸 와인이 생산되었으며, 블렌딩 비율은 와인 메이커별로 다르다. 수퍼 투스칸 와인 중에는 폰탈로, 페르를로 등과 같이 산지오베제 품종만으로 만들면서 숙성을 프랑스 보르도 지역식으로 하는 와인도 나오고 있다.

> 1996년 전까지만 해도 이탈리아에서는 레드 와인에 일정량의 화이트 품종을 블렌딩하게 되어 있는데 신선한 와인을 선호하는 소비자를 위한 것이었다고 한다. 최근에는 글로벌 포도 품종의 블렌딩도 최대 15% 까지 허용하고 있다.

대표 품종

적포도 품종

산지오베제 Sangiovese

토스카나 지역의 대표적인 와인인 키안티, 키안티 클라시코, 카르미냐노를 빚는데 쓰이며 반도의 중부 지역에서 널리 분포하고 있다.

산지오베제는 '주피터의 피 Jupiter's Blood'라는 라틴어 '산귀스 조비스 Sanguis Jovis'에서 그 이름을 따왔으며 키안티의 대표 품종이다.

만생종으로 대체적으로 검붉은 색을 띠나 투명한 루비 색이나 붉은 체리 색을 띠기도 하며, 제비꽃, 허브 및 과일 향이 나며, 높은 산도와 적절한 타닌이 라이트부터 풀 바디까지 와인을 만들어 낸다.

브루넬로 Brunello

산지오베제의 클론으로 1840년대 클레멘테 산티 Clemente Santi 가 몬탈치노 마을의 산지오베제가 다른 지역의 것보다 특이한 개성이 있음을 착안하여 이 마을의 토종 품종으로 업그레이드시킨 것이라 할 수 있다.

몬탈치노 마을에서 재배하며, 산지오베제의 특성을 지닌 묵직한 풀 바디가 특징이다.

프루뇰로 젠틸레 Prugnolo Gentile

산지오베제의 또 다른 클론으로 비노 노빌레 디 몬테풀치
아노 마을에서만 나오는 품종으로 묵직한 바디감이 특징
이다.

청포도 품종

베르나차 Vernaccia

산 지미냐노 마을에서 만든 베르나차 포도 품종의 화이
트 와인이다. 색상은 노란 볏짚 색을 띠다가 점차 황금빛
으로 진전이 되며, 드라이한 미디움 바디 와인으로 꿀과
미네랄 풍미가 일품이다.

이탈리아

시칠리아 지역
(Sicilia)

팔레르모에서 바라본 지금도 연기를
내뿜고 있는 에트나 Etana 화산

트라팔라 해전의 영웅 넬슨 제독이 사랑한 마르살라 Marsala 와인

넬슨 Horatio Nelson 제독

넬슨 Horatio Nelson 제독은 나폴레옹 전쟁 당시, 영국 해군 제독으로 트라팔가 Trafalga 해전에서 전사했으며 영국 역사상 가장 위대한 해군 영웅이다.

그는 1758년 노포크의 번햄 Burnham 에서 출생했다. 1770년 12세의 나이로 해군에 입대하여 빠르게 승진했다. 1780년 영국 해군 부관의 직위로 미국 독립 전쟁에 참전한 후, 프랑스 혁명 전쟁에 종군하여 지중해와 대서양에서 싸웠다.

1794년에는 나폴레옹의 고향 코르시카 섬 점령에 공을 세웠으나, 오른쪽 눈을 잃었으며, 1797년 성 빈센트 St.Vincent 곶 해전에서는 부상을 당하여 오른팔을 잃게 된다. 그는 '나는 끝났다'고 기록하는 등 절망하기도 했으나 굴하지 않고, 1798년 나일 Nile 해전에서는 인도로 진출하려던 나폴레옹의 프랑스 함대를 격파하여 '나일의 넬슨 남작 Baron Nelson of the Nile'이라고 불리기도 했다. 일부 사학자들은 이를 트라팔가 해전보다 더 중요한 역사적 가치를 지니는 것으로 평가한다.

1805년 프랑스–스페인 연합 함대를 격멸하기 위하여 트라팔가 해전에 참전하였는데, 이 해전에서 33척의 프랑스–스페인 연합 함대에 그는 27척의 배를 끌고 맞선다. 그는 숫적으로 열세였지만 그가 탄 기함 후미 돛대에는 '영국은 모든 이들이 자신의 의무를 다하길 기대한다. England expects that every man will do his duty'라는 글귀가 적힌 깃발을 내걸고 부하들을 격려했다.

나폴리로 향해 가던 프랑스–스페인 연합 함대에 넬슨 제독이 이끄는 영국 함대가 기다렸다는 듯이 2열 종대로 추격해 왔다. 전혀 보지 못한 새로운 전술에 당황한 프랑스–스페인 연합 함대는 전위가 부서지고 허리가 잘리면서 참담한 패배를 당했다.

이 해전에서 넬슨이 탄 빅토리 Victory 호는 적함 르두타블 Refdoutable 호와 뒤엉켰고 그때 적함의 저격병이 쏜 총탄에 맞고 쓰러진다. 탄환은 폐를 관통하여 척추에 박혔으나 그는 그 상태로 네 시간 동안 지휘를 계속한 후, 영국의 승리를 확인한 후에야 숨을 거두었다.

영국 트라팔가 Trafalgar 광장에 서있는 넬슨 제독 동상

1805년 10월 21일 오후 4시 기함 빅토리아호에서 47세의 짧은 생을 마감하기 직전 그는 희미한 목소리로 "내 의무를 다 할 수 있게 해준 신에게 감사한다 Thank God I have done my duty"라는 말을 남겼다.

그의 몸에 박혔던 탄환은 현재 원저 Windsor 성에 전시되어 있다. 장례는 국장으로 치러졌으며 이후 세인트 폴 대성당에 안치되었다.

런던의 트라팔가 광장에는 1805년의 트라팔가 해전의 승리와 그의 죽음을 기념하기 위해 높이 51m의 넬슨 동상이 서 있다.

트라팔가 해전의 영웅이 숨을 거두고 남은 병사들이 승리의 술잔을 높이 치켜들면서 '빅토리'를 외쳤을 때 그 술은 넬슨 제독이 사랑했던 마르살라 Marsala 와인이었다. 넬슨 제독은 영국 함대와 영국 왕실을 위해 매년 마르살라 500통을 구매 할 정도로 마르살라 와인을 사랑했다.

넬슨 제독이 마르살라 와인을 사랑한 계기는 18세기 말 시칠리아에 자리 잡고 있던 두 공화국이 나폴레옹의 위협에서 왕국을 보존할 수 있었던 것은 넬슨 제독의 지중해 함대 덕분이라 생각했다.

이에 두 왕국에서는 감사의 보답으로 마르살라 부근의 한 포도밭을 선물로 준 일이 있었는데, 이를 계기로 남달리 마르살라 와인에 대한 사랑을 보였고, 나폴레옹이 군대에 와인을 공급한 것처럼 지중해 함대에도 마르살라 와인을 공급하도록 했다.

시칠리아 포도밭 전경

Wines of Sicilia

개요

시칠리아는 지중해 중앙에 자리잡은 지리적 여건 때문에 파라만장한 역사를 갖고 있다. 기독교와 이슬람교의 충돌, 수많은 이민족의 침입, 11세기 이후에는 유럽 열강들의 각축장이 되기도 했던 곳이다. 이런 연유로 유럽에서 재배하는 거의 대부분의 포도 품종과 와인 재배 기술도 시칠리아를 거쳐 유럽으로 퍼져 나갔다 해도 과언이 아니다.

처음 시칠리아에 발을 들여놓은 그리스인들이 시라쿠사 Siracusa 를 중심으로 식민지를 건설하면서 포도 재배와 와인 제조 기술을 전해 주었는데, 이때부터 시칠리아 와인의 역사가 시작되었다. 이후 로마가 이 섬을 정복하면서 재배법과 양조 기술은 더욱 발전하게 되었으며, 8~10세기에는 아라비아인들이 당시 최첨단 영농 기술이었던 관개 시설을 이용한 포도 재배법을 전수해 주었다.

19세기에는 영국인이 마르살라 지역 주민들에게 강화 와인 제조법을 알려 주고 와인을 만들게 한 다음, 생산한 와인을 구매해 주면서 세계 무대로 나서게 되었다. 필록세라가 유럽을 황폐화시켰을 때, 피해가 적었던 시칠리아는 엄청난 와인 수요 공백을 메꾸기 위해 값싼 벌크 와인을 대량으로 생산하게 되었다. 시칠리아 와인은 높은 기온과 적은 강수량 때문에 타닌이 많고 알코올 도수가 높아 장거리 수송에 유리하였다고 한다.

1960년대에 들어서는 이탈리아의 등급 제도인 DOC가 제정되면서 품질에 대해 관심을 갖기 시작했지만, 하루 아침에 바꾸지 못하면서 시칠리아의 와인은 싸구려 와인으로 점점 시장에서 외면하게 되었다. 1990년대에 들어서야 품질 향상에 노력하여 각종 국제 대회에서 눈부신 성과를 거두게 되면서 고급 와인 생산지로 거듭나고 있는 지역이다.

테루아

시칠리아는 이탈리아 반도의 최남단에 자리잡은 삼각형 모양의 섬으로 지중해 상의 섬 중에서 가장 크며, 제주도의 14배 정도의 면적을 갖고 있다.

위도는 북위 37~38도 선상으로 남서쪽으로는 지중해, 북쪽으로는 티레니아, 동쪽으로는 이오니아 바다가 둘러싸고 있다.

와인 생산량으로는 이탈리아 전체 생산량의 6분의 1이상을 생산할 만큼 재배 면적이 가장 큰 곳이다. 기후는 지중해성 기후로 뜨겁고 건조하며, 중앙에 위치한 에트나 활화산을 중심으로 섬의 85% 이상이 언덕과 구릉으로 이루어졌다.

섬의 대부분이 화산토로 이루어져 척박하고 건조한 기후 조건과, 넘치는 일조량은 포도 재배에 적합한 여건을 마련해 주고 있다.

와인 생산지는 주로 해안가 주위에 발달해 있으며, 최근에는 피에몬테 지역의 와인 생산자들이 이 지방 와인의 잠재력과 장래를 보고 집중적으로 투자가 이루어지면서 질 좋은 와인을 생산하는 와이너리가 늘어나고 있다. 각종 해산물 요리가 발달했기 때문에 화이트 와인 생산량이 레드 와인보다 압도적으로 많다.

시칠리아 포도밭 전경

Wines of Sicilia

와인 산지

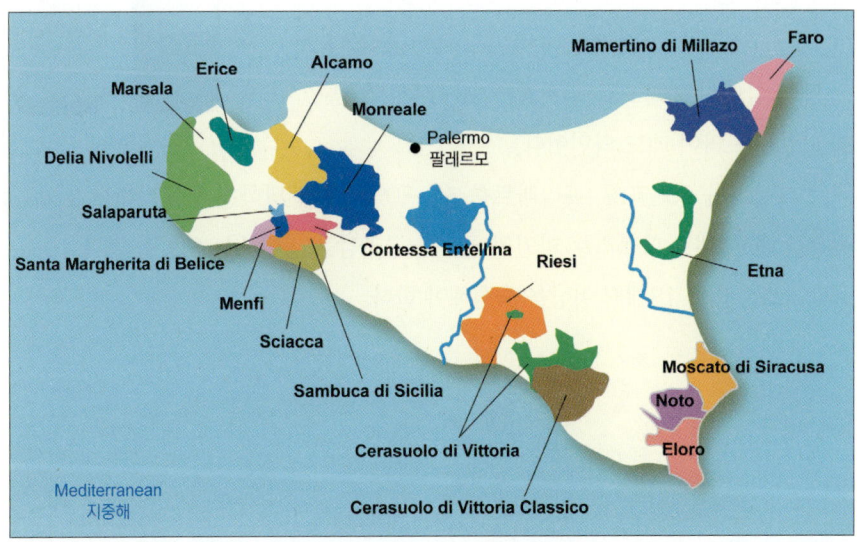

시칠리아에는 최상의 품계인 DOCG급이 1개, DOC급이 22개가 있다.

주요 산지로는 리에지 ^{Riesi} 와 비토리아 ^{Vittoria}. 멘피 ^{Menfi}, 삼부카 디 시칠리아 ^{Sambuca di Sicilia}, 마르살라 ^{Marsala} 등이 있다.

리에지 와이너리의 포도밭 전경

삼부카 디 시칠리아 와이너리의 포도밭 전경

체라수올로 디 비토리아 Cerasuolo di Vittoria **DOCG**

체라수올로 디 비토리아 DOCG 와인

시칠리아의 비토리아 마을에서 나는 유일한 DOCG로 2005년에 자격을 획득했다.

체라수올로는 '체리 같은'이라는 뜻을 가지고 있으며, 레드 와인인데 색이 영롱해서 마치 체리 빛 같다고 해서 붙여진 이름으로 최저 알코올 함량이 13%에 이르는 드라이 레드 와인이다.

네로 다볼라를 50~70%, 프라빠토를 30~50%로 블렌딩하는데 프라빠토가 체리 색상을 내고, 네로 다볼라는 와인의 골격과 구조감을 잡아주는 역할을 한다.

클라시코는 최소 18개월 이상을 숙성해야 한다.

돈나푸가타 Donnafugata 와이너리와 포도밭, 야간에 수확 장면, 셀라 및 와인

시칠리아의 상징 – 마르살라 Marsala 와인

마르살라 와인은 시칠리아의 서쪽 끝에 위치한, 아라비아어로 '신의 항구'라는 의미를 갖고 있는 항구 이름에서 유래하였다. 드라이하거나 스위트한 주정 강화 와인이며 알코올 도수는 15~20도 사이로 1969년에 DOC로 지정되었다.

1773년 영국의 상인 존 우드하우스 John Woodhouse 가 폭풍의 풍랑을 피해 지중해 한 가운데 있는 시칠리아의 마르살라항으로 피신해 들어왔다가 맛 본 이 지역 와인이, 당시 영국에서 유행하던 포르투갈의 포트 와인이나, 스페인의 셰리 와인들과 풍미가 유사하다는 사실을 발견했다.

그는 시험삼아 오크통 50통 분량의 와인을 영국 시장으로 보냈는데, 운송 과정에서의 변질을 막기 위해 브랜디를 첨가했다. 예상대로 마르살라 와인은 영국 시장에서 폭발적인 인기를 끌자, 1796년 우드하우스는 마르살라 지역에 와이너리를 세우고 본격적으로 마르살라 와인을 생산했다.

이후 여러 영국인들이 마르살라 생산에 뛰어 들었고, 1832년에는 빈센조 플로리오란 이름의 이탈리아인도 참여하면서, 마르살라는 한때 이탈리아에서 영국, 미국 등으로 가장 많이 수출되는 와인이기도 했다. 이렇게 발전하던 마르살라는 20세기 들어 경제 공황과 세계대전, 농민들의 무지로 그 위상이 많이 퇴색되었으나 최근 외식 산업의 발전과 함께 새롭게 조명되고 있다.

마르살라는 트라파니 Trapani, 팔레르모 Palermo, 아그리젠토 Agrigento 지역의 화산토가 포르투갈의 마데이라 섬과 비슷하여 이곳에서 주로 만들어진다.

마르살라 와인은 색상, 당도, 숙성 기간 등에 따라 사용하는 포도 품종과 제조 방법이 다르다. 우선 색상에 따라 황금색의 오로 Oro, 호박색의 암브라 Ambra, 루비 빛깔의 루비노 Rubino 가 있는데, 오로와 암브라는 그릴로 Grillo, 카타라또 Catarratto, 인졸리아 Inzolia, 그레카니코 Grecanico 등 화이트 품종으로 양조한다. 루비노는 페리코네 Perricone, 네로 다볼라 Nero d'Avola, 네렐로 마스칼레제

마르티네즈 수페리어레 마르살라 와인

발 다르타 스위트 마르살라 와인

마르살라 항구 모습

플로리오 스위트 마르살라 와인

플로리오 파인 드라이 마르살라 와인

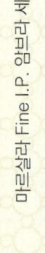

시칠리아 마르살라 피네 (EXITO)

마르살라 피네 Fine I.P. 와인 (SPERONE)

마르살라 수페리오레 스트라베키오 와인 (MARTINI)

마르살라 리제르바 돌체 와인 (MARTINEZ)

Nerello Mascalese 등 레드 품종으로 양조하며, 30%까지 화이트 품종을 블렌딩하여 만든다. 당도도 드라이한 세코 secco 부터 중간의 세미 세코 semi secco, 스위트한 돌체 dolce 로 구분하고 있다.

그리고 숙성 기간에 따라 4개월 이상이면 피네 fine 로 당분은 5%이고, 알코올 도수는 17도이다. 2년 이상이면 수페리오레 superior 로 알코올 도수는 18도이고, 당분은 10%이다. 4년 이상 오크통에서 숙성하면 수페리오레 리제르바 superior riserva 로 부른다.

5년 이상이면 베르지네 vergine 라고 하며 알코올 도수는 18도 이상으로 솔레라 시스템으로 숙성시킨 것이 많아 솔레라스 soleras 라고도 부른다.

10년 이상 숙성하면 베르지네 솔레라스 스트라베키오 vergine soleras stravecchio 또는 베르지네 솔레라스 리제르바 vergine soleras riserva 로 분류하고 있다.

전통적인 티라미수를 만들 때 필수적으로 들어가는 피네 등과 같이 낮은 등급의 와인은 주로 요리를 만들 때 많이 사용하고 있으나, 일반적으로 무화과나 곶감 등의 말린 과일부터 허브와 스파이스까지 동방의 향신료와 결합된 다양한 풍미를 드러내면서, 셰리 와인이나 포트 와인에 비해 좀 더 세련된 풍미를 보여주고 있다.

마르살라는 10~12도 정도로 차게 하여 마시며, 드라이한 와인은 식전주로 많이 제공되고 스위트한 와인은 견과류와 건 과일을 사용한 페이스트리나 고르곤 졸라 치즈, 초콜릿 등의 풍미가 강한 음식과 함께 디저트 와인으로도 제공된다.

시칠리아 포도밭 전경

대표 품종

적포도 품종

네로 다볼라 Nero d'Avola

시칠리아 지역을 대표하는 토착 품종으로 다른 이름으로
는 칼라브레제 Calabrese 라는 이름을 가지고 있다.
토양이나 기후에 관계없이 생장력과 적응력이 뛰어난 품
종으로 이른 발효를 막기 위해 주로 밤에 수확하며 시원
한 통에 관리한다.

단일 품종으로 양조하면 체리 색의 드라이 하면서 높은 알
코올 도수에 훌륭한 바디감과 함께 섬세하면서 좋은 향을 지닌 와인으로 탄생한다.
장기 숙성에 적합한 품종이다.

네로 다볼라 포도 품종과 토양

프라빠토 Frappato

시칠리아 지역의 토착 품종으로 라구사의 비토리아 Vittoria 마을에서 많이 재배하고 있으며 시라쿠사, 트라파니 마을에서도 많이 보인다.

체리색에 붉은 과일향과 꽃향이 나며, 적당한 바디와 균형 잡힌 맛이 특징이다.

네렐로 마스칼레제 Nerello Mascalese

포도가지를 묶거나 지지하지 않고 포도나무 스스로가 가지를 지탱하도록 하여 땅에서 기는듯한 모습으로 재배하는 알베렐로 Alberello 방식으로 재배되고 있으며, 화이트 와인처럼 양조해서 로제 와인을 만들고 있다.

따뜻한 기후 조건에서 이런 방식으로 재배하면 포도알을 바람과 태양으로부터 보호하는 기능을 한다.

오랜 시간 침용을 거치면 진한 루비색에 부드럽고 풍부한 제비꽃향과 균형 잡힌 타닌이 느껴지는 와인으로 탄생한다.

청포도 품종

그릴로 Grillo

시칠리아 지역 토착 품종은 아니지만 생장력도 좋고 병충해에도 강하며 생산량도 좋아 한때는 시칠리아 전역에서 많이 재배하기도 했다.

포도 씨를 의미하는 방언 'grillo'에서 유래했다고 하며 식용으로도 먹기도 한다. 마르살라 와인 양조 시에 많이 사용한다.

즐기면서 나누는 **와인**

카타라또 Catarratto

시칠리아의 토착 품종으로 단일 품종으로 양조 하면 다소 진한 황갈색으로 레몬향이 있고, 드라이하면서 풀 바디한 와인이 나온다. 보통 그릴로와 블렌딩하여 마르살라 와인을 만든다.

인졸리아 Insolia

시칠리아가 원산지로 토스카나 지역에서는 안소니카 Ansonica 라고도 불리우고 있다.

시칠리아 전역과 토스카나 지역에서 볼 수 있으며, 단일 품종으로 양조 할 경우, 초록빛이 감도는 투명한 색으로 감귤류와 허브향이 풍부하며, 산미가 다소 낮은 편이나 전체적으로 균형 잡힌 맛과 약간 높은 도수를 보인다.

그레카니코 Grecanico

그리스에서 건너온 품종으로 시칠리아에서만 한정적으로 재배되고 있다. 생장력도 좋고 까다롭지도 않으면서 풍부한 생산량을 보여주어 농부들이 좋아하는 품종이다.

단일 품종으로 양조하면 약간 호박빛이 감도는 황금색에 평범하면서도 균형 잡힌 우아한 맛의 와인을 만들어 낸다.

리베라 델 두에로 풍경

스페인

Spain

윌리암 셰익스피어 William Shakespeare 가 극찬한 셰리 Sherry 와인

셰리 Sherry 와인은 3000년 이상 이베리아 반도 남부에 흔적을 남긴 다양한 민족들의 합작품이라 할 수 있다. 이 지역은 기원전 1100년에 페니키아인(지금의 레바논 지역)들이 현재의 카디즈 Cadiz 와 헤라 Xera 지역에 정착지를 건설하면서, 포도나무를 재배하고 와인을 만드는 기술을 전래한 것이 시초이다.

이후 그리스, 로마 시대를 거치면서 포도 재배와 양조 기술이 활발히 이루어지는데, 그리스인들은 포도에서 추출한 달콤한 시럽인 아로페 arrope 를 가져와 달콤한 와인을 만들었으며, 로마인들은 포도 주스를 끓여 스위트한 와인을 만드는 방법을 개발했다. 이 와인은 로마의 귀족들에게는 '헤레스 Jerez 의 와인'으로 불리워졌으며 로마의 상류층 사이에서 가장 인기있는 음료였다.

현대적인 셰리 와인 기술을 도입한 민족은 AD711년에 이베리아 반도에서 로마의 공백을 대체한 무어인 Moors 들이었다. 이들은 이슬람 율법에 따라 알코올 섭취가 금지되었지만, 의약품의 대용과 건포도 생산, 그리고 연고나 향수 등에 사용되는 것으로 위장하여 포도 재배와 와인의 양조가 계속 되었는데, 이는 이웃의 기독교인과 유대교인들과의 무역에서 얻을 수 있는 막대한 이익을 놓치기 어렵기 때문이었다. 또한 당시 이슬람 문화권에서는 연금술이 크게 발달했는데, 그 중에는 증류 기술도 포함되어 있었다. 이 증류 기술을 이용하여 브랜디를 만들고 와인에 첨가해 오늘날의 셰리 와인이 탄생하게 되었다.

1264년에 카스티에 Castille 지역의 알폰소10세 Alfonso X 왕은 이 지역을 다시 탈환하고 무어 제국을 멸망시킨 후에 기사들에게 포도밭을 상으로 주고 와인 생산을 장려했다.

셰리 와인은 헤레스 Jerez 와 카디즈 cadiz 에서 다시 인기를 얻으며 스페인 탐험가들이 신대륙을 발견하기 위해 장기간 항해 할 때 필수품으로 가져갔다. 특히 와인은 당시 선박의 무게 중심을 잡기 위한 필수품이었다. 와인을 다 마시고 난 후에는 물로 다시 채워 넣어 선박의 무게 중심을 잡았다고 한다. 그리고 오랜 항해 기간에 생기는 괴혈병을 예방하기 위해서도 사용되었다.

동인도를 찾기 위해 스페인 왕실의 후원을 받은 크리스토퍼 컬럼버스 Christopher Columbus 가 아메리카 대륙을 발견할 때 배에 셰리 와인을 싣고 갔으며, 이는 신대륙에 가져온 최초의 와인이었다.

한편 영국은 백년 전쟁에서 패하고 난 뒤 보르도 지역에서 가져오던 와인의 공급처를 잃어

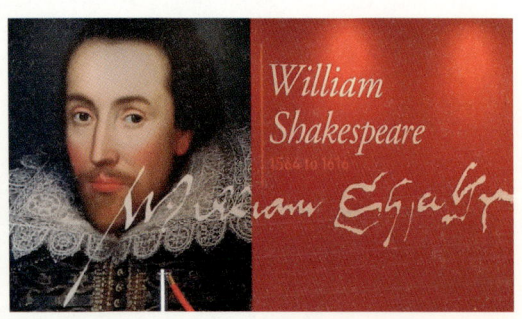

월리암 셰익스피어 William Shakespeare 의 초상과 그의 시그니쳐

버리고 새로운 공급처를 찾고 있던 중이었다. 이때를 놓치지 않고 메디나 시도니아 Medina Sidonia 공작은 셰리 와인의 수출세를 폐지하고 영국의 와인 상인들에게 각종 특혜를 주었다.

엘리자베스1세 때 인기가 많았던 셰리 와인은 영국과 스페인의 전쟁으로 인해 공급을 할 수 없게 되자, 1587년 엘리자베스 여왕이 선박과 선원을 지원하여 해적 출신 프란시스 드레이크 Francis Drake 경에게 호시탐탐 영국을 노리던 에스파냐 무적 함대의 보급지인 카디즈 항구를 선제 공격하게 하였다. 드레이크는 정박해 있던 배들을 파괴하고 수많은 보급품을 약탈했는데, 그 가운데는 무적 함대의 군인들이 마실 수천 배럴의 셰리 와인도 있어 영국내의 셰리 와인 갈증을 해소하기도 했다.

마침 이때 젊은 극작가가 시골 스트렛퍼드 Stratford-upon-Avon 에서 런던으로 이사왔다. 그는 엘리자베스 1세와 프란시스 드레이크경과 동 시대에 살았던 대 문호 셰익스피어로 셰리 와인에 흠뻑 빠져 보어스 헤드 태번 Boar's Head Tavern 에서 친구인 벤 존슨 Ben Johnson 과 만나 하루에 몇 병씩 셰리 와인을 마셨다. 그는 많은 그의 작품에서 셰리 와인을 언급하였는데, 특히 "헨리 4세"란 희곡 작품에서는 자신의 캐릭터를 대신한 폴스태프 Falstaff 를 통해 "셰리 와인을 마시면, 어리석고 둔해져 꽉 막혀버린 머리를 영민하고 창의적이며 열정적으로 변화시켜, 혀 끝에서 훌륭한 위트를 자아내게 한다" 라고 셰리 와인에 대해 극찬하는 내용이 나온다.

셰익스피어 생가 담벽의 많은 책 소개 포스터

스트렛퍼드 어폰 에이번에 있는 셰익스피어 생가

셰리 와인

와인의 역사

이베리아 반도에 자리잡은 스페인은 유럽의 서남쪽에 치우쳐 있고, 아프리카 대륙과 유럽을 잇는 관문으로서의 지형적 여건으로 인해, 숱한 이민족들이 들어와 제나름의 문화를 만들고 와인을 빚으며 살아왔다.

로마인들이 들어오기 전인 기원전 1100년부터 페니키아인을 거쳐 카르타고인들이 포도 경작을 하고 있었으며, 유럽의 다른 나라들처럼 로마 시대로 들어와 보다 체계적인 와인을 만들기 시작했다. 그러나 AD 711년 로마를 무너뜨리고 이슬람교를 믿는 무어인들이 들어오면서 종교적인 이유로 와인의 생산과 소비가 금지되었으나, 12세기경에 기독교인들이 득세하면서 다시 와인 산업이 활기를 띄게 되었다.

1492년에는 마지막 남아 있던 무어인들을 쫓아내고 기독교 국가로 독립하였으며, 이 해에 콜럼버스가 신대륙을 발견하면서 강대국으로 부상하게 된다.

영국의 백년 전쟁 이후 새로운 와인 공급처로 부상하였으나 영국과의 전쟁으로 무역이 쇠퇴하고, 1808년에는 나폴레옹이 침공하면서 와인 산업이 급격히 붕괴되었다.

19세기 후반에 들어와서 프랑스에서 필록세라가 번지기 시작하자, 많은 프랑스 포도 재배자들이 보르도 지역에서 가까운 북부 스페인 지역인 리오하 Rioja 와 페네데스 Penedes 등으로 이주해 오면서 프랑스의 양조법을 들여와, 리오하를 중심으로 와인 산업이 활기를 띄게 되었고, 덩달아 셰리 와인도 제자리를 찾아 갔다.

20세기에는 DO 제도를 도입하면서 보다 더 성숙 단계로 접어드는가 했으나, 스페인 내전과 제2차 세계대전을 겪으면서 다시 한번 쇠퇴기를 겪게 된다.

1950년대에 들어와 나라가 안정되면서 와인 산업도 발전하게 되고, 1960년대부터는 DO 지역의 확대와 대기업들의 자본이 참여하면서 본격적으로 와인 산업이 발전하게 되었다.

Wines of Spain

테루아

스페인은 포도 재배 면적으로는 세계에서 가장 넓으나 건조한 날씨와 빈약한 관개 시설로 인해 생산량은 이탈리아, 프랑스에 이어 세계 3위 와인 생산국이다.

와인 산지는 강의 유역에 따라 발달했는데, 북쪽의 에브로 Ebro 강은 북서에서 남동으로 흐르며, 리오하 Rioja, 아라곤 Aragon 의 일부, 카탈루나를 지나 타라고나 Tarragona 의 남쪽으로 해서 지중해로 향한다. 이 지역은 진흙을 바탕으로 철광석과 탄화염이 함유되어 있고, 저지대는 모래가 많은 편이라 포도의 생육에 좋은 편이다.

내륙은 온대성 기후로 비와 눈이 많이 오고 온난 다습하며, 동부는 피레네 산맥의 춥고 건조한 기후부터 따뜻한 지중해성 기후까지 나타난다.

두에로 Duero 강은 동쪽에서 서쪽으로 흐르면서 리베라 델 두에로 Ribera del Duero, 루에다 Rueda, 토르 Toro 등의 포도 산지를 지나 포르투갈을 통해 대서양으로 흘러 들어간다. 이 지역은 진흙 위에 백악질 토양과 퇴적토로 구성되어 있다. 기후는 극명한 대륙성 기후로 여름은 무덥고 겨울은 춥다.

남쪽에 있는 과달키비르 Guadalquivir 강은 내륙에서 발원하여 코르도바 Cordova 와 세비야 Sevilla 를 거쳐 헤레스 Jerez 를 지나 대서양으로 흐른다. 이 지역은 주로 백악질 토양으로 배수가 잘 되면서 수분을 잘 간직하는 이중 성격을 갖는 토양으로 비가 오면 질척거리다가 건조되면 굳어서 수분 증발을 막아 준다. 기후는 무덥고 건조한 아열대성과 해양성 기후를 나타내며 겨울에 600mm 정도의 비가 내린다.

셰리 와인은 세계적인 추세에 따라 스페인 전체 생산량의 약 7% 정도로 줄어들었으며, 현재는 스틸 와인과 카바라고 부르는 스파클링 와인이 대부분을 차지하고 있다.

포도밭의 자갈들

와인 관련법

스페인에서는 와이너리를 보데가 Bodega 라고 하며, 레드 와인을 비노 틴토 Vinos Tintos, 화이트 와인을 비노 블랑코 Vinos Blancos, 로제 와인을 비노 로사도 Vinos Rosados 라고 부른다.

1932년에 DO Denominacion de Origen 제도를 만들어 처음으로 와인의 품질에 대해 국가적인 관심을 갖기 시작하였으며 이법에 따리 규제위원회 Consejo Regulator 가 만들어졌다. 이후 이법은 1970년에 '포도밭과 와인 및 알코올 규정에 관한 법'으로 대체될 때까지 유효하였다.

1988년에 DO등급보다 상위에 있는 우수한 품질의 와인을 위해 DOCa 등급을 제정하여, 1991년에 리오하 지역에 DOCa 등급을 처음으로 적용하였다.

2003년에는 기존의 법령들을 정비하고 보완한 '신와인법'을 통과시켜 현대적인 와인 산업 체계로 새롭게 변하였다.

비노 데 파고 VdP=Vino de Pago

파고 Pago 는 스페인어로 '포도밭을 갖고 있는 와이너리'란 뜻으로 DO나 DOCa처럼 마을이나 지역 단위가 아닌 와이너리에 직접 부여하는 등급으로 2003년 새롭게 신설되었으며 최상위 등급이다.

라 만차 지역의 와인들

특별한 기후와 토양의 특성을 잘 살려 높은 평판과 고품질의 와인을 생산한 실적이 있는 단일 에스테이트 와인에 주어지며, DOCa 품계의 여러 조건을 충족한 후에 주어진다. 일종의 'Single Estate Specialty'라고 할 수 있다.

카스티야 라 만차 Castilla-La Mancha 지역의 톨레도 Toledo 지방에 위치한 도미노 데 발데뿌사 Domino de Valdepusa 와 핀카 엘러즈 Finca Élez 가 처음으로 지정되었으며 2021년 현재 20개가 지정되어 있다.

DOCa/DOQ Denominacion de Origen Calificada/Qualificade in Catalan

1988년에 국제적 명성에 맞게 제정하여 1991년에 리오하 지역이 처음으로 지정되었으며, 2003년 비노 데 파고(VdP) 등급이 생기기 전에는 최고 등급이었다. DO 품계 중 두 번째로, DO 등급을 10년 이상 유지해야 하고, 와인은 해당 지역 내에서 생산 및 병입되어야 하며, 규제위원회의 직접적인 통제를 받아야 한다. 현재 라 리오하 La Rioja 지역과 카탈루냐 지역의 프리오라트 Priorat 2개 지역이 DOCa 로 지정되어 있다. 2008년에 리베라 델 두에로 Rivera del Duero 지역이 DOCa로 승인을 받았지만 거부하고 DO 등급으로 남아 있다.

DO Denominacion de Origen

스페인 와인의 품질이 국제적으로 평가받는 계기가 되었으며, 스페인 와인의 50% 정도가 이에 해당한다. 공인된 포도 품종의 사용, 단위 헥타르 당 포도 생산량, 양조 방법, 숙성 기간 등의 규제를 받으며, 아래 품계인 VCIG 품계를 5년 이상 유지한 후 주어진다. 68개의 DO가 지정되어 있다.

VC Vino de Calidad con Indicacion Geografica

프랑스의 뱅 드 뻬이 Vin de Pays 에 해당하는 등급으로 특정 지역에서 나는 포도로 빚은 와인에 주어진다. 아래 등급인 VT 등급을 최소 5년 이상 유지해야 한다. 7개의 VC가 있다.

VT Vinos de la Tierra

넓은 범위의 특정 지역 와인으로 느슨한 포도 재배 기준과 규제로 자유롭고 창의적인 와인을 만들고자하는 와인 메이커가 일부러 이 등급을 받기

마우로 마우로

도 한다. 대표적으로 스페인 와인의 거장인 마리아노 가르시아 ^{Mariano Garcia} 가 만드는 보데가스 마우로 ^{Bodegas Mauro} 와인이 있다. 현재 42개의 VT가 있다.

통일된 유럽 연합 지리적 원산지 보호 제도

2009년 8월 1일에 유럽 연합의 통일된 유럽 연합 원산지 보호제도에 따라 스페인도 2016년에 EU의 법에 맞추어 자체적으로 DOP 제도를 도입하였으나 아직까지는 병행하여 쓰고 있다.

DOP Denominacion de Origen Protegida

'원산지 지정 보호'로 기존의 VdP, DOCa/DOQ, DO 등급이 DOP로 통합되었으며, 각 지역은 지역간의 경계, 허용된 품종, 최대 수확량, 알코올 농도, 기타 품질 기준을 규제위원회 Consejo Regulador 의 통제하에 재배하고 만들며 규제위원회의 스탬프를 레이블에 표시한다. 2019년 현재 96개의 DOP가 있다.

DOP 인증 로고

IGP Indicacion Geografica Protegida

'지리적 표시 보호'로 DOP 등급의 아래 분류로, 다른 곳과 다른 특성을 가진 특정 지역에서 생산되는 와인이다. 이 와인은 기존에 사용해 왔던 VC란 용어를 사용할 수도 있다. 프랑스의 Vin de Pay와 같다.

IGP 인증 로고

Vino / Vino de España

스페인에서 생산된 일반 와인으로 종전의 VT 등급과 같다.

> **상그리아** Sangria 는 스페인 가정에서 만드는 전통 음료로 레드나 화이트 와인을 베이스로 사과나 레몬, 오렌지 등의 과일을 얇게 저며서 넣고, 얼음과 설탕을 첨가해 단맛을 내는 와인이다.

숙성에 의한 분류

스페인에서는 전통 와인 생산국인 프랑스에 없는 제도인 숙성 기준에 따라, 와인의 등급과는 별도로 분류를 하고 있으며 국가적 차원에서 관리하고 있다.

비노 호벤 Vino Joven

별도의 숙성 과정 없이 수확한 다음 해에 출시하는 햇 와인이다.

신 크리안자 Sin Crianza

1년 정도 스테인레스 통에서 숙성을 거친 후 6개월 정도 병입 숙성 후 판매한다.

크리안자 Crianza

레드의 경우 오크통에서 6개월을 포함하여 최소 2년을 숙성해야 하며, 리오하 지역과 리베라 델 두에로 지역은 1년 이상 오크통 숙성을 해야 한다. 화이트와 로제 와인은 오크통 숙성이 법적으로 정해져 있지 않으며, 최소 18개월을 숙성해야 한다.

카사 알발리 크리안자 와인

레세르바 Reserva

레드 와인은 오크통에서의 숙성 1년을 포함하여 최소 3년 이상 숙성을 해야 하며, 화이트 와인과 로제 와인은 오크통에서 6개월을 포함하여 최소 18개월 이상 숙성해야 한다.

그란 레세르바 Gran Reserva

레드 와인은 오크통에서 18개월 이상의 숙성을 포함하여 최소 5년 이상 숙성시켜야 하며, 리오하 지역과 리베라 델 두에로 지역은 오크통 숙성 기간이 최소 2년 이상이다.

화이트 와인과 로제 와인의 경우는 오크통에서 6개월을 포함하여 최소 4년 이상 숙성을 거쳐야 하며, 리오하 지역은 화이트 와인도 최소 1년 이상 숙성해야 한다.

> 스파클링 와인인 카바의 경우는 병에서 2차 발효 후 호벤 Joven 은 9~15개월, 레세르바 REserva 는 15~30개월, 그란 레세르바 Gran Reserva 는 30개월 이상으로 나누고 있다.

테루아에 의한 분류

테루아의 크기와 세부 조건에 따라 지역 표기를 세분화 하는 방식으로 프랑스 부르고뉴 지역의 마을 단위, 일급 밭, 특급 밭으로 구분하는 것과 비슷하며 3단계로 표기하고 있다.

라만차를 비롯한 중부 지방에서 이런 표기가 나타나기 시작하여 현재는 리오하를 비롯한 다른 지역에서도 쓰기 시작하였으며, DO 체계에서도 공식적으로 인정하고 있다.

비노 데 파르셀라 Vino de Parcela

단일 밭을 의미하는 싱글 빈야드 Single Vinyard 급으로 가장 고품질의 와인이라 할 수 있다.

비노 데 파라헤 Vino de Paraje

Place라는 뜻을 가진 와인으로 특정 장소의 일정한 테루아를 가진 곳에서 생산된 와인이다

비노 데 푸에블로 vino de Pueblo

마을이라는 스페인어 Pueblo에서 나온 말로 마을 단위급 와인이다.

리오하 지역의 로마 시대에 세워진 다리와 포도밭 전경

즐기면서 나누는 **와인**

Wines of Spain

와인 산지

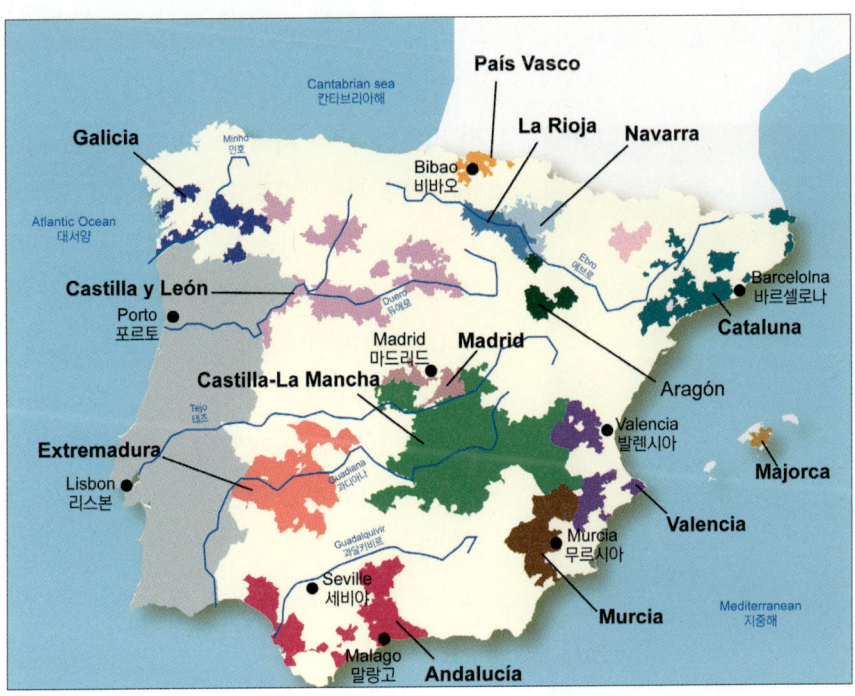

País Vasco

Galicia

La Rioja   Navarra

Minho
민호

Bibao
비바오

Cantabrian sea
칸타브리아해

Atlantic Ocean
대서양

Ebro
에브로

Barcelolna
바르셀로나

Castilla y León

Cataluna

Porto
포르토

Duero
두에로

Madrid
마드리드

Madrid

Aragón

Castilla-La Mancha

Tejo
테조

Valencia
발렌시아

Majorca

Extremadura

Guadiana
과디아나

Valencia

Lisbon
리스본

Murcia
무르시아

Guadalquivir
과달키비르

Seville
세비야

Murcia

Mediterranean
지중해

Malago
말라고

Andalucía

돈 키오테 Don Quixote 와 풍차의 나라

리오하 지역 전경

라 리오하 La Rioja 지역

1860년대 필록세라로 유럽 지역의 포도밭이 황폐해졌을 때 가까운 프랑스 보르도 지역 와인 메이커들이 기후와 재배 조건이 비슷한 이 지역으로 많이 넘어왔다.

이를 계기로 리오하 지역의 와인 재배 기술이 한 단계 업그레이드하게 되어 오늘날에는 스페인에서 가장 품질 좋은 와인이 생산되는 지역이다.

보르도 지역의 영향을 받아 주로 레드 와인이

란 LAN 와이너리의 포도밭 전경과 카브

란 LAN 와이너리 와인들

즐기면서 나누는 **와인**

많이 생산되고 있지만, 화이트 와인과 로제 와인도 나오고 있다.

레드 와인의 주 품종은 스페인의 대표 품종인 템프라니요 Tempranilo 와 가르나차 Garnacha, 마주엘로 Mazuelo, 카베르네 소비뇽을 블렌딩하여 만든다.

이 지역 최초의 양조장인 마르케스 데 리스칼 Marques de Riscal 은 리오하에 처음으로 프랑스 포도 품종을 심고 보르도 지역 스타일의 양조 기술을 접목시켜, 1862년에 최초로 병입함으로서 리오하 와인의 품질을 한단계 업그레이드 시킨 선구자이다.

보르도 지역에서도 인정한 품질로 모조품이 나오자 20세기 초부터 와인병을 금색 철사 그물로 감싸기 시작해 오늘날에는 마르케스 데 리스칼의 상징이 되었다.

금색 철사 그물로 감싼 마르케스 데 리스칼 와인

장 레온 Jean Leon 와이너리 전경과 카브, 다양한 와인들

특히 마르케스 데 리스칼은 포도밭 한 가운데에 옛날의 와인 창고를 빌바오 구겐하임 미술관을 설계해 건축계의 노벨상이러고 불리는 프리츠커 Pritzker 상을 수상한 세계적인 건축가인 프랭크 게리 Frank O. Gehry 를 초청해 와인 생산 시설을 현대화시키고 포도밭을 배경으로 플라멩코 무희의 드레스가 물결치듯 흐르는 모습을 형상화한 부티크 호텔을 세워 '21세기의 스페인 샤토'라는 콘셉으로 전통과 모던함을 겸비한 복합적인 와인 문화 공간을 만들었다.

이 호텔 오픈식에는 스페인 국왕 카를로스가 직접 참석해 이슈가 되었으며, 세계에서 건축비가 제일 비싼 호텔 중의 하나로 기록되어 있다. 현재는 스타우드 호텔 & 리조트 그룹의 '럭셔리 컬렉션'으로 운영되고 있다.

라 기타나 와이너리와 카브

리오하 지역의 명물인 마르케스 데 리스칼 호텔 전경

즐기면서 나누는 **와인**

카스티야 이 레온 Castilla y Leon 지역

스페인 중심부에 있는 카스티야 평원을 가로지르는 두에로(포르투갈에서는 이 강을 도우루 강이라 부른다) 강가에 형성되어 있는 와인 산지로, 스페인에서 몇몇 매우 특출한 와인이 나오는 곳이다. 이 지역은 최근에 양보다는 질에 승부를 걸고 있어 가성비 대비 훌륭한 와인이 나오고 있으며, 새로운 스타일의 와인을 꾸준히 개발하고 있다.

이 지역의 기후는 대륙성 기후로 여름에는 42도에 이를 만큼 무덥고, 겨울은 폭설과 매서운 추위에, 강우량은 적어 건조한 편이고 일조량은 매일 12~14시간 정도이다. 이런 기후 조건으로 인해 병충해가 생길 수 없어 자연적으로 친환경 재배를 하고 있다.

강의 하류인 토로 Toro 지역은 포르투갈과 국경을 맞대고 있는 DO 지역이다. 강렬한 여름의 햇빛은 리오하에 비해 더 풀 바디하면서 알코올이 15.5도에 이르며 주로 틴토 데 토로 Tinto de Toro 품종으로 빚는다.

두에로 강의 남쪽인 루에다 Rueda 지역은 베르데호 Verdejo 라는 청포도 품종으로 빚은 품질 좋은 화이트 와인이 유명하다. 견과류와 흙 냄새, 훌륭한 산도로 오크통에서도 숙성을 많이 한다.

두에로 강의 양쪽 제방을 따라 펼쳐진 리베라 델 두에로 Ribera del Duero 지역은 밤과 낮의 일교

푸엔텔세스페드 Fuentelcesped 마을에 있는 디아즈 바요 Diaz Bayo 와이너리 전경과 카브, 와인들

리베라 델 두에로 지역 포도밭 전경

베가 시실리아 와인들

카스티야-라 만차 지역의 포도밭 전경

차가 커 스페인에서 가장 위대한 레드 와인이 나오고 있는 곳이다.

19세기 말부터 심어진 보르도 지역의 카베르네 소비뇽을 비롯한 프랑스 품종과 토착 품종인 틴토 델 페이스 Tinto del Pais 라는 템프라니요의 다른 이름과 가르나챠가 함께 재배되고 있다. 1864년에 설립된 전설적인 베가 시실리아 Vega Sicilia 에서는 이 품종들을 블렌딩하여 스페인에서 가장 비싼 와인을 만들어 내고 있다.

카스티야-라 만차 Castilla-La Mancha 지역

스페인의 중부로 수도 마드리드의 바로 남쪽에 위치하며, 리오 타호 Rio Tajo 강이 가운데로 흐르는 이 지역은 스페인에서 재배 면적이 가장 넓은 지역으로 스페인 와인 생산량의 50% 이상을 만들고 있다. 기후는 뜨겁고 건조한 대륙성 기후로 포도 잎이 포도 송이와 뿌리에 그늘을 만들 수 있게 낮게 심어지며, 포도나무 간격은 다른 곳에 비해 넓게 심어진다. 이곳의 와인들은 프루티한 영 와인으로 마실 수 있게 저온 침용방식으로 이루어 지고 있다. 레드 와인은 템프라니요, 화이트 와인은 아이렌 Airen 품종을 주로 하여 블렌딩하고 있다.

가성비 대비 좋은 와인으로 라만차 La Mancha DO 와 발데페냐스 Valdepenas DO가 강건하면서 과일 향이 많이 나는 섬세한 와인을 만들고 있다.

카탈루냐 Cataluña 지역

바르셀로나 인근의 지중해 연안에 위치한 이 지역은 북쪽으로 피레네 산맥이 둘러싸고 있으며, 동남쪽으로 지중해에 면한 산기슭에 포도밭이 펼쳐져 있는 스페인에서 두 번째로 큰 지역이다.

11개의 DOCa 지역 중 석회암 지대에 위치한 페네데스 Penedés 마을은 스페인 최초로 샤르도네 Chardonnay 와 카베르네 소비뇽 Cabernet Sauvignon 의 재배를 허용한 곳이며, 리오하 지역과 맞먹을 정도로 발전하고 있다.

화이트 품종으로는 스페인 3대 화이트 품종인 파렐라다 Parellada, 마카베오 Macabeo, 자렐로 Xarel-lo 를 재배하며, 레드 품종으로는 템프라니요, 카베르네 소비뇽 등이 재배되고 있으나 점차 화이트, 레드 모두 글로벌 포도 품종이 늘어나고 있다.

이 지역은 카바 Cava 로 불리우는 세계에서 가장 큰 스파클링 제조 회사인 프레이세넷 Freixenet 과 코도르니우 Codorniu 는 프랑스 샹파뉴를 위협할 정도로 유명하며, 특히 프레이세넷은 세계에서 가장 많이 팔리는 발포성 와인이다.

비네도스 토레스 Vinedos Torres 는 300년 전통을 갖고 있는 와이너리로 최근 과감한 투자와 기술 혁신으로 리오하 와인과 함께 스페인에서 이름있는 테이블 와인으로 널리 알려져 있다.

스파클링 와인으로 유명한 프레이세넷 Freixenet 와이너리 모습

페네데스 Penedés 마을에 있는 세구라 비우다스 Segura Viudas 와이너리

비네도스 토레스 Vinedos Torres 와인들

이 지역의 프리오라트 Priorat 마을은 1990년부터 급부상한 지역으로 '카리네라 Carinena'라는 품종으로 이탈리아의 수퍼 토스카나처럼 수퍼 스패니시 Super Spanish 와인을 생산하는 페러 보베 Ferrer Bobet 와이너리가 와인 애호가들에게 알려져 있다.

안달루시아 Andalucia 지역

스페인 남부에 위치한 지역으로 역사가 오랜 주정 강화 와인인 셰리 와인을 생산하는 지역이다.

프리오라트 마을의 페러 보베 Ferrer Bobet 와이너리 포도밭 전경과 카브, 와인들

신대륙 발견에 일조한 셰리 ^{Sherry} 와인

와인 산지

셰리는 스페인 법률에 의거 스페인 최남단 안달루시아 Andalucia 지역의 카디스 주 해안 지역에 위치한 '셰리 트라이 앵글'로 불리는 헤레스 데 라 프론테라 Jerez de la Frontera, 산루카르 데 바라메다 Sanlucar de Barrameda, 엘 푸에르토 데 산타 마리아 El Puerto de Santa Maria 에서 생산된다. 1933년에 스페인에서 최초로 DO 지정을 받았으며 공식적인 명칭은 DO Jerez-Xeres-Sherry이다. 스페인어로는 비노 데 헤레스 Vino de Jerez 라고 하며 셰리는 '헤레스'의 영어 발음에서 유래됐다고 한다.

백악질 토양

이 지역은 10월과 12월 사이에 오는 강우일 70일을 제외한 나머지 기간은 일조량이 좋으며, 강우량은 600mm 정도이다. 따라서 건조하고 기온 차가 0도에서 40도 사이로 심한 편이다. 토양은 대부분 프랑스 샹파뉴 지역처럼 백악질 토양인데 토양의 구성 여부에 따라 와인의 질이 달라진다.

셰리 와인의 양조법

셰리는 청포도 품종으로 특별한 개성이 없으면서 재배가 까다로운 팔로미노 Palomino 품종으로 만들며, 페드로 히메네즈 pedro Ximenez 와 모스카텔 Moscatel 품종은 햇빛에 반건조하거나 건포도로 말려서 스위트한 셰리를 만들거나 블렌딩용으로 사용한다. 셰리 와인은 다양한 스타일이 있지만 피노 Fino 와 올로로소 Oloroso 로 크게 나눌 수 있다.

피노 Fino 는 발효를 마친 화이트 와인에 효모를 추가하여 플로르 Flor 란 회색빛 곰팡이가 와인 표면에 6mm 정도로 막이 형성되도록 한다. 이 막은 발효에 의해 생겨나는 천연 효모와 같은 것으로 공기와의 접촉을 최소화시키고, 와인의 산화를 막아주어 신선함을 유지해 준다. 이 과정을 거치면 플로르향이라는 셰리만의 독특한 신선한 사과 및 견과류 향과 톡 쏘는 듯한 풍미를 얻는다. 피노는 플로르의 효모가 살아 활동할 수 있는 15.5도 이하로 증류주를 부어 플로르에서 오는 가볍고 신선하

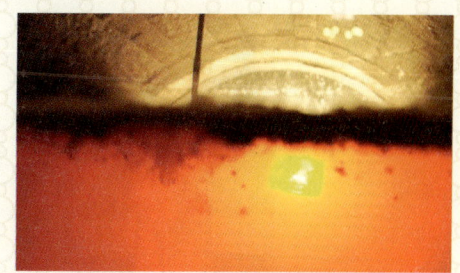

플로르 현상

면서 톡 쏘는 듯한 풍미가 더욱 강화되도록 하며, 투명에 가까운 연노랑색으로 드라이하다.

피노 계열로

- **만자니아** Manzanilla – 산루카르 데 바라메다 Sanlucar de Barrameda 란 해안 지역에서 생산되며 서늘하고 습기가 많아 일반 피노와 달리 짙은 레이어의 플로르가 만들어져 더욱 도드라지는 플로르 향을 느낄 수 있다.

- **만자니아 파사다** Manzanilla Pasada – 만자니아 중에서 6~7년 정도 숙성 기간이 길어 플로르가 소멸되면서 산화되어 견과류 향이 난다.

- **아몬티아도** Amontillado – 피노를 7년 정도 숙성하면 플로르가 없어지면서 산소와 접촉이 된 산화 숙성 된 와인이다. 견과류의 풍미와 버터 및 허브향이 난다.

올로로소 Oloroso 는 '향기로운 fragrant'이란 뜻이며 18~20도 정도로, 증류주를 부어 플로르가 생기지 않도록 하여 만든 와인이다. 풀 바디한 와인으로 숙성이 진행되면서 색이 진하고 묵직하며 복합적인 향이 풍부하다.

올로로소 계열로

- **크림셰리** Cream Sherry – 팔로미노 75~85%에 페드로 히메네즈나 모스카델 품종을 15~25%를 블렌딩 해 만든 스위트한 셰리 와인이다. 진한 갈색으로 건포도 맛과 카라멜향이 난다.

- **페드로 히메네즈** Pedro Ximenez – 히메네즈 포도를 건조시켜 당도가 리터당 400g에 이를 정도로 매우 스위트한 디저트용 셰리 와인이다. 진한 불투명 색으로 건포도와 말린 무화과 등의 향미가 난다.

셰리 Sherry 와인별 색상   출처: sherry.wine

솔레라 시스템 *solera*

숙성하는 방법으로 '솔레라 시스템'이라 불리는 방법을 사용하는데, 3~4단의 와인 통을 피라미드 형태로 쌓아, 와인의 숙성 정도가 다른 통에서 차례로 위에서 아래로 내려가면서 블렌딩되는 것을 말한다. 솔레라 *solera* 의 원래 뜻은 '숙성된 와인'이라 뜻으로 맨 아랫단 오크통을 말하며, 순서대로 와인을 채워주는 영원한 반복을 솔레라 시스템이라 한다.

즉 맨 밑바닥의 통에는 가장 오래된 와인, 바로 위쪽은 아래쪽보다 덜 숙성된 와인 순으로 단을 쌓고, 맨 위쪽은 새로운 와인을 담는다. 이렇게 하면 오래된 와인은 새로운 와인에 의해 신선도가 높아지고, 새 와인은 오래된 와인에서 숙성된 맛을 얻을 수 있게 되어, 해마다 다를 수 있는 맛의 차이를 최소화시켜 품질을 일정하게 유지할 수 있게 된다.

병입할 때는 맨 아래 통에서 30%까지 뺄 수 있으나 고품질의 셰리는 20%로 제한하기도 하며, 위에서부터 순차적으로 밑의 통으로 옮겨지게 되어, 항상 같은 품질의 와인이 병입된다.

보통 고급 피노인 경우에는 3~5년, 올로로소는 10년까지 숙성한다.

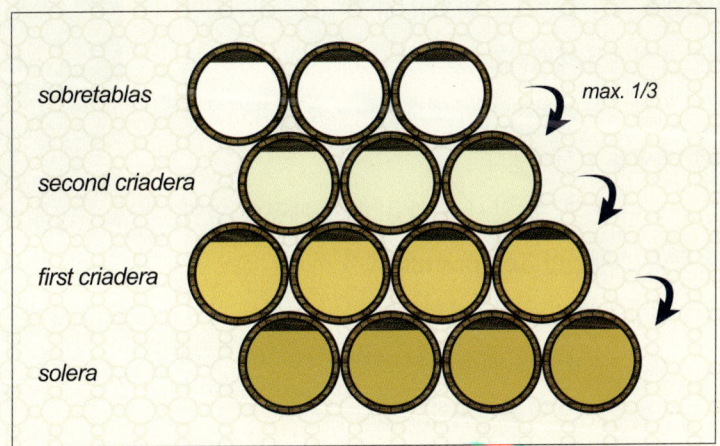

솔레라 시스템 Solera system   내용 출처: sherrynotes.com

셰리 와인의 보관 및 음용

셰리 와인은 특별한 숙성 과정을 거치므로 병입하면 일반 와인처럼 더 이상 발효되지 않으며, 오픈하면 산화되기 시작하므로 가급적 2~3일 내에 마시는 것이 좋다. 오픈하지 않은 셰리는 어둡고 서늘한 곳에서 세워서 보관한다. 셰리 와인은 빈티지 와인이 아니므로 샴페인처럼 브랜드 이름이 중요하다. 피노 계열 셰리는 5~7도 정도, 올로로소 계열 셰리는 12~14도 정도가 마시기에 적합하며, 가급적이면 아로마를 잘 보존할 수 있는 목이 좁고 길이가 11cm 정도의 셰리 전용 글라스 *copitas* 를 사용하면 좋다.

대표 품종

스페인은 유난히 이탈리아와 비슷하게 토착 품종이 많으며 스페인 농림부가 발표한 토착 품종은 공식적으로 146개이다. 그중에서 20여 종이 생산량의 80%를 점하며, 프랑스의 영향을 받아 글로벌 포도 품종도 많이 재배하고 있다.

적포도 품종

템프라니요 Tempranillo

스페인의 대표적인 품종으로 리오하 지역이 원산지이지만 스페인 전 지역에서 재배되고 있으며, 산도가 낮아 다른 토착 품종인 가르나차 Garnacha, 마주엘로 Mazuelo 등과 블렌딩하여 훌륭한 와인을 만들어낸다.

다른 품종에 비해 몇 주 앞서 수확을 하기 때문에 영어 early의 뜻인 스페인어 Tempranillo에서 유래되었으며, 짙고 붉은 색상에 딸기와 라즈베리향이 나며 적절한 타닌과 산도를 보여준다. 리베라 델 두에로 Ribera del Duero 에서는 틴토 델 페이스 Tinto del Pais 라고 불리우는 등 지역에 따라 다양한 이름으로 불리워지고 있다.

가르나차 Garnacha

에브로 강 주변 지역에 많이 분포되고 있으며, 템프라니요 Tempranillo 와 함께 많이 재배되고 있는 품종이다. 프랑스에서는 그르나슈 Grenache 라고 불리우며, 세계적으로 널리 재배되고 있는 품종 중의 하나로 스페인이 원산지이다.

만생종으로 덥고 건조한 기후에서 잘 자라며 알코올 도수는 높은 편이다. 스파이시하고 라즈베리향이 나며 부드러운 타닌과 산미가 느껴져 블렌딩용으로 많이 쓰인다.

카리네나 Cariñeña / 마주엘로 Mazuelo

스페인의 아라곤 Aragon 지역이 원산지로 색상과 바디감을 높일 때 블렌딩용으로 쓰이며 리오하 지역에서는 마주엘로 Mazuelo 로 부른다.

청포도 품종

아이렌 Airén

스페인 중부의 카스티야-라 만차 지역이 유명하며 어느 지역이나 잘 적응하여 많이 재배되는 품종으로 부드럽고 수확량도 좋으나 향이 적다는 단점이 있다.

비우라 Viura / 마카베오 macabeo

에브로 지역이 원산지로 스파클링 와인을 만들 때 베이스로 쓰이며 수확량이 좋고 잘 익은 사과향이 난다.

팔로미노 Palomino

셰리 와인을 빚는데 많이 쓰이는 품종으로 껍질이 매우 얇아 손상을 입기 쉬워 손으로만 수확한다. 헤레스 지역의 백악질 토양에서 잘 자라며 셰리 와인의 피노 Fino 계열에 많이 사용된다.

모스카텔 Moscatel 과 페드로 히메네스 Pedro Ximenez

셰리 와인의 당도 강화 목적으로 쓰이며 중성적인 특징으로 향은 풍부하지 못하며 주로 저지대에서 재배된다. 스위트한 셰리 와인에 두 품종이 많이 쓰인다.

독일, 바덴 뷔르템베르크의 도시에 있는 800년의 역사를 가진 하이델베르크 성

독일

Germany

카를 마르크스 Karl Marx 가 그리워한 모젤 Mosel 와인

모스크바 크레믈린 앞의 카를 마르크스 기념 공원에 세워진 동상, 동상 전면에 카를 마르크스가 쓴 공산당 선언의 마지막 문장 "만국의 노동자들이여, 단결하라!" 라고 새겨져 있다.

카를 마르크스가 태어난 트리어의 고향집

전 세계에서 성경 다음으로 베스트셀러는 카를 마르크스와 엥겔스가 공저한 〈공산당 선언〉이라고 한다. 그리스도교의 성경이 약 2천 년 동안에 모든 교파를 합쳐 전 세계 인구의 20% 정도인 16억 명의 신도에게 영향을 주었는데 반해, 공산당 선언은 발표한지 약 40년만에 전 세계 국가의 절반이 이 이론을 추종하였고, 아직까지도 5개국에 15% 정도인 약 12억 명이 그의 이론을 추종하고 있다.

"하나의 유령이 유럽을 배회하고 있다. 공산주의라는 유령이"으로 시작하여 "프롤레타리아는 잃을 것이라고는 그들의 쇠사슬 밖에 없다. 만국의 노동자들이여, 단결하라!"로 끝을 맺는 공산당 선언은 1848년에 발표되고 출판되었다.

카를 하인리히 마르크스 Karl Heinrich Marx 는 1818년 5월 5일에 프로이센의 트리어 Trier 에서 태어났다.

아버지는 유대인이었지만 유대인 차별을 피해 루터교로 개종한 변호사였으며, 자유주의 성향을 가지고 있었는데, 마르크스는 이런 아버지의 자유주의적인 사고에 영향을 많이 받았다.

17세에 아버지의 뜻에 따라 본 대학에서 법학을 전공하게 되었으나, 철학을 하고 싶은 마르크스는 법학보다는 당시 프로이센의 봉건주의적 전제정치에 대해 친구들과 토론하고 울분을 달랬다.

아버지가 세상을 떠나자 베를린대학으로 옮겨 본격적으로 철학을 공부하게 되면서, 헤겔 Hegel 주의에 영향을 받아 급진 헤겔주의 그룹인 〈청년 헤겔〉 학파의 일원으로 활동하였다.

또한 당시 베를린대학에는 유물론 철학자로 유명한 루드비히 포이어바흐 Ludwig Feuerbach 가 있어, 젊은 헤겔주의자들은 헤겔을 포이어바흐의 유물론에 입각하여 해석하였다.

이렇게 헤겔 좌파들은 와인과 맥주를 마시면서 밤새도록 논쟁과 토론을 하였다. 이미 운동권 학생처럼 되어 버린 마르크스는 베를린대학에서의 박사 학위가 쉽지 않을 것으로 보고, 대학을 옮겨 예나대학에서 23세에 박사 학위를 취득하였다.

당시의 프로이센은 워털루 전투에서 나폴레옹으로부터 승리를 한 이후, 베스트 팔렌 지역을 회복하고 독일 연방을 결성하여 유럽의 강국으로 부상하려는 시점이었다. 또한 헤겔과 쇼펜하우어의 위대한 철학자들에 의해 독일은 유럽의 사상적 중심지 역할을 하고 있었다.

독일 베를린에 있는 마르크스와 엥겔스 동상

박사 학위 취득 후 신문사에 들어가 〈라인 신문〉의 편집장이 되어, 봉건주의에서 산업사회로 넘어가는 과도기에 사회의 현실과 정부를 비판하는 많은 정치 평론을 썼는데, 이를 눈엣가시처럼 여기던 프로이센 정부는 러시아 황제의 압력을 핑계로 어떤 사전 경고도 없이 전격적으로 라인 신문을 폐간시켜 버렸다.

이 사건은 마르크스에게는 큰 충격이었지만 당대의 정치 평론가로 확고하게 자리를 잡게 해주는 계기가 되었다. 이후 귀족 집안의 딸인 예니와 결혼한 다음, 혁명의 본고장 파리로 옮겨 〈독불연보〉의 공동 편집장으로 활동하면서, 프랑스와 독일의 혁명가들과 많은 교류를 가진다. 이때 이념 동지로 평생을 같이한 프리드리히 엥겔스도 만나게 된다.

마르크스보다 두 살 아래인 프리드리히 엥겔스 Friedrich Engels 는 1820년에 독일의 바르멘에서 방직 공장 오너의 아들로 태어났다. 그는 공산당 선언을 발표한 해인 1848년 빈티지의 샤토 마고 와인에 애착이 많았다고 한다.

공장주의 아들이면서 노동자 계급에 대해 연구하는 엥겔스는 마르크스가 새로운 세계의 비전을 구상하는 것에 영향을 미치며, 매달 생활비를 지원해 주는 스폰서 역할도 했다. 엥겔스는 식사때마다 와인을 마실 정도의 와인 애호가로 두 사람은 죽이 잘 맞았다. 이 당시 마르크스는 "와인을 좋아하지 않는 사람을 신뢰하는 것은 조심해야 한다"라고 할 정도로 와인을 좋아했다.

1840년대 중반에는 같이 프랑스를 여행하면서 '보르도의 마리화나'라는 별칭을 얻은 생트 에스테프 St.Estephe 의 샤토 코스 데스투르넬 Château Cos d'Estournel 에서 하룻밤을 묵으며 밤새도록 와인을 마신 적도 있다.

샤토 코스 데스투르넬 전경과 와인

독일 훔볼트 Humboldt 대학과 본관 정문 벽에 있는 포이어바흐 테제 11번

요주의 인물로 찍힌 마르크스는 프링스의 생활도 얼마 못 가, 프로이센의 압력과 프랑스의 탄압으로 벨기에 브뤼셀로 망명하게 된다. 이곳에서 유물론을 전수해 준 독일 철학자 포이어바흐를 비판적으로 수용한 〈포이어바흐에 관한 테제〉를 집필한다.

"지금까지의 철학자들은 세계를 여러 방식으로 해석하기만 했다. 그러나 중요한 것은 세계를 변혁시키는 것이다"

– 〈포이어바흐에 관한 테제〉 중에서 –

벨기에 그랑 플라스 광장의
공산당 선언을 발표했던 건물
(하얀 백조 형상이 있는 건물)

이후 세계를 변혁시키기 위해 엥겔스와 1848년에 공산주의자들의 강령과 함께 프롤레타리아의 혁명을 옹호한 '공산당 선언'을 집필하고 출판한다.

1789년 프랑스 혁명 이후, 유럽은 다시 한번 혁명의 물결이 요동치게 되자 고국인 독일로 들어가 혁명 운동에 동참하면서 〈신라인 신문〉을 펴내 유럽 전역의 혁명에 대해 상세히 분석하고 혁명의 진압 과정에서 프로이센 정부의 야만적 행위를 보도하고 폭로했다. 이를 불편하게 여긴 프로이센 정부는 마르크스를 추방하였다. 거처를 다시 파리로 옮겨 유럽의 혁명가들과 봉기를 계획했으나 실패로 돌아가면서 영국 런던으로 망명하였고, 1883년에 자택의 서재에서 책을 손에 쥔 채로 64년의 생을 마감했다.

"3월 14일 오후 3시 15분 전, 가장 위대한 사상가가 생각하는 것을 멈췄습니다.
우리는 암체어에 평화롭게 잠자듯이 앉아 있는 그를 발견하였으나 영원한 잠이었습니다.
그의 이름은 시대를 넘어, 그의 업적과 함께 영원할 것입니다"

– 프리드리히 엥겔스가 마르크스의 장례식에서 한 연설문의 일부 –

마르크스가 태어난 고향 트리어 Trier 는 독일 북서부 지방에 있는 라인강의 지류인 모젤 Mosel 강변의 마을로, 가벼우면서 섬세하고, 푸르티한 향기가 있는 리슬링으로 만든 화이트 와인의 명산지로 유명하다. 고향이 모젤 와인의 명산지라, 리슬링으로 만든 얇게 감미가 깃든 화이트 와인에 대한 아련한 향수를 그리워했을 걸로 충분히 짐작이 간다. 재미있는 것은 프롤레타리아 혁명을 추구했던 마르크스와 엥겔스가 부르주아의 상징이라 할 수 있는 와인을 좋아했다는 것은 아이러니이다.

즐기면서 나누는 **와인**

Wines of Germany

와인의 역사

기원전에 이미 켈트족들이 와인을 생산하였을 것으로 추정되며, 이후 체계적으로 재배하고 와인을 빚기 시작한 것은 기원전 약 2세기경 모젤의 중심 도시인 트리어 Trier 에 거주하던 로마 군인들이었다. 이들이 라인 강변 주변으로 포도나무를 심고 와인을 빚기 시작한 것이 그 시초이다.

9세기경에는 샤를마뉴 Charlemagne 황제가 포도를 착즙 할 때는 맨발로 밟지 못하게 하고, 와인을 동물의 가죽에 담지 못하도록 하는 등, 와인 산업에 대해 적극적인 관심을 가졌다. 이후 수도원들의 역할로 양조 기술 및 품질이 발전되면서, 기온이 낮아 산도가 높은 리슬링으로 만든 화이트 와인이 세계적으로 널리 알려지게 되었다. 한때는 프랑스 와인과 함께 유럽 와인의 양대 산맥을 이루었으며, 보르도 지역의 유명 그랑 크뤼 와인보다 비싼 가격에 거래되기도 하였다.

18세기에는 당시 작센의 선제후 클레멘스 바츨라프 Clenens Wenceslaus of Saxony 가 모젤 Mosel 지역에서는 리슬링만 재배하라는 칙령을 발표하면서 세계 최고의 리슬링 생산지가 될 수 있었다. 하시만 1806년 나폴레옹의 침략으로 교회와 일부 귀족들이 가지고 있던 포도밭들이 몰수되어 공매 처분되고, 나폴레옹 상속법이 도입되면서 프랑스 부르고뉴 지역처럼 포도밭이 잘게 나누어지게 되었다. 거기에 1,2차 세계대전을 겪으면서 와인 산업이 쇠퇴기를 맞이하였다.

하이델베르크 성과 성 안의 초대형 오크통

로렐라이 언덕에서 바라본 라인 강

라인가우 지역의 포도밭 전경

모젤 Mosel 지역의 포도밭 전경

이후 독일 내부 상황이 안정화 되고 와인 산업이 다시 살아나, 1900년대 후반에는 소규모 포도밭들이 소수의 대규모 포도밭으로 통합되면서 모젤을 포함한 독일의 리슬링은 최고 전성기를 맞이하게 된다.

2000년대에 들어와 '프렌치 패러독스'의 열풍으로 인해 레드 와인의 소비가 늘어나면서 화이트 와인 위주의 독일 와인 산업(화이트 대 레드, 약 85:15의 비율)은 크게 위축될 수 밖에 없었다.

최근에는 레드 와인의 세계적인 수요에 맞춰 남부 지역에서 피노 누아 Pinot Noir 의 변종인 슈페트부르군더 Spätburgunder 와 도른펠더 Dornfelder 의 재배 면적(화이트 대 레드, 약 70:30 비율)이 점차 늘어나고 있다.

현재 독일은 세계에서 9위의 생산국이자 수출국으로 우리나라에서도 낯설지가 않는데, 와인 수입이 활성화 되기 전에 가장 많이 마셨던 마주앙 majuang 와인이 독일의 모젤 지역 타입이기 때문이다.

다양한 마주앙 와인들

즐기면서 나누는 **와인**

Wines of Germany

테루아

포도밭에서 바라본 라인 강

포도 재배 지역으로는 유럽에서 가장 북쪽에 위치(북위 49~51도)하고 있어 북방 한계선이라 할 수 있다. 덥고 습한 여름과 추운 겨울, 그리고 확연히 구별되는 봄과 가을 등을 보여주는 전형적인 대륙성 기후이다. 봄에 늦게 찾아오는 서리, 여름의 폭풍과 우박, 가을 철의 비 등을 극복하기 위해, 라인 강과 그 지류 주변에 일조량이 길면서 따뜻한 지역으로, 최대한 햇빛을 많이 받을 수 있는 남향의 경사진 언덕에 포도밭을 일구었다.

이들 지역은 강물이 한낮의 열을 반사시켜 온도를 올려주며, 밤에는 열을 보존시켜 급격히 온도가 떨어지는 것을 막아준다.

또한 가을에는 강에서 생기는 물안개가 서리를 막아 주고, 언덕과 숲으로 둘러 쌓인 산들은 차가운 바람을 차단히면서 포도가 익는 것을 도와준다. 그렇지만 연중 기후 변화가 심해, 해마다 포도의 양과 품질에 많은 영향을 주고 있다. 다른 나라에 비해 햇볕이 충분하지 않기 때문에 알코올 함유량이 대부분 10도 이하로 낮고 신선하여, 향긋한 화이트 와인을 만드는데 가장 이상적이라 할 수 있다.

경사진 언덕에 조성된 포도밭

모젤 계곡의 브레머 칼몬트 Bremmer Calmont 는 경사도가 70도 이상으로 세계적으로 가장 가파른 곳에 위치하고 있다.

와인 관련법

유럽에서 독일 와인의 등급 제도가 가장 복잡하게 느껴진다. 이는 다른 유럽처럼 와인의 등급과 그 등급 내에서 당도에 따른 등급 체계를 별도로 가지고 있기 때문이다. 따라서 기존의 등급 제도와 혼동을 피하기 위해 유럽 연합 분류에 따른 새로운 등급으로 소개한다.

2009년 8월 1일에 유럽 연합에서는 만든 통일된 유럽 연합의 지리적 원산지 보호제도에 따라 독일도 기존의 와인법을 수정하여 Qualitätswein(PDO)과 Landwein(PGI)으로 나누었다.

Qualitätwein gU=geschutzter Ursprungsbezeichnung (PDO)

1971년에 공포되고 1982년에 개정된 기존의 법에는 Qualitätswein을 두 가지로 나누었다. 특정 재배 지역에서 생산되는 고품질 와인 QbA : Qualitätswein bestimmter Anbaugebieter 와 당도에 따른 고품질 와인 QmP : Qualitätswein mit Prädikat 로 나누었으나, 유럽 연합의 통일된 제도에 따라 QbA와 QmP를 하나로 묶어 원산지 지정 보호 와인인 Qualitätwein PDO로 수정하였으며, 전체 독일 와인의 90%를 점하고 있다. 현재 PDO는 13개 와인 산지가 지정되어 있으며, 레이블에 지정된 마을 번호와 독일생산자협회에서 시음 및 화학 분석 시험을 거쳐 발행한 공식 인증 번호가 표시되어 있다. 인증 번호 마지막 두 자리 숫자는 병입 년도를 가리킨다.

2021년 1월 27일에는 새로운 독일 와인법을 추가시켰는데, 기존의 당도에 따른 분류 Prädikat 는 그대로 유지하면서 원산지 지정 보호에 기반한 새로운 분류 Qualitätswein 시스템을 도입하여 2026년 빈티지부터 의무화 하였다.

원산지 지정 보호 13개 지역은, 지역 Winegrowing Area=Anbaugebiet > 지방 Region=Bereich > 마을 Village=Ortsweine > 단일 포도밭 Vinyard=Einzelage 으로 좁혀 갈수록 좋다고 할 수 있다.

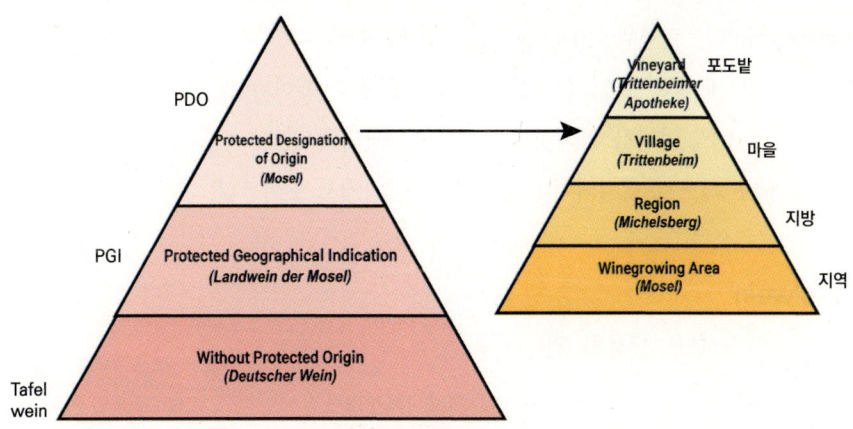

예를 들면 Mosel > Michelsberg > Trittenbeim > Trittenbeimer Apotbeke 순이다.

단일 포도밭 Vinyard=Einzelage 은 다시 Premier Cru Erstes Gewachs 와 Grand Cru Grosses Gewachs 로 나눈다.

기존의 왝슬레 당도에 의한 분류 QmP : Qualitätswein mit Prädikat 는 Qualitätswein PDO 내에서 다음과 같이 분류하고 있으며 매해 테스트를 거쳐 당도에 의한 품질 등급을 부여 받는다.

• Trockenbeerenauslese : 과숙성에 귀부병 걸린 포도로 만든 와인(150~154°Oe)

• Beerenauslese : 과숙성 기미가 있는 포도알 만 골라 만듬(110~128°Oc)

• Auelese : 충분히 숙성된 포도 송이만 골라 만듬(83~105°Oe)

• Spätlese : 늦게 수확한 포도로 만듬(76~95° Oe)

• Kabinett : 일상 와인 중 잘 익은 포도로 통상 의 수확기에 수확(70~85°Oe)

왝슬레 Oechsle : Oe

과즙의 당도 측정치를 밀하며 독일의 와인 분류 기준이다. 프랑스에서는 보메 Baumé 라는 척도 를 사용하고 신대륙에서는 브릭스 Brix 라는 척 도를 사용하고 있다.

서로간에 척도의 기준이 동일하지 않으므로 별 도의 환산률을 참고해야 한다.

예를 들면 100° Oe는 24 Brix 정도이다.

Landwein ggA=geschutzten geografischer Angabe (PGI)

지리적 표시에 대한 보호 와인으로 프랑스의 뱅 드 페이와 같은 등급으로 전체 독일 와인의 10% 미만을 차지하며 26개가 지정되어 있다. 예를 들면 'Landwein der Mosel' 식으로 표시되며 대부분 독일 국내에서 소비된다.

Tafelwein

독일산 포도만을 사용한 가장 낮은 등급의 테이블 와인으로 Deauscher Wein으로 표기한다.

독일 와인의 등급제도는 1868년 프랑스 보르도 지역의 등급 제도보다 13년후인 1868년에 프로이센의 빌헬름 1세가 조세 징수의 수단으로 보르도 와인 등급을 본 따, 포도밭에 세 가지 등급을 매겨 조세를 징수한 것이 등급 제도의 시초이다.

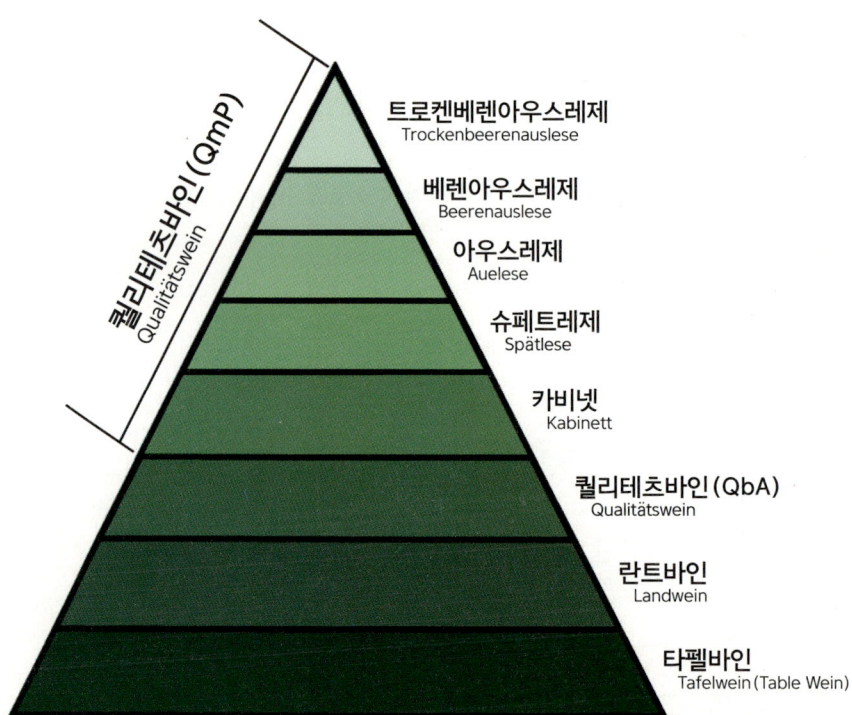

즐기면서 나누는 **와인**

우연이 만들어낸 늦 수확 와인

슐로스 요하니스베르그 Schloss Johannisberg 수도원은 마인츠 근처 라인 강 북쪽에 베네딕트 수도사들에 의해 1100년에 건립된 세계에서 가장 오래된 리슬링 와이너리 중 하나로, 늦 수확 와인의 발상지(1775년)이자 원조 아이스바인(1858년)을 만든 와이너리이다.

당시에는 각 수도원에 속한 포도밭의 재배와 관리, 수확 시기 등은 전적으로 풀다 Fulda 에 있는 대사제의 통제와 허가에 의해 이루어졌다.

1775년에도 여느 때와 마찬가지로 풀다에 있는 대사제의 허락을 받기 위해 전령을 보냈는데, 보통이면 한나절 반이면 갔다 오는 길을 14일이나 늦게 받아 들고 나타났다.

그 동안 수확을 못한 포도는 말라 삐뚤어졌고, 일부는 귀부균에 의해 뭉그러져 있었다. 농부들은 아까운 마음에 늦게라도 이 포도들을 거두어 와인을 만들었는데, 지금까지 경험하지 못했던 훌륭한 와인을 맛보게 되었다. 이 와인이 늦 수확 와인의 효시인 슈페트레제 Spätlese 이다. 이후 농부들은 수확 시기를 더욱 늦춰 아우스레제 Auslese 와 트로켄베렌아우스레제 Trockenbeerenauslese. 그리고 마침내 아이스바인 Eiswein 까지 만들게 되었다.

슐로스 요하니스베르그 와이너리 전경과 와이너리 내에 있는 풀다로 갔었던 전령의 조각상

일설에 의하면 전령이 14일이나 늦게 허가를 받아온 것은 풀다의 대사제가 마침 멀리 사냥을 나가 늦게 귀환하여 허가를 늦게 받았다는 설과, 전령이 가다가 노상 강도에 납치되어 14일이나 있다 풀려나 늦게 되었다는 설이 있는데, 아무튼 이런 우연이 오늘날의 독일을 대표하는 늦 수확 와인을 만들게 되었다.

슈페트레제   아우스레제   베렌아우스레제   트로켄베렌아우스레제

귀부병이 걸린 트로켄베렌아우스레제용 포도알

아이스바인 Eiswein 을 만들기 위해 밤에 언 포도를 수확하는 장면과
얼어 있는 포도알

아이스바인과
트로켄베렌아우스레제의 차이

아이스바인 Eiswein 은 당도가 최소 트로켄베렌아우스
레제 Trockenbeerenauslese 수준으로 −7도 이하의 한겨
울 밤에 보통 수확한다. 이 온도에서는 포도 안의 수분
이 얼어 있어 짧은 시간에 급속 압축을 해 얼음과 포도
즙을 분리해 낸다. 고도로 농축된 당도와 산도가 절묘
하게 어우러져 트로켄베렌아우스레저와는 다른 맛이
난다. 아이스바인과 트로켄베렌아우스레제와의 차이
점은 트로켄베렌아우스레제는 늦 수확을 통해 포도에
일명 귀부병이라는 곰팡이가 생긴 포도알로 빚어, 생
기 있는 과일향이 나는데 반해, 아이스바인은 벌꿀 같
은 맛이 난다.
아이스바인은 날씨가 추우면 생산할 수 있지만, 트로
켄베렌아우스레제는 귀부병이 생겨야 생산이 가능하
므로 좀 더 귀하게 여기며, 찬 서리로 포도를 전부 못
쓰게 되는 경우나 새들과 동물의 먹이로 수확량이 주
는데도 불구하고 재배자는 트로켄베렌아우스레제를
만들려는 유혹에 빠진다. 포도를 수확하는 사람은 보
통의 수확용 바스켓 외에 귀부균이 걸린 포도를 한 알
씩 따서 모으는 별도의 작은 바구니를 갖고 다니면서
수확한다.

라인가우 RHEINGAU 참새 언덕의 와인샵에 걸려 있는
아이스바인 선전 문구

Wines of Germany

와인 산지

와인 산지는 13개 특별 지역으로 나누어져 있는데 라인 강과 그 지류들의 유역에서 재배되고 있다. 이들 지역은 약간씩 상이한 기후와 지형적 여건을 갖고 있다. 따라서 포도 재배 방법과 양조 방법에 있어 약간씩 다르게 나타난다.

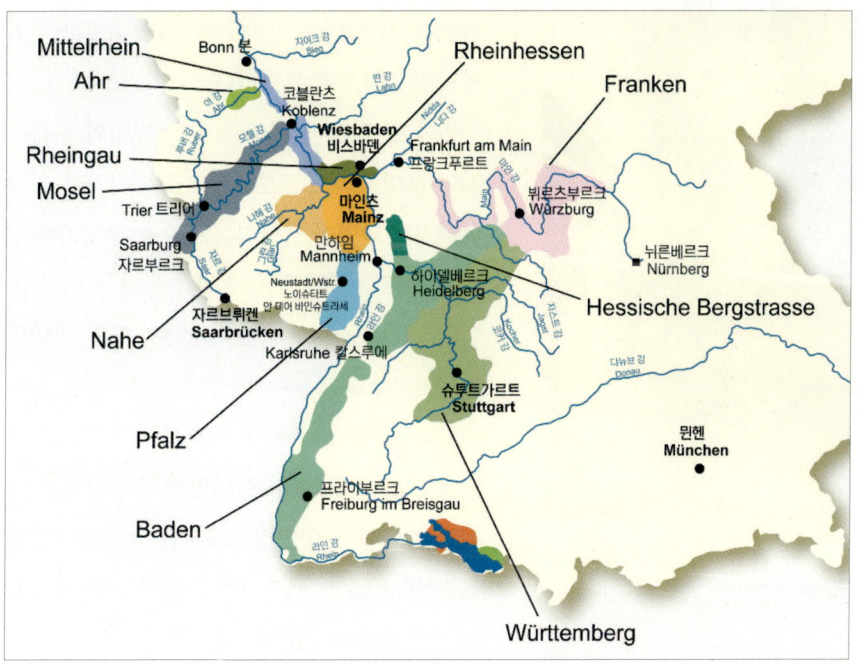

이 중 대표적인 지역인 라인가우, 라인헤센, 모젤 및 프랑켄 지역에 대해 알아 보기로 한다.

라인가우 Rheingau

라인 강은 대체적으로 남에서 북으로 흐르나, 라인가우 지역인 비스바덴 Wiesbaden 에서부터는 동쪽에서 서쪽으로 방향을 틀어 뤼데스하임 Rüdesheim 까지 흐르고 있다.

따라서 이 지역의 포도밭들은 남쪽으로 경사져 강 표면에서 반사되는 열로 실제보다 약 두 배 가량의 태양열을 받고 있으며, 타우누스 Taunus 숲이 바람을 막아주어, 독일내에서도 최적의 포도밭으로 유명하다.

독일의 포도 재배 지역중 작은 지역의 하나이지만 프랑스의 보르도, 부르고뉴 지역과 함께 고품질의 와인이 생산되는 곳으로 유명하다.

이곳 포도 재배자들은 수세기 동안 화이트 와인인 리슬링 Riesling 을 80% 정도, 레드 와인인 슈페트부르군더 Spätburgunder 를 20% 정도 심어 질 좋은 와인을 만들어 왔으며, 재배자 중 약 80% 이상이 0.4헥타르 미만의 소유자들로 생산량은 보통 400병 정도이지만 고품질의 와인을 만들고 있다. 포도알이 단단한 리슬링은 오랜 기간 숙성이 가능해, 이 지역의 대표 주자로 알려졌으며, 토양은 다양하지만 대체적으로 부르고뉴 지역과 비슷한 모래, 자갈, 편암, 백악질, 규암 등이 나타난다. 와인은 약간 감미가 있으면서 드라이 하고 진하며, 꽃향이나 자

라인가우 시내 전경과 와인숍들이 있는 참새 언덕 골목

라인가우 포도밭 전경

즐기면서 나누는 **와인**

스민향과 함께 신선한 느낌이 난다.

이 곳의 슐로스 요하니스베르크 Schloss Johnnishberg 는 공식적으로 AD 817년부터 첫 포도 수확이 이루어진 걸로 나와 있다.

또한 900년 역사를 지닌 리슬링 도서관을 갖고 있으며, 늦 수확 와인인 슈페트레제 Spätlese 를 1775년에, 아이스바인을 1858년에 처음 빚었던 곳으로 유명하다.

라인가우 Rheingau 와인들

라인헤센 Rheinhessen

13개의 와인 산지 중 포도 재배 면적이 가장 넓은 산지로, 보름스 Worms 에서 북으로 향하던 라인강의 물줄기가 마인츠 Mainz 에 이르러 마치 팔꿈치 모양으로 물길이 돌아 나가는 지역이다.

중심 지역의 서쪽은 숲으로 뒤덮혀 있고, 동쪽은 라인 테라스라고 불리우는 경사가 완만한 구릉지에 오래된 포도나무 밭이 있다.

주 품종으로는 뮐러-투르가우 Müller-Thurgau 와 실바너 Silvaner 등이 있는데, 라인헤센 실바너 Rheinhessen Silvaner 와 손으로 수확해서 한정된 양을 생산하는 셀렉션 라인헤센 Selection Rheinhessen 등이 유명하다.

라인 헤센 지역 와인은 라인가우 지역과 다르게 강건하면서 프루티한 느낌이 난다.

라인헤센의 포도밭 전경

보름스의 포도밭 전경

토양은 황토와 석회암, 그리고 모래와 자갈이 섞인 진흙 등이 나타나며 대체적으로 온난한 지역이다. 25% 정도가 레드 와인 품종인 도른펠더 Dornfelder, 포르투기저 Portugieser, 슈페트부르군더 Spätburgunder 등을 심고 있다.

모젤 Mosel

프랑스에서 시작한 모젤 강은 룩셈부르크를 지나 코블렌츠까지 545km를 흐르며 U자 모양으로 굽이쳐 흐르는 곳이 많다.

트리어 Trier 를 중심으로 다른 어느 강보다도 깊게 패인 계곡과 굴곡이 있는 모젤 Mosel 강과 그 지류인 자르 Saar , 루버 Ruber 강 좌우편으로 경사가 매우 가파른 곳에 포도밭들이 조성되어 있으며, 리슬링 포도밭으로는 세계에서 가장 넓다.

토양은 편암인 슬레이트로 덮혀 있어, 포도 뿌리가 물기를 찾아 깊게 내려가면서 지류에 따라 미묘한 맛과 풍부한 미네랄이 달라진다.

또한, 이 슬레이트 토양은 낮의 태양열을 저장했다가 기온이 급강하하는 밤에 간직했던 열을 다시 발산하여 포도나무 뿌리의 냉기를 방지해 주므로, 포도가 충분히 당분과 풍미를 농축하는데 도움을 준다.

그리고 강물은 낮에는 태양열을 품어주고, 밤에는 서리의 냉해를 막아주어, 가을에 포도가

모젤 지역 포도밭 전경

익는데 도움을 주기 때문에 아주 이상적인 조건을 갖추고 있다.

알코올 도수는 8~10도로 가볍고 섬세하며 향이 넘치고 산과 감미의 우아하고도 화려한 결합으로 와인 자체만으로도 즐기기에 부담이 없다.

이 지역 와인은 영할 때는 더 활기차고 특징을 뚜렷하게 나타내지만, 오래되면 그 특성이 사라져 1~2년내에 마시는 것이 좋다. 50%를 차지하는 리슬링을 위시해서 리슬링과 마들렌 로열 Madeleine Royal 의 교배종인 뮐러-투르가우 Müller-Thurgau, 그리고 로마 시대부터 전해 내려오는 엘블링 Elbling 등이 재배되고 있다.

프랑켄 지역에 속하는 로텐부르크 Rothenburg 마을 전경

프랑켄 지역에 속하는 로텐부르크 Rothenburg 지역 포도밭 전경

프랑켄 Franken

마인 강 상류 지역으로 뷔르츠부르크 Würzburg 부근에 있는 지역으로 고대에 세워진 성벽과 타워, 그리고 로맨틱한 아름다움이 유명한 곳이다. 날씨가 추워 뮐러-투르가우와 실바너로 드라이한 화이트 와인을 많이 빚고 있는데, 맛이 강건하고 푸르티하다. 특이한 점은 다른 독일 와인병과 달리 복스보이텔 Bocksbeutel 이라는 호리병 스타일의 병을 쓰며, 모젤 와인이나 라인 와인에 비해 비싸게 팔리고 있으며, 주로 뮌헨 지역에서 많이 소비되고 있다.

독일 와인병은 목이 긴 가느다란 병으로 처음에는 지역별로 색상이 달라 모젤 지역은 그린 색상, 기타 다른 지역은 브라운 색상을 썼으나 현재는 혼용하여 쓰고 있다. 예외적으로 프랑캔 산지에서는 복스보이텔 Bocksbeutel 이라는 호리병 스타일을 고집하고 있다.

복스 보이텔 병을 쓰는 프랑켄 지역 와인들

대표 품종

적포도 품종

슈페트부르군더 Spätburgunder

중세 때 독일에 유입된 종으로 피노 누아와 같은 종이라 볼 수 있으며, 최근 레드 와인의 수요 증가에 따라 재배 면적이 늘고 있는 품종으로 늦게 익는 만생종이다.

화사한 색깔과 함께 벨벳의 부드러운 질감을 느끼며, 라이트 또는 미디움 바디의 와인으로 타닌은 약하며 블랙 베리나 딸기, 체리 등 붉은 과일향을 지닌 와인을 만든다.

도른펠더 Dornfelder

독일 내륙에 있는 부르뎀베르크 Württemberg 의 포도 재배자인 임마뉴엘 도른펠더 Imanuel Dornfelder 가 1956년에 개발한 품종으로 보졸레 누보처럼 상큼할 때 마시기도 하고, 오크통에 숙성시켜 풀 바디 와인을 만들기도 하는 높은 잠재성을 갖고 있는 품종이다. 팔츠와 라인 헤센 지역이 주산지이다.

포르투기저 Portugieser

헝가리, 오스트리아가 원산지로 알려져 있으며, 19세기 독일로 유입되어 빠르게 재래종을 대체한 품종이다.

일찍 익는 조생종으로 수확량이 많으며 라이트하면서 풍미가 있다. 라인 헤센과 아르 지역이 주산지이다.

청포도 품종

리슬링 Riesling (20페이지 참조)

독일 와인의 대표 품종으로 프랑스 샤블리 지방의 샤르도
네와 더불어 가장 우아하고 고상한 청포도 품종으로 화이
트 와인의 쌍벽을 이루고 있다.

라인 가우 지역이 원산지이며 포도알이 늦게 익는 만생종으
로 10월 하순이나 11월 초에 수확한다. 햇빛이 잘 드는 곳
이면 토양에 크게 구애 받지 않고 잘 자란다.

와인의 맛은 우아하고 복합적이며, 복숭아, 신선한 사과, 라임, 배, 자스민, 석류 등
다양한 향과 상큼한 산미를 지니며 산도가 높아 숙성 잠재력이 높다.

양조 방법에 따라 드라이한 맛에서부터 감미가 넘치는 스위트한 와인을 빚을 수
있다. 고급 와인에서는 포도 품종을 명시하지 않는데 그들의 포도밭은 리슬링만
재배하기 때문이다.

뮐러-투르가우 Müller-Thurgau

1880년대에 개발된 품종으로 리슬링 다음으로 많이 재배
되는 품종으로 리슬링과 마들렌 로열 Madeleine Royal 의 교배
품종으로 알려져 있다.

9월에 일찍 익는 조생종으로 가을 날씨가 좋지 않아도 수확
할 수 있는 장점이 있으나, 대신 서리로 인해 피해를 입기도
한다. 과일향과 낮은 산도로 온화하다.

실바너 Silvaner

독일 토착 품종이며 10월 초에 익는 조생종으로 토양에 대해
까다롭지 않은 편이며, 특정한 지역을 제외하고는 대부분
산도가 낮다. 대륙성 기후인 프랑켄, 잘레 운스트루트, 작센
지역에서 수확의 위험을 피해 주로 많이 재배되고 있다.

포르투의 랜드마크인 동루이스 1세 다리

포르투갈

Portugal

미국 독립 운동의 도화선이 된 마데이라 _{Madeira} 와인

'Put your John Hancock on the check.'(수표에 서명하세요)라고 John Hancock이란 사람 이름을 자필 서명 _{Handwritten Signature} 이란 뜻으로 미국에서는 관용적으로 쓰고 있다. 이렇게 존 핸콕 _{John Hancock 1737~1793년} 이란 사람의 이름이 자필 서명의 뜻을 가지게 된 데에는 다음과 같은 사연이 있다.

그는 미국의 정치인이자 건국의 아버지들 중 한 명으로 초대 및 3대 메사추세츠 주지사를 역임하였고, 제2차 대륙 회의의 4대 및 13대 의장을 맡았던 사람이다.

그는 미국 독립 선언서에 맨 처음으로 용감하게 서명을 한 사람으로 더욱 유명하다. 미국에서 독립 선언서 _{Declaration of Independence} 가 갖는 의미는 짧은 미국 역사에서 가장 중요한 문서이자 역사적인 기록물이라고 할 수 있기 때문이다.

당시 영국 정부 입장에서 본다면 이 독립 선언서에 서명한 사람들은 식민지인 미국에서 독립을 선동하고 영국 정부에 반역 행위를 한 사람들로 당연히 교수형 감이었다.

이런 중대한 문서에 그는 독립 선언서를 발표했던 1776년 7월 4일에 대륙 회의 의장 자격으로 맨 처음 서명을 했으며, 나머지 55인은 한 달 뒤인 8월 2일에 가서야 사인을 했다.

미국 역사상 가장 비중 있는 문서에 사인을 한 56명의 사인 중, 눈에 띄는 한 가운데 윗자리에 가장 유

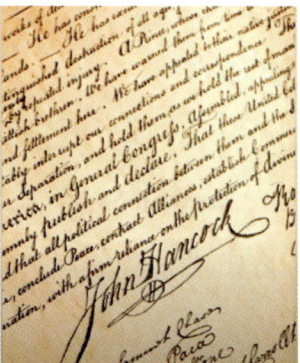

독립 선언서에 최초로 서명을 하는 장면과 서명된 모습

려하면서 멋있게 사인을 한 존 핸콕에 대해 존경의 의미를 담아, John Hancock이라는 고유 명사가 자필 서명이란 뜻을 갖게 되었다.

그가 이렇게 사인을 할 수 밖에 없었던 것은 그가 독립 운동에 앞장선 사람 중의 한사람으로 당시 대륙회의의 의장직을 맡고 있었던 것도 한 이유이지만, 정작 중요한 것은 그가 하는 사업이, 달라진 영국 정부의 정책으로 인하여 심각한 손실을 입었기 때문이다.

그는 원래 영국 쪽에 가까운 사업가로 미국에서는 몇 안되는 부자였다. 그런데 잘 나가던 그가 미국의 분리 독립주의자가 된 이유는 다음과 같은 사건 때문이었다.

핸 콕은 주로 조선업, 해운업, 무역 회사 등을 운영하고 있었는데, 무역 품목 중의 하나인 포르투갈의 마데이라 와인을 수입해서 막대한 부를 얻고 있었다.

그런 그가 1768년 5월 9일에 그의 소유 선박 리버티 Sloop Liberty 호가 밀수 혐의를 쓰고, 세관에 압류를 당한 것을 계기로 적극적인 분리 독립파로 돌아서게 되었다.

사실 그가 운영하는 회사에서는 미국으로 들어오는 물품 중 적지않은 양을 그동안 해왔던 관례대로 적당히 세관원에게 뇌물을 주고, 축소 신고하여 세금을 적게 내오면서 막대한 이익을 내고 있었다. 한마디로 밀수로 부를 쌓고 있었던 것이다.

이런 관례는 60년전 쯤에 후사 없이 죽은 에스파니아의 왕위 계승권을 둘러싸고 영국과 프랑스를 맹주로 두 편으로 갈라져 유럽 열강들이 힘겨루기 할 때(1701~1714년), 영국이 포르투갈을 자기편으로 끌어 들이기 위해 군사 동맹을 맺으면서 포르투갈에 관세 혜택을 주게 되는데, 이것이 포르투갈의 마데이라 와인에 대해 적대국인 프랑스 와인보다 3분의 1 이하로 특혜 관세를 주는 메수엔 조약 Metheun Treaty 1703년 이다. 이렇게 되자 마데이라 와인은 프랑스 와인에 비해 수출 경쟁력을 갖게 되면서, 당시 미국에서 와인다운 와인이 생산되지 않을 때에 선풍적인 인기를 끄는 수입 품목이었다.

따라서 존 핸콕 같은 상인들은 많은 마데이라 와인을 수입하면서 세관원과 짜고 수입량을 축소 신고하여 세금을 적게 냄으로써 막대한 부를 쌓고 있었다. 영국 정부에서는 이런 사실을 알고 있었지만, 당시에는 미국인들의 영국에 대한 충성심이 더 중요한 시점이었고, 축소 신고하여 벌어들인 돈의 대부분이 영국의 사치품을 수입하는데 다시 쓰였기 때문에 밀수를 알면서도 눈감아 주었다.

그런데 영국은 북아메리카에서 프랑스와 식민지를 놓고 프렌치-인디언 전쟁(1754~1763년)과 세계 각국의 식민지 재편 과정에 따른 7년 전쟁(1756~1763년)을 동시에 치르면서, 많은 빚을 지게 되고 정부 재정이 고갈되기 시작했다.

이에 따라 영국 정부는 그동안 눈감아 주었던 마데이라 와인 수입상들에게 세금을 확보하기 위하여 기존 세관원들을 영국에서 직접 파견한 세관원들로 전부 교체하고, 세관원들에게 압수 및 수색 등 막강한 권한과 과감한 인센티브까지 걸면서, 60년 동안 관례대로 축소 신고해왔던 물품에 대해 예외 없이 정상적인 관세를 부과하기 시작했다.

1768년 5월 9일 존 핸콕 회사의 리버티 호가 마데이라 와인을 가득 싣고 보스턴 항에 들어오자, 세관

당시의 보스턴 항구와 보스턴 차 사건

마데이라 Madeira 섬의 전경과 포도밭 풍경

에서는 수입 물품에 대해 축소 신고를 했다는 트집을 잡아 리버티호를 압류해 해군에 넘겨 버렸다.

존 핸콕은 리버티 호에 적재된 마데이라 와인에 대해 관세를 모두 지불했다고 주장했지만, 세관원들은 존 핸콕이 밤중에 상당한 양의 와인을 미리 빼돌렸다고 의심했다.

당시 영국 정부는 재정 확충을 위해 아메리카 식민지에 그동안 없던 설탕 법(1764년)과 인지 법(1765년)까지 도입하여 과도한 세금을 부과하고 있었던 터라, 식민지 거주민들의 영국 정부에 대한 불만이 터지기 일보 직전이었다.

1769년에 뉴 포트 항에 억류되어 있던 리버티 호에 대한 방화를 시작으로 1770년 보스턴 학살 사건, 1773년 보스턴 차(茶) 사건으로 이어지면서 독립 전쟁의 도화선이 되어, 결국 존 핸콕을 필두로 유력 인사들이 독립 선언서를 작성하여 서명까지 하게 되었다.

토머스 제퍼슨을 비롯한 미국 건국의 아버지들은 필라델피아의 한 장소에 모여 독립 선언서를 작성한 뒤 축배로 마데이라 와인을 마셨으며, 독립 전쟁에서 대륙군 총사령관으로 활약한 초대 대통령 조지 워싱턴도 취임식 때 마데이라 Madeira 와인을 쓸 정도로 당시의 마데이라 와인은 미국에서 의미가 있는 와인이었다.

마데이라는 포르투갈의 축구 영웅이자 젊은이들의 우상인 호날두의 고향이기도 해서 공항 이름도 크리스티아누 호날두 Cristiano Ronaldo 공항으로 바꿔 부르고 있다. 포르투갈에서 남서쪽으로 1,000km 떨어져 있으며 오히려 아프리카의 모로코에서 가까운 대서양상의 아주 작은 섬이다. 면적은 제주도의 1/3 크기로 제주도와 같은 화산섬으로 제주도와 자매 결연을 맺고 있다.

Wines of Portugal

와인의 역사

포르투갈 와인의 역사는 스페인과 같이 이베리아 반도의 역사와 같다. 기원전에 페니키아인을 거쳐 카르타고인이 포도 경작을 하고 있었고, 유럽의 다른 나라처럼 로마 시대로 들어와 보다 체계적인 와인을 만들기 시작했다. 그러나 AD 711년 로마를 무너뜨리고 이슬람교의 무어인들이 들어오면서 종교적인 이유로 와인의 생산과 소비가 금지되었으나, 12세기경에 기독교인들이 득세하면서 다시 와인 산업이 활기를 띠게 되었다. 1143년 스페인으로부터 독립을 하고 난 후, 대항해 시대를 맞이하여 한때는 브라질 등을 식민지로 두고 아프리카 서남단에 새로운 주거지를 두는 등 유래가 없는 번성을 누렸지만, 1580년 다시 스페인에 병합되는 수모를 겪기도 했다.

영국의 백년 전쟁 이후 영국의 새로운 와인 공급처로 스페인의 세리 와인과 더불어 영국에 수출되기 시작하면서 영국과 관계를 맺기 시작하였으나 스페인에 복속되면서 어쩔 수 없이 관계가 끊어졌다. 1640년 재차 독립하면서 스페인으로부터 자국의 보호를 위해 영국과의 관계를 심화시켜 나갔다. 두 나라는 메수엔 조약을 통해 파격적인 관세 동맹을 맺고, 영국은 양모와 면직물을, 포르투갈은 와인을 교환했다.

정부는 포트 와인의 품질 보호를 위해 1756년 세계 최초로 북부 지방의 도우루 밸리 Douro Valley 일대를 '포트 와인을 위한 지정된 산지' Demarcated Region, Regiao Demarcada 로 지정함으로써 포르투갈 DO Donominacao de Origem 제도를 도입했다.

1986년 EU 가입을 기회로 도우루 지역을 위시해 26개 지역을 포르투갈 최상의 DOC Denominacao de Origem Controlada 로 선정하여 포트 와인뿐만 아니라 포르투갈의 테이블 와인 산업을 한층 더 발전시켜 나가고 있다. 스페인과 포르투갈은 이베리아 반도에 위치해 있어 비슷한 면이 많이 있으리라 생각하지만 기후도 완전히 다르며, 역사적으로는 대항해 시대를 최초로 열었다는 자부심과 스페인에 두 번이나 복속되면서 우리나라와 일본 관계처럼 서로 간에 보이지 않는 강한 경쟁심을 갖고 있다. 이런 점은 와인에 있어서도 스페인과는 완전히 다른 특징을 보여준다.

현재 유럽 내에서는 스페인, 프랑스, 이탈리아 다음으로 큰 재배 면적을 갖고 있으나 생산량은 세계 10위이며 아홉 번째로 수출을 많이 하는 나라이다.

Wines of Portugal

테루아

도우루 강변의 계단식 포도밭

포르투갈은 남북으로는 약 600km, 동서로는 약 200km로, 서쪽은 대서양, 남쪽은 지중해와 면하고 동쪽은 스페인과 접경을 이루면서 길게 뻗은 나라이다. 대서양 및 지중해성, 그리고 온대 및 아열대 기후가 혼재하며, 강우량은 북부 지역은 연간 약 1,500~2,000mm이고 내륙 지역은 약 500~900mm이다. 연간 평균 온도는 북부는 약 10도 정도이고 동남부 지역은 약 17~19도이다.

구릉 지대에 소규모 포도밭들이 위치하며, 토양은 편암, 화강암, 점토, 석회암, 사암 등 다양한 토양을 가지고 있다. 특히 도우루 강 계곡의 포도밭은 흙이 거의 없는 가파른 산비탈로, 포도밭을 조성하기 위해 화강암과 편암으로 이루어진 바위를 깎아내고 흙을 가져와 유기 화합물을 섞어 킨타스 Quintas 라 불리우는 계단식 포도밭을 조성하여 어렵게 포도를 재배하고 있다.

즐기면서 나누는 **와인**

Wines of Portugal

와인 관련법

1756년 도우루 밸리에 세계 최초로 DO 지역이 지정되었으며, 1986년에 DOC로 법을 바꾸고 프랑스처럼 4등급으로 나누어 분류하였다.

DOC Denominação de Origem Controlada

최상급 와인 품계로 원산지 지정 통제 와인이다. 와인협회에서 정한 포도의 종류와 생산량. 양조 방법, 숙성 기간, 포도밭 면적, 레이블의 표기 방법 등을 따라야 하며, 2009년 현재 26개 지역이 지정되어 있다.

IPR Indicação de Proveniância Regulamentada

1989년에 제정된 등급으로 DOC가 되기 위한 전 단계이며 프랑스의 VDQS에 해당한다. 최소 5년의 검증 단계를 거쳐야 DOC로 승격될 수 있다. 4개 지역이 지정되어 있다. DOC나 IPR 와인은 지역의 와인협회에서 발행한 일종의 품질 보증서로 일련번호가 찍힌 실 seal 형태의 셀루 드 오리젱 Selo de Origem 을 부착해야 한다.

VR Vinhos Regional

와인 산지를 레이블에 표기하는 세 번째 품계로 프랑스의 뱅 드 뻬이 Vin de Pays 에 해당되며, 11개가 지정되어 있다.

VdM Vinho de Mesa

가장 낮은 등급으로 생산지와 빈티지가 필요 없는 일반 테이블 와인이며 생산량이 가장 많다.

통일된 유럽 연합의 지리적 원산지 보호 제도

2009년 8월 1일에 유럽 연합에서 만든 통일된 유럽 연합의 지리적 원산지 보호 제도에 따라, 포르투갈도 이에 맞춰 기존의 DOC법을 개정한 DOP 제도를 도입하였다.

DOP Denominação de Origem Protegida

종전의 DOC와 IPR 등급을 합하여 DOP로 하였으며 원산지 지정 보호를 위해 엄격하게 원산지로 지정된 지역에서 허용된 포도의 재배와 수확량으로 생산되었음을 의미한다. 29개의 DOP가 있으며, 아직까지 DOC와 혼용하여 쓰고 있다.

IGP Indicação Geografica Protegida

10개 지역이 지정되었으며 DOP보다 덜 엄격하여 창의적이고 선구적인 와인 메이커는 일부러 복잡한 규제를 피해 이 등급을 받기도 한다. 종전의 이름인 VR Vinhos Regional 과 혼용하고 있다.

비뉴 Vinho

포르투갈의 테이블 와인으로 포르투갈 내에서 생산된 포도로 만든 일반 와인이다

기타 고급 와인에 붙이는 표기

리제르바 Reserva

빈티지가 좋은 해에 붙이며, 알코올은 최소 요구량보다 0.5% 이상 높아야 하며, 일정한 지역에서 생산된 와인으로 테이스팅위원회의 심사를 거쳐야 한다.

가하페이라 Garrafeira

리제르바의 조건을 갖추고 레드 와인인 경우 오크 숙성 2년, 병입 숙성 1년을 포함하여 최소 3년 이상, 화이트 와인의 경우는 오크 숙성 6개월, 병입 숙성 6개월로 최소 1년 이상 숙성한 와인에 표기할 수 있다.

Wines of Portugal

와인 산지

도우루 강변의 포도밭과 편암 토양 모습

도우루 계곡 Douro Valley

도우루는 포르투갈의 북동부 지역으로 계곡의 이름, 강, 와인 산지, 와인 이름 등을 총괄하며, 1756년 세계 최초로 포도 재배 지역을 지정했던 곳이다. 포트 와인과 테이블 와인의 DOC 지역으로 포르투갈에서 가장 넓은 재배 면적을 갖고 있다.

포르투갈 제 2의 도시인 포르투 Porto 에서 강 상류 100km에 이르는 지역으로 마랑 산맥과 몬테무루 산맥이 감싸고 있으며, 도우루 강과 지류들이 흐르는 곳이다. 토양은 화강암과 편암으로 이루어져 있으며, 포도밭은 대부분 도우루 강을 내려다 보는 계단식 형태로 가파

> 스페인 북부 부르고스에서 출발하는 두에로 강 Duero 이 포르투갈로 연결되면서 도우루 강 Douro 으로 바뀌어 부른다.

르고 척박하다. 건조한 여름과 습한 겨울이 나타나며 전체적으로는 지중해성 기후이다. 편암 토양에서만 포트 와인을 약 40% 생산하며, 나머지는 화강암 토양에서 테이블 와인을 생산하는데, 1982년 DOC로 지정되었다.

포도 품종은 틴타 로리즈 Tinta Roriz, 토우리가 나시오날 Touriga Nacional, 토우리가 프랑카 Touriga Franca 등이 재배된다.

1790년에 설립하고 1903년에 오크통에 와인을 담아 브랜드 없이 판매하던 것을 최초로 브랜드화해서 판매하였던 샌드맨 와이너리의 전경과 카브, 와인들

레드 와인은 타닌과 산도가 잘 조화를 이루면서 풍부한 과일 맛이 나며, 화이트 와인은 신선한 과일향과 적당한 산도의 풍미가 있다.

비뉴 베르드 Vinho Verde

'푸른 와인' 또는 '풋 포도 와인'의 뜻을 가진 테이블 와인의 명산지로 포르투갈의 최북단 지역이다. 북쪽으로 미뉴 Minho 강과 남쪽으로 도우루 강 사이, 동쪽으로 대서양과 면하고 있는 곳으로 여름에는 무덥고 겨울은 강우량이 많아 수확에 차질을 빚기도 한다.

토양은 화강암이 주를 이루고 있으며, 지역 명칭과 동일한 화이트 와인이 유명하며 포트 와인 다음으로 가장 많이 수출되는 와인이다.

비뉴 베르드 와인은 이름과는 달리 푸른색을 띠지 않으며, 포도나무는 가지를 높게 올려 포도가 충분히 익어도 낮은 당도와 높은 산도를 유지한다. 가볍고 신선하며 산도가 있고, 약한 거품이 나는 8~10도의 드라이한 와인으로 갈증 억제의 효과도 있다. 포도 품종은 알바링뉴 Alvarinho 와 로우르씨루 Lourciro 이다 .

다웅 Dão

중북부 지역으로 도우루 강 남쪽의 다웅 강 유역이며 대부분의 포도밭은 아스트렐라 산맥의 서늘한 해발 200~500m 사이의 고원 지대에 위치하고 있다. 여름은 덥고 강우량이 적은 편이며 가을, 겨울은 서늘하다.

토양은 화강암으로 이루어져 있다. 이 지역은 90% 이상이 레드 와인을 생산하고 있으며, 법에 의해 다웅 레드 와인은 최소 20% 이상 토우리가 나시오날 Touriga Nacional 품종을 블렌딩하도록 되어 있다. 다웅 와인은 최소 2년 이상 오크 숙성을 거치며 강한 타닌으로 오랫동안 숙성이 가능한 훌륭한 레드 와인이다.

바이라다 Bairrada

동쪽으로 다웅 지역의 언덕들과 서쪽으로는 대서양을 면하고 있다 기후는 온난하며 여름에 비가 적고 겨울에 비가 많은 편이다. 바이라다라는 이름은 점토라는 바이루 bairro 에서 유래된 말로 점토가 주를 이루고 있다.

이 지역은 다웅처럼 레드 와인이 유명하며, 바가 Baga 라는 품종이 최소 50% 이상 블렌딩되어야 한다. 맛이 풍부하고 향이 진하며 타닌과 산도가 높아 장기 숙성이 가능하다. 스파클링 와인의 65%가 이 지역에서 나온다.

알렌테쥬 Alentejo

포르투갈의 남부의 과디아나강 Guadiana 상류 지역으로 최근에 기술의 혁신과 투자로 중후한 레드 와인과 풍미가 좋은 화이트 와인을 생산하고 있으며 새롭게 부상하는 지역이다. 이 지역은 화강암, 편암, 점토질, 석회암, 사암 등 다양한 토양이 공존하고 있다.

마데이라 Madeira

포르투갈보다 모로코에서 가까운 대서양 상의 작은 섬으로 강화 와인인 마데이라 와인이 유명하다.

포르투의 빌라 노바 데 가이아의 옛날 모습과 현재 모습

도우루 강의 범선과 동루이스 다리

포르투갈의 다양한 와인
(포트, 마데이라, 마테우스 와인)

• 디저트 와인 포트 Port

북부 지방의 도우루 Douro 일대에서 생산되는 와인이다. 허용된 적 포도 품종 9종과 청포도 품종 6종 내에서 빚는 강화 fortified 와인으로 발효가 진행되어 포도즙 속의 당분이 6~9% 정도의 알코올로 전환되었을 때 75~77%의 브랜디를 브랜디 대 와인 1 : 4의 비율로 첨가하면 효모가 죽고 발효가 멈춘다.

발효되지 않는 당분은 8% 정도의 당분을 가지며 스위트 와인으로 알코올 도수는 18~20% 정도이다.

1800년대에 들어와 영국으로 수출하는 동안 와인의 변질을 막기 위해 만들기 시작했다고 하며, 영국인들의 기호에 맞추어 만들어진 와인으로 대부분 레드 와인이며 드물게 화이트 와인도 있다.

이렇게 만들어진 와인은 도우루 계곡의 와이너리에서 3개월 정도 숙성한 다음, 이듬해 봄에 강 하류 포르투 시내의 빌라 노바 데 가이아 Villa Nova de Gaia 에 있는 각 회사의 셀러로 옮겨져 숙성시킨 뒤 블렌딩 과정을 거쳐 병입하게 된다.

와인들은 전에는 범선으로 옮겨졌는데 지금은 트럭이나 열차를 이용하여 옮겨지고 있으며, 포르투 항구에 있는 범선들은 관광용과 포트 와인 회사의 선전용이다.

깊고 넘치는 향과 견과류의 고소한 향이 복합적으로 나며, 미묘한 감미가 돋보이는 포르투갈의 대표적인 와인으로 식사 후에 디저트나 커피 등과 함께 나오며, 보통 체다 치즈나 블루 치즈와 같이 나온다.

유럽 연합의 원산지 명칭 보호 제도로 인해 포르투갈에서 생산된 와인만 포트 Port 나 포르투 Porto 를 쓸 수 있다.

포트 와인의 종류

화이트와 로제 포트 White & Rose Port

일반 와인처럼 색으로 구별하는 경우로, 화이트 포트는 화이트 품종으로 로제 포트는 침용을 짧게 해 색소 추출을 적게 해서 만든 와인으로 3~5년 정도 숙성시킨다. 과일향이 강하고 드라이해서 식전주 Aperitif 로 많이 마신다.

루비 포트 Ruby Port

선홍 색과 풀 바디 과일향의 가장 일반적인 포트 와인으로 순수하고 깨끗한 느낌의 포트 와인이다. 3년 정도의 오크 숙성을 거친 루비 포트와 작황이 좋은 해의 포도만을 사용해서 만든 빈티지 Vintage 포트, 그리고 5~6년 정도 대형 오크통에서 숙성을 거쳐 병입한 레이트 바틀드 빈티지 포트 Late Bottled Vintage Port : L.B.V 가 있다.

빈티지 포트는 20년 정도 지나야 맛이 부드러워지며 진한 루비색으로 과일향이 난다. 모든 종류의 포트 중에서 농도가 가장 높으며 레이트 바틀드 빈티지 포트보다 가격이 비싸다. 빈티지 포트는 가장 작황이 좋은 해에 만들어지며 레이트 바틀드 빈티지 포트는 작황이 그런대로 좋았을 때 수확하여 만들기 때문이다.

토니 포트 Tawny Port

루비 포트와 같은 포도로 만들지만 숙성 중에 공기와 더 많이 접촉시켜 산화 과정이 상당히 진행되어 황갈색을 띤 포트 와인이다. 토니 포트는 약 3년 정도의 숙성과 산화 과정을 거쳐 황갈색이 된 일반적인 토니 포트와 위스키처럼 10, 20, 30, 40년을 숙성한 숙성 포트 Aged Twany Port, 그리고 작황이 뛰어난 해의 단일 포도 만으로 최소 7년 이상 숙성을 거쳐 병입한 콜헤이타 Colheita 포트가 있다. 토니 포트는 실크처럼 부드럽고 감미로우며 카라멜, 초콜릿, 건포도, 원두 커피 등의 아로마가 느껴진다.

포트 와인의 음용 온도는 화이트 포트는 화이트 와인의 음용 온도를, 단맛이 있는 다른 포트 와인은 레드 와인의 온도에 맞추어 음용하면 그 맛을 최대한 느낄 수가 있다.

포트 와인은 발효 중에 브랜디를 첨가하여 잔류 당이 남아 감미가 있는 반면, 셰리 와인은 발효가 끝난 뒤 주정을 첨가해 달지 않고 드라이하다. 따라서 셰리 와인은 식전주로 많이 이용되고, 포트 와인은 식후주로 많이 쓴다. 반면 마데이라는 96도의 주정을 첨가하는데 첨가하는 시점에 따라 단맛부터 드라이한 맛까지 나타나 식전주, 식후주 모두 사용할 수 있다.

루비 포트 와인들

토니 포트 와인들

마데이라 위치

마데이라 섬의 포도밭 풍경

(왼쪽 병 라벨)
JUSTINO'S MADEIRA BOAL 10 YEARS OLD

마데이라 와인들

• 열화된 와인 마데이라 Madeira

스페인의 세리, 시칠리아의 마르살라 와인과 더불어 세계 3대 식전주 Aperitif 와인으로 알려져 있으며, 마데이라 와인은 드라이 와인뿐만 아니라 스위트 와인도 만들고 있다. 포트 와인과 마찬가지로 강화 Fortified 와인으로 포르투갈(1000km)보다는 아프리카의 모로코(640km)가 더 가까운 대서양 상의 작은 화산섬에서 생산되며, 도수는 17~20도 정도이다.

마데이라는 포르투갈이 15세기 초반에 대서양으로 처음 진출해서 개척한 섬으로 신대륙으로 진출하려는 선박들이 마데이라를 중간 기항지로 삼아 이곳에서 식수, 와인, 식량 등을 보충해서 떠났다고 하니, 대략 15세기 말부터 와인의 역사도 시작되었다고 볼 수 있다.

오랜 항해에 없어서는 안될 필수품으로는 여러가지가 있겠지만, 와인은 가장 중요한 품목 중에 하나였다. 오랜 항해에 상하지 않고 오랫동안 보관이 가능한 방법은 주정을 강화하는 방법이었기에 처음에는 브랜디를 첨가해서 만들었다.

그런데 우연히 항해를 끝내고 돌아온 배가 와인을 그대로 싣고 돌아왔는데 색과 향, 맛이 모두 변해 있었다. 적도를 지나는 동안 뜨거운 열과 진동에 와인이 열화 되었기 때문이다. 그런데 상한 줄 알았던 와인이 복합적인 풍미가 더해지면서 오히려 맛있는 와인으로 변해 있는 것을 발견했다.

그 후 열화를 일부러 하는 독특한 방법을 찾아냈는데, 최근에는 스테인레스 탱크나 콘크리트 탱크에 구리 코일을 감아 45~50도의 온수를 흘려 보내 90일 이상 열화시킨 후 와인을 식혀 안정화 한 다음, 큰 통에서 3년 이상 숙성시키는 에스투화 Estufa 방식을 사용한다.

고급 마데이라 와인과 빈티지를 표기하는 마데이라 와인은 '칸테이로 Canteiro'라는 전통 방식을 쓰기도 하는데, 이 방식은 와인을 담은 나무통을 태양열을 받아 20~35도를 유지하는 3개 층으로 된 다락방에서 숙성시킨다.

처음에는 온도가 높은 최상층에서 최소 2년 동안 낮에는 뜨거운 열기를 받고, 밤에는 식는 과정을 반복하면서 서서히 증발

농축되는 과정을 거친다. 이 과정에서 말린 열대 과일향, 견과류, 초콜릿향 등이 복합적으로 더해지면서 독특한 향과 풍미를 갖게 된다. 이렇게 숙성된 와인을 한층 아래로 내려 추가로 숙성하고, 다시 또 한층 내려 숙성하는 방법으로 만든다. 5년 이상은 리제르바 Reserve, 10년 이상은 올드 리제르바 Old Reserve, 15년 이상은 엑스트라 리제르바 Extra Reserva 라고 부른다.

마데이라는 주정 강화 과정과 열화라는 열처리 과정을 거쳐야 하기 때문에 이 과정을 잘 버틸 수 있는 산미의 여부에 따라 품질을 결정하게 되며, 대부분의 마데이라는 스위트한 경우에도 산미가 높아 모든 음식에 잘 어울린다.

와인에 있어서 열화는 상했을 때 사용하는 용어이다.

포도 품종은 1979년 이후 법으로 정해 다른 품종으로는 마데이라 와인을 만들지 못한다. 리슬링과 비슷한 특성을 가지며 가장 드라이한 와인을 만드는 세르시알 Sercial, 미디움-드라이한 와인을 만드는 베르델뉴 Verdelho, 미디움-스위트하나 뒷맛은 드라이한 와인을 만드는 부알 Bual, 스위트한 와인을 만드는 말바지아 Malvasia 의 다른 이름인 맘지 Malmsey 품종 중의 하나로 만들어진다.

'틴타네그로'라는 레드 와인 품종(껍질을 버리고 과육의 즙으로만 양조)으로 만든 마데이라는 조리용으로 쓰이고 있다.

• 약탄산 로제 와인 마테우스 Mateus

호리병 모양의 둥글 납작한 와인병에 들어있는 부드러우면서 단맛이 약간 나는 약탄산 로제 와인으로 일반적인 로제 와인보다는 더 진하고 갈색 빛이 약간 돌며, 딸기향과 덜 익은 복숭아향이 난다. 와인의 명산지인 도우루의 빌라 레알 Vila Real 에서 생산되며, 도수는 11도 수준으로 마시기 편한 와인이다.

레드 와인용 적포도를 파쇄한 직후 바로 압착하여 분홍색을 띠며, 포도즙에 당분이 어느 정도 남아 있을 때 발효를 중지시켜 단맛이 남아 있게 한 후, 여기에 이산화탄소를 주입하여 상큼한 맛이 나는 와인으로 정통 와인도 아니고 스파클링 와인도 아니나 독특한 맛으로 인기가 있다.

마테우스 로제는 제2차 세계대전 이후 북미와 유럽에서 인기가 높아 한때는 포르투갈 와인 수출량의 40%를 차지하기도 했다.

포도 품종은 바가 Baga, 루페테 Rufete, 틴타 바호카 Tinta Barroca 등으로 만들며 최근에는 젊은 여성층을 겨냥해 마테우스 로제 템프라니요 Mateus Rosé Tempranillo 를 출시했는데 마테우스 로제 오리지날 보다 더 진한 핑크 빛을 띠고 있다.

마테우스 로제 와인들

이라크 대통령이었던 사담 후세인이 거주하던 왕궁의 셀러에 많은 양의 마테우스 와인이 쌓여 있었다는 이야기가 있다.

영국의 유명한 와인 평론가인 휴 존슨 Hugh Johnson 과 젠시스 로빈슨 Jancis Robinson 은 마테우스 로제를 가리켜 "레드도 화이트도 아니요, 스위트도 드라이도 아니며, 발포성도 비 발포성도 아닌 박쥐 같은 와인"이라고 표현했다.

대표 품종

포르투갈은 오랜 기간 동안 다른 나라와 교류가 없이 독립적으로 포도 재배가 이루어져 포르투갈만의 토착 포도 품종이 약 250종이 넘으며, 1986년 EU 가입 후에는 글로벌 포도 품종의 재배와 함께 토착 품종의 품질 개선에도 노력하고 있다.

적포도 품종

토우리가 나시오날 Touriga Nacional

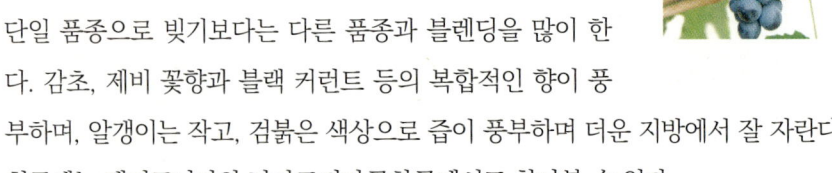

주산지는 도우루 계곡이며, 다웅 지역에서도 많이 재배하고 있는 포르투갈의 대표 품종이다. 포트 와인과 테이블 와인을 빚으며, 타닌이 강하고 산도가 높으며 구조가 탄탄하여 숙성 잠재력이 높다.

단일 품종으로 빚기보다는 다른 품종과 블렌딩을 많이 한다. 감초, 제비 꽃향과 블랙 커런트 등의 복합적인 향이 풍부하며, 알갱이는 작고, 검붉은 색상으로 즙이 풍부하며 더운 지방에서 잘 자란다. 최근에는 캘리포니아와 남아프리카공화국에서도 찾아볼 수 있다.

토우리가 프랑카 Touriga Franca

도우루 계곡에서 가장 많이 재배되는 품종으로 블랙 베리와 야생 꽃향 등이 풍부하며 타닌이 벨벳처럼 부드럽고 단단한 구조감으로 숙성 잠재력을 높이는 역할을 한다.

틴타 로리즈/아라고네즈 Tinta Roriz/Aragonez

이베리아 반도에서 가장 훌륭한 품종으로 스페인의 템프라니요와 같은 품종이다. 포르투갈에서도 가장 많이 재배되고 있으며, 도우루 계곡 Douro Valley 에서 뛰어난 와인을 만들고 있다. 짙은 색상으로 붉은 과일과 자두, 블랙 베리 등의 향과 견고한 타닌, 높은 당도, 적절한 산성 등으로 숙성 잠재력이 뛰어나다. 알렌테쥬 Alentejo 에서는 아라고네즈라고 부른다.

청포도 품종

알바링뉴 Alvarinho

포르투갈 북서쪽의 스페인과 경계 지역인 비뉴 베르드 Vinho Verde 에서 많이 재배되는 품종으로 알코올 도수가 높으며 주로 단일 품종으로 풀 바디 와인을 만든다. 시트러스와 복숭아 향이 뚜렷하며 때로는 열대 과일향과 미네랄이 풍부하다.

엔크루자두 Encruzado

포르투갈 중북부의 다웅 Dão 지역에서 많이 재배되고 있으며, 당도가 높지 않고 신선한 산도로 단일 품종이나 다른 품종과 블렌딩되기도 한다.

바이올렛과 장미, 시트러스향 등이 은은하게 나타나며 균형감과 미네랄이 훌륭한 풀 바디 와인으로 숙성이 덜 되었을 때는 높은 산도를 보이지만 숙성되면서 부드러워진다.

아린투 Arinto

리스본 위의 부셀라스 Bucelas 지역이 유명하며, 만생종으로 더운 지역에서도 신선함을 유지하는 장점이 있어 포르투갈 전역에서 많이 재배되고 있다. 산도가 높아 스파클링 와인으로도 만들고 있다. 사과와 레몬향이 뛰어나고 우아한 미네랄이 풍부하다.

호주 시드니의 랜드마크로, 조개껍질을 닮은 외관이 아름다운 오페라하우스

호주

Australia

내과 의사가 치료 목적으로 만들었던 펜폴즈 Penfolds 와인

펜폴즈 와이너리는 1844년에 영국에서 호주로 이민 온 내과 의사인 크리스토퍼 로손 펜폴드 Dr. Christopher Rawson Penfold 와 부인인 마리 펜폴드 Mary Penfold 에 의해, 아들레이드 Adelaide 시 동쪽 변두리 롭티산의 발치에 있는 메길 Magill 포도밭에서 시작되었다. 처음에 부부는 돌로 지은 작은 집에 살았는데, 마리 부인이 예전에 살던 영국 집 이름을 따서 "그랜지 Grange" 라고 부르고 집 주변에 남프랑스에서 얻어온 포도 묘목을 심기 시작했다.

크리스토퍼 로손 펜폴드와 부인인 마리 펜폴드

크리스토퍼 로손 펜폴드는 의사인 히포크라테스가 처방했던 것처럼 와인의 의학적 효능을 신봉하여, 빈혈 환자들을 위한 셰리와 포트 와인 스타일의 주정 강화 와인을 생산하는데 주력했다.

1870년에 크리스토퍼가 사망하고 미망인인 마리 펜폴드가 맡아 운영하다, 1884년에 은퇴하면서, 그녀의 딸인 조지나 Georgina 와 사위인 토마스 하일랜드 Thomas Hyland 가 넘겨 받아 운영하였다. 그들은 포도밭을 대폭 확장하고 포도 품종 개발을 통해 호주에서 가장 혁신적인 와이너리로 명성을 쌓았으며, 호주 와인 생산량의 1/3을 차지할 정도로 성장시켰다.

펜폴즈 와인과 와이너리 입구

출처: penfolds. com

1940년대와 50년대를 거치면서 펜폴즈는 변화하는 소비자들의 기호에 맞추기 위해 주정 강화 와인에서 테이블 와인으로 방향을 바꾸는데, 여기에는 1930년대부터 펜폴즈에 입사해서 1948년에 수석 와인 메이커 자리에 오른, 막스 슈베르트 Max Schubert 라는 와인 메이커 덕분에 또 한번 변화와 도약이 계기를 맞이 할 수 있었다.

막스 슈베르트는 1949년에 주정 강화 와인의 선진국인 포르투갈과 스페인에 선진 기술을 익히고자 간 적이 있는데, 그 때 프랑스 보르도 지역의 그랑 크뤼 샤토들도 함께 둘러 보고 고급 테이블 와인에 눈을 뜨게 되었다. 그는 수십년간 저장이 가능하면서 기존에 있던 호주의 다른 와인들과 차별화 되는 고급 테이블 와인을 만들겠다는 꿈을 꾸게 되었다.

귀국 후 펜폴드 가족들이 처음으로 살았던 집 이름인 그랜지 Grange 와 프랑스 론 지방의 에르미타쥐 Hermitage 마을 이름을 합해서, 쉬라즈 품종 100%로 '그랜지 에르미타쥐 Grange Hermitage' 라는 테이블 와인을 만들었으나, 기대한 만큼의 맛이 나오지 않자 펜폴즈 경영진들은 테이블 와인 양조를 포기했다.

막스 슈베르트 Max Schubert 와인 메이커

이렇게 경영진의 포기에도 불구하고 1957년에서 1959년 까지 3년에 걸쳐 아무도 모르게 꾸준히 그랜지 와인을 실 험하여 오던 중, 어느 날 경영진들이 이 와인을 시음하고는 숙성된 와인의 품질과 막스 슈베르트의 열 정에 반하여 공식적으로 그랜지 와인을 다시 생산하는 것으로 결정한다. 이렇게 회사의 후원과 막스 슈 베르트의 열정으로 만들어진 그랜지 와인은 마침내 파리 와인 올림픽에서 쉬라즈 부문의 수상을 비롯 해 '그 해의 와인'으로 선정 되는 등 무려 50여 개의 금메달을 수상했다.

세계의 와인 업계가 경악했던 '펜폴즈 그랜지 에르미타쥐'는 호주 와인을 전 세계에 알리면서 호주인들 의 자부심이 되었고, 1988년 막스 슈베르트는 디켄터 매거진 decanter Magazine 의 올해의 인물로 선정되 었다. 2001년에는 그랜지 에르미타쥐 와인 탄생 50주년을 맞아 호주 와인의 품격을 한 단계 업그레이 드 시킨 공으로 국가 문화재로 등재되며, 명실상부한 국보급 와인으로서 인정받았다.

그랜지 2008 빈티지는 와인 스펙테이터와 로버트 파커가 동시에 100점을 준 최초의 호주 와인으로 현 재까지도 그 기록을 깬 와인은 없다.

튼튼한 골격에 강렬한 블랙 컬러와 잘 익은 뽕나무의 달콤하면서 진한 향 그리고 실크 같이 부드러운 타닌이 특징이다.

그랜지의 차기작으로 만든 'St. Henri Shiraz'는 새로운 오크통을 사용하지 않고 프렌치 대형 오크통을 사용해서, 최대한 오크의 느낌을 배제하고, 쉬라즈 본연의 섬세한 풍미를 살려, 와인 애호가들로부터 오랫동안 사랑을 받아왔다.

이 와인은 헬렌 켈러와도 인연이 있는데 헬렌 켈러가 펜폴즈 와이너리를 방문해 자신의 팔로 발효중이 던 세인트 헨리의 대형 오크통을 측정하고 사이즈를 정확 하게 맞추어서, 현재도 당시의 헬렌 켈러 오크통을 기념으 로 진열하고 있다.

1962년에는 'BIN 60A'라는 브랜드로 쿠나와라 지방의 카베르네 소비뇽과 바로사 밸리의 쉬라즈를 블렌딩해서 펜폴즈의 아이콘으로 자리잡게 한다. 이 와인은 신세계 와 인으로서는 유일하게 2004년 'Decanter'지에 '세계 10 대 와인의 하나'로 선정되기도 했다.

헬렌 켈러 방문 당시 기념 오크통

출처: penfolds.com

1994년 호주 와인 업계에 혁명을 일으키고, 펜폴즈라는 호주의 브랜드를 널리 알린 막스 슈베르트가 죽고 나자, 그를 기념해 'Max's'라는 브랜드로도 와인을 생산하고 있다.

이런 펜폴즈 와인은 '호주의 국가 문화재 와이너리', '세계에서 몇 안 되는 도시 속 빈야드', '프랑스 5대 샤토를 넘어선 품질' 등 다양한 수식어로 불리우고 있다.

이처럼 오늘날에도 펜폴즈 와인이 꾸준히 인기를 얻는 비결은 정통성을 기반으로 상식을 뒤집는 변화를 추구하고 있기 때문이다.

일례로 전 세계의 와이너리가 어느 한 지역 또는 하나의 포도밭에서만 나는 포도를 사용하고, 고급 와인일수록 싱글 빈야드를 강조하는 것과는 반대로, 펜폴즈는 호주 전역을 돌며 그 와인에 가장 적합한 포도를 선별해서 와인을 빚고 있다. 싱글 빈야드가 아니라 호주 전체의 빈야드라고 해야 할 멀티리저널 Multiregional 방식이다.

2017년에는 'G3'라는 와인을 출시했는데 보통은 같은 해의 다른 포도 품종을 섞는게 일반적이지만, G3는 펜폴즈의 최상위급 와인인 그랜지의 2008년, 2012년, 2014년 3개 빈티지를 블렌딩해서 1200병 한정판으로 출시하기도 했다.

이 같은 시도는 전 세계에서 유래가 없는 시도로 오직 펜폴즈만이 해 낼 수 있는 혁명이다.

오늘날 펜 폴즈는 '1844년부터 영원히! 1844 to Evermore!' 라는 철학과 전설을 계속해서 소중히 여기고 있다.

출처: penfolds.com

와인의 역사

호주 와인의 역사는 1788년 총독으로 부임한 아서 필립 Arthur Phillip, 1738~1814 이 시드니의 보태니컬 가든 Botanical Garden 인 팜 코브 Farm Cove 에 포도나무를 심어 첫 호주 와인을 생산했다는 기록이 있다.

이후 1824년에 '호주 포도 재배의 아버지'로 불리우는 스코틀랜드 출신 제임스 버스비 James Busby 가 뉴 사우스 웨일즈 New South Wales 주의 헌터 밸리 Hunter Valley 지역 주민들에게 유럽 각지의 포도나무를 가져와 포도 재배와 와인 양조 방법을 전파하면서 호주 와인 역사가 시작되었다.

1840년대에 들어서 유럽에서 이민자들이 대거 들어오면서 빅토리아 Victoria 주 등 남서쪽 지역까지 포도나무 재배가 확대되었다.

20세기 초에는 필록세라가 이곳 호주까지 넘어와 포도밭을 황폐화시킨 후, 와인 산업의 중심은 사우스 오스트레일리아 South Australia 로 넘어가게 된다. 그때까지는 영국 식민지 문화와 유럽으로의 긴 운송 기간에 견디기 위해 세리나 포트 와인처럼 주정 강화 와인과 브랜디 양조가 주류를 이루었으나, 제2차 세계대전에 참전했던 군인들이 유럽의 세련되고 변화된 미식 문화를 체험하고 돌아 오면서 테이블 와인의 수요가 급속도로 늘어나기 시작했다.

이에 따라 1950~60년대에 들어서면서 본격적으로 테이블 와인을 생산하기 시작했으며, 1970년대부터 세계 시장에 진입해 유수한 와인 생산국으로 입지를 마련하게 되었다.

호주 와인 산업이 이렇게 빨리 자리를 잡게 된 것은 거대 기업의 투자가 결정적 역할을 했다. 호주 포도밭의 대부분은 인위적으로 물을 공급하지 않으면 안되는 환경이었기 때문에 대기업들이 참여하여 대대적으로 관개 사업에 투자하면서 포도 재배 면적이 비약적으로 늘어나게 되었으며, 와인 유통도 대기업이 본격적으로 나서면서 전체적으로 와인 산업이 활성화 되었다.

이후 50여년이라는 짧은 기간에 호주는 세계 다섯 번째 와인 생산국이자 수출국
이 되었으며 소비량도 영어권에서는 1인당 가장 많은 나라이다.

테루아

호주의 북부와 중부 지역은 너무 뜨겁고 건조하여 포도나 농작물이 거의 재배되지
않고 있다. 주산지는 남위 30~38도 사이로 적당한 강우량과 풍부한 일조량을 갖
으며, 해양성 기후를 나타내는 남부 지역의 선선한 골짜기나 고도가 높은 곳을 선
택해 포도를 재배한다.

헌터 밸리 Hunter valley, 아들레이드 힐 Adlaide Hills, 바로사 밸리 Barossa Valley, 쿠나와라
Coonawarra, 야라 밸리 Yarra Valley 등 해안 가까운 지역들이 호주의 대표적인 와인 산
지로 자리잡게 되었으며, 광대한 면적으로 포도밭과 양조장이 1,600km나 떨어져
트럭으로 많이 운반한다.

호주 와인의 특징 역시 단일 품종으로 빚는 와인들이 대부분이며, 맛있고 경제적
이며 실용적으로 가성비가 좋은 와인을 매년 커다란 변화없이 생산하고 있다.

즐기면서 나누는 **와인**

와인 관련법

호주에서는 다른 구세계처럼 원산지 호칭 제도라든가 등급 표시제 등의 정부에서 정하는 규제가 없다. 따라서 와인의 양조, 생산, 숙성, 유통에까지 와이너리가 전적인 책임을 지고 관리하는 점이 다르다.

이런 점은 와인 생산자들이 자유롭고 창의적인 와인을 생산할 수 있게 해주고, 시장의 변화에 재빠르게 대응 할 수 있게 한다.

예를 들면 호주 전역에서 와인에 특성에 맞게 골라 블렌딩 한다든지, 빈티지가 다른 와인을 블렌딩하고, 레드 스파클링 와인을 만드는 등 구세계에서는 생각해 낼 수 없는 와인 생산 방법과 새로운 기술을 과감히 도입하고 있다. 이에 따라 창의적이고 훌륭한 와인 메이커들이 잇달아 나옴으로써 오늘날 호주 와인이 세계적인 명성을 얻는데 일조를 했다.

1990년 이후, 호주 와인의 대외 신인도와 소비자를 위해 '호주 와인 브랜드 공사 Australian Wine and Brandy Corporation'가 와인의 산지 및 레이블에 표기되는 내용에 대해 최소한의 다음과 같은 규제를 취하고 있다.

1) 레이블에 특정 포도 품종을 표기할 때에는 특정 포도가 85% 이상 일 때 표기 할 수 있으며, 그 이하인 경우에는 쓰인 포도의 중요도에 따라 순서대로 표기한다.
2) 특정 산지를 표기할 때에는 그 산지의 포도가 85% 이상인 경우에만 가능하다.

랭턴즈 등급 분류 Langton's Classification of Australian Wine
이 분류는 공식적인 등급 분류가 아니고 와인 경매 회사인 랭턴즈 회사 Langton's Wine Auction & Exchange 가 1990년부터 비공식적으로 호주의 명품 와인을 대상으로 5년마다 한번씩 품질 등급을 분류하여 와인의 경매와 거래를 매개하고 있다. 시작한지 30년이 지난 지금은 이 등급 분류의 권위가 전 세계적으로 인정받고 있다.

랭턴즈 등급 분류는 최소한 10년 이상의 빈티지 와인 생산 실적이 있는 와인을 대상으로 3가지로 구분하고 있다.

최고 등급인 엑셉셔널 exceptional 부터 아웃스탠딩 outstanding 과 엑셀런트 excellent 순으로 분류하며, 이와는 별도로 컬트 와인 Cult Wines 및 신흥 명품 와인 Emerging Wines 이라는 카테고리를 갖고 있다. 아직 등급 와인에는 못들어가지만 시장의 평가가 높아진다면 등급 와인으로 편입될 수 있는 후보 그룹을 운용한다는 목적이다.

엑셉셔널급은 호주 명품 와인 중 가장 높은 평가를 받는 와인으로 여러 세대에 걸친 와이너리의 노력과 장소의 특성을 나타낸 와인에 주어진다.

아웃스탠딩급은 최고의 호주 와인 메이킹 방식과 와이너리의 특성과 지역의 평판을 고려하여 선정한다. 엑셀런트급은 일관된 가치를 지닌 호주 와인으로 표현력이 뛰어난 대중적인 와인을 선정한다. 약 5년 간격으로 새판본이 나오는데, 2018년에 제7판의 엑셉셔널 exceptional 등급은 22개, 아웃스탠딩 outstanging 등급은 42개, 엑셀런트 excellent 등급은 68개로 총 132개 와인을 분류하여 개정하였다.

이번 개정에서 특이한 점은 프랑스 보르도의 5대 샤토처럼 '헤리티지 5' Heritage Five 를 다음과 같이 정하여 발표하였다.

- Penfolds-Bin 95 Grange Shiraz, South Australia
- Henschke-Hill of Grace Shiraz, Eden Valley
- Leeuwin Estate-Art Series Chardonnay, Margaret River
- Mount Mary-Quintet Cabernet Blend, Yarra Valley
- Wendouree-Shiraz, Clare Valley

호주의 헤리티지 5

Wines of Australia

와인 산지

크게 6개 지역 59개의 산지가 있다.

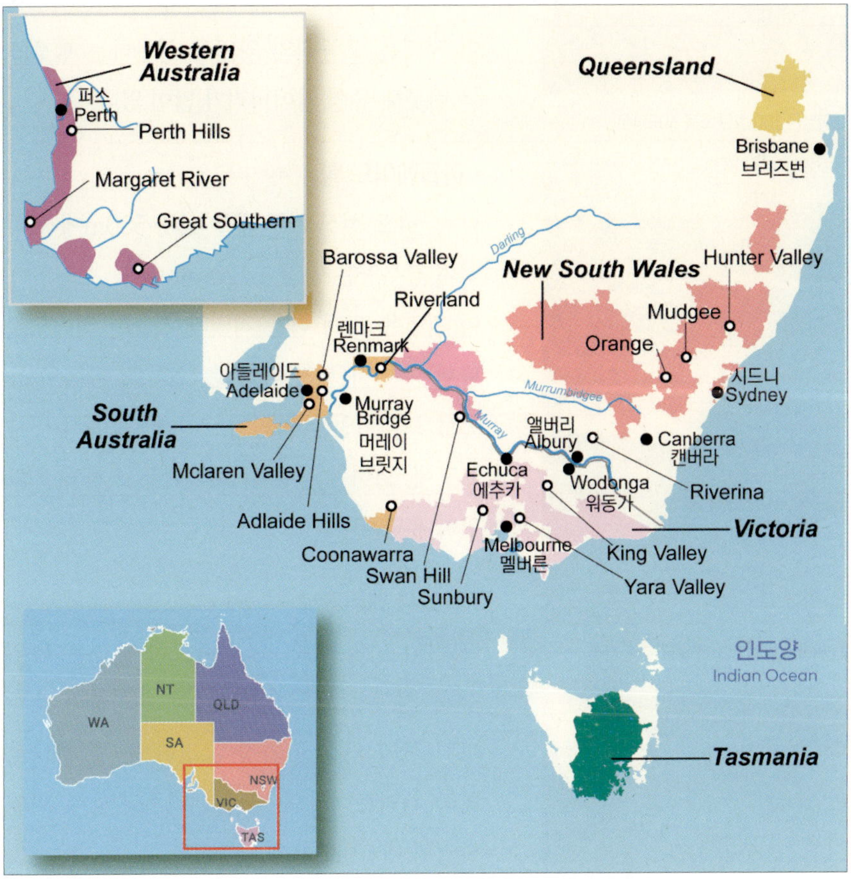

Western Australia
퍼스
Perth
Perth Hills
Margaret River
Great Southern

Queensland

Brisbane
브리즈번

Barossa Valley
Riverland
렘마크
Renmark
New South Wales
Hunter Valley
Mudgee
Orange

아들레이드
Adelaide
Murray Bridge
머레이
브릿지
South Australia
앨버리
Albury
Canberra
캔버라
Mclaren Valley
Echuca
에추카
Wodonga
워동가
Riverina

Adlaide Hills
Coonawarra
Swan Hill
Sunbury
Melbourne
멜버른
King Valley
Victoria
Yara Valley
시드니
Sydney

인도양
Indian Ocean

NT
QLD
WA
SA
NSW
VIC
TAS

Tasmania

호주

323

필록세라에서도 살아남은 160년 된 고목 포도나무

아들레이드 힐에서 바라본 마을 전경과 낮은 구릉 지대

바로사 밸리의 찰흙 모래 토양

사우스 오스트레일리아 South Australia 지역

호주 대륙 중앙의 남쪽에 위치한 사우스 오스트레일리아는 호주 와인의 50% 이상을 생산하는 지역으로 필록세라에서도 살아남은 오래된 고목 포도나무들을 볼 수 있다.

'오스트레일리아의 캘리포니아'라고 불리우는 이 지역은 고품질의 와인을 생산하는 펜폴즈를 비롯해 유명 와이너리가 많이 있다.

• 아들레이드 힐 Adlaide Hill

남위 34도 선상으로 해발 400~500m에 위치하며 강우량은 연간 1,120mm이다.

이 지역은 크게 더운 지역과 서늘한 지역으로 나뉘는데, 더운 지역에서는 쉬라즈, 메를로 등으로 프리미엄급 와인이, 서늘한 곳에서는 샤르도네, 소비뇽 블랑 등으로 만든 스파클링 와인이 유명하다.

• 바로사 밸리 Barossa Valley

'장미의 언덕'이란 뜻의 바로사 밸리는 남위 34도 선상으로 해발 274m에 위치하며 호주 와인 산지 가운데 가장 유명한 곳 중 하나로 미국 캘리포니아의 나파 밸리처럼 호주 와인 산업의 메카이다.

이곳의 지형과 기상은 캘리포니아의 나파 밸리와 프랑스 보르도 지역과 흡사하여, 기후는 매우 더운 편이며, 일조량은 풍부하고, 강우량은 연간 500mm로 적은 편이다.

토양은 배수가 잘 되는 갈색을 띠는 찰흙 모래와 약간의 석회질이 포함된 화산토, 그리고 미네랄이 풍부한 회갈색 토양으로 구성되어 있다.

바로사 밸리의 피터르만 Peter Lehmann 와이너리와 와인들

1847년에 처음으로 포도 재배가 시작된 지역으로 오래된 포도나무와 유서 깊은 와이너리가 많이 있어 단위 면적당 생산량은 적은 편이나, 호주 최고의 레드 와인과 화이트 와인이 나오고 있다.

레드 품종이 우세하며 특히 이 지역의 쉬라즈는 호주를 대표하는 주 품종이다.

• 쿠나와라 Coonawara

쿠나와라는 사우스 오스트레일리아 지역에서도 가장 남쪽 끝에 위치하며 해안가에서 약 60km 정도 들어온 내륙 지역으로 해양성 기후에 건조한 편이고 여름은 적당히 시원하여 많은 면에서 보르도 지역과 유사하다.

쿠나와라는 '야생 인동 덩굴의 고장'이라는 의미로 총 면적은 20km 정도의 적은 지역이며, 지대는 비교적 낮고 평평하며 토양은 붉고 부서지기 쉬우며 투과성이 좋은 점토와 사토로 석회암 층 위에 덮여 있다.

이곳은 날씨가 추워 호주에서도 포도가 가장 빨리 익으며, 수준 높은 카베르네 소비뇽 와인이 생산되고 있으며, 진한 레즈 베리 등 과일 풍미가 특징이다.

쿠나와라 Coonawara 지역 와인들

점토와 사토로 이루어진 쿠나와라의 붉은 토양과 포도밭 전경

즐기면서 나누는 **와인**

빅토리아 Victoria 지역

• 야라 밸리 Yara Valley

남위 37도 선상으로 해발 50~400m에 위치하며 강우량은 연간 910mm이고 날씨는 매우 서늘한 편으로 유럽과 비슷하다. 토양은 주로 사토와 화산토로 구성되어 있다.

19세기에는 호주에서 가장 유명한 와인 산지였으나 1870년대에 들어와 쇠퇴하기 시작했다. 1990년대에 들어와 옛날 전성기 때의 재배 면적을 넘어서고 있다. 호주에서 가장 뛰어난 피노 누아와 샤르도네가 나오고 있다.

야라 밸리의 포도밭 전경

웨스턴 오스트레일리아 Western Australia 지역

• 마가렛 리버 Margaret River

호주 서쪽 끝 인도양에 인접하여 해안선을 따라 형성된 마가렛 리버는 남위 35도 선상으로 서부 호주 와인 생산량의 약 40% 이상이 이 지역에서 생산되며 현재 100여 개의 와이너리가 있다.

토양은 석회암에 진한 점토가 섞여 있고 비는 겨울에만 내린다. 선선한 바닷바람의 영향으로 오크통에 숙성시키지 않는 샤르도네가 유명하며, 레드 와인은 쉬라즈에 카베르네 소비뇽과 메를로를 블렌딩하여 호평을 받고 있다.

마가렛 리버 Margaret River 의 포도밭 전경과 와인들

그레이트 서던 Great southern 지역 포도밭 전경

뉴 사우스 웨일즈에 있는 엘로우 테일 포도밭 전경과 와인들

• **그레이트 서던** Great southern

드라이한 리슬링과 약간 맵싸한 맛의 쉬라즈가 유명한 곳이다.

뉴 사우스 웨일스 New South Wales 지역

• **헌터 밸리** Hunter Valley

호주 와인 산업의 요람지이며 유서 깊은 곳으로 호주에서 가장 큰 와인 시장이 형성되어 있는 곳이다. 남위 30~35도 선상으로 배수가 잘 되고 토양은 오래된 사암 위에 현무암 점토로 이루어져 있다.

기후는 무더운 편으로 여름과 겨울 강우량이 비슷하여 습도가 높은 편이나 브로크백 산맥 Brokeback Mountain 이 가로막아 주어 서늘한 편이다. 뚜렷한 향을 지닌 세미용과 쉬라즈가 유명하다.

호수 너머로 보이는 브로크백 산맥 Brokeback Mountain

출처: Photo by Makenzie Cooper on Unsplash

즐기면서 나누는 **와인**

퀸즈랜드 Queensland 지역

호주 와인 산지 중 가장 최북단에 위치한 곳으로 최근에 새롭게 떠오르고 있는 지역이며, 토양은 산성의 점토 위에 미네랄이 풍부한 화강암 모래로 덮여 있다.

현재 140여 개의 와이너리가 있으며, 주 포도 품종은 역시 쉬라즈이다. 매년 품종이 다양해지고 있으며 품질면에서도 꾸준히 향상되고 있는 지역이다.

퀸즈랜드 Queensland 지역 포도밭 전경

태즈메이니아 Tasmania 지역

호주 남동쪽 빅토리아주 바로 남쪽에 위치한 남한의 2/3 정도의 면적을 갖고 있는 큰 섬으로 아직까지는 포도 경작 면적이 적어 호주 와인 생산량의 1% 정도를 점하고 있지만, 특유의 차가운 날씨에 어울리는 와인을 생산하고 있다.

주목할 만한 것은 모에 상동 등 세계적으로 유명한 회사들이 이 섬의 북부 지역에서 샹파뉴 스타일의 와인을 생산하고 있으며, 주로 산도감이 우수한 샤르도네와 피노 누아가 많이 재배되고 있다.

최근에는 뉴질랜드의 소비뇽 블랑의 인기에 영향을 받아 재배 면적이 늘고 있다.

태즈메이니아 Tasmania 지역 포도밭 전경과 와인들

대표 품종

호주 와인의 포도 품종은 토착 품종은 거의 없고 글로벌 포도 품종이 주를 이룬다. 이들 글로벌 포도 품종은 테루아의 영향을 받아 원산지의 맛보다 한결 순하고 깊이가 넉넉하며 풍미가 있어 마시기 쉬운 와인을 만들어낸다.

적포도 품종

쉬라즈 Shiraz (19페이지 참조)

호주하면 쉬라즈 품종을 으뜸으로 치는데, 초기부터 재배되어 1990년대 들어 최고의 인기를 끌게 되면서, 호주의 대표 품종으로 자리를 잡았다.

지금은 호주 와인의 명성을 쌓아가는데 선도적인 역할을 하고 있으며, 레드 품종의 50% 정도가 쉬라즈 품종으로 빚고 있다. 이 품종은 이란의 쉬라즈 마을에서 프랑스 론 지역으로 옮겨져 각광을 받았는데 론 지역의 쉬라즈보다 타닌 성분이 카베르네 소비뇽만큼 많고 진하다. 후추향 같은 스파이시한 맛과 산도가 있어 한결 깊이가 있고 쌉쌀한 여운을 보여주며, 알코올 도수도 거의 14도 이상으로 미디움 내지 풀 바디한 와인이다.

넉넉한 질감을 나타내며, 타닌은 비교적 마일드하고 마시기에 수월하다.

카베르네 소비뇽 Cabernet Sauvignon (17페이지 참조)

프랑스 보르도 지역에서는 AOC 제도가 생기기 전에 이 품종과 쉬라즈를 블렌딩 했던 것을 AOC 제도가 생긴 이후 금지했는데, 호주는 그런 규제가 없기 때문에 쉬라즈에 서브 품종으로 블렌딩을 해서 호주만의 독특한 와인을 만들어 내고 있는 품종이다. 쉬라즈 이외에도 따뜻한 지역에서 나는 다른 품종과도 잘 어울려, 훌륭한 와인을 만들어 내고 있다.

피노 누아 Pinot Noir (17페이지 참조)

상당히 재배하기가 까다로운 포도 품종인데도 불구하고 프리미엄 스파클링 와인 시장의 성장에 따라 1970년대부터 호주 전역에서 많이 재배되고 있는 품종이다.

주로 빅토리아 지역의 야라 밸리와 태즈메이니아 지역 등에서 재배되고 있다.

청포도 품종

샤르도네 Chardonnay (19페이지 참조)

화이트 와인 품종 가운데 약 1/4을 차지하는 호주의 대표적인 화이트 품종으로 라이트한 바디에서 풀 바디까지 나오며, 알코올 도수가 13~15.5도까지 다양하게 나온다. 지역별로 약간씩 맛에 있어서 차이가 난다.

리슬링 Riesling (20페이지 참조)

독일인들이 19세기에 호주에 이민을 오면서 리슬링 품종을 심기 시작하여, 요즘에는 독일 다음으로 최고 품질의 와인을 생산하고 있으며 세계 정상급에 속하는 오리지널 포도 품종의 하나로 인정받았다. 2001년부터는 공식적으로 리슬링이라는 명칭을 사용하는 것이 허락되었다.

배비치(babich) 와이너리

뉴질랜드

New Zealand

와인의 역사

남위 30도 선상의 가장 젊은 신생 와인 생산국인 뉴질랜드의 와인의 역사는 1819년에 선교사가 처음 포도나무를 심었다는 기록이 있으나, 20세기 전후에 일어난 절주 운동과 함께 필록세라 등 포도나무 해충이 나타나 와인 산업이 발달하지 못했다. 그러나 1960년 대부터 와인 산업에 새롭게 눈을 뜨면서, 와인 산업에 대한 투자와 선진 양조 기술의 도입, 그리고 와인 관련 입법 등을 통해 와인 신생국이지만 세계에서 11번째 와인 생산국으로 급부상하고 있다.

특히 1970년부터 선보이기 시작한 소비뇽 블랑은 세계 어느 나라도 흉내 낼 수 없는 뉴질랜드만의 독특하면서 우수한 와인으로 자리잡고 있다.

최근에는 레드 와인 수요에 맞추어 부가 가치가 높은 피노 누아를 집중 개발하여 뉴질랜드만의 새로운 이미지를 만들어 나가고 있다.

테루아

전 세계 와인 생산지 중 최남단에 위치한 뉴질랜드는 독일의 와인 산지와 비슷한 기후 조건을 가지고 있다. 남위 30~50도 선상으로 북섬과 남섬으로 나누어져 있으며, 호주와는 위도상 약간 남쪽으로 쳐져 있어 자연 조건도 서로 비슷할 것으로 생각할지 모르지만 많이 다르다.

북섬은 낮은 지대가 많으며 구릉지가 발달해 있고, 온천이 나오는 화산 지대이다. 남섬은 남 알프스 산맥이 긴 줄기를 이루고 있으며 동쪽으로는 건조한 초원이 펼쳐져 있고, 서쪽으로는 빙하가 발달해 있다.

전체적으로는 여름은 혹서가 없이 서늘하고, 겨울은 혹한이 없는 온화한 온대 해양성 기후이다. 북섬은 대체적으로 선선한 날씨를 보이고 강우량은 연간 1,000~1,500mm이며, 남섬은 북섬보다 더 선선하고 건조하며 일조량이 많다.

토양은 대체적으로 진흙과 화산토로 구성되어 있고, 부분적으로 모래와 자갈이 섞인 충적토로 배수가 잘 된다.

Wines of New Zealand

와인 관련법

수출 와인에 대해 평판을 유지하며, 품질을 보장하겠다는 의미로 1981년 와인 메이커법 Wine Makers Act 과 식품법 Food act 의 기준에 따르도록 하고 있다.

이에 따라 수출되는 모든 와인은 와인 수출 증명서 Wine Export certification 를 발급받게 되어 있다. 또한 와인 산지에 대해 프랑스의 AOC처럼 원산지 확인 제도인 CO Certified Origin 제도를 도입해서 시행하고 있다.

10개의 CO 지역은 다음과 같다.

북섬 : Northland, Auckland, Gisborne, Waikato, Hawkes Bay, Wairarapa

남섬 : Nelson, Marlborough, Canterbury, Central Otago

와인 산지

Kerikeri
Whangarei
Northland

Walkato /
Bay of Plenty

Auckland
Auckland
오클랜드

태즈먼 해
Tasman Sea

Bay of Plenty

North Island

Gisborne

+Gisborne

. Napier

Hawke's Bay

Waipukurau

Nelson

Nelson

Masterton

Wellington
Martinborough

Wairarapa

Blenheim

Cook Strait

Marborough

South Island

Waipara Valley
/ Canterbury

Pegasus Bay

Central Otago

Christchurch
크라이스트처치

· Wanaka

태평양
Pacific Ocean

Queenstown · Cromwell

Dunedin

Stewart Island

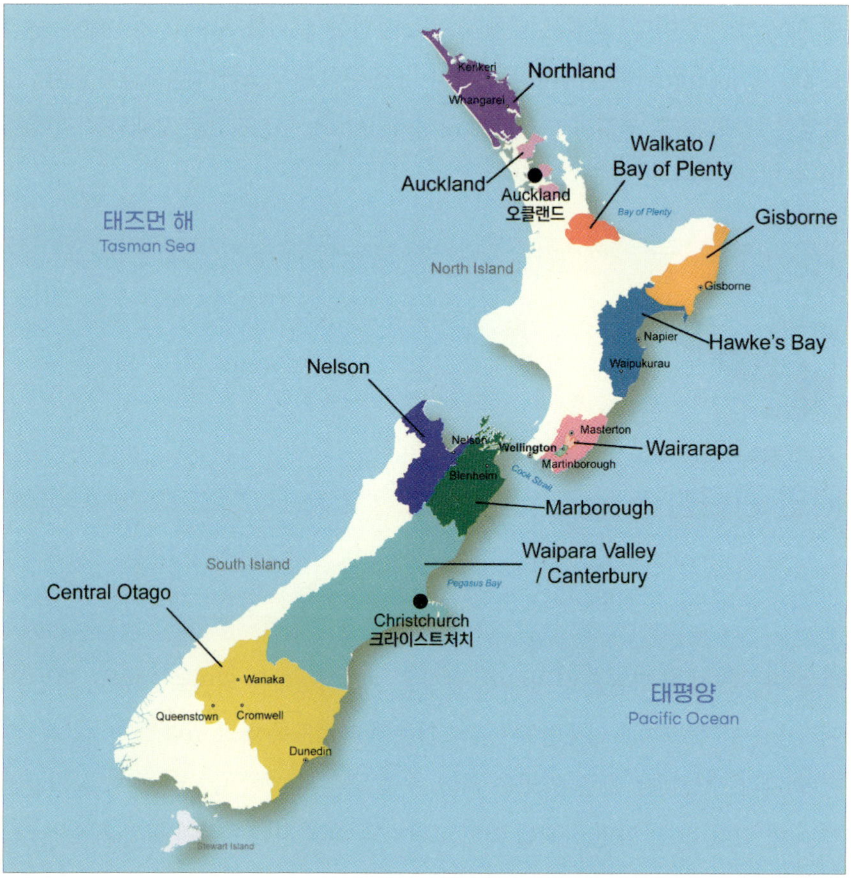

말보르 Marlborough

뉴질랜드를 대표하는 와인 산지로 가장 큰 와인 산지이며, 남섬에서 가장 따뜻한
최북단에 위치하고 있다. 기후는 선선한 편이고 토양은 자갈이 많아 배수에 좋으

며 강우량은 적고 일조 시간이 길다. 성숙 기간 동안 일교차가 커서 신선한 풍미를 더하고 맛을 가두는데 도움이 된다.

뉴질랜드 전체 포도밭의 약 40% 이상을 차지하며, 70여 개의 와이너리가 있다. 소비뇽 블랑의 생산량이 뉴질랜드 전체의 84% 정도이며, 최근에는 피노 누아의 재배 면적이 늘고 있다.

혹스 베이 Hawke's Bay

북 섬에 위치한 전통적인 와인 산지이며, 뉴질랜드에서 두 번째로 큰 와인 산지이다. 같은 산지안에서도 다양한 토양이 분포하며 비옥한 점토와 자갈이 주 성분이다. 온화하고 따뜻한 기후는 산도가 낮으면서 풍부한 열대 지방의 풍미를 느끼게 하는 와인을 만들어 내고 있다. 레드 와인은 카베르네 소비뇽과 메를로로, 화이트 와인은 샤르도네로 만들고 있다.

말보르와 혹스 베이에 있는 배비치 Babich 와이너리와 와인들

기스본 Gisborne

북 섬의 동쪽에 위치한 뉴질랜드의 세 번째 와인 산지로, 세계에서 가장 동쪽에 위치하고 있다. 토양은 기름진 충적토이며 일조량이 풍부하고 기후는 상쾌한 편이다. 샤르도네는 뉴질랜드의 25% 이상이 이곳에서 재배되며, 이외에도 뮐러트루가우, 뮈스까, 세미용 등 화이트 품종이 우세하다.

혹스베이 와인들

오클랜드의 와이헤케 Waiheke 섬의 데스티니 베이 Destiny Bay 와이너리 전경

대표 품종

전체 생산량 중 화이트가 80%, 레드가 20%를 차지하고 있다. 처음에는 독일과 같이 리슬링과 뮐러투르가우가 중심이었으나, 현재는 화이트는 소비뇽 블랑과 샤르도네, 레드는 피노 누아가 주 품종이 되었다. 그 중에서도 소비뇽 블랑은 전체 재배 면적의 약 반을 점하면서 뉴질랜드를 대표하고 있다.

적포도 품종

피노 누아 Pinot Noir (17페이지 참조)

최근 뉴질랜드에서 소비뇽 블랑 다음으로 새롭게 각광을 받고 있는 품종이다. 온난한 기후와 풍부한 일조량, 강우량이 적은 곳을 선호하는 피노 누아는 프랑스 부르고뉴 지역과는 다른 뉴질랜드만의 독특한 와인으로 탄생하고 있다.
넉넉한 풍미와 부드러운 타닌, 그리고 피노 누아 본래의 맑은 빛깔의 농도와 깊이를 한층 더 잘 나타내고 있다.

청포도 품종

소비뇽 블랑 Sauvignon Blanc (20페이지 참조)

프랑스 루아르 지역이 원산지인 소비뇽 블랑은 조생종으로 빨리 자라기 때문에, 서늘한 뉴질랜드에서 자기만의 특색을 원산지보다 잘 나타내고 있다.
특히 남섬의 매운 향이 나는 소비뇽 블랑은 붉은 고추와 멜론이나 자몽, 라임 등 열대 과일의 아로마를 느끼게 해주며, 풋풋하고 톡쏘는 풀내음으로 독특하면서 활기차고 강렬한 자극을 함께 준다.

샤르도네 Chardonay (19페이지 참조)

1990년부터 재배 면적이 늘기 시작한 이 품종은 뉴질랜드의 모든 지역에서 지역의 특성을 살려 다양한 스타일로 생산되고 있다.

균형 잡힌 산도와 신선하고 풍부한 과일향, 농축된 미네랄의 균형이 우아하게 느껴지며, 라이트 바디에서 미디움 바디까지 생산하고 있다.

여왕의 와인 – 테마타 Te MATA

특유의 유머 감각과 날카로운 판단력, 친화력으로 영국을 포함하여 전 세계인의 사랑과 존경을 받았던 영국 엘리자베스 2세 여왕 Queen Elizabeth Ⅱ 의 80세 생일(2006년)에 만찬주로 선정된 와인으로 1896년부터 와인을 생산한 뉴질랜드에서 가장 오래된 포도밭과 와인 저장고를 갖고 있는 와이너리이다.

테마타 와이너리는 뉴질랜드 북섬 혹스 베이 Hawke's Bay 의 테마타 피크 Te Mata Peak 인근 언덕에 135헥타르의 포도밭을 갖고 있으며, 로버트 파커가 선정한 뉴질랜드의 최우수 와이너리 5곳 중 하나이다. 이 지역은 비옥하고 배수가 잘 되는 토양과 풍부한 일조량으로 뉴질랜드에서 두 번째로 큰 와인 생산지이기도 하다.

패션 푸르트, 망고, 허니 멜론 등의 열대 과일 향과 신선한 허브의 풍미가 잘 조화를 이루고, 산미가 적당하여 상큼하면서도 부드럽고 묵직한 질감의 미디움 바디 와인이다. 스크류 방식이라 편하게 언제 어디서든지 즐길 수 있는 와인으로 오바마 전 대통령 등 세계 각국의 정상들 식탁에 자주 오르며, 전세계적으로 사랑받는 와인이다.

테마타 와이너리의 포도밭 전경과 와인들

칠레

Chile

칠레 독립 전쟁의 영웅 베르나르도 오이긴스와 산타리타 120 와인

오이긴스 초상화와 오이긴스의 동상

오이긴스는 칠레의 혁명 지도자로, 스페인으로부터 칠레가 독립하는데 공헌을 한 군사령관이자 칠레의 초대 수반을 지낸 사람이다. 베르나르도 오이긴스 Bernardo O'Higgins 1778.8.20~1842.10.24 는 당시 스페인 식민지인 칠레 남부의 한 지방 도시에서 태어났다. 그는 아일랜드계 스페인 장교로 칠레 총독과 뒤에 페루의 부왕이 된 암브로시오 오이긴스의 사생아였으며, 어머니 이사벨 리켈메는 지방의 이름있는 귀족 가문의 딸이었다. 그의 아버지는 아들과 간접적으로 연락하였으며, 오이긴스는 죽을 때까지 어머니의 성을 따랐다. 12세 때 페루 리마로 갔다가 4년 뒤에는 스페인으로 건너 갔으며, 17세부터는 영국에서 수학을 하였다. 런던에서 여러 사람들과 교우하고 배우면서 칠레에 대한 민족주의적 자긍심과 라틴 아메리카 독립에 대한 깊은 고민을 하게 되었는데, 1799년 그는 스페인으로 건너가 라틴 아메리카 성직자들과 접촉하면서 칠레 독립에 대한 생각을 더욱 굳히게 된다.

1801년 아버지가 물려준 농장을 경영하면서, 1806년에 지방 시의회 의원으로 정치에 발을 들여놓았다. 1808년 나폴레옹이 유럽 정복의 일환으로 스페인을 점령하고 당시 국왕이던 페르디난도 Ferdinando 7세를 파리로 압송해 가면서 스페인에는 국가 통치자가 부재하게 되자, 권력의 공백을 메우기 위해 귀족들이 중심이 되어 '국민회의'란 기구를 설치했다. 이러한 사태는 라틴아메리카의 스페인 식민지에 영향을 주게 되었는데, 기존 질서를 유지하고자 하는 파와 새로운 개혁을 추구하고자 하는 파가 공존하면서 혼돈의 상황이 나타나게 되었다.

결국 1811년에 칠레에도 독자적인 국민회의가 만들어지면서, 임시 헌법의 제정 등 독립 국가의 건립을 전제로 한 움직임이 일어났다. 이러한 식민지 칠레의 움직임은 스페인을 자극하게 되면서, 남미 대륙의 통치에 대한 전권을 본국으로부터 위임 받은 페루 총독이 이를 제지하고자 1813년 국민회의의 군대를 공격하였는데, 바로 이 사건이 독립 전쟁의 불씨를 당기는 계기가 되었다.

국민회의에서는 독립 전쟁을 위한 애국 군대의 편성과 지휘에 오이긴스 장군을 총사령관으로 임명하여 몇번의 전투에서 스페인 군대를 격퇴시켰으나, 1814년 스페인 군은 병력을 증강시켜 오이긴스의 군대를 재차 공격하였다. 오기로 한 지원군이 오지 않으면서 오이긴스의 애국 군대는 처참하게 패하고, 겨우 살아남은 120명의 군사들을 데리고 오이긴스는 눈 덮인 안데스 산맥을 넘어 아르헨티나로 피신을 가지 않으면 안되었다.

패잔병이 된 120명의 애국 군대들이 미처 안데스 산맥을 넘기 전에, 스페인 군의 추격병들이 바짝 뒤를 쫓아왔다. 더 이상 지치고 피로에 지친 병사들을 이끌고 안데스 산맥을 넘기에는 무리라고 판단한 오이긴스는 알토 하우엘 Alto Jahuel 의 낡은 포도 양조장을 찾아 그곳에서 잠시 숨어 피하기로 하고 안주인에게 부탁했다. 당시 안주인이던 마담 도나 파울라 Dona Paula 는 지체없이 피로에 지친 병사들에게 먹을 것을 마련해 주고, 지하의 와인 카브에 숨겨준 후 위장을 해서 스페인 군대의 추격을 피하게 해주었다.

이 위기를 가까스로 넘긴 오이긴스를 비롯한 120명의 애국군은 몸을 추스린 후 안데스 산맥을 넘어 아르헨티나로 피할 수 있었다. 이후 3년 동안 칠레는 스페인 군에 점령되었는데, 이를 피해 수천 명의 칠레인들이 안데스 산맥을 넘어 오이긴스의 군대에 합류하였다.

1817년 1월 오이긴스는 아르헨티나의 독립 영웅 호세 데 산마르틴 Jose de San Martin 과 손을 잡고, 아르헨티나군과 칠레 망명군으로 편성된 연합군을 이끌고 칠레로 다시 들어가, 1817년 2월 12일 샤카부코 Chacabuco 에서 스페인 군대를 크게 격파하면서 칠레의 독립과 함께 초대 임시 정부의 행정 수반이 되었다. 그 뒤 5년 동안 행정 수반으로서 성공적으로 공무를 집행했으나 보수적인 교회와 귀족 계급이 적대 세력으로 돌아서고, 빈곤에서 헤어나지 못한 경제 사정 등이 국민들의 호응을 얻지 못하면서 행정 수반에서 물러나게 된다.

산타리타 와이너리의 당시 지하 카브
출처: www.santarita.com

칠레 산티아고 의회에서 마지막 연설을 하는 베르나르도 오이긴스

1823년 1월 28일 칠레 산티아고의 의회에서 행한 마지막 연설에서 "난 독립을 쟁취하기 위해 죽음의 전장에서 이름없는 숱한 용사들과 목숨을 걸고 싸워왔으며, 눈 덮인 안데스 산맥을 넘으며 조국 독립을 맹세했다. 그리고 마침내 독립을 이루어냈다. 이제 집권 5년 동안 나에게 잘못이 있었다면 나를 단죄해라. 나로 인해 어떠한 피를 흘리고 싶지 않다"라는 말을 남기고, 독립 전쟁의 영웅 오이긴스는 스스로 권좌에서 물러나 페루로 망명의 길을 떠났다. 페루 정부는 지난 날 페루 독립을 위해 헌신해 준 오이긴스에게 망명처를 마련해 주어 이곳에서 생을 마감하였다.

칠레 독립 후, 안데스 산맥을 넘기 전에 스페인 군대에 쫓기던 오이긴스 애국 군대 120명을 숨겨준 도나 파울라는 애국 1급 훈장이 주어지고, 숨겨 주었던 카브는 국가 독립 유적지로 지정되어 현재까지 내려오고 있다.
지금의 소유주는 칠레의 명문 와이너리의 하나인 산타리타로 넘어갔으며, 산타리타에서는 당시 애국 군대 120명이 숨었던 지하 카브 등을 독립 유적지로 관리하면서, 당시 애국 군대의 생존자 120명을 기념하기 위해 '산타리타 120'이란 이름으로 와인을 만들고 있다.
산타리타 120 와인은 포도 품종별로 여러 종류의 와인을 출시하고 있으며, 비교적 합리적인 가격으로 누구나 쉽게 접근할 수 있도록 해서 칠레인의 애국심을 고취하고 있다.

산타리타 와이너리 전경과 포도밭 전경, 산타리타 120 와인들

Wines of Chile

와인의 역사

칠레에 포도가 들어온 시점은 1541년 경으로 스페인의 정복자 돈 페드로 데 발디비아 Don Pedrode de Valdivia 가 칠레를 정복할 때, 선교 목적으로 함께 온 선교사들에 의해 전파되었을 것으로 추정하고 있다.

17세기에는 스페인이 자국의 와인 생산업자를 보호하기 위해 각종 규제 조치를 할 정도로 포도 재배가 잘 되었으며, 아메리카 대륙 최대의 와인 생산국으로 부상했다. 1851년에 돈 실베스트로 오차가비아 Don Silvestro Ochagavia 가 프랑스인 양조 전문가 베르트랑 M.Bertrand 과 포도 재배 및 와인 생산에 대한 기술 제공을 계약하고, 카베르네 소비뇽, 메를로, 리슬링, 소비뇽 블랑 등 유럽 포도 품종을 들여와 재배하면서 와인 생산의 현대화와 소비 및 인지도의 저변 확대가 시작되었다.

1970년 대에는 아옌데 정권의 토지 개혁 정책으로 포도 재배지가 많이 없어졌으나 1990년 이후 대규모 자본이 투자되면서 다시 부활하게 되었다.

칠레 포도밭 전경

테루아

칠레는 남아메리카에서 동서로는 좁게, 남북으로는 길게 발달해 있으며, 남위 27~38도 사이에 위치한다. 남북의 길이가 4,300km로 서울에서 싱가포르까지의 거리이며, 동서로는 평균 177km에 달한다. 좁은 곳은 90km에 불과한 곳도 있다. 이러한 지형으로 남북의 기후 차이가 극명하게 대비된다. 제일 북쪽은 적도와 가까워 세계에서 가장 메마른 아타카마 Atacama 사막이 페루와 국경을 이루고 있다. 중부 지역은 지중해성 기후의 영향으로 온난하고 건조한 기후로 포도의 생산에 아주 이상적이며 대부분의 와인이 이 지역에서 나온다.

남부 지역은 남극의 빙하가 떠 있는 지역과 호수, 화산 등이 있고, 동쪽 지역은 아메리카 대륙에서 가장 높은 아콩카과산(6,960.8m)이 있는 눈 덮인 장엄한 안데스 산맥이 병풍처럼 막아주면서 풍부한 수원을 마련해 지하수로 포도밭의 물을 공급해 주고 있다. 서쪽은 광활한 태평양으로 남극 지방으로부터 찬 기운을 잔뜩 얻은 훔볼트 한류 Humboldt Current 가 칠레 앞바다를 흘러가면서 찬바람을 무더운 내륙 방향으로 불어 넣어 늘 일정하고 시원한 기후를 유지하게 하는 역할을 한다.

와인이 나오는 중부 지역은 남위 30도 선상으로 낮에는 풍부한 일조량으로 뜨겁고, 밤에는 안데스 산맥에서 찬 기운이 내려와 무려 15~17도에 이르는 일교차가 있으며, 고온건조해서 안데스 산맥 만년설의 지하수를 관개 시설을 이용해 공급한다.

이렇게 뚜렷한 밤낮의 일교차로 인해 색상이 짙고, 와인의 다채로운 향과 함께 풍미가 좋으며, 타닌을 보다 부드럽게 해주고, 적절한 산도를 유지시켜 주는 점이 특징이다. 이러한 지형적 여건으로 인해 기후 변화가 그리 심하지 않아 빈티지에 큰 의미가 없다. 낮은 구릉을 덮은 토양은 지역별로 다르지만 대부분 충적토로 수분 공급이 풍부하여 포도나무의 왕성한 성장을 의도적으로 억제해야 할 만큼 비옥하다. 이렇게 '신이 내린 자연 조건'을 갖고 있는 칠레는 아메리카에서 발생해 유럽

전 지역을 덮쳤던 필록세라의 피해도 전혀 입지 않았으며, 신세계 와인 생산국 가운데 미국, 호주보다 훨씬 앞서는 역사를 갖고 있다. 약 60%가 레드 와인이고, 나머지는 화이트 와인이다. 생산량의 60%는 해외 시장에 수출하고 있으며 한국과는 FTA가 체결되어 가성비가 좋은 칠레 와인을 한국에서도 맛볼 수 있다.

칠레는 면적과 인구가 적은 나라이지만 남미에서 최고급 와인과 부가가치가 높은 와인을 생산해 내는 나라로, 세계 와인 생산국 가운데 네 번째로 와인을 생산하고 세계 5위의 와인 수출국이다.

Wines of Chile

와인 관련법

칠레에서 포도 재배는 중요한 산업으로 1995년 새롭게 와인법이 제정되었는데 지리적 원산지 제도인 DO Denominacion de Origin 제도를 도입하여 IRD Internal Revenue Department 에서 관리와 책임을 맡고 있다. 이에 따라 칠레 와인 레이블에 빈티지, 포도 품종, 산지를 표기하는데, 이 경우 최소 75% 이상 와인에 해당 빈티지, 포도 품종, 그 지역에서 재배된 포도가 포함되어야 한다. 하지만 대부분의 칠레 와이너리는 수출을 위해 유럽 기준인 최소 85% 이상을 각 부문에서 지키고 있다.

또한 레이블에 알코올 도수에 따라 리제르바 Reserva, 리제르바 에스페셜 Reserva Especial 은 알코올 도수가 12% 이상, 리제르바 프리바다 Reserva Privada, 그란 리제르바 Gran Reserva 는 최소 12.5% 이상일 때 표기하며, 리제르바 에스페셜과 그란 리제르바는 오크통 숙성을 했다는 의미이다.

와인 산지

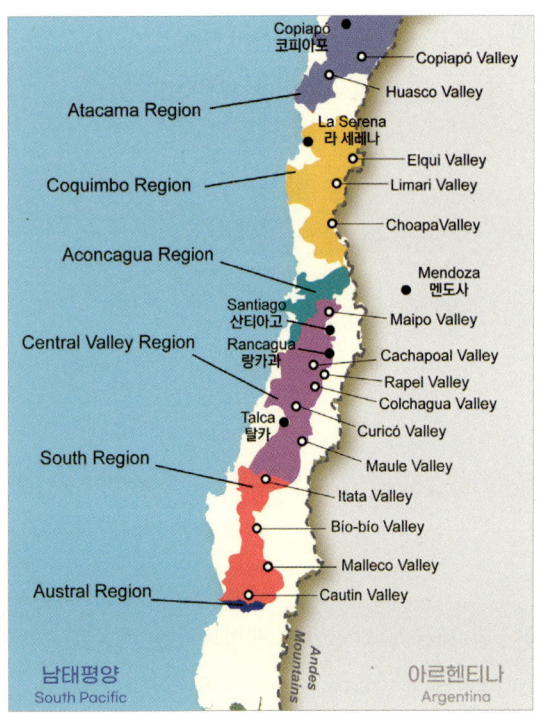

칠레의 포도 재배 지역은 크게 6개 지역 Region 이 있고, 그 아래에 세부 지역 Subregion 으로 나뉘고, 그 안에 작은 단위의 지방 Zone 이 있으며, 마지막으로 가장 작은 단위인 마을 Area 로 세분화 되는데, 최근 테루아의 특성을 최대한 살린 와인들이 등장하면서 와인 레이블에 세부적인 지역이 표시되는 경향이 있다.

6개 지역 중 칠레 와인을 대표하는 센트럴 밸리 Central Valley 는 다시 4개의 세부 지역으로 나뉜다.

센트럴 밸리 Central Valley 지역

• **마이포 밸리** Maipo Valley

칠레 와인을 가장 대표하는 산지로 수많은 유서 깊은 명문 와이너리들이 위치하고 있으며 칠레 수출 와인의 90%를 점하고 있다.

수도 산티아고를 주변으로 해서 해안 산맥과 안데스 산맥을 양옆에 끼고, 가운데 부분에 자리잡고 있으며 위도상으로는 남위 33~35도에 위치힌다.

태평양에 흐르는 훔볼트 Humboldt 한류의 영향을 가장 많이 받아 대체적으로 온화한 편이다. 기온은 약간 추운 보르도 지역과 약간 더운 나파 밸리의 중간 정도로 여름에도 낮 기온이 섭씨 32도를 넘지 않을 정도로 이상적인 곳이다.

낮은 구릉을 덮은 토양은 대부분이 충적토로 비옥하며 안데스 산맥의 눈 녹은 물을 잘 받아들이고 있다.

카베르네 소비뇽 품종에 더할 나위 없이 좋은 조건으로 블랙 커런트향이 진하고 담배향과 박하향이 약하게 풍기는 것은 보르도 지역과 비슷하지만, 전체적으로 부드러우면서 균형 잡힌 타닌과 함께 과일향과 풀향을 보여주는 와인이 나온다.

마이포 밸리 지역의 와이너리

산타 리타 Santa Rita, 콘차 이 토로 Concha y Toro, 칼테리나 Calterina 등의 와이너리들이 이 지역에 있으며, 콘차 이 토로는 뉴욕 증시에 상장해서 시설을 현대화하고 꾸준히 새로운 와인을 선보이는 것으로 알려져 있다. 프랑스의 무통 로쉴드와 합작하여 만든 알마비바 Almaviva 는 칠레의 명품 와인으로 높이 평가를 받고 있으며 자체 브랜드인 돈 멜초 Don melchor 도 고급 와인으로 평가받고 있다.

산타 리타 와이너리의 와인들

카르멘 와이너리의 와인들

알마비바와 돈 멜초 와인

카차포알 밸리 와이너리 포도밭

콜차구아 밸리 와이너리 포도밭

쿠리꼬 밸리의 몬테스 와이너리 포도밭 전경과 카브 모습

• 라펠 밸리 Rapel Valley

레이블에 라펠 밸리가 표시되기보다는 아래 단위인 2개의 지방 Zone 이 표시되는 경우가 많다.

카차포알 밸리 Cachapoal Valley

산티아고에서 남으로 약 100km에 위치한 란카구아 Rancagua 도시 근처의 산지로, 안데스 산맥에서부터 라펠 호수까지 다양한 기후대를 보이며, 밤과 낮의 온도 차는 20도 이상으로 양질의 포도 생산에 적합하다.
주 품종은 레드 와인이 70%로 카베르네 소비뇽, 카르메네르, 메를로가 재배되며, 소비뇽 블랑과 샤르도네도 나온다.

콜차구아 밸리 Colchagua Valley

카차포알 밸리보다 아래에 위치하며, 카차포알 밸리보다 서늘한 기후를 갖고 있다. 카베르네 소비뇽, 카르메네르, 시라 등 질 좋은 레드 와인이 재배되고 있으며, 특히 훌륭한 말백이 나오고 있다.

• 쿠리코 밸리 Curico Valley

마이포 밸리에서부터 남쪽으로 190km에 위치한 지역으로 해안 산맥이 막고 있어 해류의 영향이 거의 없으며, 밤과 낮의 온도 차가 큰 지역이다. 카베르네 소비뇽의 특별한 풍미와 아로마가 특징이다.

즐기면서 나누는 **와인**

• 마울레 밸리 Maule Valley

가장 유서 깊은 와인 산지로 센트럴 밸리에서 가장 남쪽에 위치하고 있다. 같은 지역내에서도 테루아가 상이하며, 해안 지역은 슬레이트층을 이루고 있어 다양한 레드 와인을 보여주고 있다.

마울레 밸리에서 생산되는 와인들

루벤 & 플로라 Ruben & Flora 포도밭과 와인

그 밖에도 칠레의 비나 에라주리츠 Viña Errazuriz 와 나파 밸리의 몬다비가 합작하여 만든 칼테리나 Calterina 사의 세나 Sena 와인이 아콩카구아 Aconcagua 밸리에서 유명하다.

세나 포도밭 풍경과 세나 와인

대표 품종

초기에는 정복자와 이주자들이 스페인에서 가져온 파이스 Pais 라 불리는 검은색 포도가 가장 넓게 재배되었으나, 19세기 중엽부터 프랑스의 보르도 지역 와인을 벤치마킹함으로써 보르도 지역의 포도 품종이 주류를 이루게 되었다. 최근에는 국제적 수요에 부응하여 다양한 글로벌 포도 품종을 각 지역의 테루아에 맞추어 재배하고 있다.

적포도 품종

카베르네 소비뇽 Cabernet Sauvignon (17페이지 참조)

칠레를 대표하는 포도 품종이 되었으며, 가장 넓은 경작 면적을 보이고 있다. 프랑스 보르도 지역의 강한 타닌 맛과 달리, 부드러운 타닌으로 풀 바디하고 민트, 블랙 커런트, 올리브 및 스모크향이 풍만한 맛을 보인다.

파이스 Pais

두 번째로 넓은 경작 면적을 갖고 있으며, 선교사들에 의해 스페인으로부터 전파된 품종으로 검은 포도 black grape 라고도 불리운다. 주로 서민들의 브랜디를 빚는 용도로 많이 재배되었으나, 최근에는 정부에서 신규 경작을 제한하고, 수출 와인에는 사용을 금지함으로서 점점 재배 면적이 줄고 있다. 그러나 일부 뜻있는 양조업자들이 이 품종으로 매혹적인 와인을 만들기 시작하고 있다.

메를로 Merlot (18페이지 참조)

세 번째로 많이 재배되는 품종으로 카베르네 소비뇽과 블렌딩하는 용도로 재배되었으나 단일 품종으로도 많이 양조하고 있다.

말벡 Malbec

프랑스가 고향인 말벡은 콜차구아 밸리에서 나는 말벡이 남미에서 가장 우수하다는 평을 받고 있다. 이 품종은 안데스 산맥을 넘어가 아르헨티나에서 빛을 발하고 있다.

피노 누아 Pinot Noir (17페이지 참조)

이 품종은 산티아고에서 북쪽으로 74km 떨어진 거리에 있는 아콩카구아 지역의 카사블랑카 밸리가 서늘하여 이 지역에서 많이 재배되고 있다. 우아하면서 부드러운 맛을 잘 보여주고 있다.

카르메네르 Carménère

메를로와 매우 흡사해서 최근까지도 구별하지 않고 심었으나, 최근에는 우수한 아로마와 부드러운 질감 그리고 과일향 등을 살려, 단일 품종으로 빚고 있다. 또한 카베르네 소비뇽과는 훌륭한 블렌딩 파트너이다. 칠레의 대부분 지역에서 재배하고 있는 칠레의 시그니처 품종이다.

청포도 품종

샤르도네 Chardonnay (19페이지 참조)

아콩카구아 지역의 카사블랑카 밸리의 기후에 잘 적응하여 화이트 품종으로는 가장 많이 재배되고 있다. 칠레 화이트 와인의 대부분은 샤르도네로 담백하고 깊이가 있다.

소비뇽 블랑 Sauvignon Blanc (20페이지 참조)

센트럴 밸리 지역의 쿠리코 밸리에서 많이 재배되고 있으며 신선한 산과 아로마가 특징이다.

> 카르메네르는 프랑스가 원산지로 1860년대 포도 전염병인 필록세라가 전 세계를 강타했을 때 이 품종도 지구상에서 사라졌다. 그런데 칠레에서만 유일하게 살아 남아 130년 이상 칠레의 토착 품종으로 알려졌으나, 1994년에 프랑스 육종학자에 의해 프랑스에서 온 것이 밝혀졌다.

트리벤토 와이너리의 전경

아르헨티나

Argentina

남아메리카 독립의 영웅 호세 데 산 마르틴과 멘도사 와인

호세 데 산 마르틴의 초상

남아메리카의 독립 영웅으로 남미 대륙 북쪽 지역인 베네수엘라, 콜롬비아, 에콰도르의 독립을 시몬 볼리바르 Simón Bolívar 가 이끌었다면, 칠레는 베르나르도 오이긴스 Bernardo O'Higgins, 그리고 아르헨티나, 페루, 칠레의 독립은 호세 데 산 마르틴에 의해서 이루어졌다.

호세 데 산 마르틴 José Francisco de San Martín Matorras, 1778.2.25~ 1850.8.17 은 아르헨티나의 장군이며, 페루의 정치가로서 남아메리카의 식민지 독립에 헌신한 세 영웅 중의 한사람이다. 그는 가장 명예롭게 생을 마감하므로써 남아메리카의 모든 사람들에게 존경을 받고 있는 인물이다.

1778년 아르헨티나(당시에는 스페인 라플라타 부왕령) 코리안테스주 야페유 Yapeyú 에서 이곳의 부지사이자 스페인군 대령의 아들로 태어났다. 7살 때 스페인으로 건너가 마드리드 귀족학교에서 유년기를 보냈다. 이때부터 그는 칠레 출신인 베르나르도 오이긴스와 가까이 지내게 되었다.

성장한 이후 스페인 군대에 입대하여 북아프리카 전선에서 싸우고, 영국군의 포로가 되어 1년 이상 수감 생활을 하기도 했다. 이후에는 나폴레옹의 프랑스 군대와 싸우면서 군사적 경험을 쌓았는데 이때 남아메리카 독립 운동가들과 접촉한 것으로 보인다.

1811년 아르헨티나의 부에노스아이레스로 돌아가 1812년 아르헨티나의 여러 주를 한데 모아 연합체를 구성하고 1816년에 드디어 독립을 선언했다. 이 당시 산 마르틴은 1814년부터 꾸요 Cuyo 지역의 행정관으로 복무하고 있었다.

꾸요 지역은 오늘날 안데스 산맥 동쪽에 있는 멘도사 지역, 산 후안 지역, 산 루이 지역을 포함한 지역으로 안데스 산맥을 경계로 칠레와 마주하고 있는 지역이었으며, 그 당시에도 칠레로부터 전래된 포도 농업을 주로 하던 곳이었다.

당시에는 유럽 품종이 들어오기 전이었고, 양조 기술도 낙후해서 아르헨티나의 군인들과 상류층은 스페인 와인을 최고로 여기고 있을 때였다. 이러한 편견을 깨고자 행정관 시절에 멘도사 지역의 와인 산업에 대한 많은 관심과 지원을 해주었고, 실제로 산 마르틴은 멘도사 지역 와인을 즐겨 마셨다고 한다.

또한 칠레에서 피신한 오이긴스와 함께 칠레를 다시 공격할 때 노새에 브랜디와 멘도사 지역의 와인을 가득 싣고, 추운 안데스 산맥을 넘으면서 추위에 떠는 병사들에게 나누어 마시게 하여 몸을 녹이게 했다고 한다.

멘도사 지역의 와인 산업 발전에 노력하면서, 한편으로는 그의 머리 속에 항상 어떻게 하면 페루의 리마를 공격하여 스페인으로부터 칠레와 페루를 포함하여 라틴아메리카의 여러 나라를 해방 시킬까를 고민하고 있었다.

마침 스페인 군에 패배하여 안데스 산맥을 120명의 부하와 함께 넘어온 칠레의 오이긴스와 4,800여 명의 두나라 연합 군대, 1만 마리의 군수 물자 수송을 위한 노새, 그리고 1,500필의 기병대로 연합군을 꾸려, 스페인 군에서는 생각지도 못했던 안데스 산맥을 넘어가, 1817년 샤카부코 전투, 그리고 다음

아르헨티나 국기와 호세 데 산 마르틴 동상

해에 마이푸 Maipu 전투에서 연거푸 승리하여 칠레의 독립을 공식적으로 선언했다.

칠레의 수도 산티아고 시민들은 산 마르틴을 해방자로 환영하고 칠레 정부의 수반으로 추대했으나, 베르나르도 오이긴스에게 양보하고, 이후 영국 백작 토마스 코크런을 해군 지휘관으로 초빙하여 자신이 계획했던 육해군 합동 작전을 실행시켜, 마침내 1821년 7월 28일에 리마에서 페루의 독립을 선포하고, 페루의 보호자 Protector of Peru 라는 호칭을 얻어 페루의 국가 원수 직에 앉는다.

이 무렵 라틴 아메리카에는 북부 지방에서 시몬 볼리바르가 스페인과 맞서 해방 전쟁을 치르고 있었다. 1811년에 베네수엘라, 1819년에는 콜롬비아, 에콰도르를 묶어 대 콜롬비아 공화국을 엮어 내고 있었다.

1822년 산 마르틴은 에콰도르 과야킬에서 페루의 완전한 독립을 논의하기 위해 시몬 볼리바르와 담판을 가진 후, 돌연 군대 지휘관직을 그만 두고 정계에서 물러나 유럽으로 떠났다. 두 명은 서로 인격적으로 존중하는 사이였지만 의견 차이가 많이 갈렸던 것으로 알려져 있다.

특히 독립 후 국가 운영 체제에 대해 의견이 달랐던 것으로 전해진다. 이후 영국 런던과 벨기에 브뤼셀을 떠돌며 쓸쓸하게 말년을 보내다, 1850년 8월 17일에 프랑스 볼로뉴에서 생을 마감했다.

시신은 1880년에 부에노스아이레스 대성당에 안치되었고, 아르헨티나 국민의 아버지로 높이 추앙받고 있으며, 아르헨티나의 오늘날 와인 산업의 기초를 만들어 준 사람으로 부른다.

부에노스아이레스 대성당에 안치된 호세 데 산 마르틴 유해

와인의 역사

1557년에 아르헨티나에서 첫 번째 포도밭이 동부 지역인 산티아고 델 에스테르 Santiago del Estate 에 조성되었으며, 1561년에 후안 시드론 Juan Cidron 이 칠레에서 '파이스'라고 불리우는 포도나무 묘목을 멘도사 지역에 심었다고 한다. 1569~1589년에 북부 지역인 산 후안 San Juan 에 상업적 규모의 와이너리가 설립되었다.

1860년대 유럽을 휩쓴 필록세라의 대 재난으로부터 피할 수 있었던 아르헨티나는 그 후 이 소식을 듣고 유럽의 이민들이 몰려들면서, 유럽의 포도 품종과 양조 기법이 함께 전해져 와인 산업에 있어서 새로운 도약기를 맞이하게 된다.

1885년에는 멘도사에서 부에노스아이레스까지 철도가 부설되면서 와인 산업이 성장할 수 있는 인프라가 만들어졌지만 그때까지만 해도 품질보다는 생산량 위주였다.

1920년대 아르헨티나는 세계 8대 부국이었으나 이후 정치적인 불안이 겹치면서 외국인 투자가 격감하고 경제적인 어려움으로 와인 산업도 같이 쇠퇴하였다.

1990년대 들어 정치적인 안정과 경제가 발전되고, 선진 양조 기술과 외국의 유명 자본이 유입되면서, 와인 산업은 부흥기를 맞이하여 현재는 세계 6위의 생산국이며 세계 11위의 수출국으로 부상하고 있다.

> 1970년대에 캘리포니아, 80년대에 오스트레일리아, 90년대에 뉴질랜드, 남아프리카공화국, 칠레 등이 국제 와인 시장에 나타나기 시작하였으며, 이제 아르헨티나가 잠자는 거인국으로 떠오르고 있다.

> 아르헨티나 정부는 2010년 11월에 와인을 아르헨티나의 국주(國酒)로 선언했다.

Wines of Argentina

테루아

아르헨티나는 남아메리카에서 브라질에 이어 두 번째로 큰 나라이다. 남위 30도 선상에 위치하며, 칠레보다는 500km 정도 짧지만, 남북의 길이가 3,800km, 동서 간의 거리는 1,425km에 달한다. 북으로는 볼리비아, 북동쪽으로는 우루과이, 브라질, 파라과이와 국경을 접하며, 서쪽은 안데스 산맥을 넘어 칠레와 접하고, 남동쪽으로는 대서양에 면해 있다

아르헨티나는 대부분의 포도 산지가 북에서 남으로 관통하면서 칠레와 국경을 마주하고 있는 안데스 산맥의 동쪽 경사면에 위치하고 있으며, 포도밭은 보통 해발 500m에서 높은 곳은 2,000m가 넘는 곳도 있다.

계절의 변화가 뚜렷하며 여름에는 밤에 10도에서 한낮에는 40도까지 올라가는 곳도 있을 정도이며, 300일이 넘는 청명한 날씨와 연평균 강우량 250mm에 불과한 거의 반사막과 같은 건조한 날씨이다. 겨울은 0도까지 내려가고 서리는 거의 내리지 않으며 습도가 거의 없고 공해가 없다. 이렇게 큰 일교차는 낮에는 당분을 밤에는 산미를 잘 축적할 수 있어 알코올 도수와 산도를 높여주어 와인의 구조를 튼튼하게 해준다.

이런 환경으로 인해 곰팡이 등의 병충해가 없고, 토양이 척박하고 모래가 많아 포도나무 뿌리에 서식하는 필록세라 해충이 없어 자연스럽게 농약을 적게 쓰면서, 유기농 와인이라 불러도 될 만큼 우수한 양질의 와인이 생산되고 있다.

관개 시설은 안데스 산맥에서 흘러 나오는 빙하수를 각 포도나무마다 호스로 연결하여 상황에 맞추어 규칙적으로 물을 주는 점적식 수경재배 drip system 를 사용함으로 미국, 칠레처럼 빈티지가 큰 의미가 없다.

칠레와 마찬가지로 프랑스 보르도 지역 와인을 모델로 하여, 대부분의 와인은 5가지 품종 이내에서 블렌딩을 통해 양조를 하는데, 프랑스와 다른 점은 말벡을 블렌

딩의 중심으로 하여 다른 포도 품종을 블렌딩한다는 점이 다르다.

최근에는 칠레와 마찬가지로 질감과 구조면에서 활기차고 견고하며, 미네랄과 역동성을 갖춘 황홀한 와인들을 선보이고 있다.

Argentina wine

와인 관련법

대부분의 신세계 국가에서는 최소한의 규제로 와인 산지의 지정, 포도 품종 등을 규제하고 있으나, 아르헨티나는 이런 규제 자체가 없다. 다만 와인의 생산과 수출을 감독하기 위해 INVA Instituto Nacional de Vitivinicultura Argentina 가 있을 뿐이다.

단 규제 사항으로 레이블에 표시되는 포도 이름은 해당 포도가 80% 이상 쓰여져야 한다는 규정과 리저브 Reserve 는 12개월, 그랑 리저브 Gran Reserve 는 24개월 숙성을 거쳐야한다는 조항이 최근에 생겼으며, 오크통 숙성 및 병입 후 숙성 기간은 자유롭다.

Wines of Argentina

와인 산지

아르헨티나에서 가장 유명한 와인 산지는 멘도사와 산 후안지역으로 두 지역 모두 해발 6,960.8m의 아콩카과산 동쪽에 있으며, 해발 650~1,000m에 이르는 고원지대에 위치하고 있다.

Salta

Tucumán

Catamarca

Catamarca
카타마르카

San Juan

La Rioja

Mendoza
멘도사

Mendoza

Buenos Aires
부에노스아이레스

태평양
Pacfic Ocean

Patagonia

칠레
Chile

대서양
Atlantic Ocean

멘도사 Mendoza 지역

세계에서 단일지역으로 가장 크고, 미국 전체 재배 면적의 절반보다 약간 작으며, 뉴질랜드와 호주를 합한 면적보다 큰 대규모 산지이며, 아르헨티나를 대표하는 산지이다. 아르헨티나 전체 포도 면적의 3분의 2 이상이 이 지역에 분포하고, 이 나라 전체 와인 생산량의 70%, 수출 물량의 90%가 이곳에서 나고 있다. 수도인 부에노스아이레스에서 1,000km 떨어진 아르헨티나 제2의 도시 멘도사를 중심으로 그 주변 지역에 분포되어 있다.

안데스 산맥 동쪽 산기슭으로 멘도사 강 상류에 이르기까지 해발 600~1,100m의 고지대에 포도밭이 위치하여 산미가 좋은 와인이 나온다. 토양은 점토 위에 모래가 많은 충적토로 구성되어 미네랄이 풍부하고 전형적인 알칼리성 토양으로 물의 흡수가 좋다.

기후는 안데스 산맥이 가로 막혀 있어 대륙성 기후를 보이고, 연간 태양일 수는 320일로 무척 건조하고 햇빛이 강하며, 강수량은 200mm 이내로 비가 없어, 관개 시설로 물의 양을 조절하여 주고 있다. 밤낮의 일교차는 25도 이상으로 포도의 숙성력과 신선함을 최대한 얻을 수 있는 조건을 갖추었다.

70%가 레드 품종으로 아르헨티나의 대표 품종인 말벡을 비롯해서 카베르네 소비뇽, 템프라니요, 산지오베제 등이 있으며, 화이트 품종으로는 샤르도네, 슈냉 블랑, 소비뇽 블랑 등이 있다.

밤낮의 일교차가 클수록 포도 재배에는 굉장한 장점으로 작용한다. 한낮의 뜨거운 햇빛은 포도나무가 활발하게 광합성을 하도록 만들어 포도에 당분이 충분히 쌓이도록 해주며, 밤의 차가운 날씨는 포도에 생생한 산미가 생기도록 하여 와인을 만들 때 알코올 도수와 산도를 높여 준다. 이는 타닌과 함께 와인의 구조를 튼튼하게 만들어 주어 장기 숙성에 유리하다. 또한 일교차가 크면 포도 안에 다양한 향이 생기며 이 향들은 당분과 산미와 결합해서 풍부한 과일향을 높여주는 역할을 한다.

멘도사 Mendoza 지역 와이너리

즐기면서 나누는 **와인**

산 후안 San Juan 지역

멘도사에서 북쪽으로 150km 떨어진 곳에 자리잡고 있으며, 멘도사에 이어 두 번째 와인 생산 지역이다. 훌륭한 와인이 많이 나오고 있으며 아르헨티나 전체의 약 22% 재배 면적을 갖고 있다. 기후는 멘도사보다 훨씬 무덥고 여름에는 42도까지 기온이 오르기도 한다. 모래와 자갈이 많은 토양으로 배수가 좋으며 산후안 강으로부터 풍부한 물을 얻고 있다. 이 지역은 오래 전에 셰리 와인이나 브랜디를 만들었던 지역이었으나 최근에는 테이블 와인에 주력하여 멘도사와 거의 같은 포도 품종을 재배하고 있다.

살타 Salta 지역

아르헨티나에서 가장 북쪽에 자리잡은 산지로, 17세기 선교사들에 의해 포도나무가 식재 되어 아르헨티나에서 가장 오래된 산지이자, 세계에서 가장 높은 곳에 위치한 포도밭이다. 포도밭은 위도 24~26도 사이의 해발 1,500m 이상에 위치하며, 연간 340일에 이르는 일조량과 밤낮의 일교차가 20도에 이르러 포도 경작에 우수한 조건을 갖추고 있다. 기후는 멘도사와 비슷하고 토양은 사토와 자갈로 구성되어 있으며, 화이트 품종인 토론테스 Torrontes 가 유명하다. 오크 숙성을 하지 않아도 훌륭한 풀 바디 와인을 만들어 내고 있다.

멘도사에 위치한 트리벤토 trivento 와인은 알마비바 Almaviva 로 잘 알려진 칠레 와인의 대부 콘차 이 토로 Concha y Toro 가 아르헨티나에 진출해 탄생시킨 와인이다. 가성비 대비 훌륭한 와인으로 아르헨티나의 대표 품종인 말벡으로 만들며 불고기와 삼겹살 등 한국 요리에도 잘 어울린다.

트리벤토 와이너리와
와인들

대표 품종

적포도 품종

말벡 Malbec

원산지는 프랑스이며 부르고뉴 지역에서는 오세루아 Auxerrois, 루아르 지역에서는 꼬 Cot, 보르도 지역에서는 말벡 Malbec 으로 불리운다. 이 품종은 프랑스 원산지보다 아르헨티나의 기후와 풍토에 궁합이 잘 맞아 아르헨티나의 대표 품종으로 널리 알려졌으며, 와인 전문가들은 아르헨티나 그 중에서도 멘도사의 말벡을 최고로 인정하고 있다.

말벡 Malbec 품종의 포도밭

즐기면서 나누는 **와인**

검은 빛을 띄고 있어 '검은 포도'로도 부르며, 진하고 카베르네 소비뇽과 같이 강한 타닌의 질감을 보이나 오크통 숙성을 거치면, 부드럽고 우아한 맛으로 변한다. 특히 멘도사의 말벡은 부드러우면서 강렬한 과일향과 탁월한 미네랄, 훌륭한 질감으로 특이한 맛을 보이며 긴 숙성 잠재력을 갖고 있다.

카베르네 소비뇽 Cabernet Sauvignon (17페이지 참조)

아르헨티나의 모든 산지에서 재배하고 있으며, 멘도사에서 최상품이 나온다. 주로 말벡과 블렌딩용으로 재배한다.

메를로 Merlot (18페이지 참조)

아르헨티나의 모든 산지에서 재배되며 말벡과 블렌딩용으로 재배되고 있다.

청포도 품종

토론테스 Torrontés

원산지는 스페인으로 알려져 있으며, 아르헨티나의 토론테스가 국제적으로 좋은 평판을 얻고 있다.
재배 면적이 화이트 포도 품종 중 가장 넓다. 산 후안 San Juan 지역 위에 있는 라 리오하 La Rioja 지역이 유명하며, 살타 지역에서 처음 재배되었다. 기분 좋은 산과 스파이시한 맛, 그리고 진한 농도에 향이 넘친다.

샤르도네 Chardonnay (19페이지 참조)

아르헨티나에서 우수한 화이트 포도 품종으로 멘도사 북쪽의 고도가 높은 지역이 일조량이 풍부하여 부드러운 산미를 보이며 최상품으로 인정받고 있다. 보통 3~4개월의 오크통 숙성을 거쳐 나온다.

아르헨티나

테이블 마운틴 정상에서 바라본 케이프 타운 전경

남아프리카 공화국

Republic of South Africa

와인 무역 제재를 푼 넬슨 만델라 대통령

넬슨 롤리랄라 만델라 대통령

와인의 역사에서 최소 300년이 넘은 남아프리카공화국 와인이 가장 큰 시장인 미국으로 수출이 막히면서 와인 산업도 난관에 봉착하고 있었다. 왜냐하면 남아프리카공화국의 인종 차별 정책인 아파르트헤이트 Apartheid 에 반대하여 미국이 무역 제재를 가하고 있었기 때문이다. 이런 상황에서 만델라는 인종 분규를 끝내기 위해 27년간 감옥에서 투쟁해왔고, 그 결과 1990년 클레르크 Frederik Willem de Klerk 당시 남아프리카공화국 대통령이 아파르트헤이트를 철폐하고 만델라를 석방하면서 무역 제재가 해제되었다. 이는 350년에 걸친 인종 차별 정책을 종식시키면서, 남아프리카공화국 와인을 다시 국제 무대에 알리는 계기가 되었다.

넬슨 롤리랄라 만델라 Nelson Rolihlahla Mandela 대통령은 1918년 7월18일 남아프리카공화국 연방의 트란스케이 움타타에서 코사족 부족장의 아들로 태어났다. 만델라는 학교에서 배우게 되는 내용의 대부분이 흑인들은 노예나 강도로 나오는 것에 대해 궁금증을 가지게 되었다.

그는 학교에서 공부를 잘 했으며, 축구와 복싱, 장거리 달리기 등의 운동도 좋아했다고 한다. 자신이 어렸을 때 사망한 아버지 대신 그를 돌봐주던 후견인이자 족장이었던 욘긴타바 달란드예보 Jongintaba Dalindyebo 에게서 아프리카의 역사와 진실에 대해 여러 이야기를 듣게 된 후 흑인들을 위해 일하고자 하는 꿈을 갖게 되었다.

어렸을 땐 막연히 후견인인 달란드예보가 추장으로서 재판을 집행하며 진실을 밝히는 것을 보고 감명받아, 부족을 위해 일하는 법률 상담사가 되기를 원했으나, 강제 결혼을 하기 싫어 요하네스버그로도 피한 이후 넓은 세계를 보고, 느끼는 것이 많아 변호사의 꿈을 꾸게 된다.

학업을 마치고 아프리카 민족회의 ANC: African National Congress 의 지도자로서 남아프리카공화국 백인 정권의 악명 높았던 인종 차별 정책인 아파르트헤이트 Apartheid 에 맞서 투쟁 활동을 벌인다. 처음에는 평화적 투쟁을 하였으나 날로 더해지는 차별 정책을 보고 무장 투쟁의 필요성을 느껴, '민족의 창'이란 단체를 만들어 남아프리카공화국 정부를 상대로 사보타주와 테러를 행하다, 체포되어 종신형을 선고 받고 무려 27년 동안 감옥 생활을 하였다.

1990년에 국내외 여론의 압박을 못 이긴 클레르크 Frederik Willem de Klerk 대통령은 만델라의 석방과 아프리카 민족 회의의 합법화를 발표하고 그를 석방한다. 1991년에 아파르트헤이트를 아예 폐지시키고, 1993년에는 흑인들에게도 투표권을 부여하는 법안을 통과시키면서 그 해 말 넬슨 만델라와 함께 노벨 평화상을 수상하였다.

만델라는 1994년에 남아프리카공화국 내 정당들의 분쟁과 갈등을 봉합하고 남아프리카공화국 최초의 흑인 대통령으로 당선되었다. 대통령이 된 후, 만델라는 '진실과 화해 위원회'를 구성하여 과거의 인권 침해 범죄에 대한 진실을 낱낱이 밝혔지만 그들을 모두 사면했다.

"용서하되 잊지는 않는다"란 슬로건 아래 단 한 명도 과거사로 처벌하지 않았고, 오히려 당시 남아프리카공화국의 위기를 함께 해결해야 한다고 강조했다. 덕분에 많은 백인들이 남게 되어 남아프리카공화국의 경제력을 유지할 수 있었다.

대통령이자 노벨평화상 수상자인 넬슨 만델라는 자신처럼 강인하고 부드러운 느낌을 주는 남아프리카공화국의 레드 와인을 좋아한 것으로 알려져 있다.

특히 자국내 대표 와인이라 할 수 있는 니더버그 Nederburg 와인을 선호해서 1994년 자신의 대통령 취임식 때 '니더버그 매너 하우스 카베르네 소비뇽' 와인을 만찬주로 사용해 전 세계에 남아프리카공화국 와인을 알리는 데 일조했다.

니더버그는 역사와 전통이 있는 와이너리로 1791년부터 와인을 만들기 시작했으며 유명한 와인 산지인 코스탈 coastal Region 지역 내에 있는 팔 Paarl 지방의 중심부에 위치하고 있다. 남아프리카공화국의 테루아에 가장 잘 맞는 품종만을 재배하여 국제 무대에서 높은 평가를 받고 있으며, 남아프리카공화국에서 가장 규모가 큰 와이너리이다. 2007년 영국 국제 와인 & 스피리츠 IWSC 에서 최고의 쉬라즈 와인으로 평가 받아 로즈 마운트 트로피를 수상했고, 같은 해 헝가리 부다페스트에서 열린 '국제 보트리티스 와인 대회'International Botrytis type Wine sweet Competition 에서 '톱10'에 오르기도 했다.

니더버그 와인은 엘리자베스 2세의 영국 여왕 즉위 25주년 행사와 2010년 남아프리카공화국 월드컵의 국제 축구 연맹 공식 와인으로 선정되기도 했다.

매너 하우스 Manor House 는 장원이나 영주의 대 저택을 의미하며, 니더버그 와이너리는 산도와 당도가 잘 조화를 잘 이룬 최고의 포도를 엄선하여 양조한다. 프랑스산 오크통에서 12~14개월 이상 숙성을 거쳐, 아로마와 농축미가 우수하며 민트와 초콜릿 등 복합적인 향과 부드러운 타닌을 갖춘 미디움 바디 와인을 만들고 있다.

니더버그 와인과 와이너리 전경   출처: nederburg.com

와인의 역사

남아프리카공화국의 케이프 타운 Cape Town 은 17세기 네델란드의 동인도 회사 Dutch East India Company 가 대서양과 인도양이 만나는 곳을 해상 무역의 경유지로 삼으면서 원주민들을 몰아내고 건설했던 곳이다.

1654년 포도 묘목이 네델란드 동인도 회사를 통해 희망봉이 있는 케이프 타운에 이식되어 5년 후인 1659년에 처음 와인을 생산했다고 한다. 이런 역사를 기반으로 지난 1954년에 와인 업계에서는 300주년 기념 행사를 대대적으로 가진 바 있다.

> 아프리카에서 와인을 만드는 나라는 남아프리카공화국과 알제리, 모로코, 튀니지가 있다.

1679년에 2대 네델란드인 총독 시몽 반 델 스텔 Simon Van del Stel 이 그루트 콘스탄티아 Groot Constantia 에 제대로 된 포도밭을 일구고, 유럽식의 양조법으로 와인을 만들었다. 1688년부터 프랑스에서 종교 박해를 피해 위그노 Huguenots 신자들이 건너와 포도나무를 심고 와인을 만들기 시작하면서 포도밭들이 확장되었고 품질이 향상되면서 산업화의 기틀을 마련하였다. 18세기에 들어와서는 디저트용의 스위트 와인인 뱅 드 콘스탄스 Vin de Constance 와인이 유럽에 널리 알려지게 되었다.

1795년에 영국이 이 지방을 네델란드로부터 빼앗아 1814년 합병한 후 영국의 관세 혜택을 받아, 1826년부터 관세 혜택이 철폐된 1861년까지 영국의 최대의 와인 공급지로 성장하였다. 이후 필록세라가 남아프리카공화국의 포도밭을 덮치면서 1890년대에 이르러서는 거의 황폐화되다시피 되었다. 필록세라를 극복하고 난 후에 와인 생산이 재개되었으나 과잉 생산으로 문제가 생기자, 1918년에 '남아프리카공화국 포도 경작자 조합'(약칭 KWV으로 알려져 있다)이 만들어졌다.

1940년도에 와인 관련법을 만들고 양질의 와인에 대한 판매 가격의 안정화를 도모하고 KWV로 하여금 와인의 생산을 제한하도록 규제를 했다.

오늘날 남아프리카공화국에는 약 300개의 와이너리가 있으며 약 5,000개의 포도 재배 농가가 있다. 세계 주요 와인 생산국 가운데 7번째이고, 세계 12위의 수출국 으로 생산량의 50%가 해외로 수출되며, 나머지는 자국에서 소비되고 있다.

Wines of South Africa

테루아

남아프리카공화국은 아프리카 대륙의 최남단에 자리잡고 있으며, 동쪽으로 인도 양, 서쪽으로 대서양에 면해 있으며, 해안 지역과 내륙 쪽의 계곡에 포도밭이 자리 잡고 있다. 남위 22~35도에 위치하고, 지중해성 기후로 기온은 대체적으로 온난 하고, 포도나무 휴지기인 겨울에 연간 강우량의 대부분이 내리며 양은 적은 편이 다. 각 지역별로 고유한 토양 유형이 있으나 대체적으로 수분을 유지하고 배수가 잘 되며 약알칼리성이다. 남아프리카공화국에서는 거의 모든 종류의 와인이 나오 고 있다고 해도 과언이 아니다.

코스탈 Coastal region 지역의 콘스탄티아 지방 포도밭 전경

와인 관련법

1973년에는 법으로 원산지 지정 제도 WO Wine of Origin 를 만들고 지역 Region – 지방 District – 마을 wards – 포도밭 Estate 으로 나누었다. 주요 지역으로 코스탈 지역 Coastal Region 과 올리판츠 리버 Olifants River, 케이프 사우스 코스트 Cape South Coast, 노던 케이프 Northern Cape, 브리드 리버 밸리 Breede River Valley, 클라인 카루 Klein Karoo 지역이 있다.

와인 산지의 분류 및 지정해 주는 기관은 농업부 산하의 '와인 주류국 Wine and Spirit Board' 이며, 와인 산지, 빈티지와 포도 품종을 보증해 주고 있다.

현재 80%의 와인이 약 60개의 지정된 지역에서 나오고 있으며, 1994년 만델라 대통령이 당선되고, 아파르트헤이트가 철폐되면서 무역 제재의 해제와 함께 기존의 콘스탄티아 지방과 스텔렌보쉬 지방을 중심으로 비약적인 발전을 했다. 이런 노력의 일환으로 오늘날 남아프리카공화국 와인은 각종 국제 와인 품평회에서 그 품질을 인정받고 있다.

코스탈 지역의 스텔렌보쉬 지방 포도밭 풍경

Wines of South Africa

와인 산지

코스탈 Coastal region 지역

인도양과 대서양이 만나는 케이프 포인트의 서쪽과 희망봉이 있는 케이프 반도의 끝자리에 자리 잡고 있는 해안 지역으로 콘스탄티아 Constantia, 스텔렌보쉬 stellenbosch, 팔 Paarl, 프란쇼크 Pranschhoek 지방 등이 있다. 이들 산지는 산맥이 해안선을 따라 병풍처럼 감싸고 있는 구릉의 넓은 대지에 분포하고 있다.

인도양과 대서양이 만나는 희망봉

케이프 타운내 스텔렌보쉬 지방의 플라워 킹덤 Flower Kingdom 은 약 9천 종의 식물이 자라는 곳으로 세계문화유산으로 지정되어 있으며, 이곳을 중심으로 와이너리들이 발달되었다.

남아프리카공화국에서 가장 오래된 그루트 콘스탄티아 와이너리와 포도밭 전경(1685년 설립)

그루트 콘스탄티아 와이너리에서 생산되는 와인들

여름철에는 남극에서 올라오는 차가운 뱅갈 해류는 비슷한 위도의 지역보다 기온을 낮게 해주고, 케이프 닥터 Cape Doctor 로 알려진 강한 바람은 곰팡이로부터 포도나무를 보호해 주며, 겨울은 비교적 온난하다. 강우량은 1,000mm 이내로 5월과 8월 사이에 집중되며, 포도 경작에 충분치 않아 산지에 따라 부분 관개가 이루어지기도 한다. 토양은 모래, 자갈, 화강암과 자갈이 많은 퇴적토 등으로 이루어져 있다.

브리드 리버 밸리 Breede River valley 지역

이 지역은 케이프 타운에서 내륙 쪽으로 들어가는 석회암 지대로, 강우량이 적어 매우 건조하여 관개 시설이 필요한 곳이다.
남아프리카공화국 와인 생산량의 1/4을 생산하는 워세스터 Worcester 와 로베트손 Robertson, 브리드클루프 Breedekloof로 구분된다.

클라인 카루 Klein Karoo 지역

표고 1,700m에 달하는 해안 지역의 산맥들이 바다에서 넘어오는 비구름을 차단하여 가뭄과 무더위가 심한 반사막 기후이다.
강우량은 200mm 이하로 대부분 관개에 의지하며 토양은 충적토이다. 칼리츠도르프 Calitzdorp가 중심 도시로 뮈스까 등으로 만든 전통적인 주정강화 와인이 유명하다.

케이프 사우스 코스트 Cape South Coast 지역

이 지역은 점도가 높고 암석이 많은 토양으로 여름에는 대서양의 차가운 뱅갈 해류의 영향으로 온화하고 겨울은 서늘하며, 5월부터 8월까지는 우기로 연간 750mm의 비가 내린다. 와인은 서늘한 산지 특유의 섬세함을 갖고 있다.

소비뇽 블랑, 샤르도네, 피노 누아 품종이 오버버그 Overberg 지방을 중심으로 재배되고 있으며 높은 평가를 받고 있다.

코스탈 Coastal region 지역의 프란쇼크 Pranschhoek 계곡에 위치한 그란데 프로빈스 Grande Provence 와이너리의 포도밭과 와인들

코스탈 Coastal region 지역 스텔렌보쉬 지방에 있는 워터포드 Waterford 와이너리 전경과 포도밭과 와인들

Wines of South Africa

대표 품종

적포도 품종

피노타주 Pinotage

1925년 남아프리카공화국 포도 재배자들이 더운 곳에서 잘 자라는 피노 누아를 만들기 위해 피노 누아와 생소 Cinsault 를 접목하여 만든 남아프리카공화국만의 독특한 포도 품종이다. 남아프리카공화국 포도 재배자들은 피노타주 협회를 설립하여 이 품종에 대한 자부심

> 생소를 남아프리카공화국에서는 에르미타주 Hermitage 라고 불렀기 때문에, 피노와 타주를 결합하여 '피노타주'가 되었다.

과 함께 지속적인 연구와 품질 개량을 추구하고 있다. 처음에는 짙은 감홍색을 띄지만 숙성이 진행되면서 벽돌색으로 변한다.

향은 체리, 카시스, 바나나 향을 보이며 오크통 숙성에 따라 초콜릿과 커피 맛도 난다. 처음에는 강건한 맛을 내다가 숙성되면서 점점 피노 누아처럼 섬세한 풍미를 띠는 풀 바디 스타일의 와인이 나온다.

> 필드 블렌딩 Field blending
> 2가지 이상의 포도 품종을 한 포도밭에 심어 함께 수확하여 섞는 방법이다. 수확 시기가 다른 품종들을 한꺼번에 수확하기 위해 일조량 등 어려움이 많이 있으나, 독특한 제3의 맛을 찾기 위해 이런 어려움을 극복하고, 남아프리카공화국에서는 많이 활용하고 있다.

카베르네 소비뇽 Cabernet Sauvignon (17페이지 참조)
최근 남아프리카공화국 전역에서 가장 많이 재배되는 품종으로 전체의 4분의 1 정도를 차지하고 있다.

메를로 Merlot (18페이지 참조)

카베르네 소비뇽과 블렌딩되는 품종으로 재배되었으나, 요즘은 단일 품종으로 병입되는 경우가 많다. 대체적으로 다른 나라에 비해 과일향이 풍부한 편이다.

쉬라즈 Shiraz (19페이지 참조)

코스탈 Coastal region 지역의 케이프 반도 지방에서 많이 재배하며, 연기 냄새와 함께 스파이시한 향이 난다.

청포도 품종

슈냉 블랑 Chenin Blanc (163페이지 참조)

남아프리카공화국 해외 수출의 대부분을 차지하는 품종으로 코스탈 Coastal region 지역의 케이프 반도 지방에서 가장 많이 재배되고 있는 품종이다.

샤르도네 Chardonnay (19페이지 참조)

남아프리카공화국의 샤르도네는 나름대로 과일향이 풍부하다. 최근에는 경작 면적이 슈냉 블랑이나 소비뇽 블랑에 밀리고 있다.

남아프리카공화국

샌프란시스코의 랜드마크로 샌프란시스코 베이와 마린 카운티 사이를 연결하는 세계 최초 현수교

미국

U.S.A

와인 매니아 미국 3대 대통령 토마스 제퍼슨 Thomas Jefferson

토마스 제퍼슨 대통령

유럽에서 북아메리카 동부지역으로 이주해온 이주민들은 고향에서 즐기던 와인을 새로 정착한 지역에서도 만들고자 무던히 노력했다. 처음에는 토착 품종인 비티스 라브라스카 Vitis Labrusca 품종을 가지고 시도해봤으나 'foxy'한 맛이라고 하는 '변질된 신맛'으로 고향의 맛이 아니었다.

결국 유럽 품종인 비티스 비니페라 Vitis Vinifera 품종을 가져와 심기 시작했으나, 북미 지역의 병충해에 견디지 못해 성공하지 못했다. 그럼에도 불구하고 어떻게든 북미 지역에서 유럽 스타일의 와인을 생산코자 하는 욕망은 버릴 수가 없었다. 그들 가운데 가장 대표적인 사람이 미국의 3대 대통령을 지낸 토마스 제퍼슨 Thomas Jefferson 이다.

토마스 제퍼슨 1743~1826 은 1743년 4월 13일 버지니아주의 부유한 농장주의 아들로 태어났다. 1762년 윌리엄 앤드 메리대학 College of William & Mary 을 마치고 변호사 개업을 하면서 여러 가지 법 문제를 다루게 되었고, 나중에는 식민지 의회의 의원까지 지내게 된다.

그러나 미국 식민지와 영국 정부는 당시 사이가 좋지 않았고, 제퍼슨은 영국이 미국 식민지에서 벌이는 정책에 대해 비판적인 글을 쓰면서 애국당 Patriot 의 리더가 되었다. 이후 미국 독립 전쟁에서 미국을 지지하며, 독립 선언문 작성에 참여하고, 인권 등의 문제에 대해서 많은 관심을 갖고 영국의 억압적인 정책에 반대하였으며, 미국 독립 선언문의 기초 사상을 담은 '브리튼 령 미국의 여러 권리와 개관'을 저술하기도 했다. 그 후 버지니아 Virginia 주지사와 프랑스 공사(당시에는 공사가 지금의 대사와 같다)를 역임하고 4년 후 귀국하여 국무장관의 자리에 올라 반연방주의(공화주의)의 선두 주자가 되었다.

초대 대통령 조지 워싱턴의 불출마 선언 이후 2대 대통령 선거에서 제퍼슨은 연방주의자들의 후보인 존 애덤스 John Adams 와 대결에서 패배했으나, 당시에는 2등이 부통령이 되는 방식이어서 부통령이 되었으며, 그 후 1801년 다시 열린 3대 대통령 선거에서 승리하여 대통령이 되었다. 제퍼슨 재임 기간 중에 나폴레옹으로부터 루이지애나주 State of Louisiana 를 사들이기도 했으며, 노예 무역의 금지, 아메리카 원주민의 백인 문화 편입 등 미국의 큰 기틀을 잡는데 많은 노력을 했다.

퇴임 이후에는 버지니아대학교를 설립하고 스스로 총장에 취임하여 민주적 교육의 보급에 노력하였으며, 자연 과학, 건축학, 농학, 언어학, 철학 등으로 많은 사람들에게 영향을 주어 '몬티첼로의 성인'으로 불리웠다. 1826년 7월 4일 미국 독립 기념일에 향년 83세로 사망했는데 그날은 미국 독립 선언 50주년이 되는 날이었다.

그가 스스로 쓴 묘비명에는 '미국 독립 선언서의 기초자이자, 버지니아 종교 자유법의 제안자이며, 버지니아대학교의 아버지인 토머스 제퍼슨 여기에 잠들다.' 라고 적었다. 그는 제3대 미국 대통령이었다는 사실을 묘비명에 적지 않았는데, 자신이 한 일 중 가장 쓸모없는 일이었다고 생각했기 때문이다.

그가 대통령이 되기 전 1785년부터 1789년까지 4년여 기간, 프랑스 공사로 있을 때 유럽의 와인에 매료되어 유럽의 와인 산지를 돌아보면서 각 지역 와인에 대한 시음 노트를 남겼는데, 이 시음 노트의 평가가 1855년 파리 만국 박람회 개최 당시 보르도 지역의 와인 등급 평가에 영향을 주었다고 한다.

대통령 퇴임 후 버지니아주 샬러츠빌 Charlottesville, Virginia 에 있는 자기 고향인 몬티첼로 Monticello 로 귀향한 후에 본격적으로 직접 양조용 포도를 재배했다. 그는 평소에 미국이 세계 최고의 와인 산지에 버금가는 토양과 환경, 그리고 기후를 가졌다고 주장했다. 그러나 애석하게도 제퍼슨 생애에 유럽의 와인에 비길만한 와인 생산은 이루어내지 못했다.

그로부터 약 200년이 지난 후 이 역사적인 장소에 제퍼슨이 못 이룬 꿈을 1999년 패트리샤 클루기 Patricia Kluge 여사가 클루기 에스테이트 Kluge Estate 를 설립했다. 그녀는 33세 되던 해에 자신의 이름을 딴 와이너리를 세우며 괄목할 만한 성과를 냈지만, 경기 침체로 재정 위기를 맞게 되었다.

그녀의 딱한 사정을 알게 된 오랜 친구였던 트럼프 전 대통령이 2011년에 750만 달러(약 80억 원)을 주고 와이너리를 인수하여, 현재는 트럼프 전 대통령의 셋째 아들 에릭 트럼프 Eric Trump 가 "Create wines that complete with the best wines in the world"라는 모토로 운영하면서 여러 포도 품종으로 역동적인 트럼프 와인을 만들고 있다.

재미있는 것은 와인 애호가로 알려진 버럭 오바마 전 대통령은 이 와인을 두고 "5달러짜리 정도의 와인에 자신의 이름을 단 레이블을 붙여 50달러에 팔고 있다"고 비꼰 적도 있다.

미국 지폐중 1976년에 처음으로 발행된 2달러의 앞면에 제퍼슨의 초상화와 뒷면에 독립 선언 장면이 그려져 있다. 한국에서 이 지폐는 행운의 상징으로 여겨져 많은 사람들이 소장용으로 토마스 제퍼슨을 지니고 다닌다.

트럼프 와이너리 전경과 와인들
출처: www.trumpwinery.com

와인의 역사

미국의 와인 생산량은 세계 8위에 와인 수출량 6위, 포도 재배 면적 6위로, 최근 30년 동안 와인 산업이 비약적으로 성장한 나라이며, 유럽 와인에 비해 가성비 대비 좋은 품질로 명성을 얻어가고 있다.

미국의 와인 역사는 미국의 역사와 같이 한다고 볼 수 있다. 18세기 멕시코로부터 프란시스코 Francisco 선교사들에 의해 교회 미사용 포도나무가 캘리포니아에 처음 심어진 것이 본격적인 유럽식 포도 재배의 시작이며, 미국 와인 역사에 큰 획을 긋게 된다.

이후 1890년대 필록세라라는 포도 해충과 1920년 금주법(Volsted Act : 제안자인 하원 의원의 이름으로 명명 됨)의 시행, 그리고 1929년부터 시작된 대공황 등으로 발전하지 못하다가, 1933년 금주법이 폐지되면서 발전하기 시작했다.

캘리포니아에서는 금광의 발견과 함께 인구가 폭발적으로 증가하면서 수요가 급증하자, 금광이 발견되지 않는 곳들을 포도밭으로 일구게 되면서 점차 포도밭이 증가하게 되었다. 1950년대에 들어와 갤로 Gallo 사에서 영세한 포도밭들을 사들여 통합하면서 상업적으로 비약적인 발전을 가져 오게 되었다.

1970년대 초 미국 와인 역사에서 꼭 거론되는 인물인 '미국 와인의 대부'라 불리웠던 로버트 몬다비 Robert Mondavi, 그리고 파리의 심판에서 캘리포니아의 우수성을 세계에 알린 마이크 거기쉬 Mike Grgich 와 웨렌 위니아스키 Warren Winiarski 등의 노력에 힘입어 일조량이 풍부하고 온화한 캘리포니아를 중심으로 와인 산업이 활기를 갖게 되었다.

미국의 주요 와인 생산지는 캘리포니아, 오리건, 워싱턴, 뉴욕 등이지만 여전히 캘리포니아가 전체 생산량의 84% 이상을 차지한다. 특히 샌프란시스코의 나파 밸리는 미국 와인의 핵심 지역으로 막대한 자금력이 있는 와이너리들이 많이 몰려있어 최신 설비와 앞선 양조 기술에 투자를 아끼지 않고 최고의 와인을 만드는데 주력하고 있다.

로버트 몬다비와 샤토 무통 로쉴드가 의기 투합하여 만든 미국의 유명 와인 '오퍼스 원'도 이 지역에서 나오고 있다.

소노마 카운티는 세계 최대의 와인 생산 업체인 이엔제이 갤로 E. & J. Gallo 사가 자리잡고 있고, 소규모 와이너리도 많다. 고급 와인은 이 두 곳에서 주로 생산되고 있다.

미국의 와인 시장은 다수의 와이너리를 가지고 있는 30대 와인 그룹이 전체 시장의 90%를 점유하고 있으며, 이엔제이 갤로 E. & J. Gallo 사와 와인그룹 Wine Group 그리고 2004년 로버트 몬다비 Robert Mondavi 를 인수한 컨스텔레이션 Constellation 그룹이 1~3위를 다투고 있다.

1976년 5월 24일 파리에서 열린 파리 와인 시음회 Paris Wine Tasting of 1976 일명 '파리의 심판 Judgment of Paris' 사건은 미국 와인이 프랑스를 제치고 세계적 와인으로 평가 받을 수 있는 역사적인 계기가 되었다.

레드 와인과 화이트 와인을 가지고, 와인 전문가로 구성된 전원 프랑스인 심사위원단이 프랑스와 캘리포니아 와인으로 블라인드 테스트를 하였는데, 예상과는 전혀 반대로 레드 와인뿐만 아니라 화이트 와인까지 1위를 모두 캘리포니아 와인이 차지했다.

이엔제이 갤로사 E&J Gallo 는 단일 와이너리로는 세계 최대 규모로 브랜드 파워, 생산량, 판매량, 와인 마케팅 등에서 와인그룹, 컨스텔레이션그룹과 함께 세계 와인 산업을 리드하고 있다고 해도 과언이 아니다.

갤로사 와인

1976년 파리의 심판 당시 1위를 한 레드 와인은 웨렌 위니아스키의 'Stag's Leap Wine Cellars Cabernet Sauvignon, California, 1973'이었으며, 화이트 와인은 마이크 거기쉬의 'Château Montelena Chardonnay, California, 1973'이었다.

파리의 심판에서 레드 와인 1위와 화이트 와인 1위를 한 미국 와인

2006년 파리의 심판 30주년에서 1위는 'Ridge Vineyard Monte Bello 1971'으로 30년 전 5위를 한 와인이었고, 2위는 Stag's Leap Wine Cellars 1973'으로 30년 전 1위를 한 와인이었다. 와인 중 최고가를 구가하는 샤토 무통 로쉴드는 30년 전 2위를 하였지만, 오히려 6위로 밀려나는 불명예를 안게 되었다.

2006년 파리의 심판 30주년에서 1,2,3위를 한 미국 와인

숙성이 안된 영한 와인이어서 제대로 평가되지 못했다는 프랑스 측의 주장으로 30년 뒤인 2006년 5월 24일에 제대로 숙성 과정을 거친 같은 와인으로 다시 블라인드 테스트 Paris Judgement 30th Anniversary Tasting 를 가졌지만, 결과는 캘리포니아 와인의 완승이었다.

재대결에서의 10위안의 분포를 보면, 1위에서 5위까지 그리고 10위가 켈리포니아의 카베르네 소비뇽이 차지했으며, 6위에서 9위까지는 보르도 지역 와인이었다.

이 사건은 미국 와인은 물론, 신세계 와인으로 불리는 칠레, 호주, 남아프리카공화국 와인의 재평가와 함께 더 나은 품질 투자와 기술 개발에 박차를 가하게 되었다.

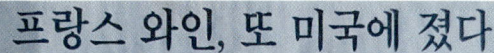

프랑스 와인, 또 미국에 졌다

파리의 심판 30주년 기념 행사 결과가 당시 한국의 신문 기사에도 언급되고, 조선일보 '만물상'에서는 30년전의 밖으로는 '주는대로 사가라'식 콧대 높은 장사를 해왔다가 이제는 신세계 와인에 밀리고 있다고 촌평을 했다.

Wines of the United States

와인 관련법

미국 포도 재배 지역 AVA American Viticultural Areas

1978년에 미국의 와인 산지 가운데 연방 정부가 다른 와인 산지와 토양, 기후, 표고, 자연 조건, 역사적 사실 등을 구분하여 설정한 특정 산지를 가리켜 AVA 라고 지정하였다.

이 제도는 어느 지역, 어느 와인이 더 우수하다는 것을 보증하는 의미가 아니고, 단순히 다른 지역과 다르다는 것을 나타낸다. 이를 바탕으로 미주리 Missouri 주의 오그스터 Augusta 가 1980년 6월에 처음으로 AVA에 지정된 이후, 2022년 8월까지 34개 주에서 267개의 AVA가 인정되었으며, 주무관청은 TTB Tax and Trade Bureau 이다

미국을 비롯한 신세계 와인 생산국들은 대부분 정부가 가급적 와인 생산 과정에 간여하지 않고, 최소한의 규제로 자국 제품의 질적 수준에 대한 보장 및 경쟁력 확보 차원에서 제한적인 규제를 하고 있다.

미국의 AVA 제도는 프랑스의 AOC 제도처럼 구체적이고 세부적인 규제를 취하지 않고, 가능한 창의성을 살리면서 다른 지역과 차별화를 위해 만든 느슨한 제도이다. 유일한 규제는 품종을 레이블에 기재할 경우, 해당 품종을 75% 이상 사용해야 하며, AVA인 경우는 85% 이상의 해당 지역 포도를 사용해야 한다.

이 규정도 각 주의 사정에 맞게 탄력성을 부여해서, 오리건 주는 90% 이상 사용해야 한다는 자체 규정을 갖고 있다.

메리티지 Meritage 와인

AVA 규정을 지키지 않고 프랑스 보르도 지역 포도 품종으로 보르도 지역 스타일인 2가지 이상의 품종을 가지고 블렌딩하여 만든 레드 및 화이트 와인을 가리킨다.

현재 350명이 넘는 회원이 등록되어 있으며, 포도 품종 대신 자체 고유 상표명을 표기한다.

메리티지 와인들

메리티지 란 뜻은 프랑스 보르도 지역의 수백년 동안 내려오는 블렌딩 전통을 존중하는 'Heritage'에, 장점의 뜻을 가진 Merit 이라는 단어와 운을 맞춰 만들어진 단어로 1988년 국제 공모를 통해 선정하였다.

컬트 와인들

조셉 펠프스 Joseph Phelps 와이너리에서 1974년에 보르도 지역 스타일의 블렌딩 와인인 인시그니아 Insignia 를 만들기 시작하면서, 오퍼스 원 Opus One, 도미너스 Dominus, 케인 파이브 Cain Five 등이 뒤를 이었다.

메리티지 와인을 레이블에 표기하기 위해서는 다음과 같은 사항을 지켜야 한다.
1. 전통적인 보르도 지역 스타일의 블렌딩 방법을 따라야 한다.
2. 한 품종이 90% 이상을 넘지 않아야 한다.
3. 연간 25,000 상자를 넘지 않아야 한다.
4. 반드시 와이너리에서 병입해야 한다.
5. 레이블에 메리티지 Meritage 라는 문구를 표기해야 한다.

컬트 Cult 와인
1980년대부터 나파 밸리에서 생산된 최고급 명품 와인으로 각 와이너리에서 가장 질 좋은 포도만을 골라, 300~500상자 만을 생산하는 와인으로 처음에는 케이머스 빈야드 Caymus Vinyard 의 와인메이커인 랜디 던 Randy Dunn 이 빚은 와인을 컬트 와인이라 불렀으나, 최근에는 좋은 품질과 낮은 생산량, 오래된 포도나무 등을 고집하면서 사람의 마음을 움직이게 하는 와인을 만드는 것을 목표로 하고, 사전 예약이나 경매 등을 통해 판매되는 와인을 가리켜 컬트 와인이라 부른다.
컬트 와인들은 마시려고 사는 것보다는 수집과

투자용으로 구매하는 경우가 많다. 스크리밍 이글 슬론 Screaming Eagle Sloan, 헌드레드 에이커 Hundred Acre, 할란 에스테이트 Harlan Estate 등이 있다.

샤토 카브리엘

부티크 Boutique 와인

컬트, 가라지 와인과 함께 미국의 프리미엄급 와인으로 소규모의 와이너리에서 최고의 품질과 한정된 생산으로 승부하는 장인들이 만든 와인을 말한다. 고도로 전문화된 서비스 또는 제품을 부티크 라고 부른데서 유래되었다.

가라지 Garage 와인

소규모 와이너리에서 특정 테루아의 전통적인 특성을 무시하고 고품질로 소량만 생산하는 와인으로 프랑스 보르도 지역 포므롤 지방의 르 팽 Le Pin 와인에 뱅 듀 가라지 Vins du garage 라는 이름을 붙인데서 유래되었다. 캘리포니아 파소 로블스 Paso Robles 의 가라지 와인 축제가 유명하다.

파소 로블스 포도밭 전경

Wines of the United States

와인 산지

미국의 와인은 실제로 50개 주 전체에서 나오고 있으나, 캘리포니아가 총 생산량의 90%를 점하고 있으며, 기타 워싱턴, 오리건, 뉴욕 주를 제외하고는 미미한 실정이다.

Wines of California

캘리포니아 California 주

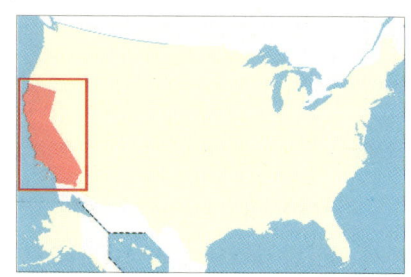

테루아

캘리포니아는 남북의 길이가 1,100km에, 동서로는 약 160~200km 이르는 지역이다. 시에라 네바다 산맥을 배경으로 서쪽으로는 태평양 연안을 끼고 있는 해안 산맥 기슭과 시에라 네바다 산맥 기슭, 그리고 산맥과 산맥 사이에 수많은 와인 산지가 분포되어 있다.

기후는 매우 다양하게 나타나는데 대부분의 산지가 낮에는 풍부한 햇빛으로 뜨겁게 열기가 오르면, 저녁에는 알래스카의 차가운 공기를 동반한 바닷바람과 안개가 밀려와 온도를 낮추어, 낮과 밤의 온도 차를 크게 벌려 줌으로서, 적당한 당도와 산도를 유지하게끔 해줌으로서 포도 재배에 이상적인 환경을 만들어 내고 있다.

토양은 전 세계적으로 발견된 12가지 주요 토양 분류 중에서 8가지가 존재할 정도로 다양하다. 부족한 물은 포도나무마다 호스를 연결하여 공급하기 때문에 빈티지의 개념이 없이 매년 일정한 품질의 와인을 만들 수 있다.

이런 환경이 포도의 성장에 특별한 개성을 갖게 함으로서 훌륭한 와인이 나오게 된다.

캘리포니아의 와인 산지는 크게 6개의 지역으로 나뉘어지고, 139개의 AVA가 지정되어 있으며 미국 와인 생산량의 90%를 점하고 있다.

포도나무에 물을 공급하는 장면

즐기면서 나누는 **와인**

와인 산지

Redwoods

North Coast

Mendocino County
Lake County

North Yuba

Sacramento
새크라멘토

Sierra Foothills

Montevina
Eldorado
Shenandoah Valley
Fiddletown

Sonoma County
Napa Valley
Los Carneros

San Francisco
샌 프란시스코

Modesto
머데스토

Sierra Nevada Mountains

Livermore Valley
Santa Cruz Mountains

San Jose
산 호세

Central Coast

Inland Valleys

Fresno
프레즈노

Monterey County

Paso Robles

San Luis Obispo County

Santa Barbara

Los Angeles
로스 엔젤레스

South Coast

Temecula

San Diego
샌디에고

노스 코스트 North Coast 지역

캘리포니아에서도 가장 핵심 지역으로 울창한
산림과 긴 해안선, 그리고 강과 언덕이 천혜의
와인 산지를 만들어 내고 있다. 기후는 해양성
기후로 안개와 바람, 낮과 밤의 기온 차, 그리고
시원한 미풍, 연간 강우량 600~700mm, 그리
고 성장기와 수확기에 비가 거의 내리지 않아,

노스 코스트 지역 포도밭 전경

나파 밸리 포도밭 전경

나파 밸리는 건조한 기후로 인해 매년 크고 작은 산불이 많이 발생하는 지역인데 2017년에 이어 2020년 9월 말 포도 수확기에 발생한 산불은 지금까지의 산불과 다르게 나파 밸리와 소노마 카운티의 많은 와이너리에 엄청난 피해를 주었다. 샤토 보스웰 Château Boswell 와이너리와 나파 밸리의 랜드 마크 건축물로 유명한 카스텔로 디 아모로사 Castello di Amorosa 와이너리가 완전히 불에 탔으며 수확이 덜 끝난 포도는 연기와 재에 묻혀 제대로 된 와인이 나오기 힘든 해였다.

출처: dailydemocrat.com

2020년 나파밸리의 산불 모습　　出처: robbreport.com

최적의 와인 산지를 만들어 내고 있다. 나파 밸리, 소노마 카운티, 멘도시노 카운티 등의 명품 와인 산지가 모여 있는 포도 재배의 요람이다.

• 나파 밸리 Napa Valley

미국에서 가장 유명한 와인 재배 지역으로 샌프란시스코만 San Francisco Bay 에서부터 20km 북쪽, 세인트 헬레나 St. Helena 산의 끝자락까지 총길이 48km, 넓이는 10km²로, 동쪽은 가파르고 울퉁불퉁한 능선으로 강한 햇빛을 받으며, 서쪽은 산으로 둘러싸인 서늘한 산림 지대이다.

나파 Napa 란 의미는 이 지역 인디언 언어인 'Wappo(풍요로운)'에서 유래되었다.

이 지역은 전체적으로는 덥고 건조한 편으로 태평양의 차가운 바닷바람과 산 파블로만 San Pablo Bay 에서 발생하는 안개가 낮의 덥고 건조한 지역에 습기를 공급하고 뜨거운 공기를 식혀주어, 최고의 포도 재배 여건을 만들어 주고 있다.

따라서 포도는 익는 기간이 길어 당도가 높고 심한 일교차로 산도와 과일향이 도드라진다.

작은 면적임에도 구역별로 토양과 지형의 특색이 다르고, 산 파블로만에서 오는 해양 기후로 인하여 미세 기후가 작은 지역별로 나타나 개성있는 와인을 생산하고 있다.

나파 밸리에서 한국인이 만드는 다나 에스테이트 Dana Estates 와인

텃세가 세기로 유명한 나파 밸리에서 그것도 와인업계에서 동양인으로는 처음으로 2005년에 폐허나 다름없는 포도밭을 인수해 오늘날 명품 와이너리로 탈바꿈시킨 와이너리가 있다.

전 동아원의 이희상 전 회장이 운영하는 다나 에스테이트이다. 자신의 호 '단하'를 따서 영어식으로 'Dana Estate'로 지어 와인을 출시한지 3년만인 2009년과 2012년에 업계 최고의 와인 평론가 로버트 파커로부터 두 번이나 100점 만점을 받아 나파 밸리는 물론이고 전 세계 와인 업계의 총아로 떠오르게 되었다.

생산량은 연간 12,000병 정도밖에 되지 않지만 최고 품질의 와인을 만들겠다는 일념으로 와인 사업에 정성을 쏟고 있으며, 이미 컬트 와인으로 인기와 품질을 인정받고 있다. 2022년 5월 21일 열렸던 바이든 미국 대통령과의 한미 정상회담 환영 만찬회에도 '바소 2017' 레드 와인이 올랐다.

다나 에스테이트의 와인은 '다나', '온다', '바소' 세 종류의 레드 와인이 있는데 나파 밸리에서 유일하게 포토밭 별로 테루아의 특성을 최대한 살리기 위해 발효 시설을 달리하고 있다. 이렇게 발효한 와인은 와인의 이동을 최소화하기 위해 오직 1단으로만 쌓은 프랑스산 오크통에서 18~24개월 동안 클래식 음악이 나오는 셀러에서 숙성시킨 뒤 병입되고 있다.

다나 에스테이트 모습과 카브, 숙성용 통 및 '에노테카 코리아'를 통해 수입되고 있는 다나, 온다, 바소 와인

소노마 밸리 포도밭 전경

소노마 밸리의 파츠 앤 홀(Patz & Hall) 와이너리의 와인들

• 소노마 밸리 Sonama Valley

캘리포니아에서 역사가 깊은 곳으로 1834년에 멕시코에서 미국으로 편입된 후 멕시코의 마지막 행정관이었던 발레호 M. G.Vallejo 장군이 가장 먼저 와인 산업에 뛰어들어 나파 밸리보다 역사가 오래되었다.

서늘한 안개와 바다 바람이 잘 조화를 이루는 따뜻한 여름은 성장기를 길게 하며, 포도나무에 포도가 열려 있는 기간을 길게 하여 포도의 당분과 산도를 높여준다.

또한 독특하고 풍부한 토양은 소노마 와인만의 독특한 특성을 갖게 한다. 전체적으로 기후나 토양 등이 나파와 비슷하다.

• 맨도시노 카운티 Mendocino County

소노마에서 러시안 리버를 따라 약 5km정도 북쪽으로 올라가면 나타나는 지역으로 캘리포니아에서 가장 북쪽에 위치하고 있다.

끝없이 펼쳐진 삼나무 숲을 배경으로 다른 지역에 비해 안개가 덜 끼는 해발 600~900m의 언덕에 포도밭이 위치한다.

이곳의 와인은 다른 캘리포니아 와인보다 진한 풍미에 부드러운 타닌을 느끼게 해준다.

1981년에 설립된 캔달 잭슨 Kendall-Jackson 은 멘도시노 뿐만 아니라 캘리포니아 전체에서 주목을 받고 있다.

맨도시노 카운티 포도밭 전경

캔달 잭슨 와인들

센트럴 코스트 Central Coast 지역

길이 645km, 폭 150km의 광활한 지역으로 샌프란시스코 남쪽에서부터 해안선을 따라 산타 바바라 Santa Barbara 못 미친 지역이다.

토양은 비옥하고 평지로 되어 있으며, 기후는 무더운 지역으로 포도는 수분과 당분 함유량이 높고 산도가 거의 없는 와인이 나온다.

최근에는 과학 기술의 발달로 우수한 와인들이 나오고 있으며, 세계에서 가장 큰 와이너리로 미국에서 소비되는 와인의 1/4을 만들고 있는 이엔제이 갤로 E. & J. Gallo사가 모데스토 modesto 에 있다. 백만 갈론 이상의 거대한 스틸 탱크, 거대한 병입 라인, 병 제조 공장, 학교 같은 연구소, 와이너리 창고에까지 기차가 들어오는 이엔제이 갤로 E. & J. Gallo 사는 와이너리가 아니라 거대한 맥주 공장과 비슷하다.

갈로 형제는 가성비 좋은 가격으로 미국인들에게 와인을 보급하는데 많은 영향을 미쳤다고 해도 과언이 아니다.

센트럴 코스트의 포도밭 전경

루지인 L'usine 의 컬트 와인들

주요 와인 산지로는

- 리버모어 밸리 Livermore Valley AVA
- 산타 크루즈 산맥 Santa Cruz Mountains AVA
- 몬트레이 카운티 Monterey County AVA
- 파소 로블스 Paso Robles AVA
- 산 루이스 오비스포 카운티 San Luis Obispo County AVA
- 산타 바바라 Santa Barbara AVA 등이 있다

와인 샵

사우스 코스트 AVA 포도밭 전경

캘리포니아의 숨은 실력자 다크호스 와이너리의 와인들

인랜드 밸리 AVA 포도밭 전경

진판델로 만든 와인

사우스 코스트 South Coast 지역

18세기 멕시코에서 프란시스코 선교사들이 건너와, 처음으로 캘리포니아 와인의 역사를 만들었던 가장 오래된 곳으로 소노마 카운티나 나파 밸리보다 2세기나 빨랐으며 로스엔젤레스에서 샌 디에고 San Diego 에 이르는 지역이다. 캘리포니아적인 맑은 기후와 건조한 날씨를 보이는 곳으로 3개의 캘리포니아 해안 지역 와인 산지 가운데 규모가 가장 작은 곳이다. 토양은 화강암으로 배수가 잘 되어 와인이 담백하면서 허브향이 난다. 주요 와인 산지는 테메쿨라 Temecula AVA 지역으로 긴 성장기와 비교적 서늘한 늦여름 기후로 레드보다는 화이트 와인이 훌륭한 평가를 받고 있다.

인랜드 밸리 Inland Valley 지역

이 지역은 서쪽의 해안 산맥과 동쪽의 시에라 네바다 산맥의 가운데에 위치하는 지역으로 남북으로 길게 뻗어있어 캘리포니아 와인 산지 중 가장 넓은 면적을 갖고 있다.

원래 이 지역은 포도보다는 농업의 중심 지역으로 곡창지대이지만 포도 재배 면적이 늘고 있다. 비교적 시원한 지중해성 기후로, 여름은 덥고 겨울은 선선하고 습기가 많은 편이다. 강우량은 430mm 정도이고, 토양은 점토질 모래가 주로 많다.

주요 와인 산지는 로디 Lodi AVA 와 듀니건 힐스 Dunigan Hills AVA 로 진판델을 많이 재배하고 있다.

즐기면서 나누는 와인

시에라 풋 힐즈 Sierra Foothills 지역

1848년 이곳에 금광이 발견되어 황금 러시를 이루었던 지역이다. 1852년 골드 러시가 끝나자 골드러시에서 부를 축적한 사람들이 포도밭을 조성하면서 새롭게 떠오르는 지역으로 시에라 네바다 Sierra Nevada 산맥 발치에 와이너리가 발달해 있다. 기후는 지중해성 기후로 여름은 건조하고 강우량은 510~2,000mm로 편차가 크다.

지역적인 특성으로 인해 진판델과 소비뇽 블랑이 평판이 좋다. 주요 산지로는 엘도라도 El Dorado AVA 와 셰난도아 밸리 Shenandoah Valley AVA 와 피들

아이언 스톤 와이너리에서 골드 러시 당시 캐냈던 금덩어리와 아이언 스톤 와인과 와이너리

타운 Fiddletown AVA, 노스유바 North Yuba AVA, 몬테비나 Montevina AVA 가 있다.

대표 품종

적포도 품종

카베르네 소비뇽 Cabernet Sauvignon (17페이지 참조)

캘리포니아를 대표하는 품종으로 1976년과 2006년에 열렸던 파리의 심판과 파리의 심판 30주년 테이스팅에서 세계에서 최고의 품종으로 인정받은 품종이다.

프랑스 보르도 지역의 짙고 검은 색에 비해 자주 빛이 많이 도는 붉은 루비 색으로 튼튼한 구조감과 확실한 타닌의 맛이 느껴진다. 더운 날씨에서 나온 농익은 포도를 사용하여 짙은 과일향과 함께 시간이 지나면서 나오는 넉넉하고 우아한 맛은 캘리포니아의 카베르네 소비뇽의 특성을 잘 보여주고 있으며, 장기 숙성을 가능케 해주고 있다. 보르도 지역의 카베르네 소비뇽 와인은 프랑스산 오크통의 특징인 은은한 향이 나는데 반해, 나파 밸리의 카베르네 소비뇽 와인은 미국산 오크통에서 숙성해 감미로운 바닐라향과 매케한 향이 난다.

진판델 Zinfandel

여러 설이 있지만 캘리포니아의 토착 품종이라고 해도 과언이 아니다. 가장 미국적인 청바지의 느낌을 나타내는 포도 품종으로 담대하면서 거친, 그리고 과일향과 감초맛이 곁들여진 풀 바디한 품종이다.

메를로 Merlot (18페이지 참조)

카베르네 소비뇽 다음으로 가장 많이 재배하고 있는 품종으로 메를로 특유의 부드러우면서 허브, 블랙 커런트, 체리향과 함께 복합적인 맛을 보인다.

피노 누아 Pinot Noir (17페이지 참조)

재배하기가 까다로워 늦게 보급된 품종으로 서늘한 바닷가 지역인 카네로스, 러시안 리버 밸리, 몬트레이, 산타 바바라 지역 등에서 주로 재배된다. 섬세하면서 체리향과 함께 복합적인 맛을 내고 있다.

청포도 품종

샤르도네 Chardonnay (19페이지 참조)

캘리포니아의 해안 지역에서 주로 재배되고 있으며, 화이트 품종 중에서 가장 많이 재배되고 있다. 오크통 숙성을 할 경우 바닐라향과 버터향이 나며, 오크통 숙성을 하지 않는 경우는 상큼하면서 프레쉬한 향을 낸다.

소비뇽 블랑 Sauvignon blanc (20페이지 참조)

100여년 전에 샌프란시스코 만 인근의 리버모오 밸리에서 처음 재배되었으며, 과일향과 허브의 맛이 일품이다.

피노 그리 Pinot Gris

핑크색을 띠는 화이트 포도 품종으로 상큼한 과일향과 감귤의 풍미를 보인다.

슈냉 블랑 Chenin Blanc (163페이지 참조)

센트럴 코스트 지역에서 많이 재배되고 있으며, 멜론의 맛과 향이 난다.

Wines of Washington

워싱턴 Washington 주

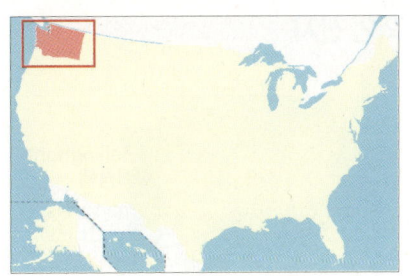

테루아

워싱턴 주는 프랑스 보르도와 부르고뉴 지역의 중간인 북위 46도 지역으로 최근 미국에서 가장 빠르게 와인 산업이 발달한 곳이다. 현재는 캘리포니아 주 다음으로 프리미엄급 와인 생산량이 많으며, 20개의 AVA에 1,000개가 넘는 와이너리가 있다.

워싱턴 주는 태평양 연안에서 최북단에 위치하고 캐나다의 브리티시 컬럼비아 British Columbia 주와 접하고 있으며, 주도는 스타벅스로 유명한 시애틀 Seattle 이다. 남쪽으로 오리건 주와 접하고 있어, 오리건 Oregon 주와 비슷한 면이 많으나, 어떤 면에서는 완전히 다른 면모를 보이기도 한다

캐스케이드 Cascade 산맥을 중심으로 동부와 서부로 나뉘는데 서부는 태평양의 영향으로 강우량이 많고 서늘하여, 대부분의 와이너리들은 동부 지역에 위치한다. 동부 지역은 팬 현상에 의해 뜨겁고 가을 철 수확기에 거의 비가 오지 않아 사막처럼 건조하다. 연간 강우량은 150~250mm정도로 컬럼비아 강의 관개 수로망에 의존해 농사를 짓는다.

일조량은 하루 최대 17시간으로 세계에서 가장 일조량이 풍부한 곳 중의 하나이며, 사막성 기후로 낮과 밤의 일교차가 매우 커 포도의 당도와 산도가 아주 높다.

토양은 빙하기 시대가 끝나가면서 생겨난 미줄라 Missoula 호수의 범람으로 해저퇴적물과 캐스케이드 산맥의 화산 폭발에 의한 붉은색 화산토가 기반이 되면서, 풍부한 미네랄을 제공해 주어 워싱턴 주만의 독특한 테루아를 갖고 있다.

와인 산지

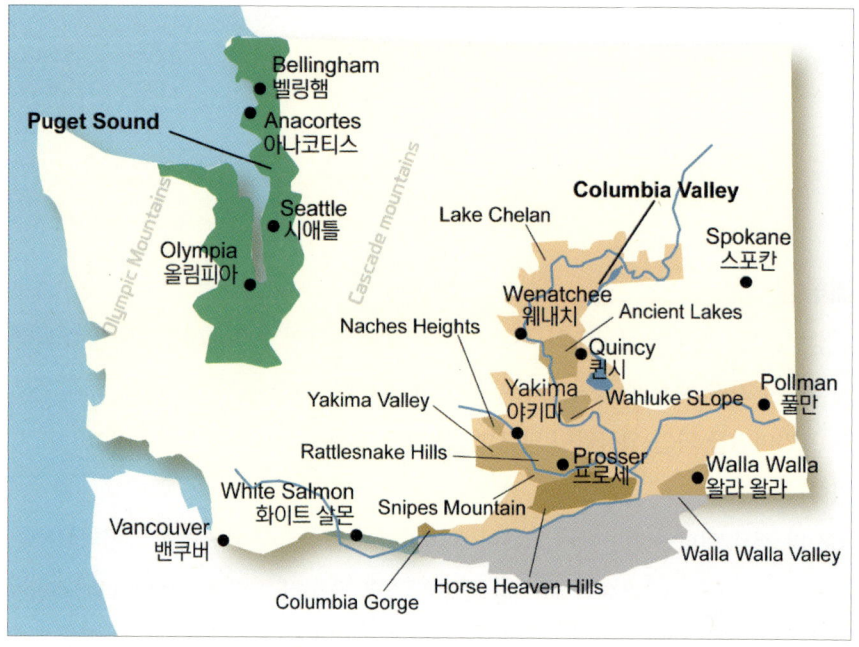

퓨제 사운드 Puget Sound 지역

캐스케이드 산맥 서쪽에 위치한 유일한 지역으로 차고 습한 해양성 기후로 인하여 포도 재배에 맞지 않아 워싱턴 주의 와인 생산량의 1% 정도를 차지하고 있다. 그러나 많은 유명 와이너리들의 본사가 이곳에 위치하면서 산맥 동쪽의 포도밭에서 포도를 가져와 이곳에서 양조를 하고 있다.

컬럼비아 밸리 Columbia Valley 지역

컬럼비아 밸리는 워싱턴 주에서 가장 큰 AVA로 10개의 sub-AVA를 포함하고 있으며 워싱턴 주 포도 경작의 99%가 이곳에서 이루어진다.

10개의 sub-AVA는 다음과 같다.

- Ancient Lakes
- Lake Chelan
- Rattlesnake Hills
- Snipes Mountain
- Walla Walla Valley

- Horse Heaven Hills
- Naches Heights
- Red Mountain
- Wahluke Slope
- Yakima Valley

왈라왈라 밸리에서 시라를 대표 품종으로 소량 생산하는 케이 빈트너 K-Vinters 와이너리와 와인들. 전직 로커 출신인 찰스 스미스가 워싱턴 주에서 설립한 와이너리로 '죽기 전에 마셔야 하는 1001가지 와인'에 선정되었다.

대표 품종

캘리포니아가 카베르네 소비뇽, 오리건이 피노 누아를 대표하고 있다면, 워싱턴 주는 샤르도네가 대표 품종이라 할 수 있다. 워싱턴 주는 반 이상이 화이트 품종으로 재배하며, 샤르도네 뒤를 이어 리슬링, 카베르네 소비뇽, 메를로 순으로 화이트 품종이 우세한 지역이다.

적포도 품종

카베르네 소비뇽 Cabernet Sauvignon (17페이지 참조)
레드 품종 중에서는 가장 많이 재배되는 품종으로 블랙 커런트, 초콜릿, 허브 등이 복합적으로 난다.

메를로 Merlot (18페이지 참조)
레드 품종 중에서 카베르네 소비뇽 다음으로 많이 재배 되고 있으며, 프랑스 보르도 지역보다 알코올 도수가 높고, 캘리포니아보다 산도가 높은 편이다. 풀 바디에 부드러운 타닌이 특색으로 베리향과 민트. 시가 등 복합적인 풍미가 난다.

시라 Syrah (19페이지 참조)
워싱턴 주의 토양에 맞는 품종으로 스파이시한 풍미와 블랙 베리, 커피, 가죽 냄새까지 복합적으로 워싱턴 주만의 특색을 나타내고 있다.

청포도 품종

샤르도네 Chardonnay (19페이지 참조)
가장 많이 재배되는 품종으로 신선한 사과 맛이 일품이다.

리슬링 Riesling (20페이지 참조)
샤르도네 다음으로 많이 재배되는 품종으로 복숭아향과 살구 꽃향이 난다. 아이스 와인을 만들기도 하고 귀부 와인을 만들기도 한다.

게브르츠트라미너 Gewurztraminer (172페이지 참조)
추운 기후에 잘 견디면서 워싱턴주에서 처음으로 재배에 성공했다. 풍부한 아로마와 함께 드라이한 편이다.

소비뇽 블랑 Sauvignon Blanc (20페이지 참조)
워싱턴 주에서 인기 있는 품종으로 싱그러운 풀향과 신선한 산도가 일품이다. 퓌메 블랑 Fumé Blanc 이라고도 불리운다.

오리건 Oregon 주

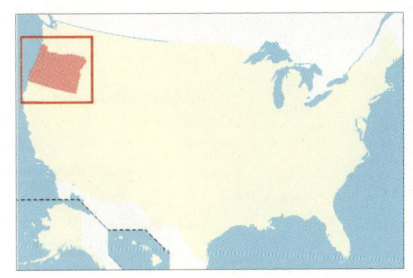

테루아

오리건 주는 캘리포니아 주와 워싱턴 주 사이에 있는 서부 해안 지역으로 캘리포니아, 워싱턴 주, 뉴욕 주 다음으로 알려지기 시작 할 정도로 와인의 역사는 그리 길지 않다. 특히 캘리포니아가 미국 와인의 90% 정도를 생산하므로 오리건 주의 비중은 아주 적다고 할 수 있다. 1960년대부터 프리미엄급 와인을 내는 지역으로 발돋움하였으며, 그 중에서도 특히 피노 누아는 프랑스 부르고뉴와는 다른 오리건 주만의 독특한 매력을 지닌 와인으로 널리 알려져 있다. 현재는 23개의 AVA 지역이 지정되어 캘리포니아 다음으로 많으며, 수많은 와이너리가 오리건 주만의 특색을 찾기 위해 노력하고 있다.

오리건 주는 포도 재배 지역이 제한적이며, 서로 다른 테루아를 갖고 있는 것이 특징이다. 또한 일부 지역은 워싱턴 주와 아이다오 주와 함께 걸쳐 있다. 태평양에서 불어오는 미풍과 긴 일조량, 선선한 가을 날씨 등이 위도가 45도인 부르고뉴 지역과 거의 유사한 테루아를 만들어 주어, 피노 누아 품종의 재배에 최적이다.

와인 산지

월라매트 밸리 Willamette Valley 지역

이 산지는 북쪽의 컬럼비아 강 Columbia River 에서부터 시작하여 남쪽의 유진 Eugene 에서 끝나며, 서쪽으로는 해안 산맥 Oregon Coast Range 이, 동쪽으로는 캐스케이드 산맥

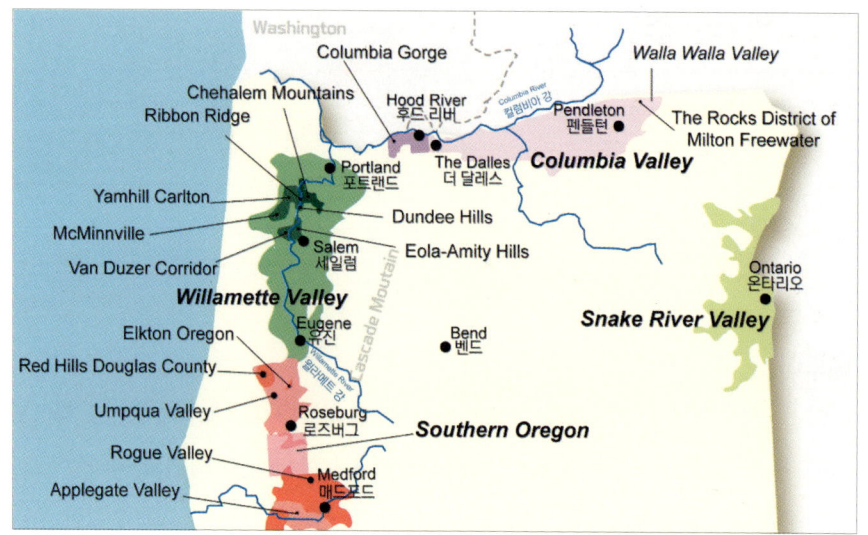

Cascade Moutains 이 감싸고 있는 가운데, 월라메트 강이 북에서 남으로 흐르고 있다. 오리건 와인 산지 가운데 가장 넓은 면적을 갖고 있으며, 545개의 와이너리에서 훌륭한 와인이 나오고 있다. 9개의 Sub-AVA를 가지고 있다.

기후는 년중 온난하며, 선선하고 습한 겨울과 건조하고 더운 여름을 갖고 있다. 비는 포도의 성장기에는 거의 없으며, 겨울에는 아주 적은 눈이 내린다.

토양은 충적토, 퇴적토와 점토로 적절한 양의 수분을 함유하고 있어 인위적인 관개는 하지 않아도 되며, 미네랄이 풍부하여 와인에서 광물질과 향신료의 풍미가 느껴진다. 이런 테루아로 인해 선선한 기후에서 잘 자라는 피노 누아가 가장 많이 재배되며, 피노 그리, 샤르도네, 피노 블랑, 리슬링 등도 재배되고 있다.

서던 오리건 Southern Oregon 지역

이 지역은 움프쿠아 밸리 Umpqua Valley AVA 와 로그 밸리 Rouge Valley AVA 로 나누어져 있다. 움프쿠아 밸리는 월라메트 밸리보다 따뜻하나 로그 밸리보다는 서늘하다. 포도는 템프라니요, 피노 누아, 피노 그리, 카베르네 소비뇽, 소비뇽 블랑 등이 재배

즐기면서 나누는 **와인**

되며 4개의 sub-AVA를 가지고 있다.

로그 밸리는 오리건 주의 제일 남쪽에 위치하며 오리건 주에서 첫 비티스 비니페라 품종이 1854년에 심어진 곳으로 로그 강보다는 로그 강의 지류인 일리노이즈 Illinois 강, 애플게이트 Applegate 강, 베어 Bear 강 기슭에 와이너리가 자리 잡고 있다.

기후는 비교적 온난하고 동서 양쪽이 서로 다른 테루아를 보여 와인의 재배 품종이 다르다. 서쪽은 산과 바다의 영향으로 서늘한 곳에서 잘 되는 피노 누아를 재배하고, 동쪽은 덥고 건조해서 메를로, 카베르네 소비뇽, 소비뇽 블랑 등이 재배되며 1개의 sub AVA를 가지고 있다. 토양은 모래와 진흙으로 되어 있다.

컬럼비아 밸리 Columbia Valley 지역

컬럼비아 밸리 지역은 컬럼비아 고저 지구 Columbia Gorge AVA 와 컬럼비아 밸리 지구로 나누는 경우도 있다.

컬럼비아 고저 지역은 컬럼비아 강의 중심에 위치하며 워싱턴 주에도 일부가 걸쳐있다. 기후는 북서 지역은 선선하고 해양성 기후를 보이나, 동부 지역은 대륙성 기후로 건조하며, 토양은 진흙으로 되어 있다. 시라, 피노 누아, 샤르도네, 진판델, 카베르네 소비뇽 등이 재배된다. 컬럼비아 밸리 지역은 6개의 sub-AVA가

움프쿠아 밸리 지역의 포도밭 전경

로그 밸리 지역의 포도밭 전경

컬럼비아 밸리 지역의 포도밭 전경

스네이크 리버 밸리 지역의 포도밭 전경

워싱턴 주에 있으며 5개의 와이너리만 오리건 주에 속한다.

기후는 대륙성 기후로 건조하며, 낮에는 덥고 밤에는 서늘하며, 토양은 퇴적토로 배수가 잘된다. 시라, 메를로, 카베르네 소비뇽, 산지오베제 등이 많이 재배되고 있다.

스네이크 리버 밸리 Snake River Valley 지역

새로운 와인 산지로 동부 내륙에 위치하며 주로 아이다호 주변에 와이너리가 위치하고 있다. 기후는 오리건 주의 다른 지역에 비해 독특한 편으로 평균 기온은 서늘하고 강우량이 적은 편이며, 비교적 짧은 생육기를 가진다.

따라서 리슬링, 게브르츠트라미너, 샤르도네 등 단단한 포도 품종이 재배되며, 추운 기후를 이용해 아이스와인도 빚고 있다.

대표 품종

다양한 테루아로 인하여 포도 품종도 다양하며, 공식적으로는 72 품종이 등록되어 있으나, 이중 15 품종이 전체의 97%를 차지하고 있다. 그 중 피노 누아는 오리건을 대표하는 품종으로 부르고뉴 지역보다 과일향이 풍부하면서, 캘리포니아보다 산도가 높고, 풀 바디하며 진한 편이나 무겁지는 않다.

오리건 주의 피노 누아 와인들

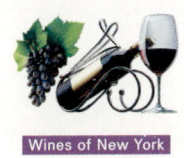

Wines of New York

뉴욕 New York 주

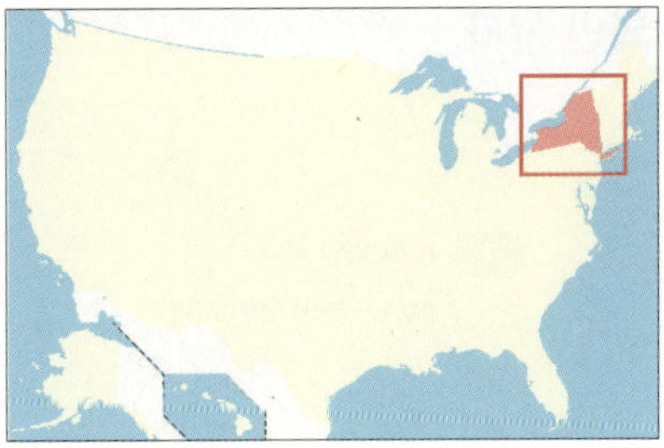

테루아

뉴욕 주는 300여년 전에 맨해턴 섬에 처음 포도나무가 심어지면서 시작되었다. 미국 내에서 캘리포니아 주, 워싱턴 주, 오리건 주, 다음 4번째로 많은 와인을 생산하는 주이며, 프리미엄급 와인으로는 오리건 주를 제치고 3번째를 차지한다.

그러나 위도상 추운 기후대에 위치하여, 비티스 비니페라 종보다 자생 종인 비티스 라브라스카 Vitis Labrusca 와 같은 토착 포도 품종과 이 품종과의 하이브리드 품종이 우세한 지역으로 소규모 가족 경영 와이너리가 대부분이다.

그러나 1950년대부터 주 정부와 일부 선각자들에 의해 뉴욕 주의 테루아에 대한 광범위한 조사를 한 후, 글로벌 포도 품종인 비티스 비니페라 종의 재배에 성공하면서 프리미엄급 와인이 나오기 시작했다.

1979년에 제정된 뉴욕 주의 '농업 와이너리 법 Farm Winery Act of 1979'이 제정되면서 뉴욕 주는 보다 넓은 지역으로 비티스 비니페라 종의 식재가 일어나기 시작했다. 그 중에서 핑거 레이크 지역을 중심으로 와인 산업이 발달하기 시작하였으며, 현재는 7개의 AVA와 sub-AVA가 있다.

기후대는 대서양의 맥시코만 Mexico Bay(걸프만) 해류와 주변의 호수와 산지에 영향을 받아 지역별로 상이하며, 강우량도 750mm~1,300mm로 다양하다

와인 산지

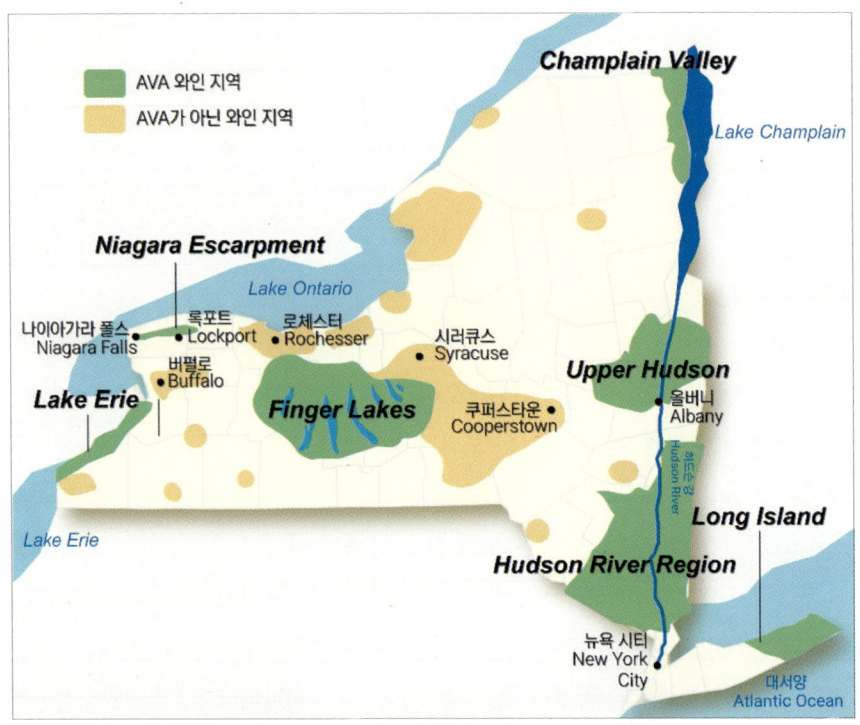

핑거 레이크 Finger Lakes 지역

핑거 레이크 지역의 포도밭 전경

핑거 레이크는 호수 지역이라 겨울이 아주 추운 곳이다. 추위를 견뎌 낼 수 있는 비티스 라브라스카 품종인 콩코드 Concord 와 하이브리드 품종인 델러웨어 Delaware, 카토바 Catawba 등과 유럽에서 건너온 비티스 비니페라 품종으로 프리미엄급 와인을 생산하고 있다. 재배 면적은 레이크 에리 지역보다 작으며, 4개의 호수 주변으로 완만한 경사지에 자리잡아, 호수의

즐기면서 나누는 **와인**

물이 온도를 조절해 주는 역할을 하고, 일조량을 충분히 받게끔 해주고 있다. 토양은 진흙과 자갈 층으로 구성되어 있다.

드라이한 와인부터 스위트한 아이스와인까지 모든 스타일의 와인을 빚고 있는 리슬링이 유명하며, 피노 누아, 샤르도네, 카베르네 프랑 등이 재배되고 있다. 스파클링 와인도 이 지역에서 나오고 있다.

핑거 레이크 지역의 포도밭 전경

레이크 에리 Lake Erie 지역

캘리포니아를 제외하고는 가장 큰 재배 면적을 갖고 있으나, 토착 품종 위주로 재배하고 있어 프리미엄급 와인 생산은 별로이다. 레이크 에리 지역의 테루아 특징은 봄에는 육지보다 찬 기온이 늦게까지 머물면서 포도의 순이 천천히 나오도록 하여 이른 봄의 냉해나 서리의 위협에서 벗어날 수 있으며, 가을에는 호수의 온도가 주변 육지보다 따뜻해 포도가 익는데 충분한 시간을 주고, 겨울의 많은 적설량은 포도나무를 덮어 주어 포도나무를 보호한다.

약 95%가 미국 토착 품종인 콩코드 품종을 재배하여 쥬스로 만들어지고 있으나, 최근에는 비티스 비니파라 종의 재배면적이 늘고 있다.

레이크 에리 지역의 포도밭 전경

나이아가라 이스카프먼트 Niagara Escarpment 지역

캐나다와 접경 지역으로 캐나다의 이름난 와인 산지와 더불어 이 지역도 오래전부터 질 좋

나이아가라 이스카프먼트 지역의 포도밭 전경

나이아가라 이스카프먼트 지역의 포도밭 전경

은 와인이 나오고 있다. 뉴욕 주의 북쪽에 위치하면서도 따뜻한 지역중의 하나이다.

봄, 여름에는 온타리오 Ontario 호수의 신선한 공기가 포도밭으로 유입되어 포도의 생육을 도와주며, 늦가을부터는 데워진 호수의 물로 따뜻한 공기가 포도의 성숙기를 연장해 주고, 겨울에는 찬 대륙성 기후가 나이아가라 폭포를 거쳐 강으로 유입되면서 찬 공기가 완화되어 포도나무의 냉해를 막아 주고 있다.

토착 품종과 하이브리드 품종이 주였으나 최근에는 비티스 비니페라 종을 많이 시도 하고 있다

허드슨 리버 Hudson River 지역

16세기에 프랑스에서 건너온 위그노 Huguenot 이주자들이 뉴 팔츠 New Paltz 인근에서 포도나무를 심었던 역사가 오래된 지역으로 지금도 1839년에 세워진 브라더후드 와이너리 Brotherhood Winery 가 있다.

허드슨 강물이 온도를 조절해 주고 강을 통해 바다의 미풍이 포도밭으로 유입되어 포도의 생육에 알맞은 환경을 조성해 주고 있다.

최근에 카베르네 프랑이 이 지역을 대표하는 포도 품종으로 자리잡고 있으며, 프랑스와 미국의 하이브리드 품종인 세이발 블랑 Seyval Blanc 과 바코누아 Baco Noir 의 최적지로 알려져 있다.

허드슨 리버 지역의 포도밭 전경

어퍼 허드슨 Upper Hudson AVA

뉴욕 시민들의 휴가지로 알려진 지역으로 얼음이 얼고 눈이 많은 겨울을 견디는 미국 하이브리드 품종인 마르켓트 Marquette 가 많이 재배되고 있다

샴플레인 밸리 Champlain Valley of New York AVA

뉴욕 주와 버몬트 주의 경계 지역이며 겨울에는 아주 추운 지역으로 소수의 와이너리가 있다.

롱 아일랜드 Long Island AVA

해양성 기후와 모래 토양은 다양한 보르도 지역 스타일의 와인을 만들게 하여 '뉴욕의 보르도'라고 불리울 정도이다. 카베르네 소비뇽과 메를로 등 질감이 풍부한 레드 와인과 게브르츠트라미너와 리슬링 등 아로마틱한 화이트 와인을 빚고 있다.

대표 품종

뉴욕 주의 찬 기후대의 특성으로 아직까지는 토착 품종인 비티스 라브라스카 종이 80%를 넘고 있다. 다음으로 프리미엄급 와인을 만드는 비티스 비니페라 종이 10% 정도를, 그리고 미국 하이브리드와 프렌치 하이브리드 품종이 재배되고 있다.

콩코드 포도 품종

토착 품종으로 비티스 라브라스카 품종의 콩코드 Concord 가 우세하며, 비티스 비니페라 품종으로는 리슬링이 많이 재배되고 있고, 샤르도네, 피노 누아, 게브르츠트라미너 등도 재배되고 있다.

미국 하이브리드 품종으로는 카토바 Catawba, 델라웨어 Delaware, 나이아가라 Niagara, 이사벨라 Isabella 등이 있고, 프렌치 하이브리드에는 오로라 Aurora, 바코 누아 Baco Noir, 드 쇼냑 De Chaunac, 세이발 블랑 Seyval Blanc 등이 있다.

뉴욕 주의 콩코드 와인

미국과 캐나다의 국경 위에 놓여 있는 세계 3대 폭포로 불리우는 나이아가라 폭포

캐나다

Canada

와인의 역사

캐나다도 미국 와인의 역사와 마찬가지로 처음에는 토착 품종인 비티스 라브르스카 품종으로 주정 강화 와인인 포티파이드 와인을 빚었다.

1866년 캐나다 온타리오 주 페리섬 ^{Pelee Island} 에 최초의 상업용 와이너리가 생겼으나 미국보다 4년 빨리 실시한 금주법(1916년)으로 침체기에 접어 들었다가, 1970년대에 이르러서야 와인 산업이 서서히 발전하기 시작하였다. 1990년 초부터 일관된 품질의 아이스와인을 생산하여 국제적으로 인정을 받고 있으며, 최근에는 스틸 와인과 스파클링 와인도 생산하고 있다.

온타리오 주 남부의 나이야가라 반도, 브리티시 컬럼비아 주 남부의 오카나간 밸리, 퀘백 주, 노바스코샤 주의 4곳에서 생산되고 있으며, 이 중 동부 온타리오 지역의 나이아가라 페닌슐라 ^{Niagara Peninsular} 와 서부 브리티시 컬럼비아 지역의 오카나간 밸리 ^{Okanagan Valley} 가 캐나다 와인의 중심축으로 95% 가량을 이 두 지역에서 생산하고 있다.

겨울의 캐나다 포도밭 모습

와인 관련법

1988년에 온타리오주에서 생산자들이 스스로 VQA ^{Vintners Quality Alliance} 란 조직을 만들어 질 좋은 와인을 만들고자 제도화했으며, 1990년대에 브리티시 컬럼비아 주도 받아들이면서 전국적으로 퍼지게 되었다. 이에 2000년에 연방 정부 차원에서 VQA제도를 입법화하면서 정식으로 정부의 공인을 받게 되었다.

VQA의 주요 기능은 와인 산지의 지정(VA ^{designed Viticultural Area})과 표준 기준을 설정한다. 표준 기준으로는 원칙적으로 비티스 비니페라 포도 품종을 써야 하며, 레이블에 표시된 포도 품종과 와인 산지는 최소 85% 이상 그 포도와 그 지역 포도를 사용해야 한다는 규정 등이 있다.

와인 산지

정부에서 VA ^{designated Viticultural Area} 로 지정한 동부의 온타리오 지역과 서부의 브리티시 컬럼비아 지역이 있다.

온타리오 Ontario 지역

캐나다 동남쪽, 북위 41~44도에 위치한 지역으로 캐나다의 와인 산업이 시작된 지역이며, 캐나다 포도밭

온타리오 지역의 포도밭   출처: www.vqaontario.ca

면적의 2/3가 이곳에 위치하고 캐나다 와인의 62%를 생산하고 있다. 남쪽의 에리호와 북쪽의 온타리오호가 자리잡고 있어 찬 대륙성 기후를 잘 조절해 주고 있으며, 나이아가라 강과 절벽이 포도의 냉해를 막아주어 포도의 성장과 수확에 영향을 미친다.

화이트 품종으로는 리슬링, 비달, 샤르도네, 게브르츠트라미너, 소비뇽 블랑 등이 재배되며, 레드 품종으로는 카베르네 프랑, 피노 누아, 메를로, 카베르네 소비뇽 등이 재배되고 있다.

VA 지역은 4곳으로 나이아가라 페닌슐라 Niagara peninsula, 레이크 에리 노스 쇼어 Lake Eric North Shore, 필리 아일랜드 Pelee Island, 프린스 에드워드 카운티 Prince Edward County 가 있다.

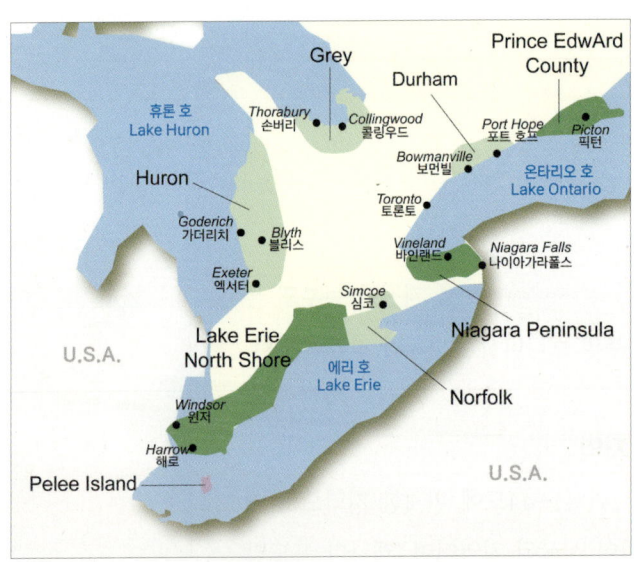

브리티시 컬럼비아 British Columbia 지역

캐나다의 서남쪽 북위 48~51도로 온타리오의 정반대에 위치한 캐나다 두 번째 산지로 캐나다 와인 생산량의 33%를 차지하고 있으며, 태평양과 모나시 산맥 Monashee Mountains Range 사이에 있는 오카나간 밸리 Okanagan Valley 가 중심 지역이다.

산맥이 강우량을 차단해 주고, 호수의 물은 햇빛을 받아 데워진 방사열로 겨울의 냉해를 막아주고 있다.

VA 지역은 5곳으로 오카나간 밸리 Okanagan Valley, 시밀카민 밸리 Simikameen Valley, 프레이져 밸리 Fraser Valley, 벤쿠버 아일랜드 Vancouver Island, 걸프 아일랜드 Gulf Island 등이 있다.

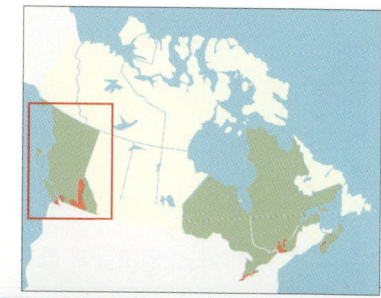

오카나간 밸리의 라스텔라 포도밭 전경과 와인

출처: lastella.ca

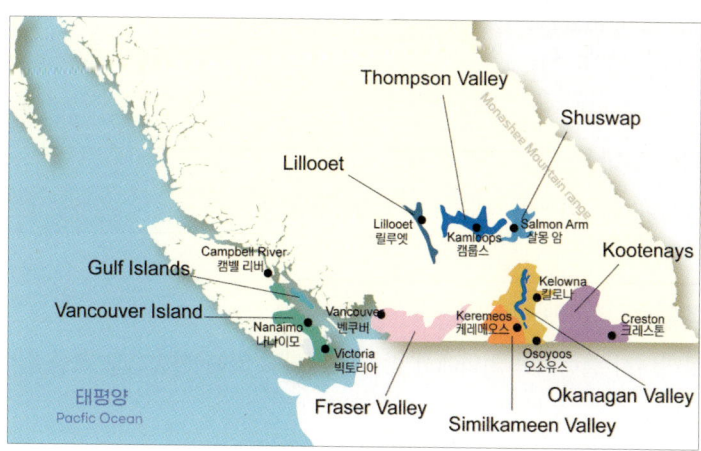

대표 품종

포도 재배에 있어 북방 한계선에 위치한 캐나다는 겨울의 추위와 봄의 냉해를 견디어 내고, 일조량이 짧기 때문에 빨리 열매를 맺는 조생종이 많이 재배되고 있다.

리슬링 Riesling (20페이지 참조)

캐나다를 대표하는 품종으로 온타리오 주에서 시작하여 전 지역에서 재배되고 있다. 아이스와인, 스파클링 와인, 늦 수확 와인 등을 빚고 있다.

비달 Vidal

온타리오 주의 아이스와인 품종 중 가장 널리 알려진 품종이다. 캐나다와 미국 북동부 지역에서 많이 재배되고 있으며, 위니 블랑 Ugni Blanc 과 자이벨 Seibel 의 교배종으로 알려져 있다. 껍질은 두껍고 추위에 강하며 자연적인 산도가 높다. 아이스와인에 가장 적합한 품종이다. 드라이 와인도 만들며, 각종 꽃향과 달콤한 살구 등의 과일향, 카라멜향의 아로마가 특색이다.

피노 누아 Pinot Noir (17페이지 참조)

나이아가라 지역의 피노 누아가 유명하다.

메를로 Merlot (18페이지 참조)

브리티시 컬럼비아 지역에서 많이 재배되고 있는 품종으로 고품질의 와인을 빚고 있다.

캐나다의 아이스와인 Icewine

캐나다의 아이스와인은 1978년에 브리티시 컬럼비아 지역의 하인리 빈야드 Hainle Vineyards 에서 처음으로 빚은 것으로 공인되고 있으며, 현재는 90% 이상이 온타리오주에서 생산되고 있다.

북반구에서는 대체로 9월이 되면 포도를 수확하는데, 아이스와인은 12월에서 이듬해 2월에 걸쳐 수확한다. 포도알의 수분이 낮에는 녹고 밤에는 얼면서, 해동과 수축이 되풀이되고, 당이 최고조에 오르면 마이너스 8도 이하의 온도를 유지하는 밤에 수확해서 아이스와인을 빚는다.

자연 상태의 아이스와인을 빚는 나라는 독일, 캐나다, 오스트리아 세 나라가 유일하나 기후 온난화로 인해 캐나다가 점점 경쟁력이 강해지고 있다.

캐나다의 VQA에서는 아이스와인의 양조에 다음과 같은 사항을 요구하고 있다.

• 와인의 생산은 VQA 또는 이의 대리인에 의해 모니터링되어야 한다.
• 포도알은 포도나무에서 자연 현상으로 얼은 것이어야 한다.
• 수확과 양조는 일관된 작업으로 이루어져야 하며, 이때 온도는 최소 마이너스 8도 이하여야 한다.
• 포도 품종은 반드시 승인된 것이라야 한다.
• 포도는 지정된 산지에서 100% 수확한 것으로 하고, 레이블에 표시해야 한다.
• 과즙의 평균 당도는 최저 35브릭스 brix 이상이어야 하며, 양조된 알코올과 잔류 당은 반드시 자연적인 것이어야 한다.
• 수확은 반드시 손으로만 채취해야 한다.

겨울의 포도밭 전경과 얼어 있는 포도

아이스와인 포도 품종

독일에서 아이스바인을 빚는데 쓰이는 리슬링이 캐나다에서도 주로 쓰이고, 위니 블랑 Ugni Blanc 과 자이벨 Seibel 의 교배에서 나온 캐나다에서만 볼 수 있는 비달 Vidal 이라는 포도 품종이 내한성이 좋아 많이 쓰이고 있다. 카베르네 프랑 등 기타 다른 품종도 쓰고 있다.

캐나다의 아이스와인들

일반 와인의 경우는 1병에 약 1kg의 포도가 필요하나, 아이스와인의 경우는 1병에 5~10kg까지 필요하며, 수확에서 병입까지 6~9개월이 소요된다. 알코올 도수는 9~12도 사이로 오래 숙성시키는 것보다 가능하면 빨리 마시는 것이 좋다.

나리칼라 요새에서 바라본 트빌리시 전경

조지아

Georgia

스탈린 Stalin 이 사랑한 고향의 와인 조지아 Georgia

조지아는 흑해 동쪽 연안에 위치한 나라이며, 2/3가 산악 지대로 목축업과 포도 재배가 주 산업이다. 세계 3대 장수 지역으로 유명한 조지아는 2008년 8월 8일 베이징 올림픽이 개최되는 날, 러시아에 전쟁을 선포하면서 세계적으로 더 많이 알려지게 되었다

와인의 탄생지라고 알려진 조지아는 2013년 유네스코 인류 무형 유산으로 등재된 '크베브리 Qvevri'라는 황토 항아리를 사용하는 전통 양조 방법을 고수하는 와이너리가 아직도 많이 남아 있다.

이렇게 역사가 오래된 조지아 와인은 당시 같은 소비에트 연방이었던 러시아 사람들이 즐겨 마셨으며, 특히 냉전 시절에는 유럽의 와인이 수입이 금지되자 동구권 사람들까지 즐겨 마시던 와인이었다.

19세기 러시아 문학가인 푸쉬킨은 조지아 와인을 '부르고뉴 와인들과 비견할 만 하다 comparable to some Burgundy wine'고 평을 할 정도 였으며, 톨스토이, 막심 고리키 등 러시아의 대 문호들이 예술적 영감과 혼을 받을 정도로 조지아 와인을 사랑했다.

소비에트 연방 시절에는 시장에 몰도바 와인과 크림 반도에서 나온 와인, 그리고 조지아 와인이 있었는데 조지아 와인이 인기가 많았다고 한다.

이런 조지아 와인을 끔찍이도 사랑한 사람이 또 있었으니 그 이름은 레닌에 이어 제2대 공산당 서기장에 올라 30년간 소련을 철권 통치했던 이오시프 스탈린 Joseph Stalin 이다.

고리에 있는 스탈린 기념관과 생가 모습

젊을 때의 스탈린과 천연두 자국이
있는 스탈린의 유일한 사진

스탈린의 본명은 이오시프 비사리오노비치 주가시빌리 Joseph Vissarionvich Jughashvili 로 제정 러시아 시절인 1879년 12월 21일에 조지아의 트빌리시에서 북서쪽으로 80km 떨어진 고리 Gori 에서 태어났다. 아버지는 작은 구둣방을 열어 생계를 꾸려 갔는데, 심한 술 주정꾼에다 난폭해서 아내와 아들을 많이 때렸다.

스탈린은 어렸을 때는 영리했고 공부도 잘 했으며 찬송가도 잘 불렀다고 하나, 학교 밖에서는 심술궂고 싸움에선 집요했다고 한다.

일곱살 때 걸린 천연두 자국이 얼굴에 남아 있으나, 우리가 보는 사진에는 뽀샵 처리를 해서 그런 모습을 볼 수 없다. 그리고 어렸을 때 마차에 치여 왼쪽 팔이 오른쪽 팔보다 짧아 제1차 세계대전에 징집 면제를 받았다.

트빌리시 Tbilisi 신학교에 장학생으로 들어간 스탈린은 첫해에는 전 과목에서 최고 점수를 받을 정도로 열심히 했다. 그는 한때 문학과 역사에 관심이 많았으나 신에 대한 의문을 가지면서, 카를 마르크스의 공산당 선언과 마르크스 혁명론에 심취하여 사제의 길에서 이탈하게 된다.

그때부터 집념과 의지의 혁명가 길을 걸으면서, 11년 동안에 일곱 번이나 체포되고 여섯 번 탈출했다. 1912년에 당 중앙위원이 되어 레닌의 추종자가 되면서 레닌의 신임을 받아 승승장구했으며, 그 무렵부터 이름을 강철의 의미인 '스탈린'으로 개명을 하였다.

그는 두 번 결혼했는데 첫 번째는 신학교 친구 동생으로 아들 하나를 두고 1년만에 결핵으로 죽었다. 두 번째 부인은 1남 1녀를 두었는데 1932년 혁명 기념 파티에서 부부 싸움을 한 뒤 의문의 권총 자살을 하였다. 이후 스탈린은 두번의 상처로 인해 사람에 대한 온정과 신뢰가 무너졌다.

세 자녀는 모두 비운의 삶을 살다 갔는데, 첫아들 야코프는 제2차 세계대전에 참전하여 독일군 포로가 되었다. 독일에선 스탈린의 아들이라 독일군 장군과 교환을 제의했으나, '항복과 포로는 반역이다' 라고 하면서 제안을 거절하였는데, 이후 야코프는 정신 이상으로 비참하게 수용소에서 숨졌다.

둘째 아들 바실리는 공군 장군이었으나, 알코올 중독자로 생을 마감하고 고명 딸인 스베틀라나는 스탈린이 무척 사랑하고 귀여워했으나, 스탈린을 배반하고 미국으로 망명하여 미국에서 죽었다. 세 자녀가 자신의 주위를 떠나갈 때마다, 스탈린은 그리움과 추억이 깃든 조지아의 와인을 마시면서 슬픔과 배신으로 점점 냉혈한으로 변해갔다.

대 숙청(1934~38)은 이런 스탈린의 면모를 잘 보여 주는데 혁명 동지뿐만 아니라 친인척들도 투옥하고 처형하였다. 히틀러의 유대인 학살의 추정 규모가 600만 명이었다면, 스탈린 시절에 희생된 숫자는 두 배 이상이다. 우크라이나 기근 때 700~1,000만 명, 대 숙청 때 800만 명 정도이다.

조지아 사람들의 스탈린에 대한 평가는 두 가지다. 하나는 존경과 향수, 또 하나는 증오와 비판이다.

이런 스탈린은 음식과 어울리는 와인 고르기가 취미였다고 할 정도로 와인 애호가였으며, 이미지와는 다르게 감미롭고 로맨틱한 와인을 좋아했는데 킨즈마라울리, 흐반치카라, 치난달리 와인 등을 크레믈린으로 공수해 갔다고 한다

특히 제2차 세계대전이 막바지인 1945년 2월 미국의 루스벨트 대통령, 영국의 처칠 수상, 소련의 이오시프 스탈린 서기장과 각국 협상단은 크림 반도에 있는 얄타의 리바디아 궁에서 일주일간의 공식 일정을 마치고 합의를 축하하는 만찬을 가졌는데, 이 만찬 식탁에 카스피해산 철갑상어 알 Caviar 등 러시아 음식과 함께 조지아 와인을 내놓았다. 스탈린이 자기의 고향 와인을 추천했던 것이다.

이때 한국도 38선을 경계로 미국과 소련의 분할 통치가 결정되었다.

얄타 회담이 열렸던 리바디아궁과 궁에서 바라본 흑해 모습

회담했던 원탁 테이블과 당시 러시아 신문

즐기면서 나누는 **와인**

Wines of Georgia

와인의 역사

'코카서스 Caucasus 의 스위스'라고 불리는 조지아는 구약 창세기 9장 20-21절에 '노아가 농사를 시작하여 포도나무를 심었더니, 포도주를 마시고 취하여 그 장막 안에서 벌거벗은지라'라는 구절의 현장이 조지아라고 주장하고 있다.

실제 고증에 의하면 약 8,000년 전의 고대 신석기 시대 유적에서 출토된 항아리에 포도와 포도를 수확하는 그림이 그려져 있고, 항아리내 착색된 성분에서 와인을 양조했음이 고고학적으로 증명되었으며, 유적에서 나온 포도 씨앗은 최소 5,000년 이상 되었고, 이때 이미 꺾꽂이로 포도나무를 번식한 흔적이 보인다.

그리고 많은 고고학적 유물들이 이를 보여주는데, 기원전 7~8세기경의 건배하는 조각상 '타마다'와 '와인 뿔잔을 든 전사상' 등은 이미 그전부터 와인이 생활화 되어 있었음을 보여준다.

이렇게 오랜 역사를 입증하듯 조지아에서 재배되고 있는 양조용 토착 포도 품종만 대략 500종 이상이며, 조지아 정부에서는 38종만을 공식 양조용 포도로 지정하고 있다. 와인을 뜻하는 조지아어 '그비노 Ghvino'에서 이탈리아의 비노 Vino, 프랑스의 뱅 Vin, 독일의 바인 Wein, 영어의 와인 Wine 으로 변화되었다고 한다.

이런 긴 역사를 가진 조지아 와인은 소비에트 연방 시절

소시아 사람들은 전통 조지아 정찬을 수프라 Supra 라고 부르며 매우 중시하는데, 항상 포도주를 곁들여 건배를 한다. 수프라 자리에서 건배하는 사람을 타마다 Tamada (건배하는 사람을 의미)라고 하며 그 자리에서 가장 중요하고 존경 받은 사람이 하게 되며, 만약 손님으로서 건배를 요청 받았다면 큰 예우를 받은 것이다.

트빌리시 역사 박물관 앞의 건배하는 청동 조각상 타마다
흑해에 가까운 바니Vani에서 출토된 BC 7세기경의 원본 작품을 17배 확대 제작한 것으로 원본은 조지아 국립 박물관에 있다.

에 인기가 많아지면서 수요가 증가함에 따라 포도 재배 면적이 지속적으로 확대되었지만, 고르바쵸프 서기장의 알코올 금지 캠페인과 2006년부터 러시아와의 정치적 긴장으로 인해 침체기를 겪게 된다. 최근에 들어서는 서유럽의 자본들이 들어오고 현대적인 설비와 함께 기술의 발전이 이루어지면서 그 존재감이 서서히 드러나고 있다.

창세기에서 노아의 방주가 대 홍수 끝에 도착한 곳, 아라라트 Ararat 산은 터키에서 가장 높은 산(해발 5,137m)으로 현재는 터키 지역에 속한다. 터키, 아르메니아, 이란의 국경 지대에 위치하고 있으며, 아르메니아인이 많이 거주했던 지역으로 아르메니아 민족의 상징적인 산으로 조지아와는 상당히 거리가 있다.

터키에서 바라본 아라라트 산의 전경

백만송이 장미" 주인공은 조지아가 사랑하는 원시주의 화가 니코 피로스마니 Niko Pirosmani 라고 한다. 그는 기아와 영양 실조로 죽었을 만큼 생전에는 빛을 보지 못하였으나, 사후 최고 화가의 반열에 올라 그의 그림이 5라리권 지폐에 실릴 정도로 조지아인들에게 사랑을 받고 있다. 가난한 예술가로서 당대 최고의 클럽에서 노래하던 프랑스 출신 배우 겸 가수 마르가리타를 보고 한눈에 사랑에 빠져 자신이 가진 모든 것을 털어 백만송이 장미를 보낸 아름답지만 슬픈 일화의 주인공이 조지아 출신이다.

조지아 시내 레스토랑에 붙어 있는 피로스마니의 그림과 지폐에 그려진 '양동이를 든 어부'

즐기면서 나누는 **와인**

Wines of Georgia

테루아

조지아는 우리나라(북한 제외) 면적의 70% 정도로 작은 나라이며 국토의 약 90%가 해발 1,000m 이상의 산악 지대이다. 북쪽은 대코가서스 Caucasus 산맥이 러시아와 경계를 이루고, 남쪽은 소코카서스 산맥이 터키, 아르메니아와 경계를 이루고 있다. 중앙 부분은 남북으로 리히 Likhi 산맥이 대코카서스 산맥과 소코카서스 산맥을 연결하면서 조지아를 동서로 나누고 있다. 서쪽은 콜히다 Kolkhida 저지대이고, 동쪽은 카헤티 Kakheti 평원이 자리잡고 있다. 소코카서스 산맥에는 수많은 호수들이 있으며, 이 지역에서 나는 보르조미 Borjomi 광천수는 매우 유명하다.

조지아의 위도는 북위 40~42도로 서울보다 3~4도 높으나 대코카서스 산맥이 시베리아의 찬바람을 막아주며, 소코카서스 산맥은 남쪽으로부터의 덥고 건조한 공기를 막아주어 한국보다 약간 따뜻하다. 그러나 4~5,000m를 넘나드는 코카서스 산맥과 해수면보다 낮은 카스피해 Caspian Sea 저지대 지역 등이 혼재 되어 있어, 11개 기후대 중 9개 기후대를 보일 정도로 지역과 지형에 따라 기후 변화가 심하다. 서부 흑해 연안 지역은 습한 아열대성 기후를 보이고 동부는 아열대에서 온난대까지 나타난다. 따라서 대체적으로 여름에는 화창하고 겨울은 온화하며 서리가 많지 않아 냉해가 없다.

토양은 진흙이 대부분이고 14개의 큰 강과 그 강의 지류에는 충적토와 일부 석회암질의 토양이 있으며, 천연 미네랄이 풍부한 물의 나라로 배수가 잘 된다. 그래서 그런지 유럽 등 다른 지역에서 생산되는 와인보다 폴리페놀이 4~5배 많이 함유되어 있어, 항산화 작용으로 인한 노화 방지에 탁월한 효과가 있다고 한다. 또한 세계 4대 장수 국가가 된 원인도 물과 기후의 영향이 크다고 한다. 조지아는 작은 나라이지만 지역별로는 기후와 토양, 습기, 햇빛 등 테루아가 매우 상이하여 재배되는 포도 품종도 지역마다 다르다.

Wines of Georgia

와인 관련법

수미Shumi 와이너리와 카브

유럽 연합의 와인 등급 분류처럼 PDO Protected Designation of Origin (원산지 지정 보호)에 의해 관리 되고 있으며, 모두 24개의 PDO가 있다.

PDO 와인은 법에 따라 LEPL National Wine Agency 란 정부기관에서 와이너리 관리부터 판매까지 규제하고 있다.

조지아 와인 이름은 대체적으로 PDO(원산지 지정)로 지정받은 지역 이름을 따서 짓는 경우 가 많으며 임의로 PDO 이름을 쓸 수는 없다.

카헤티 Kakheti **지역의 알라자니** Alazani **강을 중심 으로 18개의 PDO가 있다.**

- 치난달리 Tsinandali – 드라이 화이트
- 무쿠자니 Mukuzani – 드라이 레드
- 킨즈마라올리 Kindzmarauli – 세미 스위트 레드
- 구르자니 Gurjaani – 드라이 화이트
- 바지수바니 Vazisubani – 드라이 화이트
- 마나비 Manavi – 드라이 화이트
- 카르데나히 Kardenakhi – 강화 화이트, 스위트 엠버
- 티바아니 Tibaani – 드라이 화이트, 엠버
- 나파레울리 Napareuli – 드라이 레드, 화이트
- 카헤티 Kakheti – 드라이 화이트, 엠버
- 텔리아니 Teliani – 드라이 레드
- 아하쉐니 Akhasheni – 세미 스위트 레드
- 크바렐리 Kvareli – 드라이 레드

즐기면서 나누는 **와인**

- 사페라비 카슈미 Saperavi Kchashmi – 드라이 레드
- 코테키 Kotekhi – 드라이 레드, 화이트
- 아크메타 Akhmeta – 드라이 화이트, 세미 스위트, 엠버
- 아코에비 Akhoebi – 드라이 레드
- 차라피 Tsarapi – 드라이 엠버

기타 지역에 6개의 PDO가 있다.

카르틀리 Kartli 지역
- 아테누리 Atenuri – 스파클링 화이트
- 볼니시 Bolnisi – 드라이 레드, 드라이 화이트, 엠버

이메레티 Imereti 지역
- 스비리 Sviri – 드라이 화이트

라차 Racha 지역
- 흐반치카라 Khvanchkara – 세미 스위트 레드

레츠후미 Lechkhumi 지역
- 트비쉬 Tbishi – 스위트 화이트

사마그렐로 Samegrelo 지역
- 살키노 오잘레시 Salkhino Ojaleshi – 드라이 레드

알라자니 Alazani 강

Wines of Georgia

와인 산지

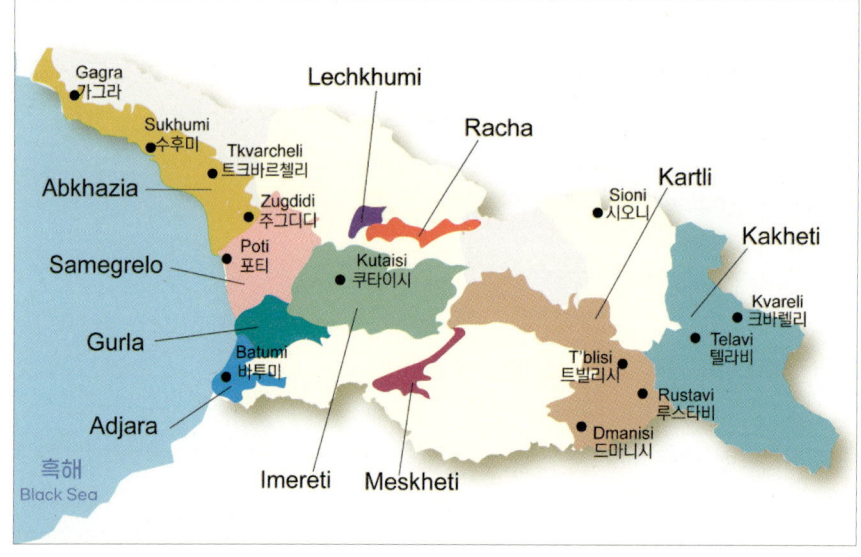

카헤티 Kakheti 지역

대코카서스와 소코카서스 산맥 사이의 광활한 평원 지역으로 햇빛이 강하고 건조
해 포도 재배에 적합한 기후로, 조지아 최대 와인 산지이며 조지아 전체 생산량의
70%를 차지한다. 전통 황토 항아리인 크베브리를 이용한 와인 양조가 시작된 곳
으로 현재는 유럽 스타일의 양조법과 병행하는 곳이 많다.

기후는 일교차가 심한 아열대성 기후로 아침 안개가 많은 편이며, 흑갈색 자갈 모
래밭에 유기질이 풍부하고 배수가 잘 된다.

코카서스 산맥에서 녹아 내린 만년설의 풍부한 광천수로 인해 다양한 미네랄을 포
도나무에 풍부하게 공급하며, 여름에는 뜨거운 태양으로 인해 온도가 오르고 밤에

즐기면서 나누는 **와인**

는 해발 5,000m가 넘는 코카서스 산맥의 서늘한 밤바람으로 일교차가 심해 당도가 높다.

카헤티 지역의 유명 PDO(원산지 지정)는 치난달리, 무쿠자니, 킨즈마라울리를 위시하여 18개의 PDO가 있다.

카레바 Khareba 와이너리와 터널 카브 입구

알렉산드르 차브차바드제 aleksandre Chavchavadze 박물관과 오래된 와인들- 알렉산드르 차브차바드제(당시의 카르틀리-카헤티) 왕은 근대 계몽 사상가로 조지아에 처음으로 와이너리를 세운 사람이다. 그는 조지아 와인은 일체의 첨가제나 맛의 조작을 금지하고 순수한 자연의 맛을 가져야 한다고 설파했다

카르틀리 Kartli

트빌리시 Tbilisi 주변 지역으로 3개의 소 구역에서 고급스럽고 클래식한 유럽 스타일의 스파클링 와인이 나온다. 아테누리 Atenuri PDO는 중세 시대부터 알려졌으며, 치누리 Chinuri 와 고를리 무츠바네 Goruli Mtsvane 품종으로 만든 화이트 와인이 유명하며

즈바리 Jvari 성당에서 바라본 역사적인 마을 므츠헤타 Mtskheta

샤르도네 Chardonnay, 피노 누아 Pinot Noir 등 글로벌 포도 품종도 같이 재배하고 있다. 해발 570m 높이의 볼니시 PDO에서는 드라이한 레드와 화이트 와인, 그리고 엠버 와인이 나오고 있다.

이메레티 Imereti 지역

고대 그리스 신화에서는 이 지역을 포도나무 골목이 있고 분수에서 와인이 흐르는 곳으로 설명하고 있다. 서쪽 지역의 역사적인 고대 도시와 동굴 등으로 유명한 지역

이메레티 지역 포도밭 전경

이다. 이 지역 품종인 치스카 Tsitska 와 촐리코우리 Tsolikouri 를 블렌딩한 와인이 유명하며, 오츠하누리 사페레 Otskhanuri Sapere 로 만든 레드 와인과 크라카후나 Krakhuna 품종으로 만든 화이트 와인이 유명하다.

스비리 Sviri PDO는 1962년에 지정되었으며, 치스카, 촐리코우리, 크라카후나 3가지 품종으로 블렌딩한 와인을 빚는다.

즐기면서 나누는 **와인**

라차-레츠후미 Racha-Lechkhumi 지역

북서쪽 리오니 강의 푸른 계곡과 코카서스 산맥의 경사면 지역으로 조지아에서 가장 작은 와인 산지이다.

흐빈치카라 Khvanchkara PDO에서는 알렉산드롤리 Aleksandrouli 와 무주레튤리 Mujuretuli 를 블렌딩하여 세미 스위트 와인을 빚고 있으며, 트비쉬 Tvish PDO에서는 이메레티 지역의 촐리코우리로 와인을 빚고 있다.

레츠후미 지역 포도밭 전경

메스케티 Meskheti 지역

남쪽의 므트크바리 Mtkvari 계곡의 900~1,700m의 경사면에 위치하여 조지아에서 가장 높은 지역의 포도밭이다.

소련 시대에 터키 침공으로 포도 재배가 수세기 동안 중단되었던 지역으로 메스케우리 무츠바네 Meskhuri Mtsvane 와 메스케우리 사페레 Meskhuri Saphere 등의 이 지역 포도 품종으로 와인을 만들고 있다.

메스케티 지역 포도밭 전경

흑해 연안 지역

아자라 Adjara, 압하지아 Abkhazia, 구리아 Guria, 사메그렐로 Samegrelo 지역으로 나뉘며 전체적으로 포도밭은 낮은 지대에 위치한다. 흑해가 가까워 아열대성 기후로 인하여 습하며, 와인은 라이트 바디로 가볍고 신선하며 상쾌하다.

와인의 원조 크베브리 _{Qvevri} 와인

전통 크베브리 양조법은 유네스코 세계 문화 유산으로 지정 받은 양조법으로 아무것도 첨가하지 않는 내츄럴 와인이며 와인의 원조라 할 수 있다. 크베브리라는 토기로 만든 우리나라의 장독같은 항아리로, 안쪽은 밀랍으로 코팅하여 목 부분만 내놓은 채 땅에 묻고, 푸도 송이를 줄기까지 통째로 넣고 입구를 진흙으로 밀봉한다.

발효가 시작되면 크베브리 안에서 포도 껍질과 머스트가 위로 떠오르며, 발효가 진행될수록 머스트는 바닥으로 가라앉는다. 이듬해 봄까지 보통 6개월 이상 자연적으로 발효 과정을 거친 후, 와인을 분리 해 다른 크베브리로 옮겨 숙성을 한다. BC 6,000년 전부터 이런 방식을 사용했다고 한다.

이렇게 만든 와인은 껍질과 과즙을 접촉하는 '스킨 콘택트' 방식으로 장시간 침용 과정을 거치므로, 레드 와인은 견실하면서 풍부한 타닌으로 뛰어난 맛을 보이며, 화이트 와인도 일반적인 양조법으로 만든 와인과 달리 타닌으로 조이는 듯한 맛이 있어, 레드 와인과 비슷한 맛으로 조지아의 전통 꼬치 구이인 샤슬릭 _{Shashlik} 과도 잘 어울린다.

화이트 와인 색은 껍질이나 줄기에서 색이 우러 나와 진한 오렌지 색이 되어, 유럽에서는 '오렌지 와인'이라고도 불리우는데, 조지아에서는 호박 빛깔 즉 '엠버 _{Amber} 와인'으로 부른다. 이런 양조법은 와인의 향과 맛을 아주 깊고 우아하게 만들어 준다.

앰버 와인은 보관된 온도 그대로 마시는 것이 좋으며, 1~3년 내에 마시는 것이 좋다. 이렇게 크베브리를 이용해 만든 와인은 내츄럴 와인으로 우리가 알고 있는 일반 와인과는 맛과 향에 있어서 완전히 다르며, 조지아 내에서도 전체 생산량의 7% 정도만 이 방식으로 만들고 있다. 내츄럴 와인 방식을 고집하는 와인 메이커는 일체의 화학 비료나 농약을 쓰지 않고 손으

크베브리 용량은 아주 작은 20리터 부터 큰 것은 5천 리터 까지 다양하며, 보통 2~3천 리터 크기를 사용한다. 진흙을 한 겹씩 붙여가며 만들기 때문에 제작에 30일 이상 걸리며, 두께는 3~5cm로, 1,000도 이상의 고온에서 구워낸다. 사람이 안으로 들어가 특수한 솔과 물로 맑은 물이 나올 때까지 세척 과정을 반복한 다음 자연 건조시킨다. 특히 이 양조 방식은 위생에 주의하지 않으면 곰팡이 등으로 와인을 전부 망칠 수 있어, 전문적으로 청소해 주는 사람이 있을 정도이다.

다양한 크기의 크베브리 Qvevri 들

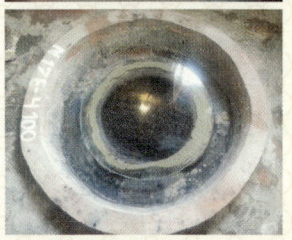

땅속에 묻힌 크베브리와 밀봉된 크베브리

크베브리는 우리나라 김치 담는 항아리와 비슷하나 유약을 바르지 않고 바닥 부분이 그리스 시대의 손잡이 없는 엠포라처럼 뾰족하여 항아리처럼 세워 놓을 수 없어 옆으로 눕혀야 한다. 와인 양조 시 찌꺼기가 밑으로 모이도록 하기 위해 밑부분을 뾰족하게 하였다.

로만 수확하며, 양조 과정에서 설탕이나 효모, 박테리아균 등을 첨가하지 않고 포도 자체가 갖고 있는 유산균으로만 발효한다. 발효 후에도 오크통 숙성으로 길들이지 않으며, 아황산염 등 일체의 색소나 미네랄 등을 첨가하지 않고 크베브리에서 숙성 과정을 거친 다음 필터링없이 병입한다. 맛은 약간 거칠지만 포도 자체의 향이 깊으면서 맛이 변형되지 않아 본래의 맛대로 시큼하다. 이런 와인은 마시기 전에 디캔터로 옮겨 30분 이상 공기와 접촉한 후 마시면 본래의 순수하고 신선한 맛을 되찾을 수 있다.

포도나무 가지로 만든 숯에 양, 소, 돼지, 닭 고기 등과 야채 등을 긴 쇠꼬치에 끼워 직접 굽는 꼬치구이의 일종인 샤슐릭

크베브리에서 만든 수제 와인들

내츄럴 와인을 만드는 양태규 전 대사

양태규 전 대사는 외교관으로 32년, 해외 대학 교수로 13년 동안 외국 생활을 했지만 항상 아쉽고 부족함을 느꼈던 와인을 극복하고자 와인의 발상지 조지아를 찾았다.

이왕이면 세계에서 가장 오래되고 전통의 제조 방법이 남아있는 곳이 좋겠다고 생각하여 이곳을 택했다고 한다. 사전 답사 차 여러 번 방문한 끝에, 2012년도에 크베브리 5개를 묻고 좋은 포도만을 골라 와인을 담갔는데 결과는 대성공이었다. 일체의 첨가물이 없기 때문에 색, 맛, 향이 완전히 다른, 지금까지 맛보지 못했던 순수한 와인이 탄생했던 것이다.

그는 포도를 직접 재배하고 있지 않지만, 발품을 팔아 좋은 테루아에 유기농으로 키운 최고의 포도만을 매입하여 와인을 만들고 있다.

처음에는 700병 정도 와인을 만들었지만, 최근에는 1500병까지 양을 늘려 와인을 만들고 있다.

이제는 조지아에도 내추럴 와인을 만드는 사람이 점점 줄어들고 있는 상황에서 이를 지키기 위해 힘쓰고 있다.

양태규 전 대사가 운영하는 드레이던 밸리 Draden Valley 와이너리의 포도밭과 카브, 와인

와인 스타일

국제대회에서 많은 상을 받은 조지아 와인

조지아 와인은 단일 포도 품종을 쓰는 경우도 있지만, 프랑스의 보르도 Bordeaux 나 부르고뉴 Bourgogne 지역 와인처럼 지역이나 마을 이름을 사용하며, 보통 두 종류 이상의 품종으로 블렌딩하는 경우가 많다.

드라이 dry, 세미 드라이 Semi Dry, 세미 스위트 Semi Sweet, 스위트 Sweet 와인과 강화 Fortified 와인 및 스파클링 Sparkling 와인을 만든다.

사페라비 100%로 만든 다양한 와인들

대표적인 레드 와인

사페라비 Saperavi

카헤티 kakheti 의 일부 지역에서 사페라비 포도로 만드는 레드 와인으로 색은 검붉은 석류빛으로 입안에 묵직하게 번지는 감미로운 타닌과 독특한 부케, 야생화, 블랙베리, 자두 향과 중간 정도의 산과 바디감이 어울려 조화로운 맛이 난다. 알코올은 10.5~12도이고 산도는 5~7%이다.

무쿠자니 와인

무쿠자니 Mukuzani

카헤티 kakheti 의 무쿠자니 Mukuzani PDO에서 나는 사페라비 Saperavi 포도로 만든 드라이한 레드 와인이다.

참나무 오크통에서 3년 동안 숙성시켜 와인에 복합성과 풍미를 더해주며, 빛도 투과되지 않을 정도의 짙고 붉은색으로 풀 바디하면서 조화로운 아로마가 특징이다.

사페라비 Saperavi 로 만드는 '조지아 최고의 레드 와인' 또는 '와인의 왕'으로 평가받으며, 국제 와인대회에서 수많은 수상으로 인정을 받고 있다.

킨즈마라울리 Kindzmarauli

소비에트 시절에 가장 인기가 많았던 와인으로 세미 스위트 레드 와인이다. 카헤티 Kakheti 의 크바렐리 kvareli 지역에 있는 코카서스 산맥의 해발 250~550m의 킨즈마라울리 Kindzmarauli PDO에서 재배되는 사페라비 Saperavi 포도 품종으로 빚는다.

알코올 10.5~12도, 당도는 3~5%, 산도 5~7%이며 색상은 짙은 붉은 색으로 기분 좋은 단맛과 각종 과일향의 아로마, 부드러운 타닌이 특징이다.

킨즈마라울리 와인

흐반치카라 Khvanchkara

조지아의 대표적인 세미 스위트 와인으로 유럽 와인 박람회에서 금메달을 수상하면서 유명해졌다. 스탈린이 이 와인의 애호가로 원래는 가문의 이름을 따서 '키피아니 와인'으로 불렸으나 인민의 적인 왕족의 이름 대신 포도 재배 지역의 이름을 따서 '흐반치가라'리고 부르게 하였다.

조지아의 서부에 있는 라차 Racha 지역의 해발 450~750m에 위치한 흐반치카라 Khvanchkara PDO에서 재배되는 무주레툴리 Mudzhuretuli 와 알렉산드라울리 Alexandrouli 품종으로 만든 천연 세미 스위트 레드 와인이다.

알코올은 10.5~12도, 당분은 3~5%, 산도는 5~7%로 단맛을 내기 위해 어떤 첨가물도 넣지 않으며, 차게 마셔야 제대로 된 맛을 느낄 수 있다.

색상은 어두운 루비색으로 유니크한 부케와 라즈베리향, 균형 잡힌 타닌을 가지고 있다.

대표적인 화이트 와인

치난달리 Tsinandali

1886년 카헤티-카르틀리 Kakheti-Kartli 의 알렉산드르 차브차바드제
왕의 와이너리에서 출시되었으며 조지아 최초의 병입 와인이다.
치난달리 PDO에서 수확한 르카치텔리 Rkatsiteli 85%와 무츠바네
Mtsvane 를 15%로 블렌딩해서 만드는 드라이 화이트 와인이며 오
크통에서 최소 2년간 숙성시킨다. 밝은 금색을 띠고 벌꿀향과
생생함이 특징이다.

치난달리 화이트 와인

아나코피아 Anakopia

압하지아 Abkhazia 의 수쿠미 Sukhumi 및 구다우타 Gudauta 마을에서
재배되는 촐리카우리 Tsolikauri 포도 품종으로 만든 세미 드라이 와
인이다. 색상은 밝은 색부터 진한 색까지 나오며 특유의 향과 신
선한 맛으로 알코올 함량은 9~11도이다.

아나코피아 화이트 와인

알라자니 Alazani

카헤티 지역의 알라자니 마을에서 재배한 포도로 만
드는 화이트 와인으로 르카치텔리 100%로 만드는
세미 스위트 와인이고, 사페라비와 르카치텔리를 6 :
4로 섞어 가벼운 세미 스위트 레드 와인도 만든다

사모 Saamo

카헤티의 구르자니 Gurjaani PDO의 카다나키 Kardanakhi
마을에서 재배된 르카치텔리 Rkatsiteli 포도 품종으로
만든 스위트한 디저트용 와인이다.

알라자니 레드 와인 / 알라자니 화이트 와인

숙성에 3년이 걸리며 색상은 황금색으로 엘레강스한 부케와 조화로운 꿀향을 갖
고 있다. 17도의 알코올과 13%의 당분을 갖고 있다.

트비시 Tvishi

레츠후미 Lechkhumi 지역에서 촐리카우리 Tsolikauri 포도 품종으로 만든 천연 세미 스위트 화이트 와인이다. 밀집 색상으로 부드럽고 섬세하며 과일향과 독특한 풍미가 있다.

구르자니 Gurjaani

구르자니 PDO에서 르카치텔리 포도 품종으로 만든 드라이하면서 풀 바디한 화이트 와인이다. 연한 밀집색으로 르카치텔리 고유의 향이 느껴지며, 세련된 풍미가 있다.

카헤티 Kakheti

카헤티 PDO에서 재배되는 르카치텔리 Rkatsiteli 와 무츠바네 Mtsvane 포도 품종으로 만든 드라이 화이트 와인으로 10.5~13도의 알코올을 보인다. 호박색으로 활기차고 부드러우며 바닐라향과 과일향이 조화를 이룬다.

조지아 전통 토기 병과 포도 찌꺼기에서 추출한 증류주 차차

대표 품종

약 500종의 토착 품종이 있지만 정부에서 인정한 공식적인 포도 품종은 38종
이다.

적포도 품종

사페라비 Saperavi

카헤티 지역의 토착 품종이지만 지금은 조지아 전역에서 재
배되고 있어 조지아의 대표 품종이 되었으며, 드라이, 세미
스위트, 로제 와인 등 다양한 와인을 빚는다.

색이 진한 두꺼운 껍질과 붉은 과육으로, 와인 색상은 불투
명한 검붉은 색상이며, 검은 베리와 서양 자두향, 그리고 각
종 스파이스 풍미가 난다.

풍부하고 부드러운 타닌과 생생한 산미가 있어 장기 숙성
에 적합하며 알코올 도수가 높아 알코올 도수가 낮은 품종과의 블렌딩에도 많이
사용된다.

알렉산드라울리 Alexandrouli 와 무줄레툴리 Mujuretuli

세미 스위트한 흐반치카라 와인을 만
들 때 사용하는 품종으로 두 품종을
블렌딩하여 만든다.

알렉산드라울리 포도 품종   무줄레툴리 포도 품종

청포도 품종

르카치텔리 Rkatsiteli

BC 5,000년 경의 항아리에서 르카치텔리의 씨앗이 발견되었을 정도로 조지아에서 가장 오래된 고대 포도 품종이다. 화이트 와인 중 가장 인기있었던 와인으로 1985년에 고르바쵸프 서기장의 알코올 금지 캠페인 전까지는 르카치텔리의 재배 면적이 세계에서 가장 넓었을 거라는 말이 있을 정도로 생산량이 많았다.

포도알은 강건하고 껍질이 두껍고 줄기는 붉은 색으로 산도가 높지만 균형 잡힌 와인이 나오며 크베브리로 빚으면 배향과 함께 복합성이 훌륭하다.

일반 와인부터 셰리 같은 드라이한 강화 와인을 만들기도 한다

무츠바네 Mtsvane

무츠바네는 조지아어로 '새로운', '젊은', '녹색'이라는 뜻으로 꿀과 복숭아 등의 과일향과 미네랄 풍미가 진하고 실크처럼 부드럽다. 주로 르카치텔리에 블렌딩용으로 재배된다.

키시 Kisi

르카치텔리와 무츠바네의 교배종으로 카헤티 지역의 토착 품종으로 알려졌으며 비오니에 향과 강렬한 꽃향으로 수확량은 적으나 가장 흥미로운 품종이라 할 수 있다.

크베브리에서 빚으면 호두, 배, 잘 익은 과일향과 풍미가 난다.

러시아 상트페테르부르크에 있는 표트르 대제의 여름 궁전(뻬쩨르고프)

러시아

Russia

마지막 황제 니콜라이 2세 Nicholas II 와 마산드라 Massandra 와인

크림 반도는 많은 역사를 갖고 있는 지역으로 유명하다. 톨스토이가 크림 전쟁에 육군 장교로 참전하고, 그 경험을 살려 쓴 '전쟁과 평화' 라는 소설의 배경이 되기도 했던 크림 반도는 전쟁 이후, 이 지역이 황폐해지는 것을 막기 위해 러시아의 알렉산더 2세가 이곳을 여름 수도로 정하면서 황제의 궁전과 많은 귀족들의 궁들이 지어지면서 러시아의 여름 휴양지로 러시아 사람들에게 알려지게 되었다.

온화한 지중해성 기후를 보여주기 때문에 추운 지방에 살던 러시아 사람들에게는 우리나라의 제주도처럼 한번 가보고 싶은 휴양지가 되었다.

당시 러시아 귀족 사회에서는 프랑스 말을 배우고 프랑스 문화를 익히는 것을 당연시 했기 때문에 와인 문화도 자연스럽게 귀족 사회에서는 녹아 있었다. 그러나 크림 반도에서 와인이 나오기 전끼지는 조지아 와인과 헝가리의 토카이 와인, 프랑스, 포르투갈 와인들이 귀족들 파티 석상에 올라 왔었다.

제정 러시아 시대에는 흔히 와인의 발상지로 알려진 조지아가 러시아 제국에 편입되어 있었으므로 조지아에서 나오는 와인이 유명했었다. 그러나 조지아 이외에도 와인이 나는 곳이 있으니, 바로 흑해에 면하고 있는 크림 반도와 크라스노다르 지역이다.

최근에는 크라스노다르에서 위로 올라간 돈 강 중류 지역까지 포도나무를 재배하고 있다. 그 중에서도 크림 반도에 있는 마산드라 와이너리는 러시아의 마지막 황제인 니콜라이 2세의 명에 의해서 만들어진 와이너리로 러시아에서뿐 아니라 그 당시에는 세계에서 가장 큰 와이너리였다.

당시에 크림 반도에는 황제보다 더 많은 부를 지녔다고 알려진 보론쵸프 백작이 궁을 짓고 유럽과 조지아에서 포도나무를 가져와 와인을 빚고 있었다. 크림 반도에서도 와인이 나올 수 있다는 사실을 안 러시아의 마지막 황제 니콜라이 2세는 크림 반도에 프랑스식 와이너리를 짓기로 하고, 1878년부터 이곳에서 스파클링 와인을 만들고 있던 레프 세르게예비치 골리친 백작을 책임자로 해서 와이너리를 만들게 했다.

1893년에 착공되어 4년만에 완성된 와이너리는 그야말로 러시아답게 크고 우람하게 바위를 깎아서 쌓아 요새처럼 지어졌다. 뒷산의 암벽을 뚫어 150m 길이에 60m 깊이의 지하 터널을 7개나 만들고, 각 터널은 정교하게 만든, 산 쪽으로 난 환풍구를 통해 신선한 공기가 유입되도록 하였고, 터널 지하로는 개울물

레프 골리친 백작의 초상과 마산드라 와이너리에 걸려있는 와이너리 전경

을 흐르게 해서 온도를 유지토록 했다.

지금도 러시아 와인뿐만 아니라 세계 각국의 오래된 와인들을 백만 병 이상 보관하고 있을 정도로 세계적인 지하 카브이다.

러시아에 이런 전설적인 와이너리를 만들게 된 배경에는 니콜라이 2세의 와인에 대한 관심과 사랑, 그리고 일찌기 프랑스에서 대학을 나와 와인에 일가견을 갖고 있었던 레프 골리친 Lev Golitsyn 1845~1915 이라는 사람이 있었기에 가능했다.

마산드라 와이너리

정치보다는 가족에 더 헌신적이었던 니콜라이 2세는 황후와 네 명의 공주, 혈우병을 앓고 있는 황태자와 함께 수시로 이곳 해변가에 지어진 리바디아궁에서 가족과 함께 시간을 보내면서 이쪽 지역에서 나는 와인을 맛보고 평을 했다고 한다.

지금도 얄타에서 해안가를 따라 북쪽으로 차로 1시간쯤 거리에 '노브이 스베트 Novyi Svit= New World or New community' 란 마을이 있는데, 1912년 니콜라이 2세가 골리친 백작이 만든 샴페인 맛을 보고 "새로운 세상이구나" 라고 평을 해서 마을 이름도 '노브이 스베트' 로 바꿔 불리워졌다고 한다.

레브 골리친 동상과 1878년에 세워진 노브이 스베트 와이너리

니콜라이 2세의 본명은 니콜라이 알렉산드로비치 로마노프(1868.5.18~1918.7.17)로 러시아 제국 로마노프 왕조의 제 14대 황제이자 러시아 역사상 마지막 군주이며 폴란드의 차르, 핀란드 대공국의 마지막 대공으로 1917년 2월 혁명으로 퇴위했다.

니콜라이 2세는 1894년 아버지 알렉산드르 3세가 갑자기 사망하면서 황제에 즉위했다. 평소 자신의 건강

니콜라이 2세가 처음 시음하고 나서 '새로운 세상이구나'라고 했던 해안가 바위를 깍아 만든 카브가 남아 있다. 지금은 사용하지 않고 있다.

을 과신했던 알렉산드르 3세는 '아들이 30세가 되면 후계 교육을 시켜야겠다' 라고 마음 먹고 있었는데 기차 사고로 생긴 허리 통증이 신장병을 키워, 49세로 갑자기 사망하자, 차기 황제로서의 교육을 받지 못한 채 26세에 황제 자리에 올랐다.

그는 매우 교양 있고 예의 바르고 온화한 사람이었으며, 독실한 러시아 정교회 신자였다. 그는 당시 러

니콜라이 2세와 그의 가족들

시아 귀족층을 중심으로 사용했던 프랑스어를 비롯해 다양한 언어를 구사할 수 있었고, 발레와 문학을 사랑했다. 선량한 인품과 교양, 사교술 등 영국과 같은 입헌 군주제 국가라면 아주 이상적인 군주였지만, 러시아는 황제의 권한이 헌법을 초월하는 전제 군주제 국가로 강한 리더십이 요구되는 국가였다. 그러나 어릴 때부터 유약하다는 소리를 듣고 자란 니콜라이 2세는 그렇지 못했다.

그는 무능하면서도 독선적인 성격으로 전제정권을 수호해야 한다는 신념을 가졌다. 따라서 그는 제국이 변화하는 것을 싫어하고, 근본적인 개혁의 소리에 대해서는 귀담아 듣지 않아, 많은 반대파들이 생겨나게 되었고, 휘하의 장관들이 4명이나 암살당하기도 했다.

거기에 황제에 오른 지 2년 후에 열린 대관식 행사의 축제 기간 중, 옥외 행사에 수십만 명의 군중이 몰려 1389명이 압사하고 1,300여 명이 부상하는 사건이 발생했는데, 사건 처리 및 그 후의 행동이 매끄럽지 않아 국민들로부터 신뢰를 잃는 계기가 되었다.

이후 아들 혈우병을 치료하기 위해 그리고리 라스푸틴이라는 요승을 불렀는데, 그는 황후의 후원을 등에 업고 황제를 대신해 암묵적으로 정치에 관여함으로써 많은 귀족들까지 등을 돌리는 결과를 가져왔다.

1905년 1월 22일 매섭고 추운 일요일 아침에 굶주림에 지친 15만 명의 노동자들

1896년 조선을 대표하여 니콜라이 2세의 대관식에 참석했던 민영익이 직접 니콜라이 2세를 예방하고 남긴 기록에는 '황제는 매우 예의 바르고 절도가 있었다' 라고 묘사하고 있다.

니콜라이 2세와 혈우병을 앓고 있었던 황태자

즐기면서 나누는 **와인**

이 임금을 올려달라고 청원하기 위해 황궁 앞에서 시위를 하는데, 이 시위 군중을 향해 발포를 하여 1천 명 이상이 쓰러지고, 수많은 노동자들이 부상을 당하는 '피의 일요일'이 되고 말았다. 이때 이상적인 차르의 모습을 백성들에게 보여줄 수 있었던 마지막 절호의 기회를 놓치면서 황제에 대한 믿음과 평판은 완전히 나락으로 떨어졌다.

한편 노동자와 농민들의 불만이 여전하다고 여긴 그는 이런 국내의 불만을 진정시키기 위해, 제1차 세계대전에 총동원령을 내려 1,500만 명의 많은 병력을 파병했으나, 지휘관들의 무능으로 140만 명이 전사하고 100만여 명이 포로가 되었다.

1915년부터는 본인도 직접 최전선에 나가 전투 지휘를 했으나, 전세를 뒤집기에는 역부족이었으며, 나라 안의 국정은 파탄지경이었다. 마침내 1917년 2월 '빵을 달라'고 외쳤던 시위가 러시아 혁명으로 진화하면서 스스로 퇴위하고 로마노프 왕조가 막을 내리게 된다. 이후 볼세비키당의 블라디미르 레닌이 10월 혁명으로 정권을 잡게 된다.

그와 그 가족들은 1918년 7월 16일 볼세비키 당원들의 감시를 받으며 여러 곳으로 전전하다, 최후로 도착한 예카테린부르크 외곽에서 온 가족이 비참한 최후를 맞이하였다.

총살 당한 후 암매장 됐던 유해는 1998년에 선대 차르들이 안장된 상트 뻬체르부르크 페트로 파블롭스키 요새의 성당에 안치되었으며, 2000년 8월 20일에는 러시아 정교회에서 수난자로 인정받아 온 가족이 성인으로 추대되었다.

예카테린부르크에 있는 니콜라이 2세 가족을 성인으로 모신 교회와 파블롭스키 요새에 있는 성당과 안치된 가족 묘

와인의 역사

로스토푸 나 도누 지역은 실크 로드의 끝 지점 으로 알려져 있는데, 이곳 사람들은 이곳을 실 크 로드의 시작점이라고 이야기한다.

로스토프 나 도누 시내에 있는 레닌 동상

국가 소유 와이너리 중에서 황실 와이너리로 유명한 아브라우 드루소 Abrau Dyurso 는 니콜라 이 2세의 소유로 1870년부터 스틸 와인을 만 들었으며, 1891년에는 크림 반도에서 마산드 라 와이너리를 지었던 레프 골리친 Lev Golitsyn 백작을 수석 와인 메이커로 임명해 5.5km의 저장 및 숙성 터널을 만들고 샴페인의 양조를 시작했다.

흑해와 아조프 해 연안에서는 천년 전부터 고 대 그리스와 무역을 위해 포도 재배를 했다는 유적들이 나오고 있을 정도로 이 지역은 포도 재배에 적합한 지역이다.

특히 로스토프 나 도누 지역은 실크로드와 흑 해를 통해 유럽 각지로 연결하는 무역항으로 와인과 기타 동서양의 문물 교류로 번성했던 곳이다.

19세기말에 크림 반도의 보론쵸프 백작이 유 럽과 조지아에서 포도나무를 가져와 유럽식 와인을 빚기 시작했다.

이후 레프 골리친 백작이 크림 반도 동북부 수 닥이라는 곳에 처음으로 와이너리를 만들고 샴페인을 빚었는데 이 와인은 파리 전시회에 서 금상을 수상하였다

크림 반도에서 와인이 나온다는 사실을 안 당 시의 황제 니콜라이 2세는 골리친 백작에게 황 실을 위한 와이너리를 만들도록 했다.

착공 4년인 1897년에 완공된 와이너리는 세계 에서 가장 크고 우람하게 지어졌다.

여기에서는 주로 샴페인이 만들어졌는데 당연 히 귀족들을 위한 것이었다.

즐기면서 나누는 **와인**

로마노프 황실이 망하고 1917년 러시아 혁명
후에는 국민의 알코올 섭취를 줄이기 위해 금
주령이 시행되면서 보드카와 와인 등 주류 산
업은 혁명 정책에서 뒷전으로 밀려났다.

특히 1985년 미하일 고르바쵸프 서기장은 개
혁 정책의 일환으로 알코올 금지 캠페인을 시
행하면서 와인 산업은 더욱 위축되었다.

1991년 소비에트 연방이 붕괴되고 시장 경제
로 진입함에 따라 신흥 부호들이 황폐해진 국
가 소유 와이너리를 인수하여 프랑스인 전문
가를 초빙하고 새로운 장비들을 과감히 도입
하여 와인 산업을 일으켰다.

이제는 포도의 재배와 양조 수준은 거의 유럽
수준에 근접하였으나, 대부분의 포도나무들이
식재한 지 얼마 안되어 와인의 깊은 맛은 아직
없다.

몇몇 젊은 와인 메이커는 러시아의 토착 품종
을 찾아 러시아나운 와인을 만들기 위해 노력
하고 있다.

러시아는 신흥 부호들이 과감히 투자하여 와
인 산업 규모가 점점 커지고 있으며, 아직은 구
세계나 신세계에 비해 뒤져 있지만 제 3세계로
서 부상할 잠재력을 충분히 갖고 있다.

아브라우 드루쇼 와이너리 전경과 와이너리 입구에 있는 니콜
라이 2세의 초상과 5.5km의 저장 터널

출처: eastcoastwineries.blogspot.com

테루아

세계에서 가장 넓은 땅을 보유하고 있는 러시아는 대부분의 지역이 포도 재배에 적합하지 못하며, 포도밭은 흑해 연안의 크라스노다르를 포함한 쿠반 지역, 크림 반도 지역, 로스토프 지역과 돈 강 중류 지역에 몰려 있다. 러시아의 대부분 포도 재배 지역은 겨울의 혹독한 추위를 피하기 위해 포도나무를 흙으로 덮어주어 겨울의 냉해를 피하고 있다. 대부분의 와이너리가 위치하는 쿠반 지역은 전형적인 대륙성 기후를 보인다. 서리가 없는 날이 193~233일로 짧은 기간에 포도나무는 꽃이 피고 열매까지 익어야 한다.

돈 계곡 – 로스토프 지역은 여름에는 뜨겁고 건조하며, 겨울은 혹독한 추위로 단위 면적당 생산량이 다른 지역에 비해 떨어진다. 서리가 없는 날이 180~190일로 쿠반 지역보다 짧은 기간에 포도 재배를 끝내야 한다.

그럼에도 불구하고 이 지역은 돈 강 유역이 원산지인 다양한 자생 포도 품종을 재배하고 있다. 예를 들면 최근에 크레믈린에서 국빈 만찬주로 나왔던 크라스너스톱 졸라톱스키 Краностоп Золотовский 를 비롯해서 침랸스키 쵸르느이 Цимлянский Чёрный, 플레차스티크 Плечистик 등의 토착 품종을 가지고 몇몇 와이너리에서 러시아 만의 고유한 와인을 만들기 위해 노력하고 있다.

러시아의 일반적인 포도밭 전경과 전통 포도나무 재배법

와인 관련법

2019년 12월 27일에 제정한 연방법 468호 '러시아 연방의 포도 재배 및 와인 관련 법'은 2020년 6월 26일부터 발효되었다. 이 법은 와인의 원산지와 지리적 표시를 보호하고 관리하기 위해서, 2009년 유럽 연합에서 제정한 PDO(지리적, 원산지 보호) 제도를 가져와 만들었다.
이 법에 따라 러시아 연방에서 생산하고 있는 와인의 품질은 3가지로 나누고 있으나 아직까지는 걸음마 단계이다.

원산지 지정 보호 와인 Вино с защищенным наименованием места происхождения

유럽 연합의 PDO Protected Designation of Origin 와인에 해당하는 분류로 최상위급 와인이며, 지정된 원산지에서 관련 법규에 따라 생산되는 와인이나 관련 법규가 아직까지 완벽하지 않다.

지리적 표시 보호 와인 Вино с защищенным географическим указанием

유럽 연합의 PGI Protected Geographical Indication 와인에 해당하는 분류로 생산 법규에 따라 생산하고, 등록되어 있는 지역에서 재배하는 포도로 생산하는 와인에 붙는다.

테이블 와인 Столовое вино

러시아에서 만든 일반적인 와인으로 규제가 없다

샴페인 표기법

2021년 7월 2일 푸틴 대통령이 서명한 샴페인 표기법은 러시아에서 생산된 스파클링 와인만 '샹파뉴' 즉 러시아어로 '샴판스코에 champanskoye'라고 쓸 수 있으며, 프랑스를 비롯한 외국에서 러시아로 수입되어 오는 스파클링 와인은 백 레이블에 '샹파뉴'라는 용어 대신 스파클링 와인으로 표기해야 한다는 법을 통과시켰다.

러시아는 20년간의 논의에도 불구하고, 지리적 명칭 표시인 프랑스의 '샹파뉴'를 인정하지 않는 국가 중 하나이다. 이에 따라 프랑스 샹파뉴 지역의 샹파뉴 생산협회 CIVC가 수출의 13%를 차지하는 러시아 시장을 포기할 수가 없어 자존심을 죽이고, 러시아의 새로운 법을 따라 백 레이블에 '샹파뉴'라는 용어 대신 스파클링이라는 용어를 사용하겠다고 2021년 9월 2일에 발표했다.

크림 반도 얄타 근처에 있는 흑해의 상징인 제비둥지 성 Swallow's Nest Castle

Wines of Russia

와인 산지

돈 계곡 Долина Дона – 로스토프 지역 Ростовская область

이 지역은 포도 재배에는 까다로운 지역이지만 이 지역의 테루아를 잘 이용하여 토착 포도 품종을 개발해 나가고 있다.

포도밭들은 주로 돈 강둑에 있으며, 북부 평지에서부터 남부 살 강 유역까지 펼쳐져 있다. 돈 계곡의 기후 조건은 여름은 덥고, 겨울은 길며, 자주 영하로 떨어지기 때문에 포도를 재배하기에 무척 까다롭다. 특히 8-9월의 강 주변은 일교차가 크며 (15-20도 차이), 강 바람이 불기 때문에 다른 지역에 비해 포도 생육 기간이 짧다. 눈은 10월 중순부터 내리기 시작하고, 동절기 기온은 영하 30도 이상 내려가며, 4월 말부터는 영상 30도의 여름이 시작된다.

고요한 돈 강과 조개 껍질이 포함된 진흙으로 만든 벽돌, 돈 강 근처의 러시아 정교회 십자가

흙으로 덮는 과정과 덮은 모습, 봄에 바람으로 덮었던 흙을 털어내는 과정, 겨울의 포도밭 풍경

최근에는 지구 온난화로 인하여 수 년 동안 돈 지역의 평균 기온이 크림 반도 지역보다 더 높게 나타났다.

돈 지역의 평균 강우량은 400~500mm로 포도나무 성장에는 충분치 않으며, 겨울에는 눈도 적게 내려 상황이 점점 안좋아지고 있다.

토양은 검은 흙과 점토, 조개 껍질를 포함한 석회암으로 구성되어 있으며, 해발 200m 살라-마느치 산맥 Сало-Манычская гряда 을 제외하고는 평원 지대이다.

겨울의 매서운 추위로부터 묘목을 보호하기 위해서 10월 말쯤에 흙으로 덮어 씌워 보온을 하고, 3월 말이나 4월 초에 강한 바람을 이용해서 덮었던 흙을 걷어낸다. 포도나무를 심을 때도 나무들 사이의 간격을 다른 지역에 비해 좁게 해서 추위를 예방한다.

돈 계곡을 대표하는 베데르니코프 와이너리 Винодельня Ведерниковъ 는 현대적인 기술을 도입하여 많은 이의 관심을 끌면서, 인상적이고 놀라운 발전을 하고 있다.

돈 계곡의 와이너리 생산은 그 해의 날씨에 많은 영향을 받고 있어 매년 품질이 균등하지 못하다.

돈 강 유역의 엘부즈 와이너리 포도밭 전경과 와인

돈 강 유역의 베데르니코프 포도밭 전경과 러시아 토착 품종으로 만든 와인

돈 강 유역의 아타망 와이너리의 와인들

크림 반도 Республика Крым 지역

이 지역은 2014년에 우크라이나에서 러시아로 합병되었으며, 러시아에서 최초로 포도 재배가 이루어진 지역이다.

흑해 북부 연안으로 해안가를 제외한 크림 반도의 70%는 스텝 지역이며, 해발 1,545m의 크림 산맥이 Большая Крымская гряда. 동북부에서 남부 연안 쪽으로 이어지고 있다. 면적이 넓지는 않지만 크림 반도는 토양과 기후 조건에 따라 101개의 지방으로 나눈다.

• 서부 크림 지방

세바스토폴 Севастополь 을 비롯해 바흐친사라이 Бахчисарай 의 서부 연안 지방을 말한다. 전체적으로 따뜻한 기후이지만, 해안 지방은 습하다. 겨울에는 영하 20도까지 내려가기도 하며, 여름은 덥고, 평균 강우량은 300~400mm로 가뭄이 가끔 있다.

와이너리는 체르나야 강 река Чёрная, 벨르베크 강 Бельбек, 카차 강 Кача, 알마 강 Альма 계곡 사이의 언덕에 위치하고 있다.

토양은 비옥하지 않으나 배수가 잘 되는 흑토로 형성되어 있으며, 세바스토폴 Севастополь 지역 와이너리들의 토양은 석회암과 패각석으로 형성되어 있다. 높은 언덕이 없어 평균 해발 고도는 300~350m이고. 대부분의 포도밭은 남동쪽을 향하고 있다.

서부 크림 지방 체르나야 리버 밸리 와이너리 전경과 와인들

서부 크림 지방의 알마밸리 Alma valley 와이너리와 포도밭, 카브와 숙성용 스테인레스통, 아이스와인과 각종 와인들

• 남부 크림 지방

크림 산맥과 흑해 바다 사이에 있는 포로스 Форос 부터 카라다그 산맥 Кара-Даг 까지 150km 정도로 이어져 있는 지방이며, 대부분의 포도밭들은 바다를 향하고 있다. 기후는 아열대성 특징과 함께 지중해성 기후를 나타내고, 연중 강우량은 550~600mm이며, 마이크로 존에 따라 다르다. 겨울에도 영하 이하는 드물고, 년 평균 온도는 영상 13도이다.

토양은 온대기후를 대표하는 갈색토로 지중해 연안 지역의 토양과 비슷하며, 토양의 배수는 잘 되고 밤에도 낮의 온기를 그대로 유지하고 있다. 낮과 밤의 기온 차가 크지 않기 때문에 포도의 산성은 그리 높지 않으나 당도가 높아 스위트한 와인이 생산되고 있다.

남부 크림 지방의 올렉 레핀 Oleg Repin 와이너리의 와인과 포도밭 전경

동부 크림 지방의 마산드라 와이너리와 와인들, 지하 카브 모습

• 동부 크림 지방

동부 지방은 아루샤타 Алушта, 말로레체느스코에 Малореченское, 수닥 Судак, 코크테벨리 Коктебель, 노브이 스베트 Новый Свет 와 규소가 풍부한 토양으로 이루어진 선 밸리 지방이다. 기후는 온화한 기후부터 영하 20도로 내려 가는 산맥 지역의 대륙성 기후까지 다양하다. 강우량은 많지 않으며 아루샤타는 350mm 정도이고, 선벨리는 200~250mm 정도로 아주 적은 양이다. 토양은 다양해서 아루샤타 계곡에는 갈색토가 많으며 진흙 토양이 대부분이다.

크림 반도의 마산드라 Массандра 와이너리는 남부 연안과 동부 지방에서 주로 포도를 재배한다. 크림 전체적으로 오래전부터 카베르네 소비뇽, 카베르네 프랑, 메를로가 주로 재배되어 왔으며, 세바스토폴 Севастополь 근처의 추운 지역에서는 피노 누아가 재배되고 있다.

크림 서부 지방은 알리고테, 샤르도네, 리슬링

이 유명하며, 남부 연안 지방은 전통적으로 뮈스카(173페이지 참조)가 인기가 있다.

동부 지방 선벨리 Солнечная долина 에서는 크림 반도의 토착 포도 품종부터 무르베드르, 바르베라까지 다양하게 재배되고 있다. 디저트 와인으로 토착 포도 품종인 애킴 카라 Эким Кара, 드제바드 카라 Джевад Кара, 케페시야 Кефесия 품종이 많이 사용되며, 화이트 와인 품종 중에는 드라이한 코쿠르 벨르이 Кокур Белый 가 독특한 맛을 자랑한다. 전통을 잘 지키고 있는 마산드라의 포도 생산 방식은 80년대와 비교하여 큰 변화가 없으며, 인케르만 Инкерман 을 위시한 세바스토폴 지역 와이너리들은 현대식으로 탈바꿈하고 있다.

동부 크림 지방의 인케르만 와이너리 전경과 포도밭, 와인들　　　　동부 크림 지방의 샤토 코뜨 데 산 다니엘 와이너리 전경과 포도밭, 와인들

아나파 지역 Анапский регион

이 지역은 북쪽으로는 쿠반 강 Кубань 연안과 크림스키 지역에 접하고, 남쪽으로는 노보로시스크 Новороссийск 지역, 서쪽으로는 흑해 연안과 사구 지역에 접하고 있다. 언덕이 많은 지역은 카프카즈 산맥 Кавказский хребет 과 연결되어 있으며, 기후도 지역마다 다르다.

산이 많고 흑해 영향을 받는 해안 지역은 건조한 아열대 기후 특징을 지니고 있으며, 바다에서 멀리 떨어져 있는 북부 지역은 대륙성 기후 특징을 보인다.

따라서 해안 지역의 겨울은 2도 이상으로 온화하여 영하 온도가 드물며, 북부 지역은 연평균 온도가 영상 13.4도이다.

강우량은 지역에 따라 언덕 지역은 약 550-570mm이며, 가이-거저라 Гай-Кодзора 와 숙고 계곡 долина Сукко 지역의 기후는 약 430-450 mm이다. 비옥하지 않고 바위가 많은 해안 지역의 토양은 노보로시스크 Новороссийск 와 겔렌직 지역 Геленджикский район 의 토양과 비슷하며, 언덕이 많은 북부 지역의 토양은 석회암으로 구성되어 있다.

해안 지역의 와이너리들은 시라, 무르베드르(146페이지 참조), 그르나슈(146페이지 참조) 등으로 훌륭한 와인을 빚고 있으며, 숙고 계곡 долина Сукко 에서는 메를로와 카베르네 소비뇽 포도로 와인을 빚고 있다.

겔렌직 지역 Геленджикский район

흑해와 대 카프카즈 산맥 Большой Кавказский Хребет 사이에 위치하고 있으며, 북쪽은 노보로시스크 Новороссийск, 남쪽은 습한 아열대 기후인 투압세 Туапсе 지역과 접하고 있다.

기후는 산과 바다의 영향을 받으면서 흑해 지역 내에서 가장 더운 지역으로 포도 재배에 좋지 않는 조건인 긴 가뭄과 강한 바람이 있으나 겨울은 따뜻하고 연평균 적설량은 2~3일로 적다.

연평균 온도는 영상 13.5도이며, 봄이 일찍 오고, 여름은 덥고, 가을은 평균 23도로 따뜻하며 연평균 강우량이 450~500mm로 적어 건조하다.

따라서 강한 햇빛으로 인해 포도가 말라 붙을 가능성이 높기 때문에 포도를 보호하기 위해 관개 시설이 필수적이다.

대체적으로 포도밭은 해발 100m 정도로 높고, 바다 쪽으로 경사져 있으며, 토양은 배수가 좋고 바위가 많은 석회암 토양이다.

19세기 중순부터 겔렌직 지역에서는 유럽산 포도 품종이 재배되기 시작하였으며, 카베르네 소비뇽으로 만든 와인과 도수가 높고 달콤한 소비뇽 블랑이 유명했다.

화이트 포도 품종으로 샤르도네, 소비뇽 블랑, 피노 블랑, 레드 포도 품종으로는 카베르네 소비뇽을 비롯한 시라와 메를로를 재배하고 있다.

이 지역에서 가장 큰 딥나모르스코에 Дивноморское 와이너리는 카르메네르 Carménère **(353페이지 참조)**, 말벡 Malbec 을 비롯하여 유럽 포도 품종도 재배하고 있다.

딥나모르스코에 와이너리 모습과 포도밭, 와인들

크림스키 Крымский район 지역

크라스노다르 Краснодарский край 의 서쪽으로 서부는 타만 반도 Таманский полуостров 에, 남부는 이 지역과 흑해를 가르는 북부 카프카즈 산맥(해발 400m 정도)과 접하고 있으며, 북부와 북동부에서는 스텝 평원 지역이 시작된다.

러시아의 여러 와이너리 중에서 유일하게 높지 않은 산등성이로 이루어져 있고 시원한 대륙성 기후를 보인다. 이 지역에서는 바다 바람의 영향을 줄이기 위해 포도 송이에 봉지를 씌우고 있다. 겨울에는 서리도 가끔 내리고 눈이 몇 일 동안 녹지 않는 경우도 있으며, 평균 10년마다 한두 번 정도 마이너스 20~25도로 서리가 발생한다. 생육기의 온도는 30~35도이며, 포도가 숙성되는 동안 일교차는 8-10도이다.

크림스키 지역의 연중 강우량은 480mm 정도 되며, 가뭄 시 강수량 부족은 관개시설로 보충하고 있다. 지형의 고도는 50~400m까지 다양하나 가장 좋은 높이는 125~320m이다. 토양은 척박하고 석회암, 사토, 점토가 섞여 있다.

포도 품종은 르카치텔리 Ркацители, 리슬링, 알리고테, 피노 블랑 등의 화이트 포도 품종이 전통적으로 많이 재배되고 있으며, 소비에트 시절에 심은 갈루보크 Голубок, 크라스너스톱 졸라톱스키 Красностоп Зототовский, 크라스너스톱 아나프스키 Красностоп Анапский, 사페라비 Саперави 가 아직 남아 있다.

크림 스키 지역의 레프카디아 와이너리와 포도밭, 와인들과 스테인레스 발효통

즐기면서 나누는 **와인**

노보로시스크 Новороссийск 지역

흑해에 인접하며 크라스노다르 남서쪽으로 서
쪽으로는 아나파 지역과 남부 지역으로는 겔
렌직 지역에 인접하고 있으며, 동쪽으로는 대
카프카즈 산맥이 둘러싸고 있다.

이 지역은 다양한 지리와 토양으로 알려져 있
다. 노보로시스크는 쿠반 지역에서 흑해 기후
대로 들어가며, 노보로시스크 근교 이외에 대
부분 지역은 카프카즈 산맥이 북쪽에서 불어
오는 강한 바람을 막아 주고 있다.

가끔 겨울의 강한 "보라 БОРА" 바람이 포도밭
에 피해를 주기도 한다.

전체적으로 보면 이 지역의 기후는 겨울에도
따뜻하고 온화하며, 근처의 산맥과 바다는 낮
과 밤의 기온 차를 크게 한다.

노보로시스크 지역의 연간 강우량은 750~
800mm이고, 여름에는 소나기가 자주 내린다.
높은 산맥부터 평평한 언덕까지 다양하며, 비
옥한 토양 층이 얇고, 주로 산도가 높은 갈탄
과 진흙으로 구성된다.

전통적으로 인기가 있는 포도 품종은 리슬링,
샤르도네, 피노 누아, 알리고테 등이며, 므스하
코 Мысхако 와 아브라우 듀르소는 Абрау-Дюрсо 와
이너리에서는 100년 전부터 카베르네 소비뇽
및 메를로를 재배하고 있다.

아브라우 듀르소 와이너리와 포도밭, 스테인레스 발효통,
러시아산 오크통, 터널로 된 지하 카브

아브라우 듀르소는 Абрау-Дюрсо 쿠반 지역에서 가장 큰 와이너리를 소유하고 있으며, 2014년에 국영에서 민영화되었다.

아브라우 듀루소 와이너리의 터널로 된 지하 카브와 샴페인 종류들

아브라우 듀루소 와이너리의 지하 카브 입구에 있는 벽화

462

즐기면서 나누는 **와인**

템류크스키 지역 Темрюкский район

타만 반도 Таманский полуостров 에 위치하며 크라스노다르 Краснодарский край 서쪽에 위치하고 있다. 지역은 흑해와 아조프 해 또는 케르치 해협으로 Керченский пролив 둘러싸여 있고, 55%가 강어귀와 습지로 구성되어 있다.

타만 반도는 온대 대륙성 기후대에 속하며 흑해, 아조프 해, 케르치 해협으로 둘러싸여 있고, 쿠반 대륙쪽에 산이 없기 때문에 동절기에는 동쪽에서 추운 공기가 유입된다.

대체적으로 온화하며 보통 12월말이나 1월에 기온이 영하로 내려가고, 가끔 기온이 영하 17도로 떨어지는 경우도 있다. 포도 열매가 익을 때는 일교차가 크지 않다. 연간 강우량은 400-500 mm이며, 대부분 겨울에 내린다. 습도가 높은 해풍은 타만 반도의 건조한 기후를 상쇄시키나, 강우량이 부족한 시기에는 해충에 걸리는 경우가 많다.

구릉과 간헐천이 많으며, 비옥하고 주로 진흙을 많이 함유하고 있다. 가장 비옥한 땅은 남쪽 비탈 지역에 위치하고 있다. 카베르네 소비뇽, 샤르도네, 메를로, 소비뇽 블랑 등이 많이 재배되고 있다.

템류크스키 지역의 토양과 포도밭 전경

Wines of Russia

대표 품종

러시아에서는 스파클링 와인 sparkling wine, 스틸 와인 Still wine, 디저트 와인 dessert wine 등
다양하게 와인을 만들고 있으며, 여기에 사용되는 품종은 글로벌 포도 품종과 10여
가지의 토착 품종을 사용하고 있다.

적포도 품종

크라스너스톱 졸라톱스키 | Краностоп Золотовский

러시아 남부 돈 강 지역의 오래된 토착 품종이며, 열매가
늦게 익고 원뿔형 포도 송이로 열매가 작고, 짙은 파랑색이
나 보라색으로 나온다.

영하 온도에 잘 견디고 곰팡이 감염에 강하지만 재배하
는 것이 쉽지 않고, 포도 송이는 딱딱해서 자르는 것이
힘들다.
열매가 익을 때까지 평균 136일이 걸리며, 이 짧은 기간 동
안 높은 수준의 산도를 유지하면서 당도가 40브릭스까지 올라간다.
따라서 도수가 높은 와인을 생산할 수 있으며, 카베르네 소비뇽보다 더 진한 타
닌을 느낄 수 있다. 장기 숙성이 가능하며, 오래 보관하면 할수록 우아한 맛을
얻는다.
와인은 짙은 루비 색으로 검은 베리, 석류, 산수유나무, 유칼립투스향이 나며, 진
한 루비색의 풀 바디 와인이 나온다.

케페시야 Кефесия

케페시야란 이름은 크림 반도 동북쪽 끝에 위치한 페어도시야 Феодосия 란 항구도시의 옛날 이름 케페 Kefe 에서 비롯하였다.

전통적인 크림 반도의 토착 품종으로 송이와 열매는 중간 사이즈이며 동그랗거나 계란형을 가지고 있다. 진한 검은 색이며 늦게 익는 만생종으로 10월 말의 당도가 22브릭스 정도이다.

건조한 지역에서 잘 자라며, 진흙, 염화나트륨, 인광석이 함유된 토양에서 재배하면 품질 좋은 포도가 나온다.

쵸르느이 독토르 Чёрный доктор 와 쵸르느이 팔커브니크 Чёрный полковник 로 브랜디를 만들 때 케페시야가 블렌딩되며 진한 색을 띈다. 맛은 세미 스위트하고 석류와 매실 맛이 난다.

침랸스키 쵸르느이 Цимлянский Чёрный

돈 계곡 동쪽에 위치하는 침랸 마을의 이름을 딴 토착 품종으로 1717년에 표토르 대제가 프랑스 왕 루이 15세에게 20배럴의 이 와인을 선물히였는데 이 때 이 품종이 알려지게 되었다.

또한 1813년에 파리 바스티유 광장에서 러시아군이 나폴레옹 전쟁에 승리한 기념으로 이 품종으로 만든 와인 3,000병을 마셨다고 한다.

200년전까지만 해도 스파클링 와인의 주품종으로 사용되었다. 짙은 파랑색인 중형 사이즈의 열매로 계란 모형을 가지고 있다. 8월 말~9월 초에 열매가 익으며, 열매가 익을 때까지 130~135일이 걸린다.

침랸스키 쵸르느이는 돈 지역에서 전통적으로 암꽃이 많은 플레챠스티크 Плечистик

종류와 같이 재배한다. 더위에는 강하지만 곰팡이에 자주 걸리는 편이며, 영하의 온도에 약해 겨울에 흙으로 덮어준다.

강렬한 빨강 색의 사과, 석류, 산수유나무 등의 과일향과 맛이 나며, 약간 스위트 하고 부드러워 일반 테이블 와인이나 스파클링 와인을 만들 때 사용된다.

쿠반 지역에서 재배한 침럇스키 쵸르느이는 플레차스티크 품종 없이 재배하기 때문에 조금 더 부드럽고 각종 베리의 향이 많이 난다.

청포도 품종

코쿠르 벨르이 | Кокур Белый

그리스인들이 13-14세기에 그리스의 코르푸 Korfu – Корфу 섬 에서 크림 반도로 가져온 걸로 추정하고 있다.

열매가 늦게 익는 만생종으로 포도 송이는 껍질이 두껍고 크기가 다양하다. 포도 열매는 계란형이고 색깔은 노란색 부터 황녹색까지 있다.

따뜻한 날씨를 좋아하고 9월말부터 열매가 익기 시작하며 10월 중순부터 말 사이에 수확한다.

코쿠르 벨르이는 영하 온도에는 잘 자라지 못하지만 가뭄에도 잘 견디고 염화나트륨이 풍부한 토양에 강하다. 수확량이 많고 산도와 단맛의 균형이 잘 이루어지며, 당도는 24~25브릭스까지 올라가기 때문에 디저트 와인과 포트 와인을 만들 때 많이 사용되며 스파클링 와인 양조에도 사용된다.

크림 반도 동북쪽의 수닥 계곡과 선 밸리에서 많이 재배되고 있다. 와이너리에 따라 맛이 달라서 코쿠르 벨르이로 민든 와인의 특징이 아직 분명하지 않시반, 삭종 꽃, 감귤류와 같은 노란색 과일향, 쾌적하고 상쾌한 산도와 함께 입안 가득 넘치는 질감이 있다.

즐기면서 나누는 **와인**

사르 판다스 Сары Пандас

그리스가 기원으로 크림 반도 동북쪽의 수닥 계곡과 선 벨
리에서 많이 재배하는 드문 종류의 동그란 열매이며, 만생
종으로 포도 송이는 두껍고 크기는 다양하다. 색깔은 밝은
녹색부터 황색까지 있으며, 열매는 9월말부터 10월초에
익는다.

사르 판다스는 암꽃만이 있기 때문에 수정을 위해 옆에 코
쿠르 벨르이 품종을 같이 심는다. 수닥 지역, 특히 선 벨리
에서는 수확량이 많고, 산도가 높은 수준을 유지하면서 당도가 27브릭스까지 올
라간다.

당도와 산도가 높기 때문에 디저트 와인을 만들기에 좋다. 특히 스테인리스통에서
16도 정도의 낮은 온도로 발효하면 토카이 와인과 같은 훌륭한 와인이 나온다.
꿀향과 열대 과일향이 우수하며 선 밸리에서 코쿠르 벨르이와 함께 가장 대표적인
품종이다.

시비리코브 Сибирьковый

표토르 대제 시대에 몰도바와 우크라이나에서 건너와 돈
지역의 토착 품종으로 자리 잡았다. 조생종이며, 포도 송이
크기는 보통 100~150그램이고, 녹색, 흰색, 그리고 노란
색을 띄며, 중간 사이즈로 계란형이다.

곰팡이에 약한 편이어서 재배하기에 까다로우며, 영하 온
도에 아주 예민해서 흙으로 덮어주어야 한다. 열매가 일찍
익을 때는 산도가 높지만, 늦게 수확하면 산도가 떨어진다.
신선한 과일향, 시트러스, 스텝 허브, 꽃향이 난다.

산도가 높아 발란스를 맞추기가 어려우며, 스파클링 와인을 생산할 때 넣으면 색
다른 맛이 난다.

참고문헌

최 훈(2005), 보르도 와인 아카데미 시리즈 1 「와인과의 만남」

_____ 보르도 와인 아카데미 시리즈 2 「프랑스 와인」

_____ 보르도 와인 아카데미 시리즈 3 「남국의 와인」

_____ 보르도 와인 아카데미 시리즈 4 「유럽의 와인」

_____ 보르도 와인 아카데미 시리즈 5 「이탈리아의 와인」

_____ 보르도 와인 아카데미 시리즈 6 「미국 · 캐나다 와인」
　　　　　자원 평가 연구원 ㈜IRE

____(2015), 「역사와 와인」 자원평가연구원 ㈜IRE

김준철(1997), 〈와인, 알고 마시면 두 배로 즐겁다〉 세종서적

고재윤(2020), 〈Wine Communication〉 ㈜세경북스

김 혁(2001), 〈프랑스 와인 기행〉 세종서적

박한표(2007), 〈 와인, 아는 만큼 즐겁다〉 대왕사

은대환. 진희정(2007), 〈How To 와인〉 마젤란

김성혁 김진국(2002), 〈와인학 개론〉 백산출판사

장 홍(2008), 〈Wine & Culture〉 학산문화사

장 홍(2010), 〈와인. 문화를 만나다〉 다홀미디어

이준혁(2011), 〈와인과 사람〉 ㈜ 대교

진희정(2007), 〈CEO, 와인에서 경영을 얻다〉 마젤란

최승우((2008), 〈WINE & BUSINESS〉 중앙북스㈜

이철형(2010), 〈CEO를 위한 와인 커닝 페이퍼〉 Human & Books

이원복(2007), 〈이원복 교수의 와인의 세계, 세계의 와인 1,2권〉 김영사

김한식(2002), 〈현대인과 와인〉 도서출판 나래

장 홍(2020), 〈와인 인문학 산책〉 글항아리

비티타임즈 편집부 〈21세기 와인 (Wine)백서〉 비티타임즈

조정용(2006), 〈올 댓 와인〉 해냄

박경래(2021), 〈와인의 맛과 멋〉 지식과 감성

김윤우(2016), 〈와인 한잔에 담긴 세상〉 도서출판 행복에너지

전상헌(2021), 〈한권으로 끝내는 와인 특강〉 ㈜도서출판 예문

조정용(2014), 〈올 댓 와인〉 ㈜ 해냄 출판사

이기태(2022), 〈와인 상식 사전〉 ㈜도서출판 길벗

김일호(2015), 〈알면 알수록 특별한 술 와인 & 스피릿〉 리스컴

이민우(2021), 〈와인, 와이너리 여행〉 은행나무

김준철 외 3인(2016), 〈와인 양조학〉 백산출판사

윤영지 외 6인(2018), 〈Wine Episode〉 ㈜ 백산출판사

김준철(2019), 〈와인〉 ㈜ 백산출판사

고창범(2019), 〈와인의 정석〉 산지니
한관규 외 2인(2021), 〈와인학 원론〉 ㈜ 지구문화
김만홍(2021), 〈15일만에 끝내는 와인의 모든 것〉 여백출판사

윤창용(2019), 〈코카서스 3국 들여다보기〉 한국외국어대학 지식출판콘텐츠원
김문기 외 5인(2019), 〈해양사의 명장면〉 산지니
롯데 지주(2021), 〈열정은 잠들지 않는다 -롯데그룹 창업주 신격호 회고록〉 ㈜나남
이건희(1997), 〈이건희 에세이 -생각 좀 하며 세상을 보자-〉 동아일보사
삼성 신경영 실천 위원회(1993), 〈삼성 新경영 – 나부터 변해야 한다-〉 삼성
사이먼 하비(2016), 〈밀수 이야기〉 예문 아카이브

피터 안드레아스(2015), 〈밀수꾼의 나라 미국〉, 글항아리
Kenshi Hirokane(2003), 〈한 손에 잡히는 와인〉, Cookand ㈜ 베스트 홈
휴 존슨, 젠시스 로빈슨(2009), 〈와인 아틀라스(The World Atlas of Wine) 세종서적㈜
크리스토퍼 필덴 (2005), 〈와인과 스피리츠 세계의 탐구〉 WSET코리아
케빈 즈랠리(2010), 정미나 옮김 〈와인 바이블〉 한스미디어
あぎ ただし(아기 타다시), 〈かみのしずく(신의 물방울)〉 1~20권 Kabushikikaisha Koudansha
다사키 신야(2008), 〈와인 생활 백서〉 (주) 바롬웍스
와타나베 준코(2022), 〈교양으로서의 와인〉 그린쿡
미엔코 마이크 그르기치(2021), 〈기적의 와인 '파리의 심판'과 미국 와인 이야기〉 가산출판사
존보네(2020), 〈와인에 대한 우리의 자세〉 북커스
멜라니 와그너(2017), 〈헬로우, 와인〉 시대인
구보 마사시(2020), 〈즐거운 와인 라이프를 위한 친절한 와인 테이스팅 기초지식〉 터닝포인트
이자벨 르쥬롱(2022), 〈내추럴 와인〉 한스 미디어
벵자맹 주아노, 프랑크 라마슈(2004), 〈두 남자, 프랑스 요리로 말을 걸어오다〉 한길사

영문 위키피디아 와인 항목
Karen, M.(2001), 〈The Wine Bible〉 Workman Publishing
Union Des Grands Crus De Bordeaux 〈2012·2013 Edition〉
Jean-Francois Bazin(2008), 〈Wonderful Burgundy〉 Ouest-France
Артур Саркисян(아르투르 사르키샨)(2018), 〈Росийские Вина(러시아 와인)〉 Эксмо (엑스모)

에이모 토올스〈모스크바의 신사〉 현대문학
카를 마르크스, 프리드리히 엥겔스(2010), 〈공산당 선언〉 펭귄 클래식 코리아
콜린 매컬로(2018), 〈안토니우스와 클레오파트라〉 3권 교유서가
자코모 카사노바(2005), 〈불멸의 유혹-카사노바 자서전〉 휴먼앤북스
자크 랑(2007), 〈넬슨 만델라 평전〉 실천 문학사
조르주 보르도노브(2008), 〈나폴레옹 평전〉 열대림
레오나르도 다빈치(2002), 〈한 천재의 은밀한 취미〉 책이 있는 마을

즐기면서 나누는

와 인

1판1쇄 2022년 11월 14일
1판2쇄 2022년 12월 10일

지은이 양 석

발행인 박상헌
발행처 도서출판 **열린북스**

주 소 서울특별시 서대문구 홍제내2바길 22, 1층 102호
전 화 02) 6204-2226
팩 스 0505-116-2226
메 일 bussyfree@naver.com
기업 주문 010-7722-2226

편 집 이수정
디자인 **CNBLUE** Design
제 작 진광문화사

등록번호 제25100-2016-000047호
등록일자 2016. 6.16

ISBN 979-11-89338-08-4 03590

이 도서는 한국출판문화산업진흥원의 '2022년 중소출판사 출판콘텐츠
창작 지원 사업'의 일환으로 국민체육진흥기금을 지원받아 제작되었습니다.

In Vino Veritas

In wine, there is truth